世纪精睿

全息化经济管理类教材

商务谈判

主　编　杨淑琴　肖　谦
副主编　袁建昌　刘春娣

上海交通大學出版社

内 容 提 要

商务谈判是化解对抗、达成谅解的桥梁，也是实现利益最大化的有效手段。在既分工又协作，既合作又对抗的现实生活中，靠单打独斗成功的概率越来越低。本书编写的目的就在于让即将踏入社会的大学生系统掌握商务谈判的理论、技巧和策略，帮助他们树立正确的谈判理论，并通过实训强化提高。

图书在版编目(CIP)数据

商务谈判/杨淑琴，肖谦主编. —上海：上海交通大学出版社，2012

全息化经济管理类教材

ISBN 978-7-313-07965-7

Ⅰ. 商... Ⅱ. ①杨... ②肖... Ⅲ. 商务谈判—高等学校—教材 Ⅳ. F715.4

中国版本图书馆 CIP 数据核字(2011)第 250185 号

商 务 谈 判

杨淑琴　肖　谦　**主编**

上海交通大学出版社出版发行

（上海市番禺路 951 号　邮政编码 200030）

电话：64071208　出版人：韩建民

上海颛辉印刷厂 印刷　全国新华书店经销

开本：787mm×1092mm 1/16　印张：17.5　字数：430 千字

2012 年 2 月第 1 版　2012 年 2 月第 1 次印刷

ISBN 978-7-313-07965-7/F　定价：39.00 元

前　言

商务谈判既是化解对抗、达成谅解的桥梁，又是实现利益最大化的有效手段。在既分工又协作、既合作又对抗的现实社会中，靠单打独斗成功的概率越来越低。在21世纪全球经济一体化的今天，市场竞争日趋激烈，谈判能力逐渐成为企业家和管理人员的必备素质，谈判策略和技能在很大程度上决定了企业能否成功。

商务谈判的魅力在于它是一种创造性的谋略和精致的社交活动，谈判者需要具备想象力、创造力和一定的策略技巧。有时，在众人看来似乎并不存在机会的地方，具有开拓精神和敏锐观察力的谈判家，往往能够设计和参与谈判并发现商机，创造市场而获得成功。高水平的谈判常常能获得超常的回报和成功；有经验的谈判者通常能为企业带来更为丰厚的利润。在市场竞争日趋激烈的今天，这些额外的利润是相当可观的。正因为如此，工商界的成功人士通常都是谈判和沟通的高手，杰出的商界领袖们更是拥有许多驾驭谈判的非凡本领，创造了许多传奇故事。

编写本书的目的，就是为了装备即将踏入社会的大学生，使他们在进入职场之前系统掌握商务谈判的理论、技巧和策略，帮助他们树立正确的谈判理念，并通过实训等教学手段强化他们对商务谈判策略和技巧的巩固。

课程内容设计与建议课时：

模块名称	项目名称	建议学时
模块一　商务谈判的基础理论	项目一　商务谈判概述	2
	项目二　商务谈判的分类与内容	2
	项目三　商务谈判准备	2
	项目四　商务谈判过程	2
模块二　商务谈判的技巧策略	项目五　商务谈判心理	4
	项目六　商务谈判语言	4
	项目七　商务谈判策略	4
	项目八　商务谈判技巧	4
模块三　商务谈判的相关要素	项目九　商务谈判合同履行	2
	项目十　商务谈判中的法律规定	2
	项目十一　商务礼仪	2
	项目十二　国际商务谈判中的文化要素	2
合计		32

本书编者有上海工程技术大学高等职业技术学院的杨淑琴、肖谦、袁建昌和刘春娣。其中

刘春娣编写项目一和项目二；肖谦编写项目三和项目四；杨淑琴编写项目五、项目八、项目十一和项目十二；袁建昌编写项目六、项目七、项目九和项目十。全书由肖谦和杨淑琴统稿、校稿。

本书四位参编人员多年来一直从事商务类、心理学类课程的教学和科研工作，积累了丰富的课堂教学经验。同时，本书编写过程中还参阅了大量国内已出版的相关著作和教材以及相关网站等资料，在此特作说明，并向相关作者表示感谢。由于作者水平有限，加之时间仓促，缺点、疏漏之处，敬请广大读者多提宝贵意见。

编　者

2011 年 12 月

目　　录

赠送课件说明：

充实教学内容、丰富教学资源、改进教学方法是高校教师提高教学质量的基本思路，也是我们编写教材的宗旨。为方便教师教学，我们配套制作了本教材的教学课件，免费提供给使用本教材的教师。为保证教师获得课件，请授课教师填写开课情况证明，同时注明联系方式，并邮寄(或传真)至下列地址，我们将在48小时内寄出课件，或向教师提供用户名和密码，在本社网站(www.jiaodapress.com.cn)上下载课件。

联系人：王华祖
地址：上海交通大学出版社职教事业部　上海市番禺路951号
邮编：200030
电话：(021)61675235，(021)64073126(fax)
Email：jimshua@hotmail.com

项目一 商务谈判概述

本项目内容结构图

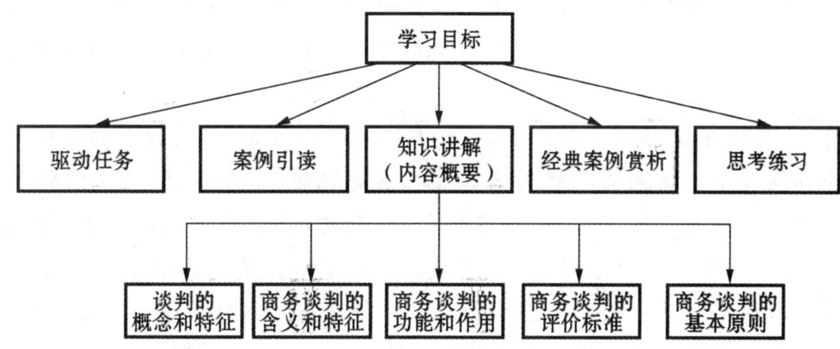

学习目标

- 知识目标

（1）理解商谈判的含义和特征。

（2）掌握商务谈判的功能与作用。

（3）掌握商务谈判的评价标准。

- 能力目标

（1）认识商务谈判，树立正确的商务谈判观念，为具备商务谈判能力打下良好基础。

（2）在谈判过程中能运用商务谈判的基本原则。

驱动任务

任务内容：阅读下面资料，完成相应的任务。

你想到一家公司担任某一职务，希望年薪 2 万元，而老板最多只能给你 1.5 万元。老板如果说“要不要随便你”这句话，就有攻击的意味，你可能扭头就走。而老板不那样说，而是这样跟你说：“给你的薪水，那是非常合理的。不管怎么说，在这个等级里，我只能付给你 1 万元到 1.5 万元，你想要多少？”很明显，你会说“1.5 万元”，而老板又好像不同意地说：“1.3 万元如何？”

你继续坚持 1.5 万元。其结果是老板投降。表面上，你好像占了上风，沾沾自喜，实际上，老板运用了选择式提问技巧，你自己却放弃了争取2万元年薪的机会。

任务：(1) 你们小组会采取何种策略？

(2) 分析哪一方更胜一筹。

任务要求：在老师指导下，分组展开资料搜集，讨论分析；小组成员之间分工合理、合作默契；并写出分析的框架及简单内容。

案例引读

不光用嘴，更要用心和脑袋

在比利时某画廊曾发生过这样一件事：一位美国商人看中了印度画商带来的三幅画，标价均为2500美元。美国商人不愿出此价钱，双方各执己见，谈判陷入僵局。

终于，那位印度画商被惹火了，怒气冲冲地跑出去，当着美国人的面把其中的一幅字画烧掉了。美国商人看到这么好的画被烧掉，十分心痛，赶忙问印度画商剩下的两幅画愿意卖多少价，回答还是2500美元，美国商人思来想去，拒绝了这个报价，这位印度画商心一横，又烧掉了其中一幅画。美国人只好乞求他千万别再烧掉最后那幅画。当美国人再次询问这位印度商人愿以多少价钱出售时，卖主说："最后这幅画只能是三幅画的总价钱。"最终，这位印度画商手中的最后一幅画以7500美元的价格拍板成交。

在这个故事里，印度画商之所以烧掉两幅画，目的是刺激那位美国商人的购买欲望，因为他知道那三幅画都出自名家之手，烧掉了两幅，那么，物以稀为贵，不怕他不买剩下的最后一幅。聪明的印度画商施展这一招果然灵验，一笔生意得以成功。而那位美国商人是真心喜欢藏古董字画的，所以，宁肯出高价也要买下这幅珍宝。

中国自古就有"财富来回滚，全凭舌上功"的说法。在现代商业活动中，谈判既是交易的前奏曲，也是销售的主旋律。可以毫不夸张地说，人生在世，你无法逃避谈判；从事商业经营活动，除了谈判你别无选择。然而，尽管谈判天天都在发生，时时都在进行，但要使谈判的结果尽如人意，却不是一件容易的事。怎样才能做到在谈判中挥洒自如、游刃有余，既实现己方目标，又能与对方携手共庆呢？从本篇开始，我们来一起走进谈判的圣殿，领略其博大精深的内涵，解读其运筹帷幄的奥妙。

知识讲解

世界谈判大师赫伯·寇恩说："人生就是一大张谈判桌，不管喜不喜欢，你已经置身其中了。"联系日常生活，你认为什么是谈判？

一、谈判的概念和特征

(一) 谈判的概念

谈判有广义与狭义之分。**广义的谈判**是指除正式场合下的谈判外，一切协商、交涉、商量、磋商等。**狭义的谈判**仅仅是指正式场合下的谈判。

按照《辞海》的解释：谈的本意为"彼此对话、讨论"；判的本意为"评断"。可见，"谈"意味着过程；"判"意味着结果。美国《哈佛判断学》丛书主编罗杰·费希尔和副主编威廉·尤瑞认为："谈判是你从别人那里取得你所需要的东西的基本手段，你或许与对方有共同利益，或许遭到对方的反对，谈判是为达到某种协议而进行的交往。"《世界知识词典》对"谈判"一词的解释为："谈判是现代国际关系中解决争端时经常使用的方法之一。即在国家间发生争端时，由争端当事国通过相互接触来说明彼此的意图，并在交换意见后谋求双方所争执的问题而达成的协议。"我们认为，**谈判**是具有利害关系的参与各方出于某种需要，在一定的时空条件下，就所关心或争执的问题进行相互协调和让步，力求达到协议的过程和行为。具体地说，这一概念可以从以下 5 个方面来理解：

（1）谈判双方或多方之间有一定的联系和利害关系。

（2）谈判的直接原因是谈判双方都有自己的需要，满足自己的需要会涉及和影响其他各方需要的满足，任何一方都不能无视他方的需要。

（3）谈判各方均愿意通过协商方式，达成一致来满足自己的需要。

（4）谈判作为人们的一种行为和活动，要涉及有关人的许多方面和领域。

（5）谈判涉及一个全面的过程，不只是指各方达成意见的那一刻，还包括为谈判所作的前期准备以及协议达成后的贯彻和实施。

（二）谈判的特征

1. 谈判对象的复杂性和不确定性

商务活动绝大多数是跨地区跨国界的。如购销谈判的商品，从理论上讲，可以出售给任何一个人。作为卖方，其商品销售范围具有广泛性；作为买方，其采购商品的选择范围遍及全国乃至全世界。因此，无论是买方还是卖方，其谈判的对象可能遍及地球的各个角落。此外，为了使交易对己方更加有利，也需要广泛接触交易对象。虽然不论是买方还是卖方，每一笔交易都是同具体的交易对象成交的，但具体的交易对象在竞争存在的情况下是一个变数。

> 购买者说："我给你出个价，只出一次价买那座钟，你听着——250 元。"那个时钟售货员连眼也不眨一下，说道："卖了，那钟是你的了。"
>
> 请问这算是一次谈判吗？

谈判对象的复杂性和不确定性这一特点，要求谈判者不仅要充分了解市场行情，及时掌握价值规律和供求关系运动状况，而且要选择适当的广告媒体宣传自己，树立形象，选择适当的交易对象，经常与社会各方面保持联系，维持老客户，发展新客户。

2. 谈判双方的对立性和合作性

在商品经济社会中，人们在生产、交换、分配等方面存在着各自不同的物质利益，而参与商务谈判的双方都希望对方能按己方的意愿行事，所以利益上的矛盾和冲突在所难免。

> 请从你自身现实生活中列举 1～2 个能体现谈判特征的例子。

在购销谈判中，卖方希望把价格定得尽量高一些，而买方则希望尽量压低价格；供方希望交货期尽量长一些，而买方却要求尽快提货。借款谈判中借方总是希望借款期延长一些，利息低一些，而贷方则希望利息高一些，期限短一些。以上这些都反映了谈判双方行为上的排斥性。没有这种对立，也就没有谈判的必要。相反，如果只有这种排斥性，没有协商合作性，谈判也不会进行下去。

在谈判活动中，谈判双方都要从对方那里得到满足，双方都是以对方的要求和策略为自己思考的起点，所以谈判又具有合作性。谈判的目的是达成协议，不是一方战胜另一方。在谈判中，双方要不断调整自己的行为和态度，做出必要的让步，而且能理解对方的要求，这样，谈判才可能取得成功，最终达成双方都较满意的协议。

3. 谈判的不稳定性和随机性

谈判的不稳定性和随机性，是经济谈判中最常见、最富有挑战性的现象。经济运行处于激烈竞争和瞬息万变的市场中，作为经济活动重要组成部分的商务谈判，它的进展和变化又和谈判主体的思维和行为方式有密切的关系。因此，它不仅比一般经济活动变化更快、更丰富，而且也难以预料。由于谈判中的议题情况、格局、环境和策略的多变性，谈判会表现出各种各样的变化形式。

一种形式是因势而变，就是根据经济形势或谈判形势的发展变化而变化。对谈判双方来说，谈判形势是不断变化的，有时利于这一方，有时又利于另一方。双方应根据自己所处的优势、均势或劣势，采取不同的策略，以变应变。而变则是围绕谈判的目标进行的，一旦突破任何一方可接受的极限，谈判就会破裂。

另一种形式是因时而变，就是随时间的变化而变化。不同的时间，谈判双方的位势可能不同，谈判主体的精神状态也会有很大变化。成功的谈判者把时间安排作为谈判策略的重要组成部分。

第三种形式是因机而变，就是随机会、时机的变化而变化。在谈判中当机会偶尔出现时，谈判的一方应善于把握机会，当机立断，调整自己既有谈判计划和策略，促成谈判状况的改变或改善。此时，谈判的一方如果仍按照常规行事，就会失去机会，追悔莫及。

多变性促使偶发因素的出现，结果带来了许多随机性。谈判中，随机性越大，变量越多，可控性就显得越小，给谈判双方带来更大的挑战，给谈判者提出了更高的要求。

4. 谈判的公平性与不平等性

商务谈判受当时国际、国内供求关系的影响，也受价格波动的影响。每一次谈判的具体结果，双方在需求满足问题上是具有不同得失的。也就是说，谈判的结果总是不平等的，即谈判双方可能一方需求满足的程度高一些，另一方可能差一些。导致谈判结果不平等的主要因素有两个：一是谈判双方各自拥有的实力；二是谈判双方各自所掌握的谈判技巧。但不论谈判的结果如何不平等，只要最终协议是双方共同达成的，并且谈判双方对谈判结果具有否决权，则说明双方在谈判中的权利和机会是均等的，谈判便是公平的。

二、商务谈判的含义和特征

(一) 商务谈判的含义

“商务”一词有狭义和广义之分。**狭义的商务**应理解为商业活动，即商品的买卖交易行为；**广义的商务**泛指各种交换活动，包括在市场主体之间发生的一切有形货物和无形劳务的交换活动，以及商务合作活动。

所谓**商务谈判**指当事人各方为了自身的经济利益，就交易活动的各种条件进行洽谈、磋商，以争取达成协议的行为过程。

"就像在生活中一样，你在商务上或工作上不见得能得到你所要的，但你靠谈判也许能得到你所要的。"

商务谈判是在商品经济条件下产生和发展起来的，它已经成为现代社会经济生活必不可少的组成部分。可以说。没有商务谈判，经济活动便无法进行，小到生活中的购物还价，大到企业法人之间的合作、国与国之间的经济技术交流，都离不开商务谈判。

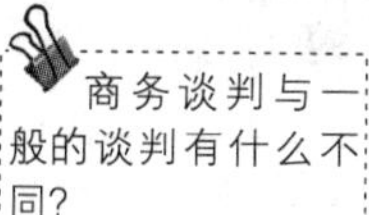
商务谈判与一般的谈判有什么不同?

（二）商务谈判的特征

商务谈判是一门科学，又是综合运用多学科知识与商务活动的一门艺术。它作为经营者开展商务活动的开路先锋，与其他经营活动相比，具有以下特点：

(1) 商务谈判是以获得经济利益为目的。不同的谈判者参加谈判的目的是不同的，外交谈判涉及的是国家利益；政治谈判关心的是政党、团体的根本利益；军事谈判主要是关系敌对双方的安全利益。虽然这些谈判都不可避免地涉及经济利益，但是常常是围绕着某一种基本利益进行的，其重点不一定是经济利益。而商务谈判则十分明确，谈判者以获取经济利益为基本目的，在满足经济利益的前提下才涉及其他非经济利益。虽然，在商务谈判过程中，谈判者可以调动和运用各种因素，而各种非经济利益的因素，也会影响谈判的结果，但其最终目标仍是经济利益。与其他谈判相比，商务谈判更加重视谈判的经济效益。在商务谈判中，谈判者都比较注意谈判所涉及的技术成本、效率和效益。所以，人们通常以获取经济效益的好坏来评价一项商务谈判的成功与否。不讲求经济效益的商务谈判就失去了价值和意义。

(2) 商务谈判是以价值谈判为核心。商务谈判涉及的因素很多，谈判者的需求和利益表现在众多方面，但价值则几乎是所有商务谈判的核心内容。这是因为在商务谈判中价值的表现形式价格最直接地反映了谈判双方的利益。谈判双方在其他利益上的得与失，在很多情况下或多或少都可以折算为一定的价格，并通过价格升降而得到体现。需要指出的是，在商务谈判中，我们一方面要以价格为中心，坚持自己的利益，另一方面又不能仅仅局限于价格，应该拓宽思路，设法从其他利益因素上争取应得的利益。因为，与其在价格上与对手争执不休，还不如在其他利益因素上使对方在不知不觉中让步。这是从事商务谈判的人需要注意的。

(3) 商务谈判注重合同条款的严密性与准确性。商务谈判的结果是由双方协商一致的协议或合同来体现的。合同条款实质上反映了各方的权利和义务，合同条款的严密性与准确性是保障谈判获得各种利益的重要前提。有些谈判者在商务谈判中花了很大气力，好不容易为自己获得了较有利的结果，对方为了得到合同，也迫不得已作了许多让步，这时谈判者似乎已经获得了这场谈判的胜利，但如果在拟订合同条款时，掉以轻心，不注意合同条款的完整、严密、准确、合理、合法，其结果会被谈判对手在条款措词或表述技巧上，引你掉进陷阱，不仅会使到手的利益丧失殆尽，而且还可能为此付出惨重的代价，这种例子在商务谈判中屡见不鲜。因此,在商务谈判中,谈判者不仅要重视口头上的承诺,更要重视合同条款的准确和严密。

三、商务谈判的功能和作用

(一) 商务谈判的功能

现代经济社会离不开商务谈判,商务谈判在现代经济社会中扮演着非常重要的角色。

[补充资料]

商务谈判的价值评判标准

——什么样的谈判是成功的商务谈判?

(1) 谈判目标的实现程度。

(2) 谈判的效率高低(谈判成本)。

(3) 人际关系的维护程度。

一场成功的商务谈判应该是:通过谈判不仅使本方的需要得到满足,也使对方的需要得到满足,双方的友好合作关系得到进一步的发展和加强,整个谈判是高效率的。

1. 沟通功能

商务谈判是企业与客户的桥梁和纽带。通过谈判使企业与客户之间的沟通变成了现实。沟通的主要内容是信息的交流与传递。在谈判时可获得以下情报和信息:顾客对产品的设计以及对产品的主要评价与要求;顾客的抱怨资料以及对产品的使用情况;对价格的看法,以及顾客愿意支付的价格与产品成本的关系;同类产品市场变化情况;竞争者的产品质量、特点与功能;与竞争者有关的市场营销的战略与战术的变化等情况。商务谈判人员在谈判过程中,不仅要搜集到自己所需要的情报,供企业决策者参考,而且要向顾客传递有关的产品、服务以及企业发展的信息。商务谈判实现信息的双向沟通,而这些信息对于签订合同和扩大企业影响是至关重要的。

2. 协调功能

在商务活动中,做一笔买卖或交易,在交易的程序上,首先要进行询价或报价,并进行磋商,然后进行签订合同、履行合同等一系列的工作程序。从询价或报价到签订合同,买卖双方要对商品或劳务的数量、质量、价格、付款方式、交货日期等进行磋商,取得一致意见后,才能达成交易。而这些磋商,往往是通过谈判来进行较量和解决问题的。

3. 发展功能

商务谈判关系到企业的生存和发展。对于一个企业来说,应有其规模经济与效益以及长期的发展目标。这就要为建立长期稳定的销售渠道并保持其畅通无阻而努力。同时,对许多企业来讲,为了扩大市场占有率和降低管理成本、节约费用,宁可寻找中间商经销产品,而不愿意负担产品全过程的销售。然而,对许多陌生的客户来说,指望他们积极主动地订货是不现实的,发展和培养新的顾客则显得更重要。因为,不开发潜在的市场,不拓展新的市场,企业就不能快速发展。要发展和培养新的顾客,并维护与老客户的关系,就离不开商务谈判。

(二) 商务谈判的作用

1. 有利于加强企业间的经济联系

商务谈判大多是在企业与企业之间、企业与其他部门之间进行的。每个企业要与其他部门或单位进行协作,才能完成生产经营活动。事实上,经济越发展,分工越细,专业化程度越高,企业间的联系与合作越紧密,就越需要各种有效的沟通手段。同时,企业具有独立的法人资格,企业之间的交往与联系也必须在自愿互利的基础上,实行等价交换、公平交易。因此,谈判理所当然地成为企业之间经济联系的桥梁和纽带。

过去，在高度集中的计划经济体制下，忽视了商品经济的客观要求，不重视市场调节的作用，片面强调经济发展的计划性，企业之间的一切活动要靠行政命令，靠指令性计划。结果，企业完全丧失了独立性、自主权，也失去了生产经营的积极性、主动性，严重束缚了企业的手脚，阻碍了生产力的发展。

随着改革的进一步深化，市场经济体制逐步完善，企业拥有了充分的自主权和独立的经济利益，成为真正独立的商品生产经营者。企业有权在国家宏观调控下进行生产经营活动，有权维护自己独立的经济利益和社会的各种合法权益。这样，谈判就成为经济活动中企业之间以及企业其他各种经济实体之间联系的主要媒介。企业通过谈判获得生产要素，销售产品；通过谈判处理合同纠纷；通过谈判磋商解决企业生产经营过程中所有涉及两方以上的任何问题。所以说，谈判加强了企业之间的联系，促进了经济的发展。

2. 有利于促进我国国际贸易的发展

当今的世界经济是开放的经济，经济活动是在国际范围内拓展的。任何一个国家都不能只依靠本国的资源、生产能力、科学技术来满足国内的需求。随着社会化大生产的不断发展，不论是科学技术先进的国家，还是落后的国家，都必须注意学习利用其他国家的长处，借鉴他人的科技成果。众所周知，日本靠引进的先进技术，促进经济高速发展，一跃成为世界经济强国。纵观世界市场，从 20 世纪 50 年代到 80 年代，世界贸易额增长了 20 多倍，进入 90 年代，贸易额增长速度进一步加快，特别是乌拉圭回合谈判协议的达成，促进世界贸易额增加 1 000 亿美元以上。根据日本贸易振兴会“世界贸易投资报告”，2010 年的世界贸易总额总计 15 兆 495 亿美元。

经过 15 年的艰辛谈判，我国加入了 WTO。伴随着对外贸易规模的进一步扩大，迫切需要引进国外的先进技术、设备和管理经验，发展我国的商品经济。要扩大对外出口，开展对外贸易，必须学会外贸谈判。

目前，我国发展对外贸易的障碍之一，就是随着国内企业大规模向国际市场进军，众多企业直接同外商打交道，缺乏训练有素的谈判人员。这个问题的存在，使企业丧失了很多很好的贸易机会，也给企业和国家造成了不应有的损失。

> 你认为发展对外贸易与商务谈判之间有什么样的关系？

发展对外贸易，参与国际竞争，开拓国际市场，必须精于外贸谈判，了解和掌握国际商贸活动的规律和技巧，并加以灵活运用。只有这样，才能有效地运用谈判手段，在国际商贸活动中运筹帷幄，掌握主动，赢得胜利。

四、商务谈判的评价标准

(一) 谈判成功的三要素

作为一个优秀的谈判人员，要使谈判取得成功，一定要综合考虑影响谈判成功的各种因素，能够影响和控制谈判过程，灵活运用各种谈判技巧和策略，努力使谈判朝着成功的目标前进。

1. 时间

所谓时间，是指谈判期限（即谈判时间的长短和延续性）以及谈判时效（即谈判时间利用的效果）。在商务谈判中，时间可以成为一种无形的压力，在时间的压力下，对手经常会做出他们本不愿意的让步，也经常会出现不应该的错误。谈判双方都会考虑如何才能更有效地利用时间，运用有效的一方将取得谈判优势。

时间压力对谈判参与各方来说，其大小是不一的，即有人感受到的时间压力大，而有的则会小许多。在不同的时间压力下，谈判参与方会有不同的心情和心理变化，一旦时间压力让其感到不能承受时，让步和妥协会成为他的选择，这是所有谈判人在时间压力下最常犯的错误。

在对时间的要素分析和运用中，要注意以下几个方面：

(1) 谈判者一定要有耐心，大多数让步行为和决定都是在最后时限甚至超过最后时限才发生的，要学会控制自己对不安的反应，保持镇静，等待最有利的时间再行动。当你不知道怎么办时，就什么也不要做。

(2) 绝不泄露自己的最后期限，期限是谈判的产物，它的弹性远远超出人们的意料之外。在谈判中，最佳策略就是对他方绝不透露自己真正的最后期限。千万不要盲目地追求一个期限，应该先评估当你遵循或超过期限时的利弊。

(3) 要仔细观察对手，不管对手表现得多么沉着冷静，他们肯定也是有期限制约的，甚至他们表现在外的平静常常只是掩饰内心极大的紧张和压力。这意味着关键不在于最后期限的有无，而在于谁最擅长运用。

(4) 要灵活运用战术，只有在你保证你必定会得到利益时，缓慢而不屈不挠才能使你获利。往往在你面临最后的期限时，便会发生权力的转变，因而得到一个创造性的结果。人也许不会变，但由于时间的变迁，情况却会发生改变。

2. 信息

所谓信息，是指涉及对方谈判需要、谈判意图的信息。荷伯·科恩认为，在实际谈判期间，隐蔽真正利益、需要和优先事项是谈判各方的共同策略，这是因为信息就是权力，就是财富，这也是考虑这一要素的理论基础。谁都清楚一旦了解了对方的真正意图，谈判就会成为一件非常轻松的事情。

在运用促成谈判成功的信息时，要注意信息的搜集与信息的发出这两个方面：

(1) 信息的搜集分析是谈判成功的基本保证，应长期进行。搜集的信息面要广，除了搜集谈判对手的信息外，还要搜集市场信息、竞争者的信息及政策性信息等。搜集的途径要多，从公共信息到行业信息，从大众传媒途径到人际途径，以获取更全面的信息资料。

(2) 要主动、及时、有意识地发出信息。一方面可以影响甚至改变对方的既定方案，另一方面也能为自己营造一个有利的信息环境。信息的发出方式有很多，除了一般性的，如提供有关资料，回答对方咨询，告诉最新的市场行情等内容外，还要在谈判中运用口头语言、情感语言。向对方施加信息压力。

3. 权力

所谓权力也就是操纵控制对方的能力，即谈判一方所形成的针对谈判对手的一种威慑力，它可以产生一种心理压力，使对方的思维丧失周密性和机动性。这种能力更多来自某种社会秩序或规范定律的赋予，但同时也来自对方的感受，或者说对方的服从感与屈从感使权力的作用得以发挥。

权力的优势是无形的，然而，它又无处不在。即使在一次极为简单的谈判中，置身于谈判过程的人们也可以感觉到它的存在。权力优势的形成与谈判的心理活动相关任何权力都是在谈判主题各方认识的基础上表现出来的。

在商务谈判中，可以拥有并利用的权力主要有以下几种：

(1) 选择性权力。所谓选择性权力，是指通过给谈判对手制造竞争者来为己方提供更多的选择余地，从而向谈判对手制造一种威慑力。制造选择性权力的基本原则是：尽量增多己方的选择机会，掩盖住自己的竞争者，同时，尽量减少谈判对手的选择机会，利用其竞争对手，适时地向谈判对手施加压力。

(2) 习惯性权力。一般情况下人们总是按照处事习惯对待各种所面临的现象。如在你行走的前方，竖着一块牌子，上面写着“此路不通”，看到的人自然就会绕过去，很少有人去问个究竟：谁写的？为什么不通？人们走到菜市场就知道讨价还价，而进入高档超市看到印刷精美、挂放整齐的标价牌，就好像中了魔法，不再问价，乖乖地按标价付款，这就是习惯使然。

在谈判中可以利用的权力，如将自己打扮得漂漂亮亮的，对方对你的敬意也许会多一些；把标价牌和样品册印刷精美一些，对方就会重视你的报价；事先准备好印刷的协议文本，对方很可能以你的文本为主形成最后的合同。对付习惯性权利，就是要守住自己既定的目标，不要轻言放弃，对习惯提出质疑和挑战。

(3) 合法性权力，谈判中的合法权利可以说是无处不在。谈判中任何一方都拥有这种权力。合法权利对于谈判中的任何一方都是平等的，即双方都拥有平等的权力。关键就在于谁能够主动、适时地运用这一权力。中国古代所说的“师出有名”、“挟天子以令诸侯”实际上都是在运用合法权利。谈判中如果有一方能够适时地运用合法权利，从而将对手置于一种“道德风险”(法律风险)的处境，那么，谋求谈判朝着有利于自己的方向发展就是可以实现的。

(4) 专业知识权力。专业知识能力是缘于谈判主体的专业知识或谈判能力而形成的一种威慑力。任何人在专家(某方面的)面前，就再也不敢就专家擅长的领域大发议论了，这就是专业知识权力。要获得制造专业权力优势，必须以一定的专业知识为基础，谈判人员有较好的专业素质，形成双方的知识落差。还要善于抓住时机，适时向谈判对手显露自己的专业技能和优势，一旦抓住对手的技术漏洞，要穷追不舍，绝不轻易放过。这样，一方面可以强化己方的专业权力，另一方面为今后的讨价还价积累资本。

谈判中可以制造的权力优势主要有以上这几种。制造权力优势贯穿于整个谈判过程的始终，如果谈判者能够将其把握好，则可以从容控制对手，操纵谈判，从而取得谈判的最后成功。

(二) 商务谈判成功的基本标志

商务谈判,以经济利益为目标追求,以价值、价格为议题中心。但是,并不能简单地说能够取得最大的经济利益,特别是取得最大的短期利益,就是成功的商务谈判。有些人把协议的签订作为谈判成功的标准;还有人把与对手的关系是否融洽作为评价谈判是否成功的标准等。这些看法均有一定的片面性,都是从自己的角度来判断的。因此,把握评价商务谈判的标准,对于谋划商务谈判、全面实现谈判目标和取得谈判的成功,有着重要的意义。

一项成功的谈判应该是双方都感到胜利的谈判,即"双赢谈判"。它应具备以下几个方面的内容。

1. 促进双方的合作关系

一场成功的谈判应该有利于促进和加强双方的合作关系,有利于合同的有效履行和双方的长期利益。高明的谈判者往往是具有战略眼光的,他们不过分计较、看重一场谈判的得失,而是着眼于长远利益、着眼于未来,谋求长期利益的最大化。相反,只是己方的谈判目标实现了,但恶化了双方的关系,以后对方不愿意再与你打交道,则不算是真正成功的谈判。

在商务谈判中,有时会碰到类似的情况:双方经过协商,但由于各种原因无法达成协议,但双方通过谈判都由衷地向对方表示敬意,并因此建立了友谊。双方对本次谈判感到惋惜的同时,都会派生出"买卖不成仁义在"的感叹,以后有机会他们还愿意共同相处。因为友谊是人世间最宝贵的财富,广交朋友也是公共关系所追求的组织目标。

2. 达到预期的利益目标

任何一场谈判如果没有达到预期利益目标都不能算作成功。只有在合同中体现了己方所预期的利益目标,它才算是谈判成功的标志。要正确认识自己的预期利益目标,它应该是一个目标体系,而不是某项单一指标,更不能用某些数字来表示。所以,在谈判之前的准备工作中,一定要准备好谈判利益目标评估体系,以便在谈判过程中灵活运用技巧和对策。

3. 谈判成本要低

谈判是一个"给"与"取"兼而有之的过程。为了获得期望的交易利益,也需要一定的投入,这种投入就是谈判所付出的成本代价。谈判成本包括费用成本和机会成本。

商务谈判的费用成本,是指谈判全过程的费用消耗。无论谈判成功与否,由谈判引起的时间、人力、物力、财力等消耗,都是谈判的费用成本。商务谈判的机会成本,包括两种含义。一是把一定的时间、人力、物力、财力等用于谈判过程,而放弃了把这些要素用于生产经营过程所带来的收入。这种放弃的收入,就是谈判的机会成本。二是与现有谈判对象合作,就放弃了与其他对象谈判合作的机会,而后者可能带来更为理想的合作效果。这种放弃同可能失去利用有限的资源用于其他领域一样,也是一种机会成本。谈判的机会成本,是谈判的隐形成本。相对于费用成本,这种机会成本的意义更为重要。在现代市场经济条件下,抓住一个谈判机会的同时，就意味着放弃了更多的其他机会，这种放弃可能付出的代价巨大。所以，必须重视对谈判机会成本的研究和把握，并在做出谈判决策时予以充分考虑。

4. 关注社会效益

商务谈判的社会效益，包括多方面的内容，有些是有形的，更多的是无形的。有些是可以计算的，更多的是不能计算的，只能定性描述。即使是可以计算的社会效益，也只能间接折算，而且计量的指标形式不是以价格为标准，大多是通过社会声誉、社会福利、社会效果来反映的。

五、商务谈判的基本原则

谈判的基本原则是谈判的指导思想、基本准则。它决定了谈判者在谈判中将采用什么谈判策略和谈判技巧，以及怎样运用这些策略和技巧。具体来说，商务谈判的基本原则主要体现在以下 7 个方面。

（一）协作原则

商务谈判的**协作原则**是指谈判双方在换位思考的基础上互相配合，进行谈判，力争达成双赢的谈判协议。我们知道，商务谈判是企业进行经营活动和参与市场竞争的重要手段。但是，参与谈判各方都是合作者，而非竞争者，更不是敌对者。

首先，谈判是为了满足需要，建立和改善关系，是一个协调行为的过程，这就要求参与谈判的双方进行合作和配合。如果没有双方的提议、谅解与让步，就不会达成最终的协议，双方的需要都不能得到满足，合作关系也无法建立。

其次，如果把谈判纯粹看成是一场比赛，或一场战斗，非要论个输赢，那么，双方都会站在各自的立场上，把对方看成是对手、敌人，千方百计地想压倒对方、击败对方，以达到自己单方面的目的。这样做的最终结果，往往是谈判破裂。即使签订了协议，达到目的的一方成了赢家，心情舒畅；做出重大牺牲或让步的另一方成了输家，郁愤难平。因而这一协议缺乏牢固的基础，自认为失败的一方会寻找各种理由和机会，延缓合同的履行，挽回自己的损失，其结果往往是两败俱伤。

相关案例链接

失败的“彻底胜利”

美国纽约印刷工会领导人伯特伦·波厄斯以“经济谈判毫不让步”而闻名全国。他在一次与报业主进行的谈判中，不顾客观情况，坚持强硬立场，甚至两次号召报业工人罢工，迫使报业主满足了他提出的全部要求。报社被迫同意为印刷工人大幅度增加工资，并且承诺不采用排版自动化等先进技术，防止工人失业。结果是以伯特伦·波厄斯为首的工会一方大获全胜，但是却使报业主陷入困境。首先是三家大报被迫合并，接下来便是倒闭，数千名报业工人失业。

这一例证表明，任何一方贪求谈判桌上的彻底胜利，都会导致双方实际利益的完全损失。

谈判是一种合作，在谈判中，最重要的是应明确双方不是对手、敌人，而是朋友、合作的对象。只有在这一指导思想下，谈判者才能本着合作的态度，消除达成协议的各种障碍，并能认真履约。

我们认为，要坚持合作原则，主要应从以下几方面着手：

（1）着眼于满足双方的实际利益，建立和改善双方的合作关系。经济交往都是互利互惠的，如果谈判双方都能够充分认识到这一点，就能极大地增加谈判成功的可能性。谈判的成功，会给双方带来实际的利益，进而具备了进行长期合作的基础和可能。

（2）坚持诚挚与坦率的态度。诚挚与坦率是做人的根本，也是谈判活动的准则。古人说得好："精诚所至，金石为开"。任何交易活动，不论是哪一方缺乏诚意，都很难取得理想的合作效果。在相互合作、相互信任的基础上，双方坦诚相见，将己方的观点、要求明确地摆到桌面上来，求同存异，相互理解，这样会大大提高工作效率和增加相互信任。

（3）坚持合作的原则，并不排斥谈判策略与技巧的运用。合作，是解决问题的态度，而策略和技巧，则是解决问题的方法和手段，而这是不矛盾的。

（二）共赢原则

共赢原则是指谈判双方在讨价还价、激烈争辩中，重视双方的共同利益尤其是考虑并尊重对方的利益诉求，从而达到在优势互补中实现自己利益最大化。事实上，人们在同一事物上的利益不一定就是矛盾的、此消彼长的关系。他们很可能有不同的利益，在利益的选择上有多种途径。一个简单的例子说明了这个道理：两个人争一个橘子，最后协商的结果是把橘子一分为二，第一个吃掉了给他的一半，扔掉了皮，第二个人扔掉了橘肉，留下皮做药。如果采用将皮和果实分为两部分的方法，则可以最大限度地实现两个人的利益。

认为谈判双方的利益是对立的传统观念是片面的。现代谈判观念认为，在谈判中每一方都有各自的利益，但每一方利益的焦点并不是完全对立的。一项产品出口贸易的谈判，卖方关心的可能是货款的一次性结算，而买方关心的可能是产品质量是否属于一流。因此，谈判的一个重要原则就是协调双方的利益，提出互利性的选择。正是从这一原则出发，著名的美国谈判学会会长贾拉德·尼伦伯格把谈判称之为"合作的利己主义"。

坚持共赢原则，应该注意以下几点：

1. 提出新的选择

人们总是喜欢把谈判看做一场比赛，要么我赢，要么你赢，或者看做一种此消彼长的价值分配，你分得多就意味着我分得少，好像没有更好的选择形式。但事实上，在多数情况下，是可以设计出兼顾双方利益的分配方案的，就如同前面"分橘子"的情况。谈判双方可以设计几种方案，然后进行协商和充分的选择。

要打破传统的思维方式，提出新的方案，就要进行创造性的思维活动。一方面要搜集大量的信息、资料作为考虑问题的依据；另一方面要鼓励谈判组成员大胆发表个人见解，集思广益。

2. 寻找共同利益

从理论上讲，提出满足共同利益的方案对双方都有好处，有助于达成协议。但在实践中，当双方为各自的利益讨价还价、激烈争辩时，很可能忽略了双方的共同利益。即使意识到了谈判成功将会实现共同利益，也往往忽略了谈判破裂会带来共同损失。如果双方都能从共同利益出发，认识到双方的利益是互为补充的，就会形成"我怎样才能使整个馅饼变大，这样我就能多分了"。我国某公司在与外国某一著名跨国公司合作时，鉴于该公司信誉良好，是我们的长期合作伙伴，而我们利用的是低息优惠贷款，我方决定向该公司提供20%的项目预付款。一般来说，在项目签约之后，项目委托方向项目受托方提供的预付款占整个项目应付款的比例为5%～10%，极少有超过15%的，我方提出向对方提供20%的项目预付款，只是改变了用款计划，并没有增加开支。我们这种突破常规的做法，避免了对方原本需借用更多较高利率的商业贷款，帮助对方降低成本，从而增加双方的共同利益。对方认为自己的利益已经在项目预付款这一项上得到了许多弥补，也就愿意降低价格，这项谈判进行得很顺利，双方从做大蛋糕中都获得了利益。

尽管每一次合作都存在共同利益，但是它们大部分是潜在的，需要谈判者去挖掘、发现，最好能用明确的语言和文字表达出来，以便谈判双方了解和掌握它。

3. 协调分歧利益

分歧也会导致问题的解决，这一点在股票市场的交易中得到了充分体现。在信息对称的条件下，股票的出售者看跌，股票的购买者看涨，前者抛出股票，而后者买入股票，对未来行情判断的分歧促成了交易的实现。

利益上、观念上、时间上的分歧，都可以成为协调分歧的基础。比如，一方主要关心问题解决的形式、名望与声誉、近期的影响；另一方则主要关心问题解决的实质、结果和长期的影响。这时，不难找到可以兼顾双方利益、双方都比较满意的方案，谈判自然会获得成功。

协调利益的一种有效方法是指出自己能够接受的几种方案，问对方更喜欢哪一种。你要知道的是哪一种方案更受欢迎，而不是哪一种方案能被接受。你可以对那种受欢迎的方案进行再一次的加工，再拿出至少两个以上的方案，征求对方的意见，看看对方倾向于哪一种。用这种方法，不再需要决策，你就可以使方案尽可能地包含共同利益。

如果把协调分歧总结为一句话，那就是：寻求对你代价低、对对方好处多的方案。而且，当你们寻求的方案不被对方接受时，要努力使对方意识到所确定的方案是双方参与的结果，包含着双方的利益和努力，客观的支出表履行方案给双方带来的结果，并重点指出对双方的利益和关系的积极意义，促使对方回心转意，做出决策。不到迫不得已，不要以威胁的方法警告可能发生的后果，并要对方承担一切责任。谈判者的格言是："在分歧中求生存！"

(三) 利益至上原则

利益至上原则是指谈判双方在处理立场与利益的关系中立足于利益而在立

场方面做出一定的让步。在日常生活中，人们往往要在立场上斤斤计较，常常事与愿违。

相关案例链接

开还是关？

有两个人在图书馆里发生了争执，一个要开窗户，一个要关窗户。他们斤斤计较于开多大，一条缝、一半还是四分之一。没有一个办法会使他们满意。

工作人员走进来。她问其中的一个人为什么要开窗户，“吸一些新鲜空气”。她问另一个人为什么要关窗户，“不让纸吹乱了”。工作人员考虑了一分钟，然后把旁边屋子的窗户打开，这样就让空气流通又不吹乱纸。从而让那两个人都满意了。

无论是商务谈判，还是个人之间纠纷的解决，或是国家间的外交谈判，人们习惯在立场上讨价还价，双方各持一种立场来磋商问题，上面便是简单而典型的一例。在立场上磋商问题的结果，很难通过让步达成妥协，结果是会谈破裂，不欢而散。所以，人们自觉或不自觉地以利益服从立场原则进行谈判，其结果往往是消极的。

立场上的讨价还价，违背了谈判的基本原则。谈判中，利益是目标，立场是由利益派生出来的，是为利益服务的，因而立场应服从于利益，反之则是不成立的。

立场上的讨价还价会破坏谈判的和谐气氛，使谈判成为一场意志的较量，严重阻碍谈判协议的达成。

立场上的讨价还价会导致不明智的协议。当谈判者在立场上讨价还价时，所采取的行动和对策都是为了捍卫自己的要求或立场，很少考虑协议是否符合对方的要求，甚至会偏离自己本来的利益目标。

虽然坚持立场是为了维护自己的利益，但往往事与愿违。在立场服从利益的前提下，谈判者则变得灵活、机敏，只要有利于己方或双方，没有什么不能放弃的，没有什么不可更改的。成功的谈判者不但要强硬，更需要灵活。

(四) 事人有别原则

事人有别原则是指在谈判中区分人与问题，把对谈判对手的态度和讨论问题的态度区分开来，就事论事，不要因人误事。

谈判中的一个基本事实就是打交道的不是抽象的谈判对手，而是人。这一点在商务谈判和外交谈判中，容易被忽视。谈判双方都有自己的个性情感、价值观，有不同的工作和生活背景，并且是不容易把握的。

由于谈判的主体是富于理智和情感的人，所以谈判的过程和结果不可避免地要受到人的因素的直接影响。一方面谈判过程中会产生互相都满意的心理，随着时间的推移，建立起一种互相信赖、理解、尊重和友好的关系，会使下轮的谈判更顺利、更有效率。另一方面，人们也会变得愤愤不平、意志消沉、谨小慎微、充满敌意或尖酸刻薄。

造成谈判中从个人利益和观点出发来理解对方提议的一个原因在于:谈判者不能很好地区分谈判中的人与谈判中的问题,混淆了人与事的相互关系,要么对人对事都抱一种积极的态度,要么对人对事都抱一种对抗的态度。把对谈判中问题的不满意,发泄到谈判者个人的头上,把对谈判者个人的看法,转嫁到对谈判的议题的态度上,都不利于谈判的进行。

谈判中,导致人与事相混淆的另一个原因是人们常常没有根据地从对方的态度中得出结论,像在家里说这样的话:“厨房里乱七八糟”,“房间里的摆设不太协调”,可能仅是就问题而言,但是听起来却像是对房子主人的攻击。这会导致对方个人情感上的变化,使对方为了保全面子,顽固地坚持个人立场,从而影响谈判的进行。

因此,在谈判中,应把人与问题分开,与对手打交道是谈判的形式,解决问题是谈判的直接目的。争取因人成事,避免因人误事,其具体做法有:

(1) 在谈判中,当提出建议和方案时,也要站在对方的角度考虑提议的可能性,理解和谅解对方的观点、看法。当对方不接受己方的提议,或提出己方难以接受的条件时,也不可暴跳如雷,拍案而起,抱怨、指责对方,而是要心平气和、不卑不亢地阐述客观情况,摆事实,讲道理,争取说服对方。

(2) 让双方都参与提议与协商,利害攸关。一个由双方共同起草和协商的包含双方主要利益的建议,会使双方认为是利于自己的,那么达成协议就比较容易,这是因人成事的技巧。

(3) 保全面子,不伤感情。伤害感情,不给面子,会使谈判双方之间产生敌意,不利于达成一致的协议。所以,在谈判中要注意以下几点:①要善于和乐于认识、理解自己和对方的情感。事实上,对谈判对手的理解和关心,往往比对对手的说服和较量更具影响力。②当谈判对方处于非常窘困和尴尬的境地时,我们应该给对方一个台阶下,这就是“为人置梯”技巧,在后面的章节中有专门的论述。③注意同谈判对手多沟通。谈判本身就是一种交流,如果能及时、经常、面对面地沟通和交流,把话放在桌面上,会避免和消除误会。

(五) 客观性原则

客观性原则是指在谈判中双方因坚持不同的标准而产生分歧时坚持运用独立于各方意志之外的合乎情理和切实可用的标准来达成协议。这些客观标准既可能是一些管理通则,也可能是职业标准、道德标准、科学标准等。

“没有分歧就没有谈判”,说明谈判双方利益的冲突和分歧是客观存在、无法避免的。如你希望房租低一点,而房东却希望高一点;你希望货物明天到,而供应者却想在下周送到;你希望得到对自己有利的结果,而你的对手也持同样的观点。这些分歧如阳光下的影子,是无法消除的。

谈判的任务就是消除或调和彼此的分歧,达成协议。实现的方法有很多种,一般是通过双方的让步或妥协来完成的。坚持客观标准能够克服主观让步可能产生的弊病,有利于谈判者达成一个明智而公正的协议。

相关案例链接

如何确定地基尺寸

假如你要签订一个建筑房屋价格的合同，这项工程需要钢筋混凝土地基，但你不知道应该用多深，承包商建议用 1 米，而你却认为这类房屋该用 3 米。这不是讨价还价的地方，你应该坚持用客观标准来决定这个问题，"或许我是错的，或许 1 米已足够了。可我需要的是使地基足够牢固以保证房屋的安全。政府是否有这种土质条件的标准规格？这附近其他房屋的地基是多深？这里是否有地震的危险？你说我们如何找到解决这个问题的标准？"标准是双方应该和能够接受的，是有助于达成协议的。

在谈判中可能出现双方因坚持不同的标准而产生分歧。例如，买方说："我方出价是每吨 1 900 美元，这是日本同类产品的售价。"卖方争辩道："我们认为这种商品的价格应该是每吨 2 000 美元，这是眼下的市场价。"这就需要双方努力寻找沟通的客观基础，寻找最合理的标准。

如果双方无法确定哪一个标准是最合适的，那么比较好的做法是找一个双方认为公正的、有权威的"第三方"，请他建议一种解决争端的标准，这样，问题会得到比较圆满的解决。

在谈判中坚持使用客观标准有助于双方和睦相处，冷静而又客观地分析问题，有助于双方达成一个明智而又公正的协议。由于协议的达成是依据客观标准，双方都感到自己利益没有受到伤害，因而会积极有效地履行合同。

（六）合法原则

合法原则是指在谈判及合同签订的过程中，要遵守国家的法律、法规和政策。与法律、政策有抵触的商务谈判，即使处于双方自愿并且协议一致，也是无效的，是不允许的。

比如，广告法规定，广告内容应当真实、合法，符合社会主义精神文明要求；广告不得含有虚假的内容，不得欺骗和误导消费者。广告公司在与厂商进行承揽广告业务的谈判时，首先要考察对方要发布的广告是否符合我国有关法律的规定，如果将非法广告发布出去，两方代表的法人或自然人，包括发布广告的新闻单位，都要受到法律的惩处。

随着商品经济的发展，生产者与消费者之间的交易活动将会在越来越广的范围内受到法律的保护和约束。离开经济法规，任何商务谈判都将寸步难行。

我国对外贸易的谈判，还应该遵守国际法并尊重对方国家有关法规、贸易惯例等。对外谈判最终签署的各种文书具有法律效力、受法律保护，因此，谈判者的发言，特别是书面文字，一定要法律化，一切语言、文字应具有双方一致承认的明确的合法文涵。必要时应对"用语"的法定含义作出具体明确的解释并写入协议文书，以免因解释条款的分歧导致签约后执行过程中产生争议。按照这一原则，主谈人的重要发言，特别是协议文书，必须统一由熟悉国际经济法、国际惯例和涉外经济法规的律师进行细致的审核。

（七）诚信原则

诚信原则是指在谈判中双方都要诚实且守信。所谓守信，即是言必行，行必果；所谓诚实，就是说任何谈判都要实事求是，没有诚心诚意，言而无信，绝对不行。出尔反尔，朝令夕改，势必失信于人，破坏双方的合作，谈判必将失败。俗话说“诚招天下客”，在商务谈判中尤其如此。诚心实意，坦率守信，这既是一条谈判原则，又是谈判成功的法宝之一。

为了在谈判中遵循这一原则，谈判者应该做到：

(1) 讲信用，遵守谈判中的诺言，不出尔反尔。所谓“一诺千金”是取信于人的核心。

(2) 信任对方，是守信的基础，也是取信于人的方法。只有信任对方，才能得到对方的信任。

(3) 不轻易许诺，这是守信的重要保障。轻诺寡言，必将失信于人。

(4) 以诚相待，是取信于人的积极方法。

诚实与保守商业机密并不矛盾，诚实的意义在于不欺诈，所以谈判人员应该明白这样的道理。

经典案例赏析

“你切我挑”的陷阱

美国谈判学会会长、著名律师尼尔伦佰格讲过一个著名的分橙子的故事。有一个妈妈把一个橙子分给两个孩子。不管从哪里下刀，两个孩子都觉得不公平。两个人吵来吵去，最终达成了一致意见，由一个孩子负责切橙子，另一个孩子选橙子。结果，这两个孩子按照商定的办法各自取得了一半橙子，高高兴兴地拿回家去了。

在商务谈判中经常会用到“你切我挑”的方法，这种方法看似公平，但存在着致命的双方利益损失陷阱。主要的原因是没有事先了解清楚双方的需求。对外经济贸易大学王健教授讲过一个“你切我挑”的续集：

第一个孩子把半个橙子拿到家，把皮剥掉扔进了垃圾桶，把果肉放到果汁机上打果汁喝。另一个孩子回到家把果肉挖掉扔进了垃圾桶，把橙子皮留下来磨碎了，混在面粉里烤蛋糕吃。

从上面的情形，我们可以看出，虽然两个孩子各自拿到了看似公平的一半，然而，他们各自得到的东西却未物尽其用。这说明，他们在事先并未做好沟通，也就是两个孩子并没有申明各自利益所在。没有事先申明价值导致了双方盲目追求形式上和立场上的公平，结果，双方各自的利益并未在谈判中达到最大化。

如果我们设想，两个孩子充分交流各自所需，或许会有多个方案和情况出现。可能的一种情况，就是遵循上述情形，两个孩子想办法将皮和果肉分开，一个拿到果肉去喝汁，另一个拿皮去做烤蛋糕。然而，也可能经过沟通后是另外的情况，恰恰有一个孩子既想要皮做蛋糕，又想喝橙子汁。这时，如何能创造价值就非常重要了。

结果，想要整个橙子的孩子提议可以将其他的问题拿出来一块谈。他说：“如果把这个橙子全给我，你上次欠我的棒棒糖就不用还了。”其实，他的牙齿被蛀得一塌糊涂，父母上星期就不让他吃糖了。

另一个孩子想了一想，很快就答应了。他刚刚从父母那儿要了五块钱，准备买糖还债。这次他可以用这五块钱去打游戏，才不在乎这酸溜溜的橙子汁呢。

两个孩子的谈判思考过程实际上就是不断沟通、创造价值的过程。双方都在寻求对自己最大利益的方案的同时，也满足对方的最大利益的需要。

分析：商务谈判的过程实际上也是一样。好的谈判者并不是一味固守立场，追求寸步不让，而是要与对方充分交流，从双方的最大利益出发，创造各种解决方案，用相对较小的让步来换得最大的利益，而对方也是遵循相同的原则来取得交换条件。在满足双方最大利益的基础上，如果还存在达成协议的障碍，那么就不妨站在对方的立场上，替对方着想，帮助扫清达成协议的一切障碍。这样，最终的协议是不难达成的。

思考与练习

姓名________　班级________　学号________

1. 名词解释

谈判

商务谈判

2. 单项选择

(1) 你是如何认识谈判的(　　)?

A. 谈话是通过谈话来判定　　B. 谈判是一种沟通、一种交际

C. 谈判是解决难题的有效方式　　D. 谈判是一门科学、一门艺术

(2) 你认为谈判的实质是什么(　　)?

A. 协调双方利益　　B. 满足各自需求

C. 维护己方利益　　D. 达到一方目的

(3) 你同意"谈判可以解决任何问题"的观点吗?

A. 同意　　B. 有保留的同意

C. 不一定　　D. 不同意

(4) 认为谈判理论对谈判的成功重要吗?

A. 很重要　　B. 比较重要

C. 不太重要　　D. 不重要

3. 多项选择

(1) 商务谈判的基本特征是(　　)。

A. 利益性　　B. 平等性　　C. 多样性　　D. 组织性

E. 约束性

(2) 商务谈判的特点为(　　)。

A. 以价值谈判为核心　　B. 注重合同条款的严密性

C. 注重合同条款的准确性　　D. 以获得经济利益为目的

E. 以获得商品交易为目的

(3) 商务谈判的功能为(　　)。

A. 沟通功能　　B. 协调发展

C. 发展功能　　D. 增加消费

E. 增加生产

(4) 商务谈判议题的解决可能有的情况是(　　)。

A. "双输"　　B. "输赢"　　C. "双赢"　　D. 僵局

E. 让步

(5) 商务谈判成功的基本标志为(　　)。

A. 促进双方的合作关系　　B. 达到预期的利益目标

C. 谈判成本要低　　D. 谈判效果要达到目标

E. 谈判的过程要平等

(6) 谈判成功的三要素有(　　)。

A. 时间　　B. 信息　　C. 权力　　D. 协议

E. 双赢

4. 填空题

(1) 坚持共赢原则,应该注意以下几点________,________,________。

(2) 商务谈判的构成要素有:________,________,________。

(3) 谈判的特征有:________,________,________。

(4) 谈判的功能有:________,________,________。

(5) 谈判的作用有:________,________,________。

5. 简答题

(1) 简述商务谈判的特点及作用。

(2) 商务谈判的基本原则有哪些?

6. 实训题

济南市第一机床厂厂长在美国洛杉矶同美国卡尔曼公司进行推销机床的谈判。双方在价格问题的协商上陷入了僵持的状态,这时我方获得情报:卡尔曼公司原与台商签订的合同不能实现,因为美国对日、韩、台提高了关税的政策使得台商迟迟不肯发货。而卡尔曼公司又与自已的客户签订了供货合同,对方要货甚急,卡尔曼公司陷入了被动的境地。我方根据这个情报,在接下来的谈判中沉着应对,卡尔曼公司终于沉不住气,在订货合同上购买了 150 台中国机床。

请分析:(1) 中方表现出来的谈判实力。

(2) 双方的谈判能力优劣。

项目二 商务谈判的分类与内容

本项目内容结构图

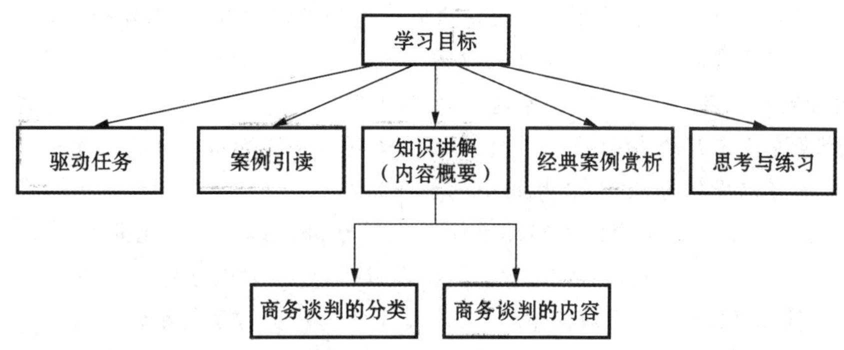

 学习目标

- **知识目标**

(1) 理解商务谈判的分类。

(2) 掌握商务谈判的内容。

- **能力目标**

(1) 认识商务谈判的分类与内容，为具备商务谈判能力打下良好基础。

(2) 在谈判过程中能判断不同的商务谈判类型。

 驱动任务

任务内容：阅读下面资料，完成相应的任务。

20 世纪 90 年代，我国一个化工代表团在东南亚 E 国进行考察时发现，该国的一家工厂对使用 S 国化工原料 N2121 有抱怨情绪。代表团李先生是我国生产 N2121 化工厂的厂长。回国后，他对这个问题做了进一步的了解。S 国生产 N2121 的企业集团是国际知名的大企业，其 N2121 的产量占世界总产量的 50% 以上。产品纯度高（纯度在 98%以上），质量稳定。缺点是只供应大包装产品（每袋 50 公斤）。而 E 国方面需要的是小包装产品，虽然 E 国方面一再要求，但问题一直没有得到解决。N2121 在 E 国工厂分装成每袋 10 公斤后，才能送车间使用。增加一道工序会增加最终产品的成本。另外，E 国的工厂并不需要 98%的

高纯度,纯度只要达到95%就足够了,而95%的N2121的价格要低些。

E国的工厂每年需要购买约20万吨N2121,这个数量对S国的化工企业集团来说,只是一笔小生意,因此,在与E国工厂打交道的过程中,态度非常傲慢,对于E国改换包装规格的要求,根本不予考虑。平时交往时,也不注意E国的风俗习惯,以大国代表自居。但20万吨对于李先生的工厂来说,是一笔大生意,占了工厂全年产量的三分之一,是一定要想办法争取的合同。李先生的工厂生产小包装不成问题,95%的纯度也能满足E国对N2121产品的纯度要求。

在充分了解E国工厂的需求之后,李先生向该工厂的总经理发出了访问我国的邀请。E国工厂的总经理来华以后,受到了李先生工厂的热情接待。在代表团访问期间还特别安排了3天对北京名胜古迹的参观游览,表示在两个东方文明古国之间有许多共同语言。该总经理在参观工厂以后,对李先生工厂的产品质量、运行现状以及尊重客户、平等待人的作风都很满意。他在回国以后就派出代表团到李先生工厂进行购买N2121产品的谈判。在谈判中中方代表表示:

中方可以提供每袋10公斤的小包装产品:

(1) 纯度为95%,价格比国际市场上纯度为98%的产品每吨低40美元。

(2) 由于和S国相比,我国距E国较近,运输费用方面也可以节约一笔开支。

(3) E国代表经过仔细权衡后,与李先生的工厂签订了两年的合约。

任务:(1) 在这一案例中,我国实际竞争的对手是谁?

(2) 李先生工厂的综合谈判力和S国的大公司根本无法相比,他们为何能获得谈判的成功?

任务要求:在老师指导下,分组展开讨论分析;小组成员之间分工合理、合作默契;并写出分析的框架及简单内容。

案例引读

价格磋商是谈判的需要

一对夫妻在浏览杂志时看到一幅广告中当做背景的老式座钟非常喜欢。妻子说:"这座钟是不是你见过的最漂亮的一个?把它放在我们的过道或客厅当中,看起来一定不错吧?"丈夫答道:"的确不错!我也正想找个类似的钟挂在家里,不知道多少钱?"研究之后,他们决定要在古董店里找寻那座钟,并且商定只能出400元以内的价钱。

他们经过3个月的搜寻后,终于在一家古董店的橱窗里看到那座钟,妻子兴奋地叫了起来:"就是这座钟!没错,就是这座钟!"丈夫说:"记住,我们绝对不能超出400元的预算。"他们走近那座钟。"哦喔!"妻子说道:"时钟上的标价是740元,我们还是回家算了,我们说过不能超过400元的预算,记得吗?""我记得,"丈夫说:"不过还是试一试吧,我们已经找了那么久,不差这一会儿。"

夫妻私下商量,由丈夫作为谈判者,争取以400元买下。随后,丈夫鼓起勇气,对售货员说:"我注意到你们有座钟要卖,定价就贴在座钟上,而且蒙了不少灰，显得有些旧了。"之后，又说："告诉你我的打算吧，我给你出个价，只出一次价，就这么说定。你可能会吓一跳，你准备好了吗？"他停了一下以增加效果。"你听着——240 元。"那座钟的售货员连眼也不眨一下，说道："卖了，那座钟是你的了。"

那个丈夫的第一个反应是什么呢？得意洋洋？"我真的很棒！不但得到了优惠，还得到了我想要的东西。"不！绝不！他的最初反应必然是："我真蠢！我该对那个家伙出价 140 元才对！"你也知道他的第二反应："这座钟怎么这么便宜？一定是有什么问题！"

然而，他还是把那座钟放在客厅里，看起来非常美丽，好像也没什么毛病。但是他和太太却始终感到不安。那晚他们安歇后，半夜曾三度起来，因为他们没有听到时钟的声响。这种情形持续了无数个夜晚，他们的健康迅速恶化，开始感到紧张过度并且都有着高血压的毛病。

为什么会这样？就因为那个售货员不经过价格磋商就以 240 元把钟卖给了他们。

假设那个售货员懂得基本的价格磋商，第一次还价 600 元，那个丈夫认为没有达到他可以接受的 400 元底线，仍坚持 240 元，售货员再降价至 400 元。这时可能的情况是那个丈夫看到已经达到自己的预期，可能就成交了。即使那个丈夫非常具有谈判力，发现对方仍然有降价空间，一直坚持 240 元，最后也以 240 元成交，那对夫妻也会很高兴，不至于出现后面的事情。商务谈判中价格磋商非常重要，是谈判不可缺少的部分。一样的产品，有时买者乐于以高一些的价钱成交，这就是谈判。一方完全满足另一方的要求，则不是谈判。

知识讲解

商务谈判的类型是研究商务谈判不可忽视的一个方面，它有助于我们更好地掌握商务谈判的内容和特点，以便在实际经济生活中加以灵活运用。本章在前一章概述商务谈判基本概念的基础上，主要介绍商务谈判的类型、形式和内容。

一、商务谈判的分类

商务谈判是现代谈判活动中数量最多、范围最广的一种谈判形式。商务谈判按照不同的要求可以划分为不同的类型。

（一）双方谈判和多方谈判

按谈判参与方的数量分类，谈判可分为双方谈判和多方谈判。

1. 双方谈判

双方谈判是指只有两个谈判主体参与的谈判。针对国家而言的双方谈判可以称为双边谈判。例如，一个卖方和一个买方参与的交易谈判或者只有两个当事方参与的合资合作谈判均为双方谈判。值得注意的是，双方谈判强调的是谈判主体方有 2 个，不是说谈判参与的人数多少。双方谈判也可以有很多的谈判人员参加，每一方可以由一个谈判小组组成。

2. 多方谈判

多方谈判是指由3个或3个以上的当事方参与的谈判。针对国家而言的多方谈判可以称为多边谈判。如甲、乙、丙3方合资兴办企业的谈判等。

双方谈判和多方谈判由于参与方数量的差别而有不同的特点。双方谈判涉及的主体较少，一般来说涉及的责、权、利划分较为简单明确，因而谈判也比较易于把握。多方谈判涉及的主体较多，谈判条件越错综复杂，需要顾及的就越多，难以在多方的利益关系中加以协调，较难达成多方都满意的协议（即获得多赢），从而增加了谈判的难度和复杂性。

（二）一对一谈判、小组谈判和大型谈判

按照谈判的人员数量多少来划分，商务谈判可以分为一对一谈判、小组谈判和大型谈判。

1. 一对一谈判

一对一谈判是指谈判双方各由一位代表出面谈判的方式。出席谈判的各方虽然只有一个人，但这并不意味着谈判者不要做准备。一对一谈判往往是一种最困难的谈判类型，因为双方谈判者只能各自为战，得不到助手的及时帮助。因此，在安排参加这类谈判的人员时，一定要选择有主见，决断力、判断力强，善于单兵作战的人参加，性格脆弱、优柔寡断的人是不能胜任的。谈判人员多、规模大的谈判，有时根据需要，也可以在首席代表之间安排一对一谈判，磋商某些关键问题或微妙敏感问题。

2. 小组谈判

小组谈判是指每一方都是由两个以上的人员参加协商的谈判类型。一般较大的谈判项目，情况比较复杂，各方有几个人同时参加谈判，个人之间有分工、有协作，取长补短，各尽所能，可以大大缩短谈判时间，提高谈判效率。

3. 大型谈判

大型谈判是指项目重大、各方谈判人员多、级别高的谈判类型。国家级、省（市）级或重大项目的谈判，都必须采用大型谈判这种类型，由于关系重大，有的会影响国家的国际声望，有的可能关系到国际民生，有的将直接影响到地方乃至国家的经济发展、外汇平衡等，所以在谈判全过程中，必须准备充分、计划周详，不允许存在丝毫破绽、半点含糊。为此，就必须为谈判班子配备阵容强大、拥有各种高级专家的顾问团或咨询团、智囊团。这种类型的谈判程序严密、时间较长，通常分成若干个层次和阶段进行。

（三）双赢或多赢型谈判、双输或多输型谈判、输赢型谈判

商务谈判的结果多种多样，有的是大家满意——“双赢或多赢”，有的则是大家都不满意——“双输或多输”，有的则是“输赢”，不是“你输我赢”就是“我输你赢”。

1. 双赢或多赢型谈判

双赢或多赢型谈判指通过谈判活动能最大限度地创造出最佳的解决方案，满

足各方的利益要求。要获得双赢或多赢，有两个前提：一是大家必须是合作的，即博弈论中的“合作博弈”，一方不合作，都很难找到大家都能接受的方案；二是创造价值，寻求出一个最大化谈判结果的整合式谈判方案。国外有一句谈判界的警句：不要把钱留在桌子上。也就是说，很多时候我们的谈判都没有找到最大化的非零和的谈判方案，双方或多方不可能获得最大化的利益。因此在这里，强调的是创造价值，而不是仅仅申明价值和分配价值。

2. 双输或多输型谈判

双输或多输型谈判指双方或多方均没有在谈判中获得利益，均没有实现谈判目标的谈判。这种谈判就是俗话说的“我得不到，你也别想得到”。这种思想反映到谈判中是极其错误的，不符合现代谈判伦理观，是谈判结果中最下策的谈判，既没有创造出新的价值，也没有合理地分配价值。

3. 输赢型谈判

输赢型谈判指在谈判中一方所得为一方所失，一输一赢地谈判。如同博弈论中的“零和博弈”，即一方所得到的就是另一方所失去的。一般而言，这种谈判是不能获得成功的，至少是不能获得持续成功。一个“没有赢总是输”的谈判者是绝对没有激情和动力长期谈判下去的。

（四）主座谈判、客座谈判和中立地点谈判

试比较主座谈判和客座谈判的优劣势。

根据谈判地域不同，商务谈判可分为主座谈判、客座谈判和中立地点谈判。

1. 主座谈判

主座谈判又称主场谈判，它是在自己所在地组织的谈判。主座包括自己所居住的国家、城市或办公所在地。总之，主座谈判是不远离自己所熟悉的工作和生活环境，是在自己做主人的情况下组织的商务谈判。

主座谈判给主方带来不少便利之处，从谈判时间表到谈判资料的准备和新问题的请示均比较方便，所以主座谈判人谈起来很自如，底气十足。作为东道主，必须懂得礼貌待客，包括邀请、迎送、接待、洽谈组织等。礼貌可换来信赖，它是主座谈判者谈判中的一张王牌，它会促使谈判对手积极思考东道主谈者的各种要求。

2. 客座谈判

客座谈判，也叫客场谈判，它是在谈判对手所在地组织的一种的谈判。客座谈判对对方来说需要克服不少困难。到客场谈判时必须注意以下几点：

(1) 要入境问俗、入国问禁。要了解各地、各国的不同风俗和国情、政情，以免做出会伤害对方感情但稍加注意即可防止的事情。

(2) 要审时度势、争取主动。在客场谈判中，客居他乡的谈判者，受各种条件的限制，如客居时间、上级授权的权限、信息沟通的困难等。面对顽强的对手可以施展的手段有限，除市场的竞争条件外，就是让步或坚持到底。客场谈判人在这种处境中，要审时度势、灵活反应、争取主动，包括分析市场、主人的地位、心理变化等。有希望则坚持，无希望成功则速决，对方有诚意就考虑可能给以的优惠条件，若无诚意则不必随便降低自己的条件。

(3) 如果是在国外举行的国际商务谈判，遇到的首先是语言问题。要配备好的翻译、代理人，不能随便接受对方推荐的人员，以防泄漏机密。

> 试比较主座谈判和客座谈判的优劣势。

3. 中立地点谈判

中立地点谈判，这种谈判既不在对方一方也不在自己一方的中立地域进行。一般情况下，当谈判双方对谈判地点的重要性都有充分的认识。在中立地点谈判，由于气氛冷静，不受环境干扰，双方都比较注意自己的声望、礼节，容易减少误会，再加上各方的诚意，所以双方都能比较客观地处理各种复杂问题和某些突发性事件，从接触了解，到澄清谅解，直至最后达成某种默契或协议。

（五）纵向谈判和横向谈判

按商务谈判展开的方式分类，可以把谈判分为纵向谈判和横向谈判两类。

1. 纵向谈判

纵向谈判是指确定谈判主要问题后，逐个讨论每个问题和条款，讨论一个问题，解决一个问题。纵向深入，集中解决某一个议题，在开始解决第二个议题之前，已对第一个议题进行了全面的讨论研究。例如，一项产品交易谈判，双方确定出价格、质量、运输、保险、索赔等几项主要内容后，开始就价格进行磋商。如果价格确定不下来，就不谈其他条款。只有价格谈妥之后，才依次讨论其他问题。

2. 横向谈判

横向谈判是指将确定的各项议题综合起来，齐头并进地讨论预先确定的问题，在某一问题上出现矛盾或分歧时，就把这一问题放在后面，讨论其他问题，如此周而复始地讨论下去，直到所有内容都谈妥为止。例如，在资金借贷谈判中，谈判内容要涉及货币、金额、利息率、货款期限、担保、还款以及宽限期等问题，如果双方在贷款期限上不能达成一致意见，就可以把这一问题放在后面，继续讨论担保、还款等问题。当问题解决之后，再回过头来讨论这个问题。

（六）口头谈判、书面谈判和网络谈判

按照谈判的信息交流方式不同来，商务谈判可以划分为口头谈判、书面谈判和网络谈判。

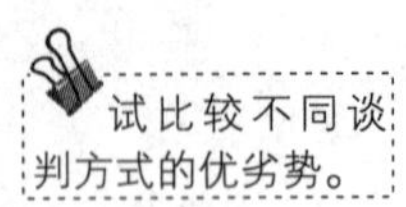

1. 口头谈判

口头谈判是指交易双方面对面地用语言谈判，或者通过电话进行的商谈。这种形式在实际工作中表现为派出推销员或采购员主动登门谈判，邀请客户到本企业谈判或者在第三地谈判等。

口头谈判的优势表现在：在口头谈判中，双方面对面地洽谈交易，有利于谈判各方当面提出条件和意见，也便于谈判者察言观色，掌握心理，施展谈判技巧。同时，无论是谈判者在推销滞销商品，还是采购紧俏商品，双方都有说服双方的余地。

口头谈判的劣势表现在：时效性强，决策风险大。口头谈判一般要在谈判期限内做出成交与否的决定，没有充分的考虑时间，因而要求谈判人员具有较高的决策水平，一旦决策失误，就可能给自己造成经济损失或者失去成交的良机。口头谈判一般要支付往返差旅费和礼节性招待费，费用开支较大。因此，它适用于首次谈判、同城或相近地区的商务谈判、长期谈判、大宗交易谈判或贵重商品的谈判。

近几年来，随着商品经济的发展，市场日益活跃，出现了各种形式、不同内容的交易会。这种形式一般规模较大、隆重、轰轰烈烈，同时，由于参加交易会的单位很多，便于沟通情况，有利于企业选择。因此，谈判成交金额较大。正因为这种形式有其优势，所以交易会谈判被广大企业认为是一种较好的口头谈判形式。

2. 书面谈判

书面谈判是指买卖双方利用信函、电报、电传等通讯工具洽谈交易。它要求卖方或买方以函件等载体将交易要求和条件通知对方，一般应规定对方答复的有效期限。书面谈判方式的优势表现在：可以使双方对问题有比较充分的考虑时间。在谈判过程中有时间同自己的助手、企业领导及决策机构进行讨论和分析，有益于慎重决策。书面谈判一般不需要谈判者四处奔走，可以坐镇企业，向国内外许多单位发出信函、电报，并对不同客户的回电进行分析比较，从中选出自己最有利的交易对象。由于具体的谈判人员不会见面，他们互相代表的是本企业，双方都可不考虑谈判人员的身份，把主要的精力集中在交易条件的洽谈上，从而避免因谈判者的级别、身份不对等而影响谈判的开展和交易的达成。此外，由于书面谈判只花费通讯费用，不花费差旅费和招待费，因而谈判费用开支较少。

试比较不同谈判方式的优劣势。

当然，书面谈判也有不足之处。第一，书面谈判多采用信函、电报等方式，文字要求精炼，如果文不达意，容易造成双方理解差异，引起争议和纠纷；第二，由于双方的代表不见面，因而无法通过观察对方的语态、表情、情绪以及习惯动作等来判断对方的心理活动，从而难以运用肢体语言技巧达到沟通意见的效果；第三，书面谈判所使用的信函、电报需要邮电、交通部门的传递，如果这些部门发生故障，则会影响双方的联系，甚至丧失交易的时机。鉴于书面谈判有其局限性，所以他多适用于双方经常有交易活动的谈判，以及跨地区、跨国界的谈判。

为了发挥书面谈判的作用，有利于对方了解自己的交易要求，作为卖方，可以把事先印好的具有一定格式的表单寄给客户，表单上比较详细地反映卖方商品的名称、规格、价格、装运等条件，可以使客户对卖方的交易意图有一个全面、清楚的了解，避免因文字表达而引起的误解。同时，谈判双方都要认真、迅速、妥善地处理回函和来函，能达成的交易要迅速通知对方，不要贻误时机，即使不能达成的交易也要委婉地答复，搞好与客户的关系，“生意不成人情在”。书面谈判最忌讳的是函件处理不及时，这不仅关系到企业购销活动的持续开展，而且关系到企业的经营作风和商业信誉。

3. 网络谈判

网络谈判是指谈判双方依靠各种网络服务和技术，通过互联网进行的谈判活动。在人类历史上，谈判作为一项人类的基本活动并没有因为科学技术的进步和发展而受到太多的影响，如今互联网彻底改变了人类的生活方式，互联网对人类生活的影响是史无前例的，同样，互联网对谈判的影响也是深远的，虽然面对面的互动仍然是最主要的谈判形式，尤其是高层次的谈判，当时互联网可以提供更多切实可行的谈判方式，并且可以发挥它的优势。比如在有些情况下，谈判可能因为双方情绪化因素而无法达到预期的结果，当双方进入谈判的某个阶段，需要将注意力集中在合同文本上的时候，互联网就更为有效。

在交易过程中，双方交易运用各种交易方式来交换商品或服务。较为常用的方法包括固定价格销售、协商谈判、拍卖以及封闭式招标等。所有这些方式如今都已经出现在互联网上。实践证明，基于互联网的谈判大大减少了某些交易的成本和时间，同时，利用互联网及其搜索功能可以更容易地找到交易对象，相应降低了开发成本和机会成本。

随着互联网技术的不断进步，从电子邮件、文件处理到先进的网络会议、网络电话、网上视听系统等，这些使得基于互联网的交易飞速增长。不过，互联网技术还不够成熟，在身份认证、网络安全、条例法规方面还不健全，要真正成为主要的谈判工具，可能还需要一定的时间，尤其是涉及网络合同谈判及其争端解决的问题，这些基于网络的谈判技术需要不断开发和完善，包括网络虚拟会议、虚拟眼球、语言辨别技术、电脑的个性化信息处理技术等，这样才能使网络谈判真正人格化，使谈判进程更加顺利。

综上所述，各种谈判形式有利有弊。谈判形式利用的好坏，完全在于对各种谈判形式掌握得如何，应根据交易的需要和各种谈判形式的特点加以正确选择。在实际工作中，不要把 3 种谈判形式截然分开，可以把它们结合起来，取其所长，避其所短。在一般情况下适用书面谈判的交易，在特殊情况下也可以改用口头谈判或网络谈判。在实际工作中，对于谈判形式，既要正确选择，又要灵活运用。

口头谈判、书面谈判和网络谈判的约束力是否相同?

值得注意的是，只要是通过谈判达成交易，无论采取哪种谈判形式，都必须签订书面合同。交易谈判的内容繁琐而复杂，每项内容都关系到双方的经济利益，把谈判的结果用书面合同反映出来，就会加强双方的责任心，促使双方按照合同办事。一旦出现问题，发生纠纷，也有据可查，便于公平合理地处理问题，签订书面合同对口头谈判和网络谈判的作用显而易见，因为“口说无凭”，要“立据为证”。同样，书面谈判的成交也要以合同为证，虽然在书面谈判的过程中，也采用书面形式，但这只是反映谈判过程的情况，而不能表明成交的确立。

(七) 硬式谈判、软式谈判、原则式谈判

按谈判的模式分类，商务谈判分为硬式谈判、软式谈判、原则式谈判。

1. 硬式谈判

硬式谈判也称立场型谈判，是谈判者以意志力的较量为手段，很少顾及或根本不顾及对方的利益，以取得己方胜利为目的的立场坚定、主张强硬的谈判手段。硬式谈判的指导思想是“不谈判则罢，要谈必胜”。谈判者是一个顽强的斗士，为了达到自己的目的，丝毫不考虑别人的需要和利益，也不顾及自己的形象以及对以后合作的影响。

2. 软式谈判

软式谈判也称关系型谈判，是指以妥协、让步为手段，希望避免冲突，为此随时准备以牺牲己方利益换取协议与合作的谈判方法。软式谈判所强调的是建立和维持双方的关系，这种谈判过程较有效率，尤其是在谈判结果上效率突出。但是软式谈判法所产生的协议不会是平等和明智的。更严重的是如果在谈判内容上确实处于不利地位而又急于求成，对方又是硬式谈判者，则己方易受伤害，有时甚至一败涂地。因此，软式谈判者的出发点尽管是达成协议与合作，但往往事与愿违。

3. 原则式谈判

原则式谈判也称价值型谈判或互惠式谈判。这种谈判最早由美国哈佛大学谈判研究中心提出，故又称哈佛谈判术。以罗杰·费希尔和威廉·尤里为首的美国哈佛大学与麻省理工学院的一些知名学者在经过对硬式和软式谈判模式研究分析的基础上，提出了这种新的谈判模式，即原则式谈判理论（也称费希尔模式）。其核心是根据理性来取得协议，而不是通过双方讨价还价的过程来做最后的决定，当双方的利益发生冲突时，则坚持公平的标准来做决定，而不是双方背景与意志力的较量。

二、商务谈判的内容

商务谈判内容是指与产品交易有关的各项交易条件。为了有效地进行谈判，买卖双方在制订商务谈判计划时，必须把有关的内容纳入谈判的议题中。一旦在谈判内容上出现疏漏，势必会影响合同的履行，从而给企业带来不可估量的损失。因此，谈判人员在谈判之前应该熟练地掌握谈判的内容。商务谈判的内容主要包括商品的品质、数量、包装、价格、货款结算支付方式、保险、商品检验及索赔、仲裁和不可抗力等条款。

（一）商品的品质

商品的品质是指商品的内在质量和外观形态。它往往是交易双方最关心的问题，也是洽谈的主要问题。商品的品质取决于商品本身的自然属性，其内在质量具体表现在商品的化学成分、生物学特征及其物理、机械性能等方面；其外在形态具体表现为商品的造型、结构、色泽、味觉等技术指标或特征，这些特征有多种多样的表示方法，常用的表示方法有样品表示法、规格表示法、等级表示法、标准表示法和牌名或商标表示法。

1. 样品表示法

样品指的是最初设计加工出来或者从一批商品中抽取出来的、能够代表贸易商品品质的少量实物。样品可由买卖的任何一方提出，只要双方确认，卖方就应该供应与样品一致的商品，买方也就应该接收与样品一致的商品。为了避免纠纷，一般样品要一式 3 份，由买卖双方各持一份，另一份送给合同规定的商检机构或其他公证机构保存，以备买卖双方发生争执时作为核对品质之用。在商品买卖实务中，一般在样品确认时，应再规定商品的某个或某几个方面的品质指标作为依据。

2. 规格表示法

商品规格是反映商品的成分、含量、纯度、大小、长度、粗细等品质的技术指标。由于各种商品的品质特征不同，所以规格也有差异。如果交易双方用规格表示商品的品质，并作为谈判条件，就叫做“凭规格买卖”。一般来说，凭规格买卖是比较准确的，在平时的商品交易活动中，大多采用这种方法。

3. 等级表示法

商品等级是对同类商品品质差异的分类，它是表示商品品质的方法之一。这种表示方法以规格表示法为基础，同类商品由于厂家不同，有不同的规格，所以同一数码、文字、符号表示的等级的品质内涵不尽相同。买卖双方对商品品质的磋商，可以借助已经制定的商品等级来表示。

4. 标准表示法

商品品质标准是指经政府机关或有关团体统一制定并公布的规格或等级。不同的标准反映了商品品质的不同特征和差异。商品贸易中常见的有国际上公认的通用标准即“国际标准”；我国有国家技术监督局制定的“国家标准”和国家有关部门制定的“部颁标准”。此外，还有供需双方洽商的“协议标准”。明确商品品质标准，以表达供需双方对商品品质提出的要求和认可。

5. 牌名或商标表示法

牌名是商品的名称，**商标**是商品的标记。有些商品由于品质上优质、稳定，知名度和美誉度都很高，在用户中享有盛名，为广大用户所熟悉和赞誉，在谈判中只要说明牌名或商标，双方就能明确商品品质情况。但磋商时要注意同一品牌或商标的商品是否来自不同的厂家，以及这些商品是否由于某些原因造成了损坏或变质，要注意假冒商标的商品。

商标与驰名商标的保护范围是否一致？

(二) 商品的数量

商品交易的数量是商务谈判的主要内容。成交商品数量的多少，不仅关系到卖方的销售计划和买方的采购计划能否完成，而且关系到商品的价格。同一货币支付后所购买的商品数量越多，说明这种商品越便宜，因此商品交易的数量直接影响到交易双方的经济利益。

确定买卖商品的数量，首先要根据商品的性质，明确所采用的计量单位。商品的计量单位，表示重量单位的有吨、公斤、磅等；表示个数单位的有件、双、套、打等；表示面积单位的有平方米、平方英尺等；表示体积单位的有立方米、立方英尺等。在国际贸易中，由于各国采用的度量衡制度不同，同一计量单位所代表的数量也各不相同，因而要掌握各种度量衡之间的换算关系，在谈判中明确规定使用哪一种度量衡制度，以免造成误会和争议。

在贸易实践中，容易引起争议的是商品的重量。因为商品的重量不仅会受自然界的影响而发生变化，而且许多商品本身就有包装与重量的问题。如果交易双方在谈判时没有明确计算方法，在交货时往往会因重量问题而发生纠纷。

在商贸活动中，以重量计量的交易商品，大部分是按净重计价的。因此，在商务谈判中如何计算商品重量，用什么方法扣除皮重，必许协商解决，以免交货时出现纠纷。

(三) 商品的包装

在商品交易中，除了散装货、裸体货外，绝大多数商品都需要包装。包装具有宣传商品、保护商品、便于储运、方便消费的作用。近年来，随着我国市场竞争日趋激烈，各厂商为了提高自己的竞争能力，扩大销路，已改变了过去传统的"一等产品、三级包装"的包装方法。市场上商品包装装潢不仅变化快，而且设计的档次越来越高。由此看来，包装也是商品交易的重要内容。作为商务谈判者，为了使双方满意，必须精通包装材料、包装形式、装潢设计、运装标志等问题。

（四）商品的运输

在商品交易中，卖方向买方收取货款是以交付货物为条件的。所以，运输方式、运输费用以及交货地点依然是商务谈判的重要内容。

1. 运输方式

商品的运输方式是指将商品转移到目的地所采用的方法和形式。以运输工具进行划分，运输方式有公路运输、水路运输、铁路运输、航空运输和管道运输等。以营运方式来划分，可分为自运、托运和联运等。目前，在国内贸易中主要采用铁路运输、公路运输、水路运输和自运、托运等。对外贸易中主要采用海运、航运、托运和租运等。在商贸活动中，如何使商品能够多快好省地到达目的地，关键在于选择合理的运输方式。选择合理的运输方式，应考虑以下因素：

(1) 商品的特点、运货量大小、自然条件、装卸地点等方面的具体情况。

(2) 各种运输方式的特点，通过综合分析加以选择。

2. 运输费用

运输费用的计算标准有：按货物重量计算、按货物体积计算、按货物件数计算、按商品价格计算等。另外，费用还会因为运输中的特殊原因增加其他附加费。谈判中双方对货物的重量、体积、件数、商品的贵重情况进行全盘考虑，合理规划，在可能的条件下改变商品的包装，缩小体积，科学堆放，选用合理的计算标准，论证并确定附加费用变动的合理性，明确双方交货条件，划清各自承担的费用范围和界限。

3. 装运时间、地点和交货时间、地点

这些不仅直接影响买方能否按时收到货物，满足需求或投放市场，回收资金，还会因交货时的变动引起价格的波动和可能造成经济效益的差异。谈判中应根据运输条件、市场需求、运输距离、运输工具、码头、车站、港口、机场等设施，以及货物的自然属性、气候条件进行综合分析，明确装运、交货的地点及具体截止日期。

（五）保险

保险是以投保人交纳的保险费集中组成保险基金用来补偿因意外事故或自然灾害所造成的经济损失，或对个人因死亡或伤残给予物质保障的一种方法。这里所指的保险主要是指货物保险。货物保险的主要内容有：贸易双方的保险责任、具体明确办理保险手续和支付保险费用的承担者。

我国商品贸易没有明文规定保险责任该由谁来承担，只有通过谈判，双方协商解决。但在国际贸易中，商品价格条款中的价格术语确定后，也就明确了双方的保险责任。如将离岸价格作为商品价格，商品装船前交货前的保险责任在卖方，之后的保险责任由买方承担。如果是到岸价格，到岸前的保险责任在卖方，到岸后的保险责任在买方。当保险业务出现后，为获取保险费用收入，出口时应尽量采用到岸价格，进口时尽量采用离岸价格，使国内的保险公司通过承担风险而获取保险收入。对同类商品，各国在保险的险别、投保方式、投保金额的通用做法，或对商品保险方面的特殊要求和规定，谈判双方必须加以明确。对世界各国主要保险公司在投保手续与方式、承保范围、保险单证的种类、保险费率、保险费用的支付方式、保险的责任期和范围、保险赔偿的原则与手续等方面的有关规定加以考虑筛选，最后加以确定。对保险业务用语上的差异和名词概念的不同解释，要给予注意，以避免争议。

（六）商品检验

商品检验是对交易对象的品种、质量、数量、包装等项目按照合同规定的标准进行检验或鉴定。通过检验，由有关检验部门出具证明，作为买卖双方交接货物、支付货款和处理索赔的依据。商品检验主要包括：商品检验权、检验机构、检验内容、检验证书、检验时间、检验地点、检验方法和检验标准等内容。

（七）商品价格

商品价格是商务谈判中最重要的内容，它的高低直接影响着贸易双方的经济利益。商品价格是否合理是决定商务谈判成败的重要条件。

商品的价格是根据不同的定价依据、定价目标、定价方法和定价策略来制定的，商品价格的构成一般受商品成本、商品质量、成交数量、供求关系、竞争条件、运输方式和价格政策等多种因素的影响。谈判中只有深入了解市场情况，掌握实情，切实注意上述因素的变动情况，才能取得谈判的成功。

商品的价格还受市场供求状况的影响。当商品供过于求时，价格就下跌；反之，商品价格就会上涨。谈判中应根据商品在市场上现在和将来的需求状况进行分析。另外，谈判人员还要考虑该商品的市场生命周期、市场定位、市场购买力等因素，判断市场供求变化趋势和签约后可能发生的价格变动，来确定商品交易价格，并要确定对价格发生变动的处理方法。一般来说，在合同规定的交货期内交货，不论价格如何变动，仍须按合同定价执行。如果逾期交货，交货时市价上涨，按合同价格执行；市价下跌，按下跌时的市价执行。总之，应使价格变动造成的损失由有过失的一方承担，以督促合同的按期履行。

各国在不同时期有关价格方面的政策、法令、作价原则，也会影响交易双方有关价格的谈判。买卖双方在谈判时应遵守国家的价格政策、法令，并依照政策、法令来确定价格形式、价格变动幅度和利润的高低。

在国际商务谈判中，谈判双方还应该明确规定使用何种货币和货币单位。一般来讲，出口贸易时要争取采用"硬通货"，进口贸易时则要力求使用"软货币"或在结算期内不会升值的货币。总之，要注意所采用货币的安全性及币值的稳定性、可兑换性。

另外，在国际商务谈判中，谈判人员还应尽量了解各国及国际组织对与价格有关问题的不同解释或规定，并在合同中加以明确，选定对己方有利的价格条件

(价格条件是国际贸易中各国贸易习惯所形成和认可的代表不同价格构成和表示买卖双方各自应负的责任、风险以及划分货币所有权转移的一种术语)。

(八) 货款结算支付方式

在商品贸易中,货款的结算与支付是一个重要问题,直接关系到交易双方的利益,影响双方的生存与发展。在商务谈判中应注意货款结算支付的方式、期限、地点等。

国内贸易货款结算方式分为现金结算和转账结算。现金结算,即一手交货,一手交钱,直接以现金支付货款的结算方式。转账结算是通过银行在双方账户上划拨的非现金结算。非现金结算的付款有两种方式:一种是先款后货,包括汇款、限额结算、信用证、支票结算等。根据国家规定,各单位之间的商品交易,除按照现金管理办法外,都必须通过银行办理转账结算。这种规定的目的是节约现金使用,有利于货币流通,加强经济核算,加速商品流通和加快资金周转。转账结算可分为异地和同城结算。前者的主要方式有托收承付、信用证、汇兑等,后者的主要方式有支票、付款委托书、限额结算等。

(九) 索赔、仲裁和不可抗力

在商品交易中,买卖双方常常会因彼此的权利和义务引起争议,并由此引起索赔、仲裁等情况的发生。为了使争议得到顺利的处理,买卖双方在洽谈交易中,对由争议提出的索赔和解决争议的仲裁方式,事先应进行充分商谈,并做出明确的规定。此外,对不可抗力及其对合同履行的影响结果等,也要做出规定。

1. 索赔

索赔是一方认为对方未能全部或部分履行合同规定的责任时,向对方提出索取赔偿的要求。引起索赔的原因除了买卖一方违约外,还有由于合同条款规定不明确,一方对合同某些条款的理解与另一方不一致而认为对方违约。一般来讲,买卖双方在洽谈索赔问题时应洽谈索赔依据、索赔期限和索赔金额的确定方式等内容。

索赔依据是指提出索赔必须具备的证据和出示证据的检测机构。索赔方所提供的违约事实必须与品质、检验等条款相吻合,且出证机关要符合合同的规定,否则,都要遭到对方的拒赔。

索赔期限是指索赔一方提出索赔的有效期限。索赔期限的长短,应根据交易商品的特点合理商定。

索赔金额包括违约金和赔偿金。违约金只要确认是违约,违约方就得向对方支付,违约金带有惩罚的性质。赔偿金则带有补偿性。如果违约金不够弥补违约给对方造成的损失时,应当用赔偿金补足。

2. 仲裁

仲裁是双方当事人在谈判中磋商约定,在本合同履行过程中发生争议,经协商或调解不成时,自愿把争议提交给双方约定的第三者(仲裁机构)进行裁决的行为。在仲裁谈判时应洽谈的内容有仲裁地点、仲裁机构、仲裁程序规则和裁决的效力等内容。

不可抗力包括哪些范畴?

3. 不可抗力

不可抗力又称人力不可抗力。通常是指合同签订后,不是由于当事人的疏忽过失,而是由于当事人所不可预见也无法事先采取预防措施的事故,如地震、水灾、旱灾等自然原因或战争、政府封锁、禁运、罢工等社会原因造成的不能履行或不能如期履行合同的全部或部分。在这种情况下,遭受事故的一方可以据此免除履行合同的责任或推迟履行合同,另一方也无权要求其履行合同或索赔。洽谈不可抗力的内容主要包括不可抗力事故的范围、事故出现后果和发生事故后补救的方法、手续、出具证明的机构和通知对方的期限。

经典案例赏析

中日索赔谈判中的议价沟通与说服

我国从日本S汽车公司进口大批FP-148货车,使用时普遍发生严重质量问题,致使我国蒙受巨大经济损失。为此,我国向日方提出索赔。

谈判一开始,中方简明扼要地介绍了FP-148货车在中国各地的损坏情况以及用户对此的反应。中方在此虽然只字未提索赔问题,但已为索赔说明了理由和事实根据,展示了中方谈判威势,恰到好处地拉开了谈判的序幕,日方对中方的这一招早有预料,因为货车的质量问题是一个无法回避的事实,日方无心在这一不利的问题上纠缠。日方为避免劣势,便不动声色地说:"是的,有的车子轮胎炸裂,挡风玻璃炸碎,电路有故障,铆钉震断,有的车架偶有裂纹。"中方觉察到对方的用意,便反驳道:"贵公司代表都到现场看过,经商检和专家小组鉴定,铆钉非属震断,而是剪断,车架出现的不仅仅是裂纹,而是裂缝、断裂!而车架断裂不能用'有的'或'偶有',最好还是用比例数据表达,更科学、更准确……"。日方淡然一笑说:"请原谅,比例数据尚未准确统计。""那么,对货车质量问题贵公司能否取得一致意见?"中方对这一关键问题紧追不舍。"中国的道路是有问题的。"日方转了话题,答非所问。中方立即反驳:"诸位已去过现场,这种说法是缺乏事实根据的。""当然,我们对贵国实际情况考虑不够……""不,在设计时就应该考虑到中国的实际情况,因为这批车是专门为中国生产的。"中方步步紧逼,日方步步为营,谈判气氛渐趋紧张。中日双方在谈判开始不久,就在如何认定货车质量问题上陷入僵局。日方坚持说中方有意夸大货车的质量问题:"货车质量的问题不至于到如此严重的程度吧?这对我们公司来说,是从未发生过的,也是不可理解的。"此时,中方觉得该是举证的时候,并将有关材料向对方一推说:"这里有商检、公证机关的公证结论,还有商检拍摄的录像。如果……""不!不!对商检公证机关的结论,我们是相信的,我们是说贵国是否能够作出适当让步。否则,我们无法向公司交代。"日方在中方所提质量问题攻势下,及时调整了谈判方案,采用以柔克刚的手法,向对方踢皮球,但不管怎么说,日方在质量问题上设下的防线已被攻克了。这就为中方进一步提出索赔价格要求打开了缺口。随后,对FP-148货车损坏归属问题上取得了一致的意见。日方一位部长不得不承认,这属于设计和制作上的质量问题所致。初战告捷，但是我方代表意识到更艰巨的较量还在后头。索赔金额的谈判才是根本性的。

随即，双方谈判的问题升级到索赔的具体金额上——报价，还价，提价，压价，比价，一场毅力和技巧较量的谈判竞争展开了。中方主谈代表擅长经济管理和统计，精通测算。他翻阅了许多国内外的有关资料，甚至在技术业务谈判中，他也不凭大概和想当然，认为只有事实和科学的数据才能服人。此刻，在他的纸笺上，在大大小小的索赔项目旁，写满了密密麻麻的阿拉伯数字。这就是技术业务谈判，不能凭大概，只能依靠科学准确的计算。根据多年的经验，他不紧不慢地提出："贵公司对每辆车支付加工费是多少？这项总额又是多少？""每辆车 10 万日元，计 4.84 亿日元。"日方接着反问道："贵国报价是多少？"中方立即回答："每辆 16 万日元，此项共计 9.4 亿日元。"精明强干的日方主谈人淡然一笑，与其副手耳语了一阵，问："贵国报价的依据是什么？"中方主谈人将车辆损坏后各部件需如何修理、加固、花费多少工时等逐一报价。"我们提出的这笔加工费并不高。"接着中方代表又用了欲擒故纵的一招："如果贵公司感到不合算，派员维修也可以。但这样一来，贵公司的耗费恐怕是这个数的好几倍。"这一招很奏效，顿时把对方将住了。日方被中方如此精确的计算所折服，自知理亏，转而以恳切的态度征询："贵国能否再压低一点。"此刻，中方意识到，就具体数目的实质性讨价还价开始了。中方答道："为了表示我们的诚意，可以考虑贵方的要求，那么，贵公司每辆出价多少呢？""12 万日元"日方回答。"13.4 万日元怎么样？"中方问。"可以接受"。日方深知，中方在这一问题上已作出了让步。于是双方很快就此项索赔达成了协议。日方在此项目费用上共支付 7.76 亿日元。

然而，中日双方争论索赔的最大数额的项目却不在此，而在于高达几十亿日元的间接经济损失赔偿金。在这一巨大数目的索赔谈判中，日方率先发言。他们也采用了逐项报价的做法，报完一项就停一下，看看中方代表的反应，但他们的口气却好似报出的每一个数据都是不容打折扣的。最后，日方统计可以给中方支付赔偿金 30 亿日元。中方对日方的报价一直沉默不语，用心揣摩日方所报数据中的漏洞，把所有的"大概"、"大约"、"预计"等含糊不清的字眼都挑了出来，有力地抵制了对方所采用的浑水摸鱼的谈判手段。

在此之前，中方谈判班子昼夜奋战，液晶体数码不停地在电子计算机的荧光屏上跳动着，显示出各种数字。在谈判桌上，我方报完每个项目的金额后，讲明这个数字测算的依据，在那些有理有据的数字上，打的都是惊叹号。最后我方提出间接经济损失费 70 亿日元！

日方代表听了这个数字后，惊得目瞪口呆，老半天说不出话来，连连说："差额太大，差额太大！"于是，进行无休止的报价、压价。

"贵国提的索赔额过高，若不压半，我们会被解雇的。我们是有妻儿老小的……"日方代表哀求着。老谋深算的日方主谈人使用了哀兵制胜的谈判策略。

"贵公司生产如此低劣的产品，给我国造成多么大的经济损失啊！"中方主谈接过日方的话头，顺水推舟地使用了欲擒故纵的一招："我们不愿为难诸位代表，如果你们作不了主，请贵方决策人来与我们谈判。"双方各不相让，只好暂时休会。这种拉锯式的讨价还价，对双方来说是一种毅力和耐心的较量。因为谈判桌上，率先让步的一方就可能被动。

随后，日方代表急用电话与日本S公司的决策人密谈了数小时。接着谈判重新开始了，此轮谈判一接火就进入了高潮，双方舌战了几个回合，又沉默下来。此时，中方意识到，己方毕竟是实际经济损失的承受者，如果谈判破裂，就会使己方获得的谈判成果付诸东流；而要诉诸法律，麻烦就更大。为了使谈判已获得的成果得到巩固，并争取有新的突破，适当的让步是打开成功大门的钥匙。中方主谈人与助手们交换了一下眼色，率先打破沉默说："如果贵公司真有诚意的话，彼此均可适当让步。"中方主谈为了防止由于己方率先让步所带来的不利局面，建议双方采用"计分法"，即双方等量让步。"我公司愿意付 40 亿日元。"日方退了一步，并声称："这是最高突破数了。""我们希望贵公司最低限度必须支付 60 亿日元。"中方坚持说。

这样一来，中日双方各自从己方的立场上退让了 10 万日元。双方比分相等。谈判又出现了转机。双方界守点之间仍有 20 亿日元的逆差。(但一个界守点对双方来说，都是虚设的。更准确地说，这不过是双方的一道最后的争取线。该如何解决这"百米赛路"最后冲刺阶段的难题呢？双方的谈判专家都是精明的，谁也不愿看到一个前功尽弃的局面)几经周折，双方共同接受了由双方最后报价金额相加除以 2，即 50 亿日元的最终谈判方案。

除此之外，日方愿意承担下列三项责任：

(1) 确认出售给中国的全部 FP-148 型货车为不合格品，同意全部退货，更换新车。

(2) 新车必须重新设计试验，精工细作，并制作优良，并请中方专家检查验收。

(3) 在新车未到之前，对旧车进行应急加固后继续使用，日方提供加固件和加固工具等。

一场罕见的特大索赔案终于公正地交涉成功了！

分析：这是一场包含了两项议价谈判议题的复杂谈判，在关于第一项议题的谈判中，中方在掌握了充分信息和证据的条件下，有理有据先发制人，争取了谈判的主动权，率先报价，日方为了给下项议题的谈判争取筹码，只进行一次讨价，便成交。第二项议题的谈判一开始，日方为争取主动率先报价，并态度坚决，步步为营。我方则沉着冷静，寻找对方价格解释中的漏洞，进行攻势猛烈的价格评论，并迫使对方使用哀兵制胜的策略。中方利用暂时休会，分析利弊，率先让步，促成交易。

思考与练习

姓名________　班级________　学号________

1. 名词解释

国际商务谈判

主座谈判

2. 单项选择题

(1) 在所有的商务谈判方式中，应用最广泛、最普通、最经常的谈判方式是(　　)。

A. 面对面谈判　　B. 电话谈判

C. 函电谈判　　D. 网上谈判

(2) 目前，在国际商务谈判中使用最普遍、最频繁的谈判方式是(　　)。

A. 面对面谈判　　B. 电话谈判

C. 函电谈判　　D. 网上谈判

3. 多项选择题

(1) 按谈判展开的方式，商务谈判可以划分为(　　)。

A. 纵向谈判　　B. 横向谈判

C. 主场谈判　　D. 客场谈判

E. 中立地谈判

(2) 按谈判地域，商务谈判可以划分为(　　)。

A. 主座谈判　　B. 客座谈判

C. 中立地点谈判　　D. 国内谈判

E. 国际谈判

(3) 按参与人数，商务谈判可以划分为(　　)。

A. 一对一谈判　　B. 大型谈判

C. 立场型谈判　　D. 原则性谈判

E. 小组谈判

(4) 商务谈判方式包括(　　)。

A. 口头谈判　　B. 书面谈判

C. 函电谈判　　D. 网络谈判

E. 秘密谈判

4. 填空题

(1) 按谈判参与方的数量分类，谈判可分为________和________。

(2) 按商务谈判的结果分类，商务谈判分为________、________、____

________________。

(3) 按谈判的模式分类,商务谈判分为________________、________________、________________。

(4) 书面谈判的缺点是________________、________________、________________。

5. 简答题

(1) 简述商务谈判的类型。

(2) 商务谈判的内容有哪些?

6. 实训题

日商举办的农业加工机械展销会上,展出的正是国内几家工厂急需的关键性设备。于是某公司代表与日方代表开始谈判。

按惯例,卖方首先报价:1 000 万日元,我方马上判断出其价格的"水分"并且对这类产品的性能、成本及在国际市场上销售行情了如指掌,暗示生产厂家并非你独此一家。最终中方主动提出休会,给对方一个台阶。当双方重又坐在谈判桌旁时,日方主动削价 10%,我方据该产品近期在其他国家行情,认为 750 万日元较合适,日商不同意,最后我方根据掌握的信息及准备的一些资料,让对方清楚,除他外还有其他一些合作伙伴,在我方坦诚、有理有据的说服下,双方最终握手成交。

分析:(1) 我方取得谈判成功的秘密是什么?

(2) 日方的 3 个目标层次是什么?

项目三 商务谈判准备

本项目内容结构图

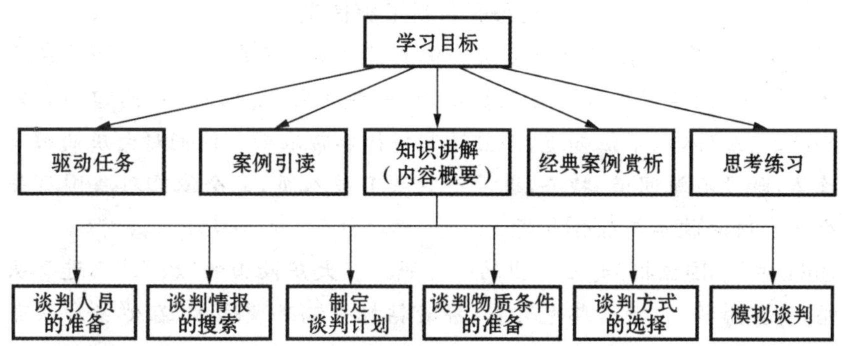

学习目标

- 知识目标

(1) 了解谈判之前的准备过程。

(2) 掌握谈判情报的搜索和筛选。

(3) 掌握谈判物质条件的准备。

- 能力目标

(1) 认识商务谈判的准备,为具备商务谈判能力打下良好基础。

(2) 面对实际谈判时,能充分运用理论。

驱动任务

任务内容:阅读下面资料,完成相应的任务。

光大实业公司董事长王光英收到下属报来的一条信息:智利的一家矿产公司破产,要将公司所有的1500辆大型矿山用卡车拍卖。这1500辆卡车全部是尚未使用过的新车,由于该矿产公司急于偿还债务,估计公司方面会以较低的价格将这批卡车卖出。

王光英知道,我国矿山建设需要大批矿山用卡车。因此他当机立断,马上组织采购人员赶赴南美,与智利的矿山公司进行谈判。由于采购1 500辆矿山卡车是个大单,有购买实力的竞争对手并不多。在拍卖现场,双方经过一番激烈的较量之后，仅以新车原价的38%将这批卡车买了下来。为国家节约了8 500万美元的外汇。

任务：(1) 在这次成功的交易中，什么因素起了重要的作用？

(2) 王光英做出正确决策的依据是什么？

任务要求：在老师指导下，分组进行资料搜集，讨论分析；小组成员之间分工合理、合作默契；写出分析的框架及简单内容。

案例引读

从公开资料了解信息

20世纪60年代，我国开始大庆油田的建设时，有关大庆的一切信息几乎都是保密的。当时，除了少数有关人员以外，一般工作人员连大庆油田的具体位置都不知道。但日本人不但知道，而且还掌握得非常准确。他们对大庆油田有关情报的收集，既没有派间谍、特务，也没有收买有关人员，完全依靠对我国有关大庆油田公开资料的收集与综合分析。

1964年《中国画报》封面刊出的一张照片。大庆油田的"铁人"王进喜头戴大狗皮帽，身穿厚棉袄，顶着鹅毛大雪，握着钻机手柄眺望远方，在他身后散布着星星点点的高大井架。日本情报专家据此解开了大庆油田的秘密，他们根据照片上王进喜的衣着判断，只有在北纬46度至48度的区域内，冬季才有可能穿这样的衣服，因此推断大庆油田位于齐齐哈尔与哈尔滨之间；并通过照片中王进喜所握手柄的架势，推断出油井的直径；从王进喜所站的钻井与背后油田间的距离和井架密度，推断出油田的大致储量和产量。有了如此多的准确情报，日本人迅速设计出适合大庆油田开采用的石油设备。当我国政府向世界各国征求开采大庆油田的设计方案时，日本人一举中标。庆幸的是，日本当时是出于经济动机，根据情报分析结果，向我国高价推销炼油设施，而不是用于军事战略意图。

案例分析：这个案例告诉我们，大量的商务信息资料其实是存在于公开资料之中的。了解和掌握信息并不像我们想象的那么困难。只要我们有心，平时多加留意，认真分析信息来源，从很多公开的相关资料中就能很轻易地得到我们想要的信息。从而为我们的商务谈判打下牢固的信息基础。

知识讲解

商务谈判能否取得成功，不仅依靠谈判桌上的唇枪舌剑、讨价还价，而且有赖于谈判前充分、细致的准备工作。可以说，任何一项成功的谈判都是建立在良好的准备工作基础上的。本章主要讲述商务谈判的人员准备、物质准备、情报准备、计划拟定、方式选择和模拟谈判。

一、谈判人员准备

谈判的主体是人，因此筹备谈判的第一项工作内容就是人员准备，即组建谈判班子。谈判班子的素质及其协作与分工，对于谈判的成功是非常重要的。

（一）谈判班子的规模

组建谈判班子首先碰到的就是规模问题。

根据谈判的规模，谈判可分为一对一的个体谈判和多人参加的集体谈判。

个体谈判，即参加谈判的双方各派出一名人员完成的谈判。个体谈判的优势在于：第一、在授权范围内，谈判者可以随时根据谈判桌上的风云变幻做出自己的判断，不失时机地做出决策，以捕获转瞬即逝的机遇，而不必像集体谈判时那样，处理问题首先要在内部达成一致，然后再作出决策，因而常常延误战机。第二、不必担心对方向己方谈判成员中较弱的一人发动攻势以求个别击破，或利用计谋在己方谈判人员间制造意见分歧，从中渔利。第三、一个人单独参加谈判并承担责任，无所依赖和推诿，全力以赴，因而产生较高的谈判效率。

试想：若只派一位谈判者参加谈判，对他的素质能力要求有哪些？

个体谈判的缺陷在于：这种谈判类型只适用于比较小型的谈判。但是在现代社会，谈判往往是比较复杂的，谈判内容的涉及面也很宽，从涉及的知识领域来讲，包括商业、贸易、金融、运输、保险、海关、法律等多方面的知识，谈判中所要收集的资料非常多，这些绝非个人的精力、知识、能力所能胜任，何况还有“智者千虑必有一失”之说。

在通常情况下，谈判班子的人数都在一人以上。由多个谈判成员组成的谈判班子有如下优势：第一、可以满足谈判多学科、多专业的知识需要，谈判人员之间也可在谈判知识结构上互补，发挥综合的整体优势。第二、谈判人员分工合作集思广益、群策群力，能在谈判中形成集体合力，常言说得好：“三个臭皮匠，顶过一个诸葛亮”，“一个人是一条虫，齐心协力是一条龙”。因此，成功的谈判有赖于谈判人员集体智慧的发挥。日本问题专家指出，日本人就像一群小鱼在鱼王的率领下在大海中旅行。如果遇到危险信号，不是四处逃散而是随鱼王迅速调转方向集体脱险，这可以说是日本民族精神的形象描绘，从中也可领悟到日本为什么可以成为东方民族经商的代表。

当然，谈判班子人数的多少没有统一的标准，谈判的内容、性质、规模以及谈判人员的知识、经验、能力不同，谈判班子和规模也不同。实践表明，直接上谈判桌的人不宜过多，如果谈判涉及的内容较广泛、比较复杂，需要各方面的专家参加，则可以把谈判人员分为两部分，一部分主要负责背景材料的准备，人数可以适当多一些，另一部分则直接上谈判桌，这部分人数与对方相当为宜。在谈判中应注意避免对方出场人数很少而我方人数很多的情况。

（二）谈判人员应该具备的素质

谈判人员的素质是谈判谋略成功与否的决定性因素，它直接影响整个谈判过程的发展和谈判的成败，并最终影响到谈判双方的利益分割。那么，一个优秀的谈判人员应具备怎样的素质呢？

弗雷斯·查尔斯·艾克尔在《国家如何进行谈判》一书中写道："根据17、18世纪的外交规范，一个完美无缺的谈判者，应该心智机敏，而且有无限的耐心，能巧言掩饰但不欺诈行骗；能取信于人而不轻信于人；能谦恭节制，但又刚毅果断，能施展魅力，而不为他人所惑；能拥有巨富，藏娇妻，而不为钱财和女色所动。"对于谈判人员的素质，古今中外向来是仁者见仁智者见智的，但是如果对于合格的谈判家而言，还是有一些共同、基本的要求。

请列举达到弗雷斯·查尔斯·艾克尔所提的完美标准的谈判家。

1. 坚强的政治思想素质

这是谈判人员必须具备的首要条件，也是成功谈判的必要条件。作为谈判人员，必须遵纪守法，廉洁奉公，忠于国家、组织和职守。其次，谈判人员必须具备崇高的事业心、进取心和责任感，在商务谈判中，有些谈判人员不能抵御谈判对手变幻多端的攻击手法，为了个人私欲损公肥私，通过向对手透露情报资料等方式，使国家企业蒙受巨大的经济损失。因此，谈判人员必须思想素质过硬，在谈判中，不应考虑个人的荣辱得失，应以国家企业的利益为重，始终把握"失去集体利益就是失职，赢得集体利益就是尽职"的原则，发扬献身精神，有超越自我的使命感，使外在压力变成内在动力。

2. 健全的心理素质

心理素质是个体所具有的稳定的、本质的、个性心理特征，它是人的意志、情感、情绪等心理品质的总和，在商务谈判中占有十分重要的地位。谈判过程，特别是讨价还价阶段，是一个非常困难的过程，其中充满困难和曲折，有时候谈判还会变成一场马拉松式的较量，这不仅对谈判人员的知识技能、体力等方面是一个考验，而且也要求其有良好的心理素质。

健全的心理素质是谈判者的主体素养的重要内容之一，表现为谈判者主体应该具备坚忍顽强的意志力和良好的心理调适能力。

坚忍顽强的意志力就是在谈判过程中百折不挠、意志坚强、锲而不舍。具体来说就是能在谈判过程中坦然自若，既有追求谈判最高目标的伟大理想，又能够正确对待谈判现实中的问题和挫折，胜不骄败不馁。在谈判过程中，谈判的艰巨性可想而知，谈判桌前持久的讨价还价，枯燥乏味、令人厌倦，这时，谈判者之间的持久交锋不仅仅是一种智力技能和实力的比试，更是一场意志、耐心和毅力的较量。如果谈判者没有坚忍不拔、忍耐持久的恒心和泰然自若的精神，是难以适应的。

有一位谈判能手曾这样说过，永远"不要轻易放弃，直到对方至少说了七次不"。谈判者只有具备了这样的素质，才能应付各种艰巨复杂的谈判。

这种意志力、忍耐力还表现在一个谈判人员无论在谈判高潮阶段还是低潮阶段，都能心平如镜，特别是当胜利在望或陷入僵局时，更要能够控制自己的情感，喜形于色或愤愤不平，不仅有失风度，而且还会让对方抓住弱点，给对方造成可乘之机。良好的心理调适能力就是谈判者能够根据谈判形式的变化随时随地调整自己的情绪，做到冷静思考从容应对，古往今来伟大的政治家、军事家、思想家都以戒躁、制怒、留静、贵虚等作为自我修养的基本方法，戒躁、制怒就是要想方设法消解自己激动的情绪,因为如果失去理智就会做出愚蠢的事情。贵虚与留静有两层含义:一是养成一种敏锐、明澈如玄的心境;二是指冷静观测事态的发展变化,抓住薄弱环节、出其不意、克敌制胜。

谈判是斗智比谋的竞技活动,感情用事会影响谈判,控制自己非理性情感的发泄,幽默大度,灵活巧妙地将消极情趣转化为积极情趣,能使自己摆脱困境,战胜对方。可见,培养良好的心理调适能力是谈判人员必备的素质。

3. 合理的知识结构

谈判是利益关系的协调磋商过程,在这个过程中,合理的知识结构是讨价还价、赢得谈判的重要条件。合理的知识结构是指谈判者必须具备丰富的知识,他们不仅要有广博的知识面,而且要有较深的专业学问,两者构成一个"T"字形的知识结构。

如何通过在大学的学习,积累广博深厚的知识?

(1) 谈判人员的横向知识结构。一名优秀的谈判人员,必须具备完善的相关学科知识,要把自然科学和社会科学统一起来,普通知识和专业知识统一起来,在具备贸易、金融、营销等一些必备专业知识的同时,还要广泛涉猎心理学、经济学、管理学、财务学、控制论、系统论等学科的知识。在现实的贸易往来中,谈判人员的知识技能单一化已经成为一个现实的问题,技术人员不懂商务、商务人员不懂技术的情况大量存在,已经给谈判工作带来了很多困难。在知识结构上,商务谈判人员还要了解有关国家和地区的商务历史、地理风俗习惯等状况,否则就会出现问题。比如,我国某公司曾经在泰国承包了一个工程项目,由于不了解施工时期是泰国的雨季,运过去的轮胎式机器在泥泞的施工现场根本无法施工,只能重新组织履带式机械,因为耽搁了采购、报关、运输的时间,以至于延误了工期,导致对方提出索赔。如果当初我方谈判人员多懂一点世界地理知识或者主动向专家了解一下在泰国施工可能遇到的困难,所蒙受的经济损失和信誉损失就会得到避免。总之,谈判人员必须具备多方面的知识,知识必须有一定的宽度,才能适应复杂的谈判活动。

(2) 谈判人员的纵向知识结构。优秀的谈判人员,除了必须具备广博的知识面,还必须具有较深的专业知识,即专业知识要具有足够的深度。专业知识是谈判人员在谈判活动中必须具备的知识,没有系统而精髓的专业知识功底,就无法进行成功的谈判。改革开放以来,在我国的经济交往中,出现过许多因缺乏系统的专业知识或不精通专业技术而造成的进口设备重大失误的案件,也出现了一些因财务会计的计算错误而造成的经济损失,包括因不懂法律造成的外商趁机捣鬼事件。

总之,扩大知识视野,深化专业知识,涉猎有助于谈判的广博而丰富的知识,便能在谈判中左右逢源,运用自如,最终取得谈判的成功。

4. 谈判人员的能力培养

谈判者的能力指谈判人员驾驭商务谈判这个复杂多变的竞技场的能力,是谈判者在谈判桌上充分发挥作用所应具备的主观条件。它包括以下内容:

(1) 认识能力。善于思考是一个优秀的谈判人员所应具备的基本素质,谈判的准备阶段和洽谈充满了多种多样、始料未及的问题和假象，谈判者为了达到自己的目的，往往以各种手段掩饰真实意图，其传达的信息真真假假、虚虚实实，优秀的谈判者能够通过观察、思考、判断分析，从对方的言行中判断真伪，了解对方的意图。

(2) 运筹、计划能力。谈判的进度如何把握？谈判在什么时候、什么情况下可以由准备阶段进入接触阶段、实质阶段、进而达到协议阶段？谈判的不同阶段适用怎样的策略？诸如这些都需要谈判人员发挥其运筹作用，当然这种运筹和计划离不开对谈判对手背景、需要、可能采取的策略等内容的调查和预测。

(3) 语言表达能力。一个优秀的谈判者，应该像语言大师那样精通语言，通过语言的感染力强化谈判的艺术效果，谈判中的语言包括口头语言和书面语言两种。无论是哪一类语言，都要求准确无误地表达自己的思想和情感，使对手能够正确领悟己方的立场。其次，还要突出谈判语言的艺术性。谈判中的语言不仅应当准确、严密，而且应生动形象、富有感染力。学会巧妙地运用语言表达自己的意思。

(4) 应变能力。任何细致的谈判准备都不可能预料到谈判中可能发生的所有情况。千变万化的谈判形势要求谈判人员必须具备沉着、机智、灵活的应变能力，以控制谈判的局势。应变能力主要包括处理意外事故的能力、化解谈判僵局的能力、巧妙袭击的能力，等等。

(5) 创造性思维能力。随着社会的发展和科学的进步，以综合性、动态性、创造性、信息性为特征的人类现代思维方式，已经取代了落后的传统思维方式。创造性思维是以创新为唯一目的的思维活动。谈判者运用创造性思维能提高分析问题和解决问题的能力，提高谈判的效率。在台湾问题上，我国提出的一国两制方针就是很好的例子。

5. 健康的身体素质

毛泽东曾经说过，身体是革命的本钱。谈判的复杂性、艰巨性，也要求谈判者必须有一个良好的身体素质。谈判者只有精力充沛、体魄健康，才能适应谈判超负荷的工作需要。

(三) 谈判人员的配备

谈判者个体不但要有良好的政治、心理、业务等方面的素质，而且要恰如其分地发挥各自的优势，互相配合，以整体的力量征服对手。谈判人员的配置直接关系着谈判的成败，是谈判谋略中技术性很强的学问。

> 除了专业知识的互补，你认为谈判人员在性格类型上应该有怎样的搭配？

在一般的商务谈判中，所需的知识大体上可以概括为以下几个方面：

(1) 技术方面的知识。

(2) 价格、交货、支付条件等商务方面的知识。

(3) 合同、法律方面的知识。

(4) 语言翻译方面的知识。

根据谈判对知识的要求，谈判班子应配备如下几个领域的人员：①业务熟练的经纪人员；②技术精湛的专业人员；③精通经济的法律人员；④熟悉业务的翻译人员。同时,谈判班子还应该配置一名有身份、有地位的负责人组织协调整个谈判班子的工作,一般由单位副职领导兼任,称首席代表。另外还应该配置一名记录人员。这样,不同类型和专业的谈判人员就组成了一个分工协调、各司其职的谈判群体,其结构如图 3-1 所示:

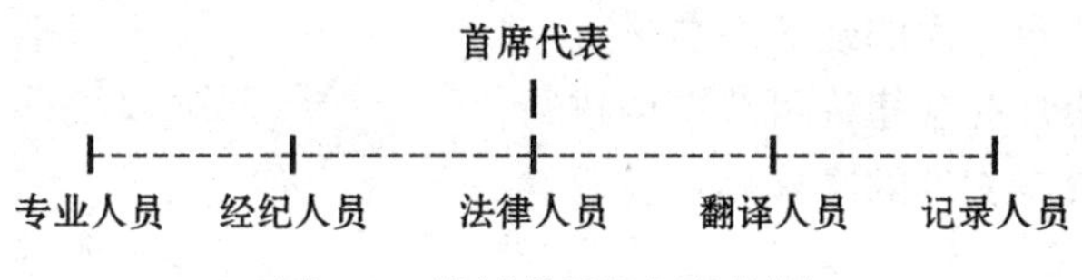

图 3-1 谈判班子组织结构图

在这个群体内部,每一位成员都有自己分工明确的职责。

1. 首席代表

首席代表是指那些对谈判负有领导责任的高层次谈判人员,他们在谈判中的主要任务是领导谈判组织工作。他们除了具备一般谈判人员的素养外,还应阅历丰富,目光远大,具有审时度势、随机应变、当机立断的能力,具有善于控制与协调谈判小组成员的能力。其主要职责是:

(1) 监督谈判程序。

(2) 掌握谈判进程。

(3) 听取专业人员的建议、说明。

(4) 协调谈判班子人员的意见。

(5) 决定谈判过程中的重要事项。

(6) 代表单位签约。

(7) 汇报谈判工作。

2. 专业人员

专业人员是谈判组织的主要成员之一。其基本职责是:

(1) 阐明己方参加谈判的愿望。

(2) 弄清对方的意图和条件。

(3) 找出双方的分歧或差距。

(4) 同对方进行专业方面的磋商。

(5) 修改草拟谈判文书的有关条款。

(6) 向首席代表提出解决专业问题的建议。

(7) 为最后决策提供专业方面的论证。

3. 经纪人员

经纪人员又称商务人员,是谈判组织中的重要成员。其具体职责是:

(1) 掌握该项谈判总的财务情况。

(2) 了解谈判对手在项目利益方面的预期指标。

(3) 分析、计算谈判方案所带来的收益劳动。

(4) 为首席代表提供财力方面的建议。

(5) 在正式签约前提供合同或协议的财务分析表。

4. 法律人员

法律人员是谈判项目的重要成员，如果谈判小组中有一位精通法律的专家，将会非常有利于解决谈判中涉及的法律问题。其主要职责是：

(1) 确认谈判对方经济组织的法人地位。

(2) 提供法律方面的建议和意见。

(3) 监督谈判在法律许可范围内进行。

(4) 检查法律文件的准确性和完整性。

5. 翻译人员

翻译人员在谈判中占有特殊的地位，他们通常是谈判双方进行沟通的桥梁。

翻译的职责在于准确地传递谈判双方的意见、立场和态度。一个出色的翻译人员，不仅能起到语言沟通的作用，而且必须能够洞察对方的心理和发言的实质，既能改变谈判气氛，又能挽救谈判失误，增进谈判双方的了解、合作和友谊。因此，对翻译人员的素质有很高的要求。

在谈判双方都具有运用对方语言进行交流的情况下，是否还需要配备翻译人员呢？现实谈判中往往是配备的。因为利用翻译提供的重复机会，可争取更多的思考时间，密切观察对方的反应，迅速捕获信息，考虑对付对方的战术。

请举一例说明翻译人员在谈判中的重要性。

6. 记录人员

记录人员在谈判中也是必不可少的，一份完整的谈判记录既是一份重要的资料，也是进一步谈判的依据。为了出色地完成谈判的记录工作，要求记录人员要有熟练的文字记录能力，并具备一定的专业基础知识。其具体职责是准确、完整、及时地记录谈判内容。

(四) 谈判班子的分工与合作

一场成功的谈判往往可以归结为谈判人员所具备的良好的个人素质，然而单凭个别人高超的谈判技巧，并不能保证谈判获得预期的效果，谈判最终成功与否还需要谈判班子的功能互补与合作，就好像一场高水准的交响音乐会，之所以最终获得观众雷鸣般的掌声，主要在于每位演奏家的精湛技艺与和谐配合。

那么，如何才能使谈判班子成员分工合理、配合默契呢？

具体来讲，就是要确定谈判过程中的主谈人与辅谈人。

所谓**主谈人**，是指在谈判的某一阶段或针对某一个或几个方面的议题进行发言，阐述己方的立场和观点的谈判者。这时其他人处于辅助的位置，称为辅谈人。一般来讲，谈判班子中应有一名技术主谈，一名商务主谈。

主谈人作为谈判班子的灵魂，应具备上下沟通的能力，有较强的判断、归纳和决断能力，必须能够把握谈判方向和进程，设计规避风险的方法，必须能领导下属齐心合作、群策群力、突破僵局，达到既定的目标。

确定主谈人和辅谈人以及他们之间的配合是很重要的。主谈人一旦确定，本方的意见、观点都由他来陈述表达，一个口子对外，避免各吹各的调。在主谈人发言时，自始至终都应得到本方其他人员的支持。比如，口头上的附和"正确"、"没错"、"正是这样"等。有时在姿态上也可以做出赞同的姿势，如眼睛看着本方主谈人不住地点头等。辅谈人的附和对主谈人的发言是一个有力的支持，会大大加强他说话的力量和可信程度。如己方主谈人在讲话时，其他成员东张西望、心不在焉，或者坐立不安、交头接耳，就会削弱己方主谈人在对方心目中的分量，影响谈判结果。

有配合就有分工，合理的分工也是很重要的。

1. 洽谈技术条款的分工

在洽谈合同技术条款时，专业技术人员处于主谈的地位，相应的经济人员、法律人员则处于辅谈人的地位。技术主谈人要对技术合同条款的完整性、准确性负责，在谈判时，对技术主谈人来讲，除了要把主要精力放在有关技术方面的问题上外，还必须放眼谈判的全局，尽可能为后面的商务条款和法律条款的判断创造条件。对商务人员和法律人员来讲，他们的主要任务是从商务和法律的角度向技术主谈人提供咨询意见，并适时地回答对方涉及商务和法律方面的问题，支持技术主谈人的意见和观点。

2. 洽谈商务条款的分工

很显然，在洽谈合同商务条款时，经济人员应处于主谈人的地位，而技术人员和法律人员则处于辅谈人的地位。

合同的商务条款在许多方面是以技术条款为基础的。因此，在谈判时，需要技术人员技术角度给予商务人员以有力的支持。比如，在设备买卖谈判中，经济人员提出了某个报价，这个报价是否能够站得住脚，首先取决于该设备的技术水平。对卖方来讲，如果卖方的技术人员能以充分的证据证明该设备在技术上是先进的，即使报价比较高，也是顺理成章、理所应当的。而对买方来讲，如果买方的技术人员能提出该设备在技术方面存在的不足，就动摇了卖方报价的基础，从而为本方谈判人员的还价提供了依据。

3. 洽谈合同法律条款的分工

事实上，合同中的任何一项条款都是具有法律意义的，但是在某些条款上法律的规定性更强一些。在涉及合同中某些专业性的法律条款谈判时，法律人员应以主谈人的身份出现，他们对合同条款的合法性和完整性负主要责任。总之，法律人员应参加谈判的全过程，只有这样，才能保证各项条款都有准确的法律依据，为谈判提供充分的依据。

二、谈判情报的搜索和筛选

谈判情报是指那些与谈判活动有密切联系的各种资料信息。商务谈判作为运用信息满足自己需要的一种经济活动，对信息的依赖更加强烈。因此，谈判者的信息搜集就成为了解双方意图、制订谈判计划、确定谈判战略及策略、选择谈判方式的基本前提。

(一) 信息情报搜集的主要内容

1. 与谈判有关的环境因素

与谈判有关的环境因素分为以下几类：

(1) 政治状况。政治和经济是紧密相连的,政治对于经济具有很强的制约力。任何一国的政府,总是为解决本国特殊环境所遇到的种种问题而制定和推行一系列认为必要的经济政策。政治因素对商务谈判活动,特别是涉外商务谈判有着非常重要的影响。当一个国家政局稳定,政策符合本国国情,它的经济就会发展,就会吸引众多的外国投资者前往投资。否则,政局动荡,市场混乱,人心惶惶,就必然产生相反的结果。因此,涉外贸易组织在进行经济往来之前,必须对谈判双方的政治环境做详尽了解,主要包括政局的稳定、政府之间的关系、政府对进口商品的控制等。

(2) 法律制度。法律制度和政治制度一样,也对商务谈判有着无形的控制力,涉外企业在贸易往来中,不可避免会遇到各种各样的法律问题,只有清楚地了解对方国家的法律制度,才能减少商业风险。

(3) 宗教信仰。当前,无论是科学技术高度发达的美国和欧洲,还是富有的阿拉伯产油国,或者其他贫穷落后的国家,宗教问题无不渗透到社会的各个角落。宗教信仰影响着人们生活的方式、价值观念及消费行为,也影响着人们的商业往来。

宗教问题很复杂,谈判人员不可能也没有必要专门研究,但宗教的有关问题,如宗教的信仰和行为准则、宗教活动方式、宗教的禁忌等对商务活动会产生直接影响,这些都是商务谈判人员必须了解的。

(4) 商业习惯。由于历史原因,世界各国都形成了各具特色的商业习惯。作为涉外人员,只有了解和掌握目标市场的商业习俗和做法,才能在业务交往中采取有效的方法,保证业务活动的正常开展。

(5) 财政金融状况。了解财政金融状况的主要内容包括:①该国的外债情况;②该国的外汇贮备情况。如:该国主要靠哪些产品赚取外汇?国际支付方面信誉如何?该国货币是否可以自由兑换?兑换有何限制?以及汇率变动的情况等。

(6) 社会习俗。社会习俗是指不同国家及地区由于其文化背景、宗教信仰等方面的不同影响而形成的独特、典型的行为方式及行为标准。它们对谈判都会产生一定的影响。比如,在衣着、称呼、日常行为方面,什么才是合乎社会规范的标准?是不是只能在工作时间谈业务?饮食等方面都有什么特点?送礼的方式及礼物的选择有什么特殊的习俗?等等,这些对商业来往都会产生一定的影响。

(7) 基础设施与后勤供应系统。主要是指该地区的交通运输条件、邮电通信事业的发展等。

(8) 气候因素。气候因素包括雨季的长短与雨量的多少、气温的高低等,这些因素对人们的消费习惯以及贸易谈判都会产生一定的影响。比如,日本汽车之所以能在东南亚和香港等地打败欧洲厂商,原因在于日本汽车在进入市场时,考虑到当地气候炎热,在汽车上配有制冷设备,而欧洲汽车没有这些设备,不能适应市场需要。

2. 有关谈判对手的情报

古人云:"知己知彼,百战不殆。"打仗如此,商务谈判也不例外。知己,就是了解本国、本地区、本产品的经营情况;知彼,就是千方百计地全面了解谈判对手的情报。在这方面,有许多成功的案例。相反,由于对谈判对手的背景材料准备不足,也有许多上当受骗的例子。

英国著名哲理家弗朗西斯·培根曾在《谈判论》中指出,"与人谋事,则须知其习性,以引导之;明其目的,以劝诱之;谙其弱点,以威吓之;查其优势,以钳制之。与奸猾之人谋事,唯一刻不忘其所图,方能知其所言。说话宜少,且需出其不意。于一切艰难的谈判之中,不可有一蹴而就之想,唯徐而图之,以待瓜熟蒂落。"培根的这番话告诉我们,对于未来的谈判对手,了解得越具体、越深入,估计越准确、越充分,就越有利于掌控谈判的主动权。

如何理解这段话?

谈判对手的情报主要包括该企业发展的历史、组织特征、产品技术特点、市场占有率和供需能力,价格水平及付款方式,对手的谈判目标、资信情况和参加谈判人员的资历、地位、爱好、谈判风格、谈判作风及模式等。这里我们主要介绍资信情况、合作欲望和对手的谈判人员等情况。

(1) 资信情况。包括对手商业信誉及履行能力情况,如对手的资本积累情况、技术装备水平,产品的品种、质量、数量及市场信誉等。

(2) 对手的合作欲望情况。对手与我方合作的意图是什么?合作愿望是否真诚,对我方的信赖程度如何,对实现成功合作的迫切程度如何,是否与我国其他区域或企业有经济来往等。总之,对方的合作欲望越强,越有利于谈判朝我方发展。

(3) 对手的谈判人员情况。包括谈判对手谈判班子的人员组成,成员各自的身份、地位、年龄、经历、职业、爱好、性格、谈判经验如何,另外还需了解谈判中的首席代表能力、权限、特长及弱点,此人对此次谈判抱何种态度,以及其倾向性意见如何等。

3. 竞争者的情况

生产力的不断提高和科学技术在生产中的普遍运用,使社会商品极大丰富,同一商品往往出现许多替代品(包括相似产品和同种产品)。因此,在商业交往中,经常出现一个卖主、多个买家和一个买主、多家卖主的情况。这样,对于买卖双方来讲,了解竞争者的情况就很有必要。竞争者作为谈判当中的重要"砝码",影响着谈判天平的倾斜。

竞争者的情报主要包括市场同类产品的供求状况,相关产品和替代产品的供求情况,产品的技术发展趋势,主要竞争厂家的生产能力、经营状况和市场占有率,有关产品的配件供应情况,竞争者的推销力量、市场营销状况、价格水平、信用状况等。

4. 己方的情况

谈判成功的关键在于:了解对方的同时,更深刻地了解自己。只有正确地了解自己,才能在谈判中客观确立自己的地位,采取相应的对策。己方的情况包括本企业产品及生产经营状况和本方谈判人员的情况。

本企业的产品及生产经营状况涉及的内容很多。对于卖方来讲，要了解自己产品的规格、性能、主要用途、质量、品种、数量、销售情况、商品的市场竞争力、供应能力及经营手段、经营策略等。

正确地评价自己是确定奋斗目标的基础。谈判人员还应对己方谈判人员有一个客观的了解，只有这样，才能制定出切实可行的谈判策略。

(二) 信息情报搜集的方法和途径

在日常的经贸往来中，企业都力求利用各种方式搜集大量的信息资料，为谈判所用，这些方法及用途主要包括：

(1) 本企业直接派人去对方企业进行实地考察，搜集资料。在现实经济生活中，人们把实地考察作为搜集资料的重要形式，企业派人到对方的企业，通过对其生产状况、设备的技术水平、企业管理状况、工人的劳动技能等各方面的综合观察、分析，可获得有关谈判对手生产、经营、管理等各方面的第一手资料。在实地考察之前，应有一定的准备。带着明确的目的与问题，才能取得较好的考察效果。

(2) 通过各种信息载体搜集公开情报。企业为了扩大自己的经营，提高市场竞争力，总是通过各种途径进行宣传，这些都可以为我们提供大量的信息。如企业的文献资料、统计数据和报表，企业内部报刊和杂志、各类文件，广告、广播宣传资料，用户来信、产品说明和样张等，从对这些公开情报的搜集和研究当中，就可以获得我们所需要的情报资料。

(3) 通过对与谈判对手有过业务交往的企业和人员调查了解信息。任何企业为了业务来往，都必然搜集大量资料，以准确了解对方。因此，同与对手有过业务交往的企业联系，必然会得到大量的有关谈判对手的信息资料。

(4) 通过专业组织和研究机构获取调查报告。随着经济发展，出现了许多专业性的组织和研究机构，它们通过收取一定费用或者义务服务的方式为委托人完成特定目的的调查，并将调查结果以调查报告的方式呈交给委托人。这样做，一方面可以节省委托人的时间，同时也会使调查更为专业，弥补自己调查经验不足的情况。

(三) 信息情报的整理和筛选

整理和筛选信息情报的目的在于：

(1) 为了鉴定资料的真实性和可靠性，去伪存真。

(2) 由于各种原因，有时搜集到的信息有可能是片面的、不完整的，通过信息的整理和筛选就可以将不准确的信息剔除。

(3) 在保证真实、可靠的基础上，结合谈判项目的具体内容，根据重要程度对各种信息进行排序，并在此基础上制订出具体的谈判方案和对策。

信息情报的整理和筛选要经过以下程序：

(1) 分类。即将所得资料按专题、目的、内容等进行分类。

(2) 比较和判断。比较即分析，通过分析了解资料之间的联系，了解资料的真实性、客观性，做到去伪存真。

(3) 研究。在比较、判断的基础上，对所得资料进行深加工，形成新的概念、结论，为我方谈判所用。

(4) 整理。将筛选后的资料进行整理，做出完整的检索目录和内容提要，以便检索查询，为谈判提供即时的资料依据。

三、制订谈判计划

谈判计划是人们在进行谈判之前，预先拟定的谈判目标和实现目标的步骤。首先来看下面这个案例。

相关案例链接

AB公司和PH公司成立合资公司的谈判

AB公司(外方)：主营某轻工产品装备的开发和制造。

PH公司(中方)：主营某轻工产品装备配件的生产、制造、销售。

随着中国经济的持续、稳步增长，AB公司的主要产品在中国逐步打开销路，经营业绩逐年增长。在市场开拓的过程中，AB公司的营销人员和公司高管注意到，位于中国上海的PH公司的同类产品在中国占有较大的市场，并受到业内好评。此前，AB公司的同类配件均在美国本土配套，为了降低成本，方便产品的售后服务，AB拟与PH公司在中国合资建立一家企业，从事该产品的生产、销售和售后服务。为此，AB公司向PH公司发出了建立合资企业的《业务建议书》。

收到该《业务建议书》后，PH公司召集了多次分析研讨会议，对AB公司的合资意图、合资企业的市场定位、管理架构、运营模式等进行了深入分析，并聘用了一家资深企业并购咨询管理公司，委托其对该合资方案进行战略分析。该咨询管理公司在进行了大量调研查询的基础上，对合资方案进行了全面透彻的分析，并出具了《关于AB公司与PH公司设立合资企业的专题分析报告》。根据该报告，PH公司确定了合资谈判的谈判计划，明确了在合资合同谈判中的重点、难点和应对方案。

PH公司认为：在本次合资合同谈判中的重点和难点问题有两个：出资比例和出资形式。出资比例涉及对未来公司的控股权问题，而出资形式则涉及AB公司拥有的两项该生产线(该企业的产品)的关键制造技术(know-how)，PH公司试图通过合资将该两项关键技术由AB公司以技术投入的方式投入到合资公司，且这种投入是独占的、排他性的。这可以看出对于己方利益的初步分析。接下来进一步分析，在控股权和关键技术之间哪一个对中方更重要。结论是关键技术对中方更重要，并且作为一家生产整条轻工产品装备性生产线的合资企业，外方要求对企业的控股权也是比较合理的，即外方在控股权问题上让步的可能性比较小。

基于这些分析，制定的谈判方案和策略为：在第一轮谈判时，由中方先行提出中方投资超过51%绝对控股地位；外方对此可能不会同意，在经过多轮磋商后，中方表示可以对控股设想放弃，但作为一种对中方让步的回报，中方坚持外方的投入中除现金投入外，其拥有的两项关键技术应以一个合理的评估价进入，并以特别约定的形式，明确该技术的投入是独占的、排他的。依据这一计划，经与AB公司多轮谈判，与对方取得了一致意见，签订了《AB公司与PH公司合资成立中外合资上海A-P机械有限公司合同书》，达到了中方的预期，较好地维护了中方的利益。

由此可见，制订周密细致的谈判计划是保证谈判顺利进行的必要条件。

(一) 谈判的主题和目标

谈判的主题是指参加谈判的目的，而谈判目标则是指谈判主题的具体化，整个谈判活动都是围绕主题和目标进行的。

谈判的主题必须简单明确，最好能用一句话加以概括和表述。比如"以最优惠的价格引进某项技术"等，至于什么样的条件才算优惠，那是谈判目标的问题。另外，谈判主题是我方公开的观点，不一定非得和对方经过磋商的谈判主题完全一致。

谈判目标是对主要谈判内容确定期望水平，一般包括技术要求、考核或验收标准、技术培训要求、价格水平等。当其他条件满足时，则以价格高低为标准。一般来说，谈判目标要有弹性，如果在谈判中缺乏回旋余地，那么稍遇分歧就会使谈判流产。因此，通常谈判目标分为最高目标、中间目标和最低目标3个层次。

最高目标是一个理想的目标境界，是谈判者希望达成的目标，既应努力争取，必要时也可以放弃。谈判者能力的高低，在很大程度上体现在最高目标的实现程度上。

中间目标是力求争取实现的期望值，也是谈判者乐于达成的目标，是谈判人员根据各种客观情况的分析，经科学论证、预测、决策后所确定的谈判目标，是一种保证基本利益的目标，只有在迫不得已的情况下才能放弃此目标。

最低目标是达成交易的最低期望值，在谈判中必须保证最低目标的实现，否则，谈判将没有意义。

当然，要具体确定某个项目的谈判目标是一件复杂的事情，要依据对许多因素的综合分析才能确定。例如，如果对方是我方唯一选择的合作伙伴，则对方处于十分有利的地位，我们的目标水平就不要定得太高；反之，如果我方有许多潜在的买主(或卖主)，那么对方显然处于较弱的地位，我们的目标水平就可相应定高些。其次，要考虑今后是否会与谈判对手保持长期的业务往来。如果这种可能性很大，就要着眼于与对方建立友好、持久的关系，对于谈判目标的确定应本着实事求是的态度，确定合理的水平。此外，交易本身的性质与重要程度、谈判与交易的时间限制等因素，在制定具体谈判目标时也是必须考虑的。

(二) 谈判的地点和时间

谈判地点的选择并不是一件很随意的事情，恰当的地点往往有助于在谈判中处于主动地位。

根据地点的不同选择方式，谈判可分为3种形式，即主场谈判、客场谈判和主客场轮流谈判，这部分内容已经在第二章作了详细介绍，这里不再赘述。一般来说，谈判地点要争取在己方，其有利之处在于有助于己方自由发挥，就像体育比赛一样，在己方场地举行谈判洽商活动，获胜的可能性就会更大。一些谈判家所做的研究也证明了这一点。美国专家泰勒尔的实验表明：多数人在自己家的客厅与人谈话，比在别人的客厅里更能说服对方。这是因为在自己的所属领域里，能更好地释放能量与本领，所以行为的成功概率就高。事实上，这种情况也适用于谈判。

此外，谈判具体地点的选择也很讲艺术性。一般来说，在大型会议室举行的往往是正式谈判，谈判的开始需要这样的安排，因为这样能造成一种气势，使双方认真对待；谈判结束时签订合同也常在大型会议室举行，同样是为造成一种合作的气氛和社会影响，这些内容便于公开，双方也希望更多的人了解这样的结果。

一般在小会议室中举行的是讨论型的谈判，双方是认真负责的，因此大量具体的细节问题在这样的场合中讨论比较合适。同时其内容仅限于与会者知道。特别是对有争议的问题，在这种场合比较容易表达，可见正式谈判设在小会议室中进行的机会比较多。

以上所说的谈判都是正式场合的谈判，双方在这种场合都会感受到一种无形的压力。然而在饭馆中或高尔夫球场上，双方的言论就比较轻松了，可以谈论正事，可以诉说友情，也可以讨论无关的问题。这样的交流在谈判过程中也是不可或缺的，谈判双方不仅可以通过非正式的讨论问题以了解对方的真实想法和个人意见，同时也是双方建立长期情感的一种方式和渠道，从而有利于谈判时的顺利决策。

(三) 谈判的议程和进度

谈判的议程是指有关谈判事项的程序安排。它是对于有关谈判的议题和工作计划的预先编制。谈判的进度是指对每一事项在谈判中所占时间的把握，目的在于促使谈判在预定的时间内完成。

在谈判的准备阶段，我方应率先拟定谈判议程，并取得对方的同意。在谈判实践中，一般以东道主为先，经协商后确定，或双方共同商议。谈判者应尽量争取谈判议程的拟定，这样对己方来讲是很有利的。谈判议程的拟定大有学问，一般来说，应注意以下 3 个方面：

首先，议程安排要根据己方的具体情况，在程序上能扬长避短，即在谈判的程序安排上，保证己方的优势能够正常发挥。

其次，议程的安排和布局，要为自己出其不意的谈判策略埋下契机，对一个经验丰富的谈判者来讲，是绝不会放过利用拟定谈判议程的机会运筹谋略的。

最后，谈判议程的内容要能够体现己方的总体方案，统筹兼顾；要能够引导或控制谈判的速度以及己方让步的限度和步骤等。

典型的谈判议程至少包括以下三方面内容：

(1) 谈判应在何时举行？为期多久？若是系列谈判，则分几次谈判为好？每次所花时间大概多久？休息时间多久？等等。

(2) 谈判在何处举行？

(3) 哪些事项列入讨论？那些不列入讨论？讨论的事项如何编排先后顺序？每一事项应占多少讨论时间？等等。

(四) 谈判的基本谋略

谈判的基本谋略是指谈判者为了达到和实现自己的谈判目标，在对各种主客观情况充分估量的基础上，拟采取的基本途径和方法。

基本策略确定的第一步是确定双方在谈判中的目标，包括最高、最低、中间目标的目标体系；在交易的各项条款中，哪条条款是对方重视的，哪些是他们想得到的，哪些是对方可能做出让步的，让步的幅度多大，等等。第二步，确定在我方争取最重要条款的时候，将会遇到哪些方面的阻碍，对方会提出什么样的条件等。第三步，针对以上情况，我们采取怎样的策略。

以上谈判计划的制订，有赖于对双方的实力及其影响因素的正确估量和科学分析。否则，谈判计划就没有任何意义。

四、谈判物质条件的准备

谈判物质条件的准备，包括两方面的内容：一是谈判室及室内用具的准备；二是谈判人员的食宿准备。

(一) 谈判室及室内用具的准备

一般来说，谈判室应选择在距谈判人员住宿较近的地方，否则会造成诸多不便。要远离闹市区和街道，嘈杂的环境会影响谈判人员的情绪和谈判技巧的发挥。

室内应整洁、宽敞、光线充足，通风设备良好，并且要有良好的通信设备，谈判人员能够很方便地接打电话或者上网。也应设有类似黑板、投影仪等的视觉设备，谈判双方同意或要求才能配备。谈判室旁边或附近应设有休息室，以便能使双方放松紧张的神经，缓和彼此间的对立气氛。当然，为了谈判需要，有时也会设置特定的环境，让对方处在不利的环境当中。

相关案例链接

位置影响成败

日本老资格政治家河野一郎在他的回忆录中清晰地描述了20世纪50年代他与苏联领导人布尔加宁的一次谈判，就是利用环境的优势轻取对手。当他来到谈判会议室准备就座时，苏联人按惯例让他先行选择，河野环视了一下，就近选了一把椅子说："我就坐这儿吧。"布尔加宁说了声："好。"便在河野的对面坐了下来。事后，河野讲，他选择的椅子在方向上是背光的，谈判中他很容易看到对方的表情，甚至布尔加尔流露出的倦容。而对方却没有办法捕捉到他的任何表情流露。河野宣称这是他多年外交谈判的一个秘诀。

房间的布置也很重要。一般来讲，比较重要的、大型的谈判选用长方形的谈判桌，双方代表各居一面，相对而视，无形中增加了双方谈判的分量；在规模较小或双方谈判人员熟悉的情况下，多选用圆形谈判桌，这样就可以消除谈判双方代表的距离感，双方团团围坐，会加强双方关系融洽、共同合作的印象。所配的椅子要尽量舒适，会谈所需的其他设备和服务也应周到，如烟缸、茶水及饮料等。

（二）食宿安排

谈判是一项艰苦复杂、体力消耗大、精神高度紧张的工作，对谈判人员的精力及体力有较高的要求。因此，东道主一定要妥善安排谈判人员的食宿，安排食宿应体现周到细致、方便舒适的原则。要根据谈判人员的饮食习惯，尽量安排可口的饭菜。本着友好的态度，尽量提供方便、安全的住宿条件，这样才有利于谈判者精力、体力的恢复。

相关案例链接

尼克松访华时的欢迎乐曲

1972 年 2 月美国总统尼克松访华，在欢迎尼克松一行的国宴上，当军乐队熟练地演奏起由周总理亲自选定的《美丽的亚美利加》时，尼克松简直听呆了，他绝没想到在中国北京可以听到他平生最喜爱并且指定在他的就职典礼上演奏的家乡乐曲。敬酒时，他特地到乐队前表示感谢，此时，国宴达到高潮，融洽而热烈的气氛深深地感染了美国客人，促使此后的谈判都在和谐融洽的氛围下进行。

五、谈判方式的选择

谈判方式是指参加谈判的双方针对某一商务活动进行磋商时相互采取的交往方法和形式。谈判的方式多种多样，可做以下的归纳分类。

（一）直接谈判和间接谈判

按照谈判双方的接触形式可分为直接谈判和间接谈判。直接谈判是指在商务谈判活动中，参加谈判的双方当事人之间不需要加入任何中介组织或中介人直接进行的谈判。**直接谈判**在商务活动中应用非常广泛，包括面对面的口头谈判和利用信函、电话、电传等通信工具进行的书面谈判。

直接谈判的优点在于：首先，不需中间人介入，免去了很多中间手续，使谈判变得及时、快速；其次，各方当事人直接参加谈判，易于保守商业秘密；最后，节约谈判费用，不需支付中介费用等。

直接谈判适用于以下情况：

（1）参加谈判双方或一方重礼节，以直接谈判形式表示对对方的尊重。

（2）谈判结果对一方或双方有重大影响的谈判。

（3）谈判涉及一些长期悬而未决的问题，采用其他方式无法解决时。

（4）其他各种需双方直接进行交往的情况。

间接谈判是相对于直接谈判而言的，它是指参加谈判的双方或一方当事人不直接出面参与商务谈判活动，而是通过中介人（委托人、代理人）进行的谈判。这种谈判形式在谈判活动中应用较为广泛。

间接谈判的优点在于：首先，中介人一般都是谈判对方当地的代理人，熟悉当地的环境，熟知谈判对方的行为方式，便于找到合理地解决问题的办法。其次，代理人的代理地位不易导致利益冲突，不易陷入谈判的僵局。第三，代理人在其授权范围内进行谈判，不易损失被代理人的利益。

间接谈判多适用于以下情况：

(1) 谈判一方或双方对对手情况不了解时。

(2) 冲突性较大的谈判中，为了避免双方直接冲突。

(3) 在谈判出现僵局，而双方又无力解决时。

(二) 横向谈判和纵向谈判

按照议题的商谈顺序，可将谈判分为横向谈判和纵向谈判。**横向谈判**是指在确定谈判所涉及的所有议题后，开始逐个讨论预先确定的议题，在某一议题上出现矛盾或分歧时，暂时搁置这一问题，接着讨论其他问题，直到所有内容都谈妥为止。

这种谈判形式的优点在于：

(1) 议程灵活，方法多样，多项问题同时讨论，有利于寻找解决问题的变通办法。

(2) 有利于谈判人员创造力和想象力的发挥，便于谈判策略和技巧的使用。

(3) 不容易形成谈判僵局。

纵向谈判是指在确定谈判的主要议题后，逐一讨论每一问题和条款，讨论一个问题，解决一个问题，直至所有问题都得到解决的谈判方式。其特点在于集中解决一个议题，即只有在第一个讨论的问题解决后，才开始全面讨论第二个议题。

纵向谈判方式的优点在于：

(1) 程序明确，把复杂问题简单化。

(2) 每次只谈一个问题，讨论详尽，解决彻底。

(3) 避免多头牵制、议而不决的弊病。

(4) 适用于原则性较强的谈判。

这种谈判方式也有缺点：首先，议程过于死板，不利于双方沟通交流；其次，问题之间不能相互通融，当某一问题陷入僵局时，不利于其他问题的解决；最后，不利于谈判人员想象力、创造力的发挥，不能灵活变通地解决谈判中的问题。

六、模拟谈判

为了更直接地预见谈判的前景，对于一些重要的和难度较大的谈判，可以采取模拟谈判的方法来改进和完善谈判的准备工作。

模拟谈判即正式谈判前的"彩排"，即将谈判小组成员一分为二，一部分人扮演谈判对手，并以对手的立场、观点和作风来与另一部分己方谈判人员交锋，预演谈判的过程。

(一) 模拟谈判的必要性

模拟谈判可以使谈判者获得实践经验，取得重大的成果。在模拟谈判中，谈判者不用担心谈判的失败，从检验谈判方案可能产生的效果出发，不仅可以使谈判者注意到那些原本被忽略或被轻视的重要问题，而且通过换位思考，使我方在谈判设计方面显得更有针对性。同时，丰富我方在消除双方分歧方面的建设性思路。通过模拟谈判，我方可考虑确定解决方案和妥协方案。

模拟谈判可以锻炼谈判者的应变能力，培养和提高谈判者的素质。

（二）拟定假设

要使模拟谈判做到真正有效，还有赖于拟定正确的假设条件。

拟定假设是指根据某些既定的事实或常识，将某些假设承认为事实，视其为事实进行推理。依据假设的内容，可以把假设条件分为3类：对客观世界的假设、对谈判对手的假设和对己方的假设。

在谈判中，常常由于双方误解事实的真相而浪费大量的时间，也许曲解事实的原因就在于一方或双方假设的错误。因此，谈判者必须牢记：自己所做的假设只是一种推测，如果要把假设奉为必然去谈判，将是非常危险的。

拟定假设的关键在于提高假设的精准度，使之更接近事实。为此在拟定假设的条件时要注意以下几点：

(1) 让具有丰富谈判经验的人做假设，这些人身经百战，提出的假设可靠度高。

(2) 必须按照正确的逻辑思维进行推理，遵守思维的一般规律。

(3) 必须以事实为基准，所拟定的事实越多、越全面，假设的准确度就越高。

(4) 要正确区分事实与经验，事实与主观臆断。

（三）对模拟谈判的总结

模拟谈判的目的在于总结经验，发现问题，提出对策，完善谈判方案。所以模拟谈判的总结是必不可少的。模拟谈判的总结应包括以下内容：

(1) 己方的观点、风格、精神。

(2) 对方的反对意见及解决办法。

(3) 于己有利的条件及运用情况。

(4) 自己的不足及改进措施。

(5) 谈判所需情报是否完善。

(6) 双方各自的妥协条件及可共同接受的条件。

(7) 谈判破裂与否的界限。

可见，模拟谈判总结涉及各方面的内容，只有通过总结，才能积累经验，吸取教训，完善谈判工作。

经典案例赏析

打电话给阿尼

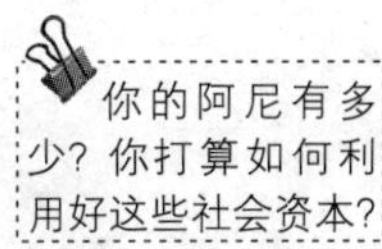
你的阿尼有多少？你打算如何利用好这些社会资本？

阿尼是谈判大师夏派罗在外地的一位朋友。那时，夏派罗在巴尔的摩开律师事务所。

一天,夏派罗接到客户电话,称其想卖出他3年前花100万美元买下的一处地产给GG建筑材料公司。并要求夏派罗帮他谈成这笔生意。该客户给夏派罗制定的地产定价是310万美元,底线是160万美元。

接到电话后,夏派罗便着手搜集相关信息,包括:那块地皮周边类似地产的价格,附近地区地价涨落的趋势等。夏派罗也了解到:买家GG建筑材料公司是一家上市公司。夏派罗立即找到关于这家公司的相关信息——季报、半年报、年报、损益表、新闻报道、相关文章等。通过对各类信息的整合汇总,夏派罗得知GG建筑材料公司刚刚上市几个月,手中有大量通过出售股票募集的现金。他还调查了GG公司的营业范围,得知他们在芝加哥、得克萨斯、密西西比以及佛罗里达都有销售中心。其业务已拓展到全国,并且还要继续扩展到中部大西洋地区。这对夏派罗来说是个好消息,因为客户的地产正位于这一带。

夏派罗获得的信息越来越多。就在那时,他想到了他的朋友阿尼,因为阿尼碰巧经营一家电视台。估计电视台的老板应该认识当地不少人。于是,夏派罗打电话给阿尼,问他是否了解GG建筑材料公司。阿尼说GG公司没有在电视台做过广告,不是他的客户。"不过,在一次商会的招待会上,GG建筑材料公司的副总经理请我帮他介绍几个当地的房地产经纪人"。夏派罗由此推断GG建筑材料公司要在巴尔地摩建立分公司,他们对房地产有迫切的需求。

谈判开始。对方反复说夏派罗定价离谱,说他们公司可能会集中精力拓展南部业务。而关注这个地区只是他们的谈判策略。这种说法显然不太诚实,因为这与夏派罗了解的情况不一致。

最后,夏派罗说尊重他们的意见。还说:"我们还有其他的选择需要考虑,比如说把这块地产分割出售。万一以后你们决定在我们这个地区开展业务而我们还没有把这块地卖出去,请再和我们联系。"

这时,夏派罗的客户狠狠地捏了一下他的腿。很显然他有点沉不住气了,认为夏派罗太冒险。因为这么多年来这块地产一直无人问津,现在终于有人感兴趣了,希望谈判千万不要破裂。

谈判过后10天左右,GG公司打来电话,说想再谈谈。经过讨价还价,最终以270万美元成交。

分析:谈判需要冒险。但是,准备得越充分,所冒的风险就越小。夏派罗沉得住气的原因是因为调研工作做得好。其实他不过就是多打了一个电话而已。事实上,每个人都有一个"阿尼",就看你会不会用。

思考与练习

姓名________ 班级________ 学号________

1. 名词解释

个体谈判

主谈人

谈判情报

2. 单项选择

(1) 个体谈判的缺陷在于(　　)。

A. 只适合小型谈判　　B. 只适合大型谈判

C. 只适合国内谈判　　D. 只适合国际谈判

(2) 谈判中,首席代表的职责是(　　)。

A. 阐明己方参加谈判的愿望　　B. 弄清对方的意图和条件

C. 找出双方的分歧或差距　　D. 掌握谈判进程

(3) 在洽谈合同技术条款时,(　　)处于主谈的地位。

A. 专业技术人员　　B. 商务人员

C. 法律人员　　D. 翻译人员

3. 多项选择

(1) 谈判对手的资料搜集主要有(　　)。

A. 对手资信情况　　B. 谈判双方实力

C. 对手的谈判期限　　D. 贸易客商类型

(2) 制订谈判方案的基本要求有(　　)。

A. 简明扼要　　B. 具体

C. 灵活　　D. 抽象

(3) 谈判准备阶段的工作有(　　)。

A. 收集信息　　B. 询盘

C. 制订谈判方案　　D. 模拟谈判

E. 发盘

4. 简答题

(1) 简述商务谈判需要做的准备有哪些?

(2) 横向谈判与纵向谈判的优缺点有哪些?

5. 实训题

武汉友芝保健乳品有限公司是一家生产乳制品的地方知名企业。

你所在的公司是一家生产包装材料的厂家。公司准备派你开发武汉市场,希望能成为武汉友芝保健乳品有限公司的供货商。你的公司并没与该公司发生过业务关系,对该公司并不了解。武汉是你公司准备开拓的新市场,拿下家公司的订单对你们意义重大。

假设你的生产成本是5000元/吨,市场平均价格是5700元/吨。

请分析:你要做好哪些充分的谈判准备工作,以确保谈判的成功?

项目四 商务谈判过程

本项目内容结构图

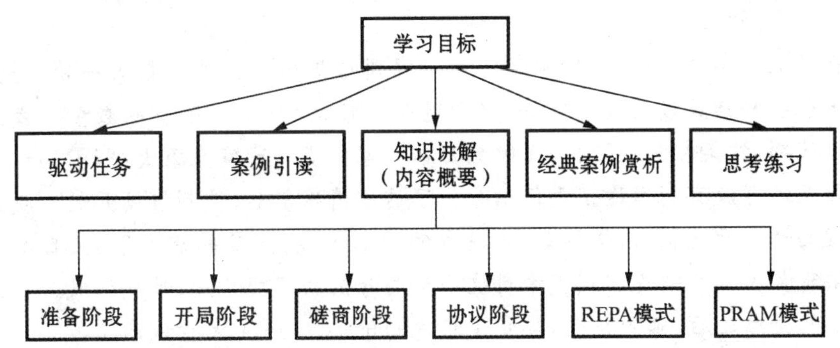

学习目标

• **知识目标**

(1) 掌握商务谈判过程的各个阶段。

(2) 掌握商务谈判的两种常见模式:REPA 模式和 PRAM 模式。

(3) 理解并制订一份商务谈判计划。

• **能力目标**

(1) 对商务谈判的 3 个阶段要能够准备判断,并了解各个阶段的主要知识点。

(2) 能制订出一份商务谈判的计划框架及简单内容。

驱动任务

任务内容:阅读下面资料,完成相应的任务。

我校十分注重学生的实践能力和知识拓展能力,网络是一个汇聚知识的海洋,而且我校学生毕业后从事的是一些专业性的工作,需要熟练的电脑操作能力和一些专业软件的运用能力,然而我校处在发展的过程中,资金周转不太灵活,一时无法筹措大批资金。对方为一家大型电脑公司,公司主要经营电脑的生产,同时进行电脑销售。经过多年的经营,已经在业界有一定的知名度和美誉度。产品质量值得信赖,各大高校争相订购。由于公司覆盖范围广,产品供不应求,不存在资金不畅的问题。但因刚进入本地市场，业务方面还不太成熟，急需拓展市场。希望通过此次谈判，能够使对方成为我方所需电脑的供货商，以合理的条件让双方满意，达成协议，并发展长期的合作关系。

策划任务：针对性分析谈判过程三阶段

任务要求：通过本章内容的学习，了解商务谈判的一般模式以及在谈判过程中各阶段的特点，重点在准备阶段分析出双方的优劣势，做一个谈判方案的策划。

案例引读

在某次交易会上，我方外贸部门与一客商洽谈出口业务。在第一轮谈判中，客商采取各种招数来摸我们的底，罗列过时行情，故意压低购货的数量。我方立即中止谈判，搜集相关的情报，了解到日本一家同类厂商发生重大事故停产，又了解到该产品可能有新用途。再仔细分析了这些情报以后，谈判继续开始。我方根据掌握的情报后发制人，告诉对方：我方的货源不多；产品的需求很大；日本厂商不能供货。对方立刻意识到我方对这场交易背景的了解程度，甘拜下风。在经过一些小的交涉之后，乖乖就范，接受了我方的价格，购买了大量该产品。

知识讲解

商务谈判准备工作就绪以后，就可以进行正式的谈判。商务谈判从正式开局到达成协议，要经历一个错综复杂、千变万化的过程，大体可以分为3个阶段，即开局阶段、磋商阶段、成交阶段。作为一名商务谈判者，应注意谈判各阶段的安排和应用，以达到自己期望的目的。

一、开局阶段

明确谈判的**开局阶段**是指谈判准备阶段之后，谈判双方进入面对面谈判的开始阶段。谈判开局阶段中的谈判双方对谈判尚无实质性感性认识。各项工作千头万绪，无论准备工作做得如何充分，都免不了遇到新情况、碰到新问题。由于在此阶段中，谈判各方的心理都比较紧张，态度比较谨慎，都在调动一切感觉功能去探测对方的虚实及心理态度。所以，在这个阶段一般不进行实质性谈判，而只是进行见面、介绍、寒暄，以及谈判一些不很关键的问题。这些非实质性谈判从时间上来看，只占整个谈判程序中很小的部分。从内容上看，似乎与整个谈判主题无关或关系不太大，但它却很重要，因为它为整个谈判定下了一个基调。

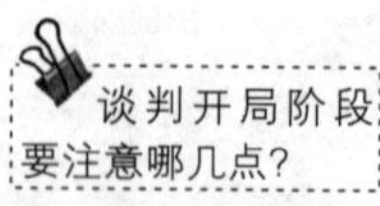

谈判开局处理不好，会导致两种弊端：一是目标过高，使谈判陷于僵局；二是要求太低，达不到谈判预期的目的。所以，在谈判开局阶段，我们应做好以下几方面的工作：

(一) 创造和谐的谈判气氛

气氛是弥漫在空间中的能够影响行为过程的心理因素总和。这些心理因素包括:紧张、兴奋、沮丧、恐惧、期待、高兴、热烈、冷漠、积极、消极、肯定、否定、怀疑、信任、尊敬、鄙视等。例如,参会人员都有团结、友好的感受,那么会议就会充满着团结友好的气氛。

气氛是看不见摸不着的,但却是客观存在的,这有点类似于物质的电场、磁场、力场,物质之间相互作用有时不需要直接接触,通过看不见摸不着的场就能产生作用。很多情况下,可以通过调节气氛达到改善行为进程和结果的目的。例如,通过调控气氛改善谈判、会议、庭审等行为。

要想获得谈判的成功,必须创造出一种有利于谈判的和谐气氛。所谓**谈判气氛**,是指谈判双方通过各自所表现的态度、作风而建立起来的谈判环境。是谈判双方人员进入谈判场所的方式、目光、姿态、动作、谈话等一系列有声和无声的信号,在双方谈判人员大脑中迅速得到的反映。任何一种谈判都是在一定的气氛下进行的,谈判气氛的形成与变化,将直接关系到谈判的成败得失,影响到整个谈判的根本利益和前途,成功的谈判者无不重视在谈判的开局阶段创造良好的谈判气氛。

美国总统杰弗逊曾经针对谈判环境说过这样一句意味深长的话:"在不舒适的环境下,人们可能违背本意,言不由衷。"英国政界领袖欧内斯特·贝文则说,根据他平生参加的各种会谈的经验,他发现,在舒适明朗、色彩悦目的房间内举行的会谈,大多比较成功。

谈判气氛是在双方开始会谈的一瞬间就形成了,并影响以后会谈气氛的发展。因此,在谈判初始段形成的气氛十分重要,双方都应重视,力图有一个良好的开端。会谈伊始,双方见面,彼此寒暄,互相正式介绍,然后大家围坐在谈判桌前开始洽谈。这时的会谈气氛还是客气的、友好的,彼此可能聊一些谈判以外的话题,借以使气氛更加活跃、轻松,消除互相间的生疏感、拘束感,为正式谈判打下基础。在这一期间能否争取主动,赢得对方对你的好感,很大程度上取决于对方对你的"第一印象"。

谈判者的言行,谈判的空间、时间和地点等,都是形成谈判气氛的因素。谈判者应把一些消极因素转化为积极因素,使谈判气氛向友好、和谐、富有创造性的方向发展。要想形成一个和谐的谈判气氛,要把谈判的时间、环境等客观因素与谈判者自身的主观努力相结合,应该做好以下几方面的工作:

(1) 谈判者要在谈判气氛形成过程中起主导作用。形成谈判气氛的关键因素是谈判者的主观态度,谈判者积极主动地与对方进行情绪、思想上的沟通,而不能消极地取决于对方的态度。例如,当对方还板着脸时,你应该率先露出微笑,主动地握手,主动地关切,主动地交谈,都有益于创造良好的气氛。如果谈判者都能充分发挥自己的主观能动性,一定会创造出良好的谈判气氛。

(2) 心平气和,坦诚相见。谈判之前,双方无论是否有成见,身份、地位、观点、要求有何不同,一旦坐到谈判桌前,就意味着双方共同选择了磋商与合作的方式解决问题。因此，谈判之初就应心平气和，坦诚相见，这样才能使谈判在良好的气氛中开场，这就要求谈判者抛弃偏见，全心全意地致力于谈判，切勿在谈判之初就以对抗的心理出发，这只能不利于谈判工作顺利进行。

(3) 不要在一开始就涉及有分歧的议题。谈判刚开始，良好的气氛尚未形成，最好先谈一些友好的或中性的话题。如询问对方的问题，以示关心；回顾以往可能有过交往的历史，以密切关系；谈谈共同感兴趣的新闻；幽默而得体地开开玩笑等。这些都有助于缓解谈判开始的紧张气氛，达到联络感情的目的。

(4) 不要刚一见面就提出要求。如果这样，很容易使对方的态度立刻变得比较强硬，谈判的气氛随之恶化，双方唇枪舌剑，寸步不让，易使谈判陷于僵局。由此可见，谈判尚未达成必要的气氛之前，不可不讲效果地提出要求，这不仅不利于培养起良好的谈判气氛，还会使得谈判基调骤然降温。

但是，并不是说有良好的开端，就一劳永逸，会谈气氛永远是融洽、和谐的。随着谈判的不断深入发展，分歧也会随之出现，如果不注意维护，不采取积极的措施，会谈气氛也会发生变化，良好的会谈气氛也会转向其反面，形成剑拔弩张、唇枪舌剑的紧张对立气氛，这无疑会阻碍谈判的顺利进行。因此，还应随着谈判的深入发展，密切注意会谈的气氛，有意识地约束和控制谈判人员的言行，使每个人自觉地维护谈判气氛，积极促进谈判。

当然，维护和谐的谈判气氛，并不是要己方一味迁就、忍让、迎合、讨好对方，这样，只会助长对方的无理要求，破坏谈判气氛。和谐的谈判气氛是建立在互相尊重、互相信任、互相谅解的基础上的，该争取的一定要争取，该让步时也要让步，只有这样，才能赢得对方的理解、尊重和信任。如果对方是见利忘义之徒，毫无谈判诚意，只想趁机钻空子，那么，就必须揭露其诡计，并考虑必要时退出谈判。

(二) 正确处理开局阶段的"破冰"期

我们把谈判涉及问题前的准备时间，称为"破冰"期。谈判开局的准备时间与谈判前的准备阶段不同，它是谈判已经进入开始阶段的短暂的过渡时间，谈判的各方见面、寒暄、握手、笑谈等都是在此期间进行的。

> 什么是"破冰"期？"破冰"期要注意些什么？

正确把握"破冰"期，有利于谈判期的自然过渡，但应如何来把握"破冰"期呢？"破冰"期是谈判开局阶段的准备。那么这种准备时期应该把握多长时间为宜呢？这需要根据谈判的具体情况而定，通常情况看，"破冰"期一般可控制在全部谈判时间的2%～5%为宜。如果是长时间或多轮谈判，"破冰"期可以相对延长，例如，谈判双方在异地的大型会谈，可用整天的时间组织观光，以沟通感情、增进了解，为正式谈判创造良好的气氛。"破冰"期是走向正式谈判的桥梁。如何掌握好"破冰"期的"火候"，也是谈判者的一种艺术，成功的谈判者无一不是从正确处理好"破冰"期开始。"破冰"期延续得太长，会降低谈判效率，增大成本投入，甚至会导致谈判者乏味，产生适得其反的后果；"破冰"期进行得太短，会使谈判者感到生硬、仓促，谈判起来，没有"水到渠成"的感觉，达不到创造良好开端的目的。至于"破冰"期究竟进行到何种状态才算适宜，这不仅要对时间的长度加以考虑，更重要的是靠谈判双方面的经验、直觉来相互感应：到谈判该是进入正题的时候了。

在“破冰”期中间，应注意如下几个问题：

(1) 行为、举止和言语不要太生硬，谈判“破冰”期应是感情自然流露。谈判双方的言行、举止都应当是随和而流畅的，切不可语言生硬、举止失度，如说话粗俗、拉拉扯扯等不良行为，都不利于创造“破冰”期的和谐气氛。

(2) 不要紧张。许多性格内向的或初涉谈判者，由于心情紧张，在面对谈判对手时，手足无措，不知说什么好，结果使对方也很不自然。谈判者必须力克心情紧张，特别在一些涉外谈判中，不可面对高鼻梁、蓝眼睛的外国人自惭形秽，唯唯诺诺，缩手缩脚。

(3) 说话不要唠叨。有些谈判者虽然快言快语，但却唠唠叨叨，一句话重复很多遍，这在惜时如金的谈判桌前是最惹人反感的，特别在谈判的一开始，立刻会给人留下不好的印象，谈判者在“破冰”期内的用语必须注意效果，简洁、精练。

(4) 不要急于进入正题。在创造气氛中我们已经谈到，谈判者初见面时不宜急于切入正题，而应首先沟通感情、增进了解，否则便犯了“破冰”期的大忌。俗话说“欲速则不达”，就是告诉我们办任何事情都要循序渐进，不可心急，谈判亦是如此。

(5) 不要与谈判对方较劲。“破冰”期内的交谈，一般都是非正式的。通常采用漫谈的形式。因此，语言并不严谨。谈判者不可对对方的每一句话都仔细琢磨，这会影响感情交流。如对方有哪句出言不周，切不可耿耿于怀，立即回敬，这只能弄巧成拙、招致蔑视。

(6) 不要举止轻狂。“破冰”期是展示双方气质、资态的第一回合。谈判是一种文明竞争的方法。你在谈判中举止给人的第一印象，是影响对方对你所持态度的关键因素，如果谈判者在谈判的一开局就举止轻狂，甚至锋芒毕露地炫耀自己，这在富有经验的谈判者面前，就是一个初涉谈判的小丑形象。当然，要很好地度过谈判“破冰”期，不要忘了幽默的微笑。

(三) 在谈判开局阶段，探测对方情况，了解对方虚实

在谈判的开局阶段，不仅要为转入正题创造气氛、做好准备，更重要的是，谈判的双方都会利用这一短暂的时间，进行事前的相互探测，以了解对方的虚实。所以，这段时间也被称为探测期。此时就从交换意见开始，包括 4P 的互相探测，即：

(1) 目标(Purpose)：双方的谈判目的。

(2) 计划(Plan)：共同议程安排，议题确定，约定共同规程。

(3) 进度(Process)：日程化推进安排。

(4) 个人(Personal)：谈判人员的相互认知，包括角色、地位、作用等。

在这一期间，主要是借助感觉器官来接受对方通过行为、语言传递来的信息，并对其进行分析、综合，以判断对方的实力、风格、态度、经验、策略以及各自所处的地位等，为及时调整己方的谈判方案与策略提供依据。当然，这时的感性认识还仅仅是初步的，还需在以后的磋商阶段加深认识。

老练的谈判者一般都以静制动,用心观察对手的一举一动,即使发言也是诱导对方先说,而缺乏谈判经验的人才抢先发表己方的主张观点。实际上,这正是对方求之不得的。如果谈判者不想在谈判之初过多地暴露弱点,就不要急于发表己见。特别不可早下断语,因为谈判情势的发展往往会使你陷于早下结论的被动。

正确的策略是在谈判之初最好启示对方先说,然后再察言观色,把握动向;对尚不能确定或需进一步了解的情况进行探测,这就涉及谈判正式开始时的启示、察言观色、探测的方面的问题。

第一,要想启示对方先谈谈看法,可采取几种策略,灵活、得当地使对方说出自己的想法,又表示了对对方的尊重。

(1) 征询对方意见。这是谈判之初最常见的一种启示对方发表观点的方法。如贵方对此次合作的前景有何评价,贵方认为这批冰箱的质量如何,贵方是否有新的方案,等等。

(2) 诱导对方发言。这是一种开渠引水、启示对方发言的方法。如贵方不是在传真中提到过新的构想吗?贵方对市场进行调查过,是吗?贵方价格变动的理由是?……

(3) 使用激将的方法。激将是诱导对方发言的一种特殊方法,因为运用不好会影响谈判气氛,应慎重使用。如贵方的销售情况不太好吧?贵方是不是对我们的资金信誉有怀疑?贵方有没有建设性意见提出来?在启示对方发言时,应避免使用能使对方借机发挥其优势的话题,否则,易使己方处于被动。

第二,当对方在谈判开局发言时,应对对方进行察言观色。因为注意对方每一句话的意思和表情,研究对方的心理、风格和意图,可为己方所作的第一次正式发言提供尽可能多的信息依据。在谈判桌上,不仅要注意观察对方发言的语义、声调、轻重缓急,还要注意对方的行为语言,如眼神、手势、脸部表情等,这些都是传递某种信息的符号。优秀的谈判者都会从谈判对手起始的一举一动中,体察对方的虚实。

第三,要对具体的问题进行具体的探测。在有些情况下,察言观色并不能解决问题,这就要进行一些行之有效的探测了。例如,要探测对方主体资格和阵容是否发生变化,可以问:XX怎么没来?要探测对方出价的水分,可以问:这个价格变化了吧?要探测对方的资金情况,可以问:如果C方要我们付现金呢?要探测对方的谈判诚意,可以问:据说贵方有意寻找第三者?要探测对方有否决策权,可以问:贵方认为这项改变可否确定?等等。此外,谈判者还可以通过出示某些资料,或要求对方出示某些资料等方法来达到探测的目的。

在开局阶段,要防止哪两种倾向?如何防止?

同时,我们要防止两种倾向:

(1) 切忌保守。因为,人们在陌生的环境中与他人发生联系时,处事往往是较为谨慎小心的。所以,谈判的开局阶段,谈判者通常是竞争不足、合作有余,更易保守,唯恐失去一个合作的伙伴或一个谈判的机会,如果因此一味迁就对方,不敢大胆坚持己方的主张,结果必然会被对方牵着鼻子走。开局阶段的保守,将会导致两种局面：一是一拍即合，轻易落于对方大有伸缩的利益范围，失去己方原来应该得到的利益；二是谈判一方开局就忍让，迁就对方，使对方以为你的利益要求仍有水分，而把你的低水平的谈判价值保守点作为讨价还价的基础，迫使你做出更多的让步。所以，在谈判的开局阶段要敢于正视对方，放松紧张心理，力戒保守。为了防止谈判开局中的保守所导致的上述两个局面，就必须坚持谈判的高目标。谈判目标的高低，将直接影响谈判的成果，没有远大的目标，就没有伟大的创举。只有将谈判的目标定在一个努力弹跳能摸到的位置，才是恰当的。在谈判开局中，坚持在一个高目标的基础上进行，就会避免出现不利情况，使谈判者在以后的谈判中获得适合的利益。

(2) 切忌激进。我们强调谈判的开局要有一个高目标，但高目标不是无限度地高，更不能把己方的高目标建立在损害对方利益的基础之上。如果谈判一方单纯考虑自己的利益，而忘记了谈判是双方或多方的合作，由于自己的要求过高而损害别人的利益，则会出现两种不利的局面：一是对方会认为你没有诚意以至破坏了谈判的必要性，因此，谈判者在开局阶段，不仅要力戒保守，而且也要防止因提出过分的要求而破坏谈判的气氛；二是对方为了抵制过高的要求，也会"漫天要价"，使谈判在脱离现实的空中楼阁中进行，只能导致徒劳无功浪费时间。这就是所谓的以其人之道，还治其人之身，使谈判陷于僵局。在谈判的开局阶段，谈判者既要有一个高目标，又要防止不切实际地漫天要价。在处理谈判开局阶段中的竞争与合作、索取与退让的关系以及把要求的目标限定在一个科学、适度的范围内的过程中，我们应科学地分析和预测彼此价值要求的起点、界点、争取点，从而找到谈判的协作区，以决定谈判中利益要求的限度。

> 案例分析：这个是一个挑剔式开局策略的运用，在一开始的时候对对手的某项错误或礼仪失误严加指责，使其感到内疚，从而达到营造低调气氛，迫使对方让步的目的。本案例中美国谈判代表成功地使用挑剔式开局策略，迫使巴西谈判代表自觉理亏在来不及认真思考的情况而匆忙签下对美方有利的合同。
>
> 但是与此同时我们更需要注意的是，这也是一个关于国际的商务谈判，其中就没有很好的运用我们上文中所提出的观点：应该在谈判之前了解对方的文化，并且应该想好一旦迟到的情况下应该如何是好，如何地应对这种文化上的差异？

相关案例链接

迟到的代价

巴西一家公司到美国去采购成套设备。巴西谈判小组成员因为上街购物耽误了时间。当他们到达谈判地点时，比预定时间晚了45分钟。美方代表对此极为不满，花了很长时间来指责巴西代表不遵守时间，没有信用，如果老这样下去的话，以后很多工作很难合作，浪费时间就是浪费资源、浪费金钱。对此巴西代表感到理亏，只好不停地向美方代表道歉。谈判开始以后美方似乎还对巴西代表来迟一事耿耿于怀，一时间弄得巴西代表手足无措，说话处处被动。无心与美方代表讨价还价，对美方提出的许多要求也没有静下心来认真考虑，匆匆忙忙就签订了合同。等到合同签订以后，巴西代表平静下来，头脑不再发热时才发现自己吃了大亏，上了美方的当，但已经晚了。

二、磋商阶段

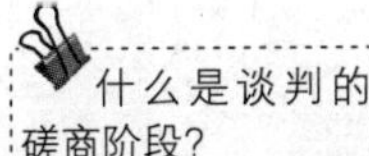

> 什么是谈判的磋商阶段？

谈判的磋商阶段是指随着谈判而开局阶段的任务的完成和议题的深入而进入的中心阶段，即指谈判开始之后到谈判终局之前，谈判各方就实质性事项进行磋商的全过程。它是谈判的关键阶段，也是最困难最紧张的阶段。

在一般情况下，当谈判一方报价之后，另一方不会无条件地接受对方的报价，这样，谈判会自然而然地进入讨价还价阶段。所谓“讨价”，是在买方对卖方的价格解释予以评价之后，提出“重新报价”或“改善报价”的要求，也可称之为“再询盘”。在卖方听了买方的评论后，修改了报价或未修改报价后再来向买方提出：“请告诉你希望成交的价格”，如买方以数字或文字描述回答了卖方的要求，即视为“还价”或“还盘”。当人们讲到讨价还价时，实际上是包含了“讨价”与“还价”的多次重复的概念和价格谈判的阶段性。在磋商阶段的讨价还价过程中，谈判双方从各自利益出发，对一系列问题进行磋商，有时会很激烈。但不管立场多么对立，意见分歧多大，都应在相互尊重、相互理解和共同寻求解决办法的基础上进行磋商。通过磋商，讨价还价，克服分歧，缩小差距，作出妥协和让步，推动谈判过程向成功的方向发展。

谈判的磋商阶段是谈判的实践阶段，这不仅是谈判主体间的实力、智力和技术的具体较量阶段，而且也是谈判主体间求同存异、合作谅解、让步的阶段。由于此阶段是全部谈判活动中最为重要的阶段，故其投入精力最多，占有时间最长，涉及问题最多。所以，在此阶段应把握好下面几个方面的问题：

哪个阶段是谈判活动中最重要的？在这个阶段，要注意哪几方面的问题？

(一) 合理地报价、还价或提出条件

报价又称提出条件，是指谈判磋商阶段开始时提出讨论的基本条件。但这一阶段并不是单指一方的报价，同时也指对方的还价。因此，报价、还价运用的科学、合理程度，关系到整个谈判过程的利益得失。尽管报价有很多策略和技巧，但不可不切实际、信口开河。它要求谈判人员反复核算、验证己方标的物价格所依据的价格构成因素。如成本市场需求状况、品质、竞争等，以及可靠的信息资料，确定合理的价格金额——“底价”以及备调幅度。“底价”的确定一般是成本加上最低的预期利润。它是确保己方最基本利益的界线，并可以使谈判人员的报价心中有数。备调幅度是底价至最高报价的弹性区间，是讨价还价的基本依据和客观要求。它应在“底价”的基础上根据市场供求量、需求价格弹性系数(需求变化的百分比除以价格变化的百分比)、商品的使用价值和品质及满足客户需要程度、同类产品的竞争对手的价格以及有关法规和政策的规定、谈判对手的谈判策略、方式和风格等来合理确定。否则，如果仅根据虚设和主观想象，所报的期望价过高或可调幅度不实际，势必在对方提出异议后，讲不清依据和道理。就会使己方处于不利的地位，甚至丧失信誉，动摇对方的谈判信心，影响谈判顺利进行。那么，合理报价就需要解决下面一些问题：

1. 谁先报价

谈判双方在结束了非实质性谈判后，将话题转入正题，即提出各自的交易条件，那谁先报价呢？先报价是否有利呢？报价的先后，应根据谈判策略与具体情况来选择。其实报价的先后各有利弊，不可一概而论。先报价可以为谈判的范围与框架首先施加影响，甚至为今后的讨价还价起到持续影响作用。但它也会为对方了解己方的初始想法以及确定策略提供条件，如果报价失当，也会引起对方的猛烈攻击。因此，是“先入为主”还是“后发制人”不是由先后次序决定的，而是由己方的报价准备状况及所拟定的策略决定的。效果如何，最终取决于谈判者的地位、经济与谈判实力。所以先报价与后报价可以说各有利弊。一般而言，先报价的有利之处在于：

(1) 先行报价对谈判的影响较大，它实际上是为谈判划定了一个框框或基础线，最终协议将在此范围内达成。比如买方报价某货物购进价为 1 000 元，那么，最终成交价不会低于 1 000 元，而如果卖方报价为 1 000 元，则最终成交价不会高于 1 000 元。

(2) 首先报价，如果出乎对方的预料和设想，往往会打乱对方的原有方案，使其处于被动地位。

但是先报价也会有不利之处：

(1) 对方了解到我方的报价后，可以对他们自己原有方案进行调整，这等于使对方多了一个机会，如果我方的交易起点定得太低，那他们就可以修改原先准备的定价，获得意外的收获。

(2) 先报价会给对方树立一个攻击的目标，他们常会采用集中力量攻击这一报价，迫使报价方一步步退让，而报价方有可能并不知道对方原先方案的报价而处于被动。

那么，在谈判磋商阶段，究竟应由谁先报价为宜呢？这要根据谈判不同性质的需要来决定，不过，在己方比较了解对方的需要或底盘的情况下，争取率先报价比较有利，而反之最好请求对方先报价，这可为己方作个出价参考；另外，一些己方占有绝对优势的谈判，如拥有谈判地位的产品，拥有多角谈判的选择性等，己方如率先报价能够进一步强化优势、主导谈判。

2. 如何进行报价

在报价时，应遵循如下原则：

(1) 对卖方来讲，开盘价必须是“最高的”。相应地，对买方而言，开盘价必须是“最低的”这是报价的首要原则。

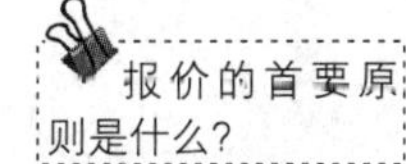

(2) 开盘价必须合乎情理。我们说对于卖方开盘价，也即是报价要高，但绝不是漫天要价、毫无根据，而应该是合乎情理，如果报价过高，又讲不出道理，会使对方感到你没有诚意，甚至于不予理睬，扬长而去。对于买方来说，也不能“漫天杀价”，这会使对方感到你没有常识，而对你失去信心，或将你一一攻倒，使你陷于难堪之境。所以无论是买方或卖方，在报价时都要有根有据，合乎情理。

(3) 报价应该坚定、明确、完整，不加解释和说明。开盘价要坚定而果断地提出，这样才能给对方留下认真而诚实的印象，如果欲言又止、吞吞吐吐，就会导致对方产生怀疑。报价时非常清楚，并不加过多的解释、说明。因为对方听完你的报价，肯定会对他感兴趣的问题提出质疑，这样我们可以根据对方的兴趣所在有针对性地进行解释和说明，否则，会被对方找出破绽，抓住把柄。

3. 如何还价

谈判就是要对各不相同的主张和条件进行磋商，而谈判的双方一拍即合，也就无需深入的讨论。所以，谈判的磋商阶段中，一方报了价，另一方就可能会还价，要还价，就要讲究还价的科学策略。

还价有哪些策略?

首先，在还价之前必须充分了解对方报价的全部内容，准确了解对方提出条件的真实意图，要做到这一点，还价之前设法摸清对方报价中的条件哪些是关键的、主要的，哪些是附加的、次要的，哪些是虚设的或诱惑性的，甚至有的条件的提出，仅仅是交换性的筹码。只有把这一切搞清楚，才能提出科学而策略的报价。为了摸清对方报价的真实意图，可以用点时间来逐项核对对方报价中所提的各项交易条件，探询其报价根据或弹性幅度，注意倾听对方的解释和说明。但勿加评论，更不可主观地猜度对方的动机和意图，以免给对方反击提供机会。

其次，准确、恰当地还价应掌握在双方谈判的协议区内；即谈判双方互为界点和争取点之间的范围，超过此界线，便难以使谈判获得成功。

第三，如果对方的报价超出谈判协议区的范围，与己方要提出还价条件相差甚大时，不必草率地提出自己的还价，而应首先拒绝对方的还价。必要时可以中断谈判，给对方一个出价，让对方在重新谈判时另行报价，此外，还可以用以下几种方面处理报价与还价之间的巨大差距：

(1) 由己方报价取代对方不实际的报价。

(2) 对对方的报价附加条件进行限制。例如，在购销合同谈判中，买方可以以卖方提出的高价格为基础谈判，但必须规定提高货物的质量。

(3) 建议对方放弃此问题上的报价，改由在其他问题上报价。

(4) 对方"漫天要价"，己方"就地还钱"。

(二) 正确驾驭谈判的议程。

在谈判磋商的过程中，谈判双方各自以自己利益出发，唇枪出剑，左右交锋，竭力使谈判向有利于自己的方向发展。所以，在这一方面，也应注意几个问题。

1. 对谈判有一个正确的评估和调整

这是指在谈判磋商阶段，对谈判计划、谈判方案、谈判人事安排以及谈判的其他方面，根据谈判的发展变化，进行分析、谈判、重新调整。这项工作之所以重要，是因为无论前面的工作做得如何充分、仔细、全面，都无法穷尽实际谈判过程中的每一个细节并适应每一种变化。谈判一旦进入实战阶段，必然会出现如料未及的新情况、新变化。如果谈判者不想在谈判中墨守成规，处境被动，就应当伴随谈判磋商阶段的讨价还价、信息交流，不断调整原定计划中的不当之处。

要做好评估调整工作，可以从下面几个方面进行：

(1) 研究对方的报价资料，判断其真假虚实，对己方的报价重新认识、调整。

(2) 整理谈判资料档案，把谈判中新获取的资料信息随时收入档案，并撤出那些已被证明是虚假的、无用的信息资料。

(3) 结合新情况、新问题，修改或制订新计划、新方案，并在谈判人员中进行论证，反复调整。

(4) 根据报价过程中结束的情况，重新评价双方是否存在谈判的协议区以及协议区有多大，以决定谈判是否应继续下去，如果继续下去，应如何调整谈判的起点、界点和争取点等。

(5) 认真总结前面的经验教训，堵塞工作漏洞，调整工作方法，确保谈判向更有利于己的方向进行。

(6) 根据需要，调整谈判人员，既要保证谈判团体的相对稳定性，又要保证谈判团体的活力。

2. 把握谈判局面，合理驾驭谈判的议程

谈判过程中，如双方发生争执，使双方剑拔弩张，可能会超过慎重的界限，破坏谈判的气氛；或者争论起来不着边际，失去控制。因此，应注意驾驭谈判局面，控制谈判过程，如能很好地做到这一点，就会赢得谈判中的主动地位。

(1) 对前面的工作进行回顾和总结，这可以提醒或引导对方认识所处的谈判阶段，拨正双方谈判的议题。

(2) 强调双方共同的利益。谈判双方在分歧加大时，可以利用强调共同利益的策略，来暗示两败俱伤的后果。

(3) 拨正议题。如果谈判偏离了正常航道，可以及时进行拨正。例如：你举的例子很有参考价值，不过，我们是否先就此批货物的价格取得共识。

(4) 更换人员。有时为了控制局面，可以考虑变更谈判人员，使相互不让步的议题暂时搁置。

(5) 控制进度。谈判中所涉及的问题有的三言两语就可结束，有的则几天、几月也谈不完。谈判应根据需要，没谈透的问题应拉回再谈，无需再谈的议题就应跳过去。

(6) 临时休息。这样可以调节精力、时间和气氛，有时还可利用个别交谈的机会，破解难题。

3. 寻找方案，打破出现的僵局

谈判在进入实际的磋商阶段之后，谈判各方往往会由于某种原因而相持不下，陷于进退两难的境地，即谈判的僵局。谈判之所以陷于僵局，一般不是因为各方之间存在不可解决的矛盾，而多数是由于各方基于感情、立场、原则等主观因素所致。所以，谈判者在谈判开始之后，在维护己方实际利益的前提下，应尽量避免由于一些非本质性的问题而坚持强硬的立场，以导致谈判的僵局，一旦谈判陷于僵局，谈判各方应探究原因。积极主动地寻找解决的方案，切勿因一时陷于谈判的僵局而终止谈判。如何打破出现的僵局，可采用以下一些办法：

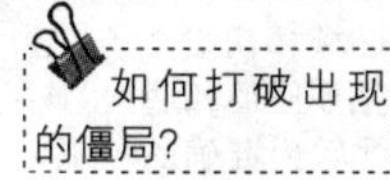

(1) 更换话题。谈判过程中，由于某个议题引起争执，一时又无法解决，这时谈判各方为了寻求和解，可以变换一下议题，把僵持的议题暂时搁置，等其他议题解决好，再在友好的气氛中讨论，解决僵持的问题。

(2) 更换谈判的主谈人。有时谈判的僵局系主谈人的个人因素所造成的。僵局一旦形成，主谈人的态度便不易改变，有时会滋生抵触情绪，有损谈判，此时，应考虑更换主谈人，新的主谈人以新的姿态来到谈判桌上，往往能使僵局得以缓解。

(3) 暂时休息。谈判各方由于一时冲动，在感情上“较劲”之时，应当从谈判的实际利益出发，考虑暂时休会，等气氛缓和下来再谈。在冷静、平和的气氛中，谈判各方才会为了自身的利益求同存异。

(4) 寻找其他解决的方案。谈判各方在坚持自己的谈判方案互不相让时谈判就会陷于僵局，此时，解决的最好的办法是：放弃自己的谈判方案，共同来寻求一种可以兼顾各方利益的第三种方案。

(5) 由各方专家单独会谈。谈判者可依据谈判僵局所涉及的专门问题，提请有关专家单独会谈。例如，涉及法律问题，可由双方律师单独会谈；涉及技术问题，可由双方工程师、技师单独会谈；同行之间会谈，可以避免不少麻烦，也容易找到共同点，有助于产生解决问题的新方案。

常见的让步策略有哪些?

4. 把握谈判的时机，作出适当的让步，促成谈判的达成

如果谈判的和解时机已经到来，谈判的一方或各方仍互不相让，谈判也会失败。在谈判中让步是要讲策略的，否则就会失误，常见的让步策略有：

(1) 理想的让步方式，谈判中的让步应遵守步步为营的原则。

(2) 互惠的让步方式，是指以本方在某一问题上的让步来换取对方在另一问题的让步。能否采取此种方式，与我们采用的谈判方式有关，要做到灵活掌握，如在交货期限上的让步，来换取对方在价格上的让步。

(3) 丝毫无损的让步方式，这实质上是一种高姿态的让步方式。比如对方要求我方在某些方面让步，而且理由非常充分，但我方确实不想让步，这时可以来取的一种让步方式是，承认对方的要求是合理的，从感情上我们愿意做出让步，但确有实际困难，请对方原谅，这样可以给对方一种心理上的满足，促成对方让步。

(4) 长、短期利益相结合的让步方式。这种让步方式一般使用在具有长期合作要求的谈判之间，由于谈判双方有的对远期利益感兴趣，有的对近期利益感兴趣，这样，谈判双方可以相互作出让步，有的取远期利益，放弃近期利益，有的取近期利益，放弃远期利益。

相关案例链接

知己知彼，百战不殆

我国某冶金公司要向美国购买一套先进的组合炉，派一高级工程师与美商谈判，为了不负使命，这位高工作了充分的准备工作，他查找了大量有关冶炼组合炉的资料，花了很大的精力对国际市场上组合炉的行情及美国这家公司的历史和现状、经营情况等了解得一清二楚。谈判开始，美商一开口要价150万美元。中方工程师列举各国成交价格，使美商目瞪口呆，终于以80万美元达成协议。当谈判购买冶炼自动设备时，美商报价230万美元，经过讨价还价压到130万美元，中方仍然不同意，坚持出价100万美元。美商表示不愿继续谈下去了，把合同往中方工程师面前一扔，说："我们已经作了这么大的让步，贵公司仍不能合作，看来你们没有诚意，这笔生意就算了，明天我们回国了"，中方工程师闻言轻轻一笑，把手一伸，做了一个优雅的"请"的动作。美商真的走了，冶金公司的其他人有些着急，甚至埋怨工程师不该抠得这么紧。工程师说："放心吧，他们会回来的。同样的设备，去年他们卖给法国只有95万美元，国际市场上这种设备的价格在100万美元

从中方来看，胜利的最关键一点在于对对方信息充分的收集整理，用大量客观的数据给对方施加压力，从收集的内容可看出，不仅查出了美方与他国的谈判价格(援引先例)，也设想到了对方可能会反驳的内容并运用相关数据加以反击(援引惯例，如6%)，对客观标准作了恰到好处的运用。真可谓做到了中国古语所说，"知己知彼，百战不殆"。当然。除这个原因外，中方的胜利还在于多种谈判技巧的运用：①谈判前，评估双方的依赖关系，对对方的接收区域和初始立场(包括期望值和底线)作了较为准确的预测，由此才能在随后的谈判中未让步于对方的佯装退出。②谈判中，依靠数据掌握谈判主动权，改变了对方不合理的初始立场。③在回盘上，从结果价大概处于比对方开价一半略低的情况可推测，中方的回盘策略也运用的较好。

是正常的。"果然不出所料，一个星期后美方又回来继续谈判了。工程师向美商点明了他们与法国的成交价格，美商又愣住了，没有想到眼前这位中国商人如此精明，于是不敢再报虚价，只得说："现在物价上涨得利害，比不了去年。"工程师说："每年物价上涨指数没有超过6%。1年时间，你们算算，该涨多少?"美商被问得哑口无言，在事实面前，不得不让步，最终以101万美元达成了这笔交易。

三、协议阶段

谈判在历经了开局阶段、磋商阶段之后，谈判的协议阶段也就到来了，这也是谈判的结束阶段。

什么是谈判的结束阶段?

（一）进行到协议阶段时的注意点

(1) 不要做单方面的让步。首先注意的是在谈判的尾声不能有大的单方面让步。因为谈判经历从准备、开始、展开、评估调整，到最后达成协议这么多过程，如果这时候一方突然有一个大的单方面的让步，比如付款周期方面的大让步，另一方肯定觉得你是在兜圈子，你还可以让步，他会逼你再让步，这不利于达成最后协议，甚至会拖延时间，导致谈判破裂等。为减少不必要的麻烦，千万记住，不要做大的单方面的让步。

(2) 认真回顾双方已达成的协议或共识。要认真回顾双方达成的协议或共识，加深对方的印象，以便签订合同。

(3) 澄清模棱两可的事情。这样做的目的是减少误会。这一点往往是很多谈判人员最不愿意做的事情，因为他想打擦边球，先把模棱两可的事情放在一边，把合同和协议签下来再说。实际上短期之内双方协议是达成了，但从长期来看，又会造成一方赢一方输的局面，对方可能再也不跟你合作，或者他再找机会报复，觉得你不可靠等，造成自己信誉度下降。所以一定要澄清所有的模棱两可的事情，减少不必要的误会。

(4) 避免时间不够带来的被动。在达成协议阶段，还有很多工作要做，而不单单是签协议。因此，要避免时间不够造成被动的局面。在单方面让步的时候，要有一个建设性的意见，要让双方一起让，而且一定要让对方知道自己让步了。最好让对方知道让步对你来说是赔本赚吆喝，是非常严重的损失，对你来说是很痛苦的一件事情，这样才会博得对方的同情和信任，促使对方尽快签约。

(5) 避免出现僵局。在谈判的最后达成协议阶段，要避免再次出现僵局。如果出现僵局，要不断地去提醒对方我们已经做了哪些努力，做了许多对大家达成共识有利的事情，而且不要说是你做的，也不是对方做的，是双方一起做的，这一点也非常重要。

（二）谈判的结束方式

在谈判中如何选择一个谈判的结束方式，对能否顺利结束谈判至关重要，谈判的终局阶段可根据谈判的结果分为假性败局、真性败局、和局3种。

1. 假性败局

这是指谈判各方在谈判过程中，经过一再讨价还价之后，由于各种主客观原因,未能达成协议的暂时性谈判的终止,从形式上看,谈判已经结束,但却存在重新谈判的可能性。谈判的假性败局与谈判的僵局之间有些类似之处,都具有暂时性,僵局如果得到破解可以促成和局,否则会导致败局(真性败局)。造成谈判假设败局的原因很多,有的是由于谈判各方之间的利益冲突暂时未找到解决的方案;有的是客观条件不具备,有的是多角谈判,还有的却是基于谈判策略上的考虑。根据造成谈判假性败局原因的性质可以把假性败局分为客观性谈判假性败局与主观性谈判假性败局两种。

(1) 客观性假性败局。谈判各方在谈判过程中,由于有阻碍谈判成功的客观原因,影响谈判不能达成协议而暂时终止的谈判,称为**客观性假性败局**。客观性假性败局一旦出现,谈判者就应找准原因,采取相应的处理方法。除了确属客观条件制约、暂时无法恢复的谈判外,谈判者应该主动、积极地寻找时机,重新谈判。由于与谈判僵局的类似性,破解僵局的一些方法,也可以变通地用于处理客观性假性败局。

有哪两种假性败局?它们的不同点在哪里?

(2) 主观性假性败局。谈判各方在谈判中,由于意见分歧而暂时终止谈判,以求达到重新谈判、获取利益之目的,该局面称为**主观性假性败局**。主观性假性败局与客观性假性败局部都是谈判的失败,而且都存在重新谈判的可能性,两者的不同点在于:客观性假性败局是由于在谈判中发现客观条件不具备,或谈判各方意见相左,一时又找不到解决方案的不得已的失败;主观性假性败局则是由于谈判者未能达到谈判目的,而有意终止谈判,以此向对方施加压力,迫使对方作出让步,以期谈判再次进行时会达成有利于己方的协议。

2. *真性败局*

真性败局是指谈判各方进入谈判之后,由于种种原因而未能达成协议,最终结束了谈判。谈判失败是经常发生的,会给各方的物质、精力等造成损害。谈判的目的在于成功而不是失败,谈判者应当尽力避免谈判的败局产生,同时,也不能因为恐惧失败而不敢谈判或放弃谈判。问题是在于如何防止谈判的败局,这就需要对谈判中可能导致败局的种种原因做好充分的分析和预测,以找到防范的措施。能够导致谈判败局的原因很多,要想防止由于谈判中各种原因造成的失败,就必须精通谈判理论,掌握谈判技术,运用谈判技巧,并注意谈判是否有悖于法律,对方是否有诚意,等等。

3. *和局*

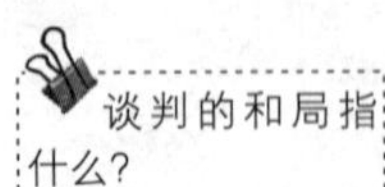

谈判的和局指什么?

谈判的和局是指谈判各方在谈判过程中经过磋商取得一致意见,签订协议、终止谈判的结局。谈判的和局,就是谈判的成功,它标志着谈判的各方都是胜利者。谈判的和局,是谈判各方协商一致努力争取的结果。因此,谈判的和局与谈判各方之间相互让步分不开。当然,所谓让步并非绝对平均,谈判者总是立足于对自己有利,或付出代价也“划得来”的前提下结束谈判。谈判的和局必然表现为:谈判的各方就谈判的事项达成协议,且这种协议一般来说应是书面的。因为,在谈判和局中,最主要的工作就是为协议的签署把好关。

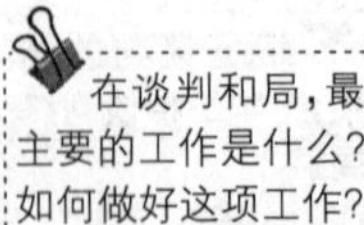

在谈判和局,最主要的工作是什么?如何做好这项工作?

首先,起草协议应从实际出发,反映谈判所解决的实际需要,切忌照搬、照别人合同或标准性格式。协议签订前，要核对协议文本(两种文字时)的一致性或文本与谈判协议条件的一致性(一种文字时)。还要核对各种批件，如项目批件、许可证、设备分交文件、用汇证明、订货卡片等是否完备以及合同内容与批件内容是否一致。当审核中发现问题时，应及时互相通告，并调整签约时间。

其次，关于法律适用条款问题。在一些涉外谈判所达成的协议内容中，一般都涉及不同国家的国内法、国际惯例、公约或国家间的条约。这些法律、惯例、公约、条约，对谈判协议的格式、内容、当事人的权利义务、国际支付等都有不同的规定。因此，在谈判的终局阶段签订合同时，应订明适用何国法律。

再次，关于协议文本的文字使用问题。有的人谈判合同条款，喜欢口头上来口头上去，有时似乎已经达成了协议，散会后各自再按会上口头协议的意见起草条款。但是，当次日双方拿出拟好的合同条款再谈判时，却常常发现对方改变了主意，双方都认为对方出尔反尔，没有诚意。谈判双方谁也不承认自己出尔反尔，结果闹得很不愉快。实际上，问题出在条文草拟的程序与方式上，因为口头上的东西在听的时候有个“理解”的问题，回去后拟成文字又有个“表达”的问题。在倾听时，即使意思没有被曲解，但形成文字后却难免有误解。所以，条款的谈判应该做到内容、用字、表达方式的3个统一。这就要采用文字表达的谈判方式，只有这样才能真正体现“3个统一”的要求。讨论时以文字为依据，反驳时也用文字来修改，随时讨论，随时写出，随时定稿，要一气呵成。按照国际谈判惯例，协议使用的文字应是谈判当事人国家的法定文字，通常应是谈判各方所在国的多种文字，并具有相同的效力。

最后，审查或修改谈判协议。谈判协议一旦形成，必须抓住最后的机会，严格地审查，一丝不苟，遇有问题立即要求修改。商务合同依法成立，即具有法律效力。当事人各方必须重合同，守信用，努力完成自己所承担的任务。履行合同，首先必须实际地履行，即按照合同所规定标的履行，一般不允许用其他财物来代替。同时，还要按照约定的条件(谈判中达成一致的各项交易条件)全面地履行。违反上述任何一个条件，都是违约行为，违约一方就必须按约定给付违约金，并承担由此造成的损失。另外，当事人双方还应协同履行合同，要团结一致、通力合作、互相帮助，共同完成合同规定的任务。合同的履行，虽然是企业之间的事情，但作为合同的“奠基人”和促成者的谈判人员亦有不可推脱的责任和义务。

尽管谈判者对合同作了十分周到的考虑。在细节上做到了完善、全面、准确、肯定和严密，然而还必须清晰地认识到世界上没有一个合同能包罗万象，在合同的执行过程中，总会有一些无法预料的事情发生。这时就要本着“互相了解、互相信任、互惠互利、长期合作”的精神，来做好合同的履行工作。

谈判中的协议、文件是谈判各方就其权利与义务关系协商一致的文本，对谈判各方均具有约束力，任何一方违约，都要承担违约责任。因此，老练的谈判者总是要利用复查、修改协议的最后机会，进一步谋求己方的利益，杜绝漏洞，避免失误。

相关案例链接

有疑点的提单

案例分析：本案例的焦点在于乙方提交银行的议付单据中提单不符合信用证规定的已装船清洁提单的要求。由于乙方按实际业务操作已经不可能在信用证规定的时间内向信用证议付行提交符合要求的单据，便心存侥幸以备运提单作为正式已装船清洁提单作为议付单据。岂不知这种做法不仅违反了合同的有关要求，而且已经构成了诈骗，其行为人不仅要负民事方面的责任还要负刑事责任。

(1) 在合同和信用证中详细清楚地规定议付单据中的提单必须是全套清洁的已装船提单。

(2) 收到议付单据后，仔细认真地审核相关单证，确认所有单据符合“单单相符，单证相符”的要求。

(3) 仔细审核提单中的每一个细节，确保所收到的提单是全套清洁的已装船提单。

2011 年 3 月，国内某公司（以下简称甲方）与加拿大某公司（以下简称乙方）签订一设备引进合同。根据合同，甲方于 2011 年 4 月 30 日开立以乙方为受益人的不可撤销的即期信用证。信用证中要求乙方在交单时，提供全套已装船清洁提单。2011 年 6 月 12 日，甲方收到开证银行进口信用证付款通知书。甲方业务人员审核议付单据后发现乙方提交的提单存在以下疑点：

(1) 提单签署日期早于装船日期。

(2) 提单中没有已装船字样。

根据以上疑点，甲方断定该提单为备运提单，并采取以下措施：

(1) 向开证银行提出单据不符点，并拒付货款。

(2) 向有关司法机关提出诈骗立案请求。

(3) 查询有关船运信息，确定货物是否已装船发运。

(4) 向乙方发出书面通知，提出甲方疑义并要求对方做出书面解释。

乙方公司在收到甲方通知及开证银行的拒付函后，知道了事情的严重性并向甲方做出书面解释并片面强调船务公司方面的责任。在此情况下，甲方公司再次发函表明立场，并指出，由于乙方原因，设备未按合同规定期限到港并安排调试，已严重违反合同并给甲方造成了不可估量的实际损失。要求乙方及时派人来协商解决问题，否则，甲方将采取必要的法律手段解决双方的纠纷。乙方遂于 2011 年 7 月派人来中国。在甲方出具了充分的证据后，乙方承认该批货物由于种种原因并未按合同规定时间装运，同时承认了其所提交的提单为备运提单。最终，经双方协商，乙方同意在总货款 12.5 万美元的基础上降价 4 万美元并提供 3 年免费维修服务作为赔偿并同意取消信用证，付款方式改为货到目的港后以电汇方式支付。

四、REPA 模式

REPA 模式何意?

REPA 模式是英语 Relate(关系)、Explore(探究)、Propose(提议)、Agree(达成协议)的首字母缩写。

(一) 建立关系

1. 含义

建立关系是创造一种合适的环境或氛围，向对方介绍你计划使用的谈判步骤，这些将有助于谈判更顺利地进行。

2. 建立关系的技巧

(1) 专心。表明你对谈判对方感兴趣。

(2) 开场白。中立的，不带任何威胁的交谈内容。

(3) 更新策略。老朋友间，如过去双方共享的经历，双方共同的兴趣与爱好等。

(4) 相互倾听。当某人与你分享他的个人情况时，你应与他相互分享，谈谈你自己的情况，所谈内容与整个环境及你与对方的关系保持一致。

（二）探究双方的兴趣，仔细地倾听对方

忘记自己的立场并探讨对方的理由，对于达成互利以及令双方都满意的谈判结局是十分重要的。

立场与兴趣的差别，对所有成功的谈判来讲都是至关重要的。直到你知道对方要什么和为什么想要的时候，你才能进入下一个步骤。

技巧：(1) 了解对方对整个形势的观点和看法。

(2) 对他来讲哪些谈判项目是重要的？

(3) 他为什么参与这次谈判。

(4) 他想取得什么成果。

(5) 谁将检查他的任务和评价谈判结果。

(6) 他是否面临最后期限。

(7) 如果双方不能达成协议，后果将是什么？

（三）完善提议

找出能够表明你所有潜在兴趣的具体提议，在继续进行谈判前，应首先确信对方已完全了解你的提议内容，而且你对提议的所有规定也十分清楚。

每次谈判前做好事先准备；无论是发盘还是还盘，都要准备好为你的提议陈述理由；决不要接受对手的第一次发盘；每次都把所有的重要事项列在清单上；运用封闭型问题，从而确信你正确地理解对方的发盘；以简明的、非技术性的语言写下提议，往往是明确此提议已被理解的最便利的方法。

（四）达成协议

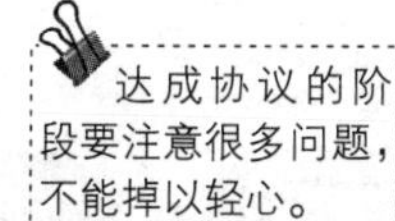
达成协议的阶段要注意很多问题，不能掉以轻心。

谈判的最后阶段，也就是达成协议阶段要注意很多问题，如不要做单方面的让步，避免出现僵局，避免因为时间不够造成的被动，澄清模棱两可的事情等，目的是促使双方不要在谈判的最后阶段发生破裂，以至功亏一篑。由于人性的弱点，在谈判的最后阶段，都有可能犹豫不决，因此要攻克对方的最后一分钟犹豫，选择合理的方式结束谈判，最终使大家能够结成双赢的合作关系。

五、PRAM 模式

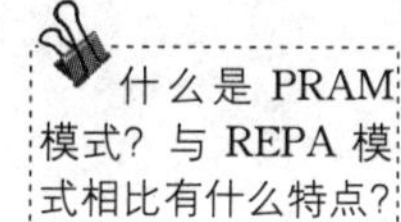
什么是 PRAM 模式？与 REPA 模式相比有什么特点？

所谓 PRAM 模式，是指谈判由四部分构成，分别是制定谈判计划（Plan）、建立关系（Relationship）、达成协议（Agreement）及协议的履行和关系的维持（Maintenance）。

PRAM 模式的设计与实施有一个很重要的前提，就是必须树立把谈判看成协商而非竞争的谈判意识。这种意识可以称为 PRAM 谈判模式的灵魂。根据 PRAM 谈判模式，制订谈判计划（P1an）时，首先要明确己方的谈判目标，其次要设法去理解和弄清楚对方的谈判目标。在确定了双方的目标后，应该把两者加以比较并找出在本次谈判中双方利益一致的地方。在随后的正式谈判中首先提出双方利益的共同点以提高和保持双方对谈判的兴趣和取得成功的信心，同时也能为后期解决利益不一致的问题打下良好的基础。

建立关系即指在正式谈判之前，要建立与谈判对方的良好的、相互信任的关系。这就要求应注意表现合作诚意，如有言必行、信守诺言等，通过行动最终使对方相信自己。在谈判双方建立了充分的关系之后，即可进行实质性的事务谈判。PRAM谈判模式中，双方应首先核实对方的谈判目标，然后再对彼此一致的意见加以确认，对彼此不一致的问题充分交换意见，寻求"双赢"的终极谈判目标。签约后把维持协议、履行职责当做是在保护千辛万苦而得来的战果。因而，为了促使对方履约，自己首先必须做到信守条约，并与对方常保持接触和联络，维持良好的伙伴关系。

PRAM模式实施的程序：

(1) 制定谈判的计划(P)。

(2) 建立关系(R)。

(3) 达成双方都能接受的协议(A)。

(4) 协议的履行与关系的维持(M)。

PRAM谈判模式下双方都有替对方着想的思维模式。在谈判的初级阶段，谈判双方彼此充分沟通各自的利益需要，申明能够满足对方需要的方法与优势所在，即弄清对方的真正需求，多向对方提出问题，探询对方的实际需要；满足对方的要求的同时也满足已方的需求。谈判的中级阶段，双方彼此沟通，往往申明了各自的利益所在，了解对方的实际需要。谈判中双方想方设法去寻求更佳的方案，为谈判各方找到最大的利益点。谈判的最后阶段，谈判双方克服障碍，使谈判顺利结束。

经典案例赏析

换相机

2011年国庆节，魏钢父母从西安来北京，不巧天气一直不好。10月3日傍晚，天气放晴，大家约好次日去郊区游玩。由于家里一直没买相机，魏钢便想借此时机买一台。由于时间紧迫，同时考虑到产品的质量保证及售后保障问题，魏钢决定到附近的一家著名商场去选购。该商场的照相器材柜台设在二层，墙上的广告打着"10%"的折扣(返券)。魏钢看中了一台美能达相机。当魏钢向售货员咨询该相机相关情况时，他告诉魏钢"该机型没有货，过两天能来货"。然后，他又向魏钢推荐京瓷牌相机："京瓷牌相机是日本原装件，镜头采用德国蔡斯技术，并且有10%的折扣(返券)。"在他的推荐下，魏钢买了一台京瓷牌相机，之后，匆匆回家。

回家后，魏钢发现这台相机的自动伸缩镜头在伸缩到某一位置时有小幅晃动，当时便有换机的想法。相片洗出来后，发现质量还不错，只是几张有虚像(估计是照相技术问题)，此时感觉可换可不换。国庆节过去后，魏钢父母满意而归。

10月7日(国庆休假最后一天)，魏钢拿着发票去取返券。到总服务台，服务员告诉魏钢："返券活动10月3日晚上已停止，返券都已收回"，并且告诉魏钢，返券必须在购买的当日兑现，该条款在1～3日写在一楼大门口。如果是在以前，魏钢可能不会多想，他会随着售货员的思路，认为是自己粗心没看到条款，况且返券也就百十元，算了。可由于正在学《商务谈判》，强烈的实践愿望使他不想轻易放弃，于是静下心来分析对方的责任：

(1) 自己的购买行为构成了与该商场的购买合同，商场有义务按照合同规定提供标的物(商品，按照现定价格提供服务和质量保证，包括附加条款，如返券、折扣等)。

(2) 有关返券活动的具体规定应有效告知顾客。不能提供返券属对方违约，问题的根由是有关返券的规定没有有效传递给自己(对方为责任方)。

所以，魏钢认为如果据理力争的话，应有比较大的把握使对方履约。

见到经理后，魏刚发现经理是位中年妇女。魏钢想对方具有多年的顾客谈判经验，一定要注意。以下是经理的表现：

(1) 她表现出了职业性的好态度，她先让魏钢把要求提出来，然后又请他坐下，并为魏钢倒了杯水。

(2) 她首先为给魏钢带来的麻烦表示歉意。她认为，如果魏钢能够注意楼下的活动告示就好了(暗示责任在魏钢)。

(3) 她又表示，都是老百姓，返券钱数也不少(站在顾客方面讲话)，她可以打电话问财务经理财务是否已封账(推卸责任)，如果没封账还可以拿到返券(给魏钢一希望，同时打“预防针”)。

果然，她打过电话后告诉魏钢：“真抱歉，财务封账了，你看你来得太晚了。”

考虑到对方为中年女同志，做事一般求稳，而且作为值班经理，首要任务是处理应急问题，大事化小，小事化了。所以，魏钢决定给对方施加压力，暗示她此事有闹大的可能。同时，考虑到谈判气氛仍应保持融洽(这是双方所希望的)，谈判的感觉定位是柔中带刚、和气中施加压力。于是他不卑不亢地提出：

(1) 选择你们商场购物是因为你们商场信誉好，能为顾客着想，不是不讲信用的小商贩(唤起对方的责任感，强调质量原则)。

(2) 购买行为构成了顾客与该商场的购买合同，商场有义务按照合同规定提供标的物(包括返券)，此合同在购买行为发生时开始有效(用法律术语解释，给对方以专业感、权威感，这也是应用原则)。有关返券活动的规定应有效告之顾客，而他没有看到有关规定，在购买相机时也没有得到有关的提示，责任在商场。

(3) 该活动封账，可以用财务手段解决，这不是商场剥夺顾客正当权利的理由。

(4) 10%返券活动在活动截止当天，已经通过所卖出商品的总价算出了活动成本，那么顾客未领的返券(顾客权利)是被商场剥夺了，还是被经办人处理了？如果是后者，商场管理中存在漏洞，应该改进。

(5) 作为商场的老客户，他是本着信任和沟通的目的来的，对于这样的小事，他相信该商场能妥善解决，不至于要通过第三方解决(暗示如不解决要通过消协或法律办法，给对方施压)。

经理听过魏钢的陈述后，显然很吃惊，她和另一位值班经理交换了一下眼色，然后对魏钢说："我们并不是说不给你返券，只是财务封账没有返券了，这样吧，我们再问问财务经理，看看有没有别的办法。"之后她出了门。

两分钟之后，她带着财务经理回来了。财务经理说："你带着小票跟我来吧。"至此，魏钢知道谈判已经胜利了。魏钢想既然已经取得利益上的收获，应让大家都舒舒服服地离开，便向值班经理伸出手："你看，买东西的时候也没多问问，给你们带来这么多麻烦，要不是你们负责，可能也没那么顺利地解决，谢谢你们。"经理笑笑："哪里，给你添麻烦了，以后还希望你多来我们商场，给我们提建议。对了，返券年底到期，别忘了。"

思考与练习

姓名________ 班级________ 学号________

1. 名词解释

信息分析

谈判目标

BATNA

PRAM 模式

2. 单项选择

(1) 谈判调研的核心工作是(   )。

A. 收集信息 B. 信息分析 C. 探察 D. 情况掌握

(2) (   )是保证谈判成功的基础。

A. 商务调研,信息收集分析 B. 确定正确的谈判目标

C. 设计合理的谈判方案 D. 谈判人员的确定

(3) 谈判的关键阶段是(   )。

A. 准备阶段 B. 开局阶段 C. 磋商阶段 D. 协议阶段

3. 多项选择

(1) 进行环境调研时,要进行(   )方面的调研。

A. 政治法律 B. 经济环境 C. 自然环境 D. 文化环境

E. 企业的微观环境

(2) 商务谈判主要分为(   )过程。

A. 准备阶段 B. 开局阶段 C. 磋商阶段 D. 结束阶段

E. 协议阶段

(3) 谈判目标按层次可分为(   )。

A. 最优期望目标 B. 可接受目标 C. 最低限度目标 D. 愿望目标

E. 多个目标并存

(4) 进行策略设计,以下(   )因素需要综合考虑。

A. 对方谈判风格人员情况 B. 对方己方优劣势

C. 重要性、时间期限 D. 双方关系必要性

4. 填空题

(1) 议程安排有 3 种方法:先易后难即____________法;先难后易即____________

法;混合型即______________法。

(2) 模拟谈判有利于______________;有利于______________;有利于______________。

(3) 由于谈判开局处理不好,会导致两种弊端:一是______________;二是______________。

(4) 第一,对卖方来讲,开盘价必须是______________。相应地,对买方而言,开盘价必须是______________。第二,开盘价必须______________。第三,报价应该______________。

(5) 谈判的结果分为______________、______________、______________3种。

5. 简答题

(1) 在谈判开局阶段,我们应做好几方面的工作?

(2) 在磋商阶段,要做好评估调整工作,可以从几个方面进行?

(3) 进行到协议阶段时,要注意几点?

6. 实训题

中国香港的丝绸市场长期以来是中国内地、日本、韩国、中国台湾和中国香港几大制造商的天下。然而中国内地生产的丝绸产品由于花色品种和质量等问题,在香港的市场份额大幅度下降,企业的生存面临着极大的挑战。为改变不利状态,苏州丝绸厂决定开发新产品,拓展新市场,向欧美市场进军。在经过一番周密的市场调研后,苏州丝绸厂根据消费者喜好、习惯和品位以及新的目标市场特点和文化背景,开始小批量地生产各种不同文化、不同风格、不同图案的丝绸产品,力求满足不同层次、不同背景的人群需要。

苏州丝绸厂的产品平均成本价的构成为:原料坯绸的价格是每码(1 码=0.9144 米)5 美元,印染加工费是每码 2.48 美元。同类产品在欧洲市场上的最高价格可以卖到 30 美元,在香港的平均零售价是每码 15 美元左右。

现在有一位法国人欲购进一批丝绸产品,前来苏州丝绸厂洽谈购买事宜。

如果你是苏州丝绸厂的谈判负责人,应用所学的知识为这次谈判制定价格谈判目标,并制订谈判具体阶段。

项目五 商务谈判心理

本项目内容结构图

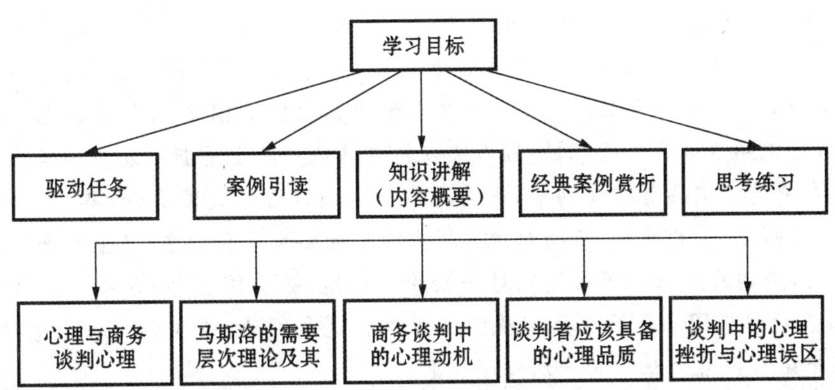

学习目标

• **知识目标**

(1) 掌握商务谈判过程中常见的心理现象。

(2) 掌握马斯洛的需要层次理论及其在谈判中的运用。

(3) 理解商务谈判过程中的心理误区。

• **能力目标**

(1) 能识别商务谈判过程中对方的心理活动。

(2) 能在商务谈判过程中避免心理误区。

驱动任务

任务内容：阅读下面的资料并完成相应的评价。

美国约翰逊公司的研究开发部经理，从一家有名的A公司购买一台分析仪器，使用几个月后，一个价值2.95美元的零件坏了，约翰逊公司希望A公司免费调换一只。A公司却不同意，认为零件是因为约翰逊公司使用不当造成的，并特别召集了几名高级工程师来研究，寻找证据。双方为这件事争执了很长时间，几位高级工程师费了九牛二虎之力终于证明了责任在约翰逊公司一方，取得了谈判的胜利。但此后整整20年时间，约翰逊公司再未从A公司买过一只零件，并且告诫公司的职员，今后无论采购什么物品，宁愿多花一点钱，多跑一些路，也不与A公司发生业务交往。

从人的心理需求层面来讲，A公司的这一谈判究竟是胜利还是失败？原因何在？

案例引读

中美纺织品协议谈判

中美之间最新的一轮纺织品谈判又开始了。根据各方面的消息来看，这一轮谈判很可能就是中美纺织品之间2005年漫长谈判的最后一轮了，美国人说，要“寻求与中方达成纺织品贸易的长期协议”。美国人在对中国纺织品加上一系列特保措施后，象征性地回收几步，给中国纺织品出口美国多几个百分比的份额。然后，纺织品争端告一段落，美国人又伺机在其他产品上重新引发一场争端。

真的是最后一轮谈判吗？你如何看待美方所说的要“寻求与中方达成纺织品贸易的长期协议”？

在中美纺织品贸易谈判中，美国人不管不顾自己的大国身份，甚至不管不顾“自由贸易主义”的原则，不断对中方提出离谱的要求。和欧盟“谦谦君子”谈判之风不同，美国政府从来不给谈判对手回旋的余地，如美国于2005年5月23日和27日先后对中国7种纺织品实施配额限制。这是因为：美方作为一个老练的谈判者深谙谈判桌上双方的一切心理现象。

根据世贸组织的规定，特保措施启动后30天内，当事双方必须展开协商，并于90天内结束协商。就此一项，美国人在后来的中美谈判过程中占得先机。老练的谈判者除了会“抢占先机”之外，还有一个重要原则就是“没有交换、决不让步”。美国人用这样的办法，将中美之间的谈判一拖再拖，其间以此为筹码就获得了不少好处。

在开放市场和知识产权保护问题上中国做出了足够多的让步，但是在纺织品问题上美国人就是毫不松口，只是留下一句让人欣慰的表态：“慎重使用纺织品特别限制措施。”美国人还在等什么呢？后来答案出来了，人民币“升值”了。美国人获得了最大的胜利。

中美纺织品协议水到渠成后，该做的让步中国都让了，美国人应该满足了。但就在如此情况之下，美国政府还不甘心，在谈判最终完结之前，他们还在不断接受美国企业的设限申请。这又是一个狡猾老练的谈判者应该做的事情，这时他们心里想的是：“谁知道对方在压力之下还会做出什么让步呢？”

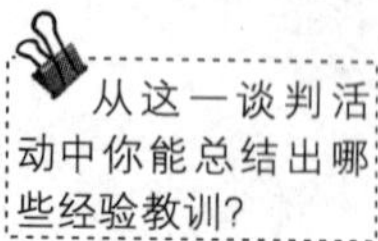

从这一谈判活动中你能总结出哪些经验教训？

“没有交换、决不让步”，这不是一个自由贸易主义者的原则，但是这却是一个熟知心理规律的谈判者应该遵守的铁律。在这一次中国与欧盟美国之间的纺织品贸易谈判中，中国就违反了这样的铁律，结果失去了谈判的主动。

中国政府主动对纺织服装产品出口采取自我限制措施，可以说是给足了美国人面子，西方媒体普遍认为，中国政府此举是“在纺织品纠纷中首先做出让步”。短期而言，中国政府采取一定的让步，“避免了与欧美之间爆发激烈的贸易战”；长远来看，自主采用关税措施限制出口数量，为调整中国纺织服装产品出口结构打下了基础。

可是，在谈判中首先让步就能获得对方的回应吗？狡猾老练的谈判者不但不能领会你的善意，相反，他心里想的是："这是一只羊！我是不是应该更进一步？这样也许可以在羊身上得到更多好处呢。"就这样，中国最终又重新降低了纺织品的出口关税。如此反复，不仅让自己被动，也让谈判对手收获了谈判争胜的信心。

知识讲解

一、心理与商务谈判心理

人是具有心理活动的。一般地说，当一个正常的人，面对壮丽的河山、秀美的景色、善良热情的人们，会产生喜爱、愉悦的情感，进而会形成美好的记忆；看到被污染的环境、恶劣的天气、战争的血腥暴行，会出现厌恶、逃避的心情，并会留下不好的印象。这些都是人的心理活动、心理现象，即人的心理。

心理是人脑对客观现实主观能动的反映；人的心理活动一般包括感觉、知觉、记忆、想象、思维、情绪、情感、意志、个性等。

商务谈判，既是商务问题的谈判，又是心理的较量。它不仅为客观商务实际条件所左右，同时也受到谈判双方心理的影响。**商务谈判心理**是指在商务谈判活动中谈判者的各种心理活动。它是商务谈判者在谈判活动中对各种情况、条件等客观现实主观能动的反映。例如，当谈判人员在商务谈判中第一次与谈判对手会晤时，对手彬彬有礼，态度诚恳，易于沟通，谈判对手就会对对方有好的印象，对谈判取得成功抱有希望和信心。反之，如果谈判对手态度冷漠、狂妄，或者盛气凌人，难以友好相处，谈判人员就会对其留下不好的印象，从而对谈判的顺利开展产生不利影响。

(一) 商务谈判心理的特点

与其他的心理活动一样，商务谈判心理也有其特点和规律。一般来说，商务谈判心理具有内隐性、相对稳定性、个体差异性等特点。

(1) 商务谈判心理具有内隐性。**商务谈判心理的内隐性**指商务谈判心理藏之于脑、存之于心，是别人无法通过行为所能直接观察到的心理活动。

当然，由于人的心理会影响人的言语和行为，外在的言行与内隐的心理活动有着十分密切的联系。因此，谈判人员的心理可以通过其外显的言语和行为加以推测。例如在商务谈判中，对方作为购买方对所购买的商品在价格、质量、售后服务等方面的谈判协议条件都感到满意，那么在双方接触中，谈判对方会表现出温和、友好、礼貌赞赏的态度反应和行为举止；如果很不满意，则会表现出冷漠、粗暴、不友好、怀疑甚至挑衅的态度反应和行为举止。中国人所说的"言为心声"讲的就是这个道理。

(2) 商务谈判心理具有相对稳定性。**商务谈判心理的相对稳定性**是指在商务谈判过程中，谈判主体产生某种心理现象后，在某个时段内往往具有相对的稳定性。例如，商务谈判人员的谈判能力会随着谈判经历的增多而有所提高，但在一段时间内却是相对稳定的。

正是由于商务谈判心理具有相对稳定性，我们才可以通过观察分析去认识它，而且可以运用一定的心理方法和手段去改变它，使谈判双方的心理活动利于商务谈判的顺利开展。

(3) 商务谈判心理具有个体差异性。**商务谈判心理的个体差异**是指在谈判过程中，因谈判者个体差异所引起的谈判者之间的心理状态的差异。商务谈判心理的个体差异性，要求我们在研究商务谈判心理时，既要注重探索商务谈判过程中各种心理现象的共同特点和规律，又要注意把握个体心理的独特性。

(二) 研究商务谈判心理的重要意义

在商务谈判中，运用谈判心理知识对谈判进行研究，分析对手的言谈举止，对成功地促进谈判很有必要。掌握商务谈判心理现象的特点，认识商务谈判心理发生、发展、变化的规律，对于商务谈判人员在商务谈判活动中塑造优良的心理素质、保持良好的心态，正确判断谈判对手心理状态、行为动机，预测和引导谈判对手的谈判行为，有着十分重要的意义。

此外，商务谈判的虚虚实实、真真假假的心理策略对谈判的成果影响很大。熟悉商务谈判心理，有助于提高谈判人员谈判的艺术性，从而灵活有效地处理好各种复杂的谈判问题。

具体来讲，研究和掌握商务谈判心理，对于商务谈判有以下几方面的意义：

1. 有助于培养谈判主体自身良好的心理素质

谈判人员良好的心理素质是谈判取得成功的重要基础条件。谈判人员相信谈判成功的坚定信心、对谈判的诚意以及对谈判的耐心等，都是保证谈判成功不可或缺的心理素质。良好的心理素质，是谈判者抗御谈判心理挫折的条件和铺设谈判成功之路的基石。

同时，学习谈判心理也可以帮助谈判者有意识地培养自身优良的心理素质，摒弃不利于谈判的心理行为习惯，从而把自己打造成商务谈判高手。

2. 有助于揣摩谈判对手心理，实施心理诱导

学习商务谈判心理，可以帮助谈判者通过观察分析谈判对手的言谈举止，揣摩弄清谈判对手的心理活动状态，如个性、心理追求、心理动机、情绪状态等。同时，谈判人员在谈判过程中，通过仔细倾听对方的发言，观察其神态表情，留心其举止，以了解谈判对手心理，分析其深藏于背后的真实意图、想法，识别其计谋或攻心术，防止陷入对手设置的谈判陷阱并正确做出谈判决策。

了解对方人员的谈判思维特点、对谈判问题的态度，可以开展有针对性的谈判准备和采取相应的对策，把握谈判的主动权，使谈判向有利于我方的方向转化。比如，需要是人的兴趣产生和发展的基础，谈判人员可以通过观察对方在谈判中的兴趣表现，分析了解其心理需要；相反，也可以根据对手的需要进行心理诱导，激发其对某一谈判主题的兴趣，促成商务谈判的成功。

3. 有助于恰当地表达和掩饰我方心理

了解商务谈判心理，有助于表达我方利益，有效地促进沟通。如果对方不清楚我方的需要或态度，必要时我方可以通过各种合适的途径和方式向对方表达，以有效地促使对方了解并重视我方的心理及利益需要。

当然，作为谈判中的另一方，谈判对手也会分析研究我方的心理状态。我方的心理状态和言行举止，往往蕴含着商务活动的重要信息，这是不能轻易暴露给对方的。这些信息如果为对方所知，就会使我方的经济利益蒙受损失。

为了掩饰我方某些不便于流露的真实心理状态、意图和想法，谈判人员可以根据自己对谈判心理的认识，在言谈举止、信息传播、谈判策略等方面加以调控，对自己的心理动机（或意图）、情绪状态等作适当掩饰。如在谈判过程中被迫做出让步，为了掩饰让步的真实原因和意图，可以用类似"既然你在交货期方面有所宽限，我们可以在价格方面做出适当的调整"等言词加以掩饰；如己方面临着时间压力，为了掩饰己方重视交货时间的这一心理状态，可借助多个成员提出不同的要求，以扰乱对方的视线，或在议程安排上有意加以掩饰。

4. 有助于营造谈判氛围

学习商务谈判心理还有助于谈判人员处理与对方的交际，形成一种良好的交流和谈判氛围。

如前所述，为了使商务谈判能顺利地达到预期目的，需要融洽的谈判氛围。良好的谈判氛围可以有效影响谈判人员的情绪、态度，使谈判顺利推进。一个商务谈判的高手，也是营造谈判氛围的高手。一般而言，谈判者都应尽可能地营造出友好和谐的谈判气氛以促成双方的谈判。但良好的谈判氛围，并不都是温馨和谐的气氛。出于谈判利益和谈判情境的需要，必要时有意制造紧张甚至不和谐的气氛，以对抗对方的胁迫或给对方施加压力，迫使对方做出让步也是很有必要的。

二、马斯洛的需要层次理论及其在谈判中的应用

（一）马斯洛与需求层次理论

马斯洛（Abraham Harold Maslow，1908～1970）是美国犹太裔心理学家，早期曾经从事动物社会心理学的研究，之后转入人类社会心理学的研究，是美国著名的人本主义心理学家。人本主义心理学是心理学发展的一个历史流派，兴起于20世纪五六十年代的美国，由马斯洛创立，被称为除行为学派和精神分析以外心理学上的"第三势力"。人本主义和其他学派最大的不同是特别强调人的正面本质和价值，而并非集中研究人的潜意识和问题行为，并强调人的成长和发展，称为自我实现。

作为人本主义心理学家，马斯洛对需求层次理论进行了卓有成效的研究，提出了著名的需要层次论（need hierarchy theory）。该理论认为：人类的需要是一个复杂的系统结构，并把人的需要分为7个不同的层次（见图5-1）。马斯洛认为，需要的层次越低，对个体的影响也就越大，基本需要满足之后，更高层次的需要才能出现。自我实现（self realization）是人类最高层次的需要。

马斯洛的需要层次理论有以下几个基本要点：

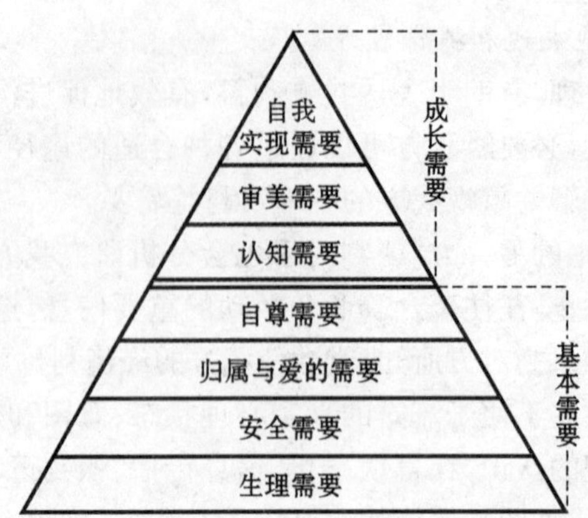

图 5-1　马斯洛提出的需要层次金字塔模型

(1) 人是一体化的整体，不能孤立地、不分主次地研究人类的需要。人类的基本需要是按力量的强弱排列成等级的。一个人的意识是由占优势的需要支配的；不占优势的需要则被人的意识削弱，甚至被遗忘或否定。当一种需要被平息，另一种更高级的需要就会出现并支配意识生活，成为个体行为组织的中心。人是永远有所要求的动物。当个人满足一种需求之后，就会产生另一种需求。

(2) 人类的需要是一种似本能需要，这是一种内在的潜能，在某种程度上是由体质或遗传决定的。需要的层次越高，其表现和满足就越依赖于外部条件，就与本能的区别越鲜明，似本能的性质也就越突出。

(3) 人类的需要可分为高级需要和低级需要。人类的需要有层次之分：生理需要和安全需要为低级需要，是人和动物所共有的需要类型；自我实现需要则是人类独有的、出现较晚的高级需要。任何个体一出生就有生理需要，但是自我实现需要，甚至像莫扎特式的伟大人物也要等到三四十岁。马斯洛还认为：在人类自我实现的创造性过程中，能产生出一种所谓的"高峰体验"情感，这是人类最高、最完美、最和谐的体验。

(4) 低级需要直接关系到个体的生存，因而也称为匮乏性需要(Deficiency Need)。如果这种需要得不到满足，个体将出现疾病或危机。但高级需要也不是与人的健康毫无关系的。高级需要的满足能使人心情愉悦、精力旺盛，产生更深刻的幸福感、宁静感，以及内心生活的丰富感。因而，高级需要也称为成长性需要(Growth Need)。

(5) 自我实现需要是人类基本需要中最高层次的需要，但在现实生活中能自我实现的人很少，仅为人类总数的大约 1%。绝大多数人不能自我实现的主要原因是：①自我实现是很微弱的似本能需要，容易被压抑、控制、更改和消失；②许多人不敢正视关于他们自己自我实现所需要的相关知识；③文化环境强加于个人身上的规范，某种程度上会阻滞一个人的自我实现；④自我实现者是由成长性需要而不是匮乏性需要推进的，其发展和持续成长依赖于自己的潜力。

马斯洛的需要层次理论，对揭示人类需要的普遍规律性做出了贡献，且具有直观、易于理解、相对较合理等特点，因此成为国内外许多相关理论的重要基础。

但是，该理论也存在一些问题，并受到诸多批评。具体如下：

(1) 虽然马斯洛用“似本能”来代替“本能”的概念，用以说明人类的需要不同于动物的需要，但是他认为人类的基本需要是由体质或遗传决定的，是与生俱来的，混同了人的生物性需要和社会性需要。马斯洛也承认人的社会性需要，将人和动物区分开来，但他不是从人的本质的社会历史制约性而是从体质或遗传性出发，因而仍然错误地把人的需要的发展及实现看作人类生物特性的发展和实现。

(2) 马斯洛十分重视人的潜能和价值，但他所讲的自我实现是个人的自我实现，仅仅是极少数人的自我实现。个人自我价值的实现应当与社会价值的实现紧密地结合起来，这才是最有意义的。

(3) 马斯洛把人类的基本需要分为高级需要和低级需要，有其合理的因素，但是，他强调需要由低级向高级发展，低级需要没有得到满足，就不会产生较高一级的需要，而没有充分认识到高级需要对低级需要的调节控制作用。

需要是指有机体内部的不平衡状态，表现为有机体对内外环境的一种稳定的要求并成为有机体活动的源泉。

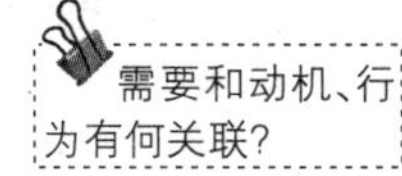

(二) 谈判过程中双方心理需要的类型及满足

谈判中的心理学也可以简单地浓缩成一句话：促使谈判成功的关键是满足彼此的需求。谈判过程中，双方存在的心理需求有以下几种类型：

1. 生理需要和安全需要

这是谈判者维持自身生存的最基本要求，包括衣食住行等方面的要求。如果这些需要得不到满足，谈判者就不会专注于商务谈判。在这个意义上说，生理需要和安全需要是推动谈判者行动的最强大的动力。只有这些最基本的需要满足到维持生存所必需的程度，其他需要才能成为新的激励因素。在谈判过程中，主场谈判者一定要为客场谈判者安排好食宿，并选择安全、舒适、安静、整洁的场所作为谈判地点，最大限度满足客场谈判者的生理需要和安全需要，使他们在谈判中全力以赴，没有后顾之忧。

2. 尊重的需要

尊重需要是谈判过程中的一种最基本的心理需要。在谈判期间，一定要尊重自己的谈判对手。具体来讲，需要注意以下两点：

(1) 对事不对人。在谈判中，必须明白双方之间的关系是“两国交兵，各为其主”。要正确地处理己方人员与谈判对手之间的关系，就是要做到人与事分别而论。

(2) 讲究礼貌。在谈判过程中，不论身处顺境还是逆境，都不可意气用事、举止粗鲁、语言放肆。即使在谈判出现争议的情况下，谈判者也应该待人谦和、彬彬有礼，与谈判对手友善相待。即使与对方存在严重的利益之争，也切莫对对方进行人身攻击、恶语相加、讽刺挖苦、不尊重对方的人格。

3. 归属和爱的需要

这一层次的需要包括两个方面的内容。一是对友谊的需要，即谈判者需要与对方谈判伙伴之间的关系融洽或保持友谊及忠诚；二是归属的需要，即每个谈判者都有一种归属于一个群体的感情，希望成为群体中的一员，并相互关心和照顾。即使谈判期间的谈判班子组成是临时的，谈判者也希望在这个临时的家庭中感受到温暖、关怀和归属感。

4. 尊重的需要

尊重的需要就是指每个谈判者都希望自己在谈判中有稳定的社会地位，要求个人能力和成就得到其他谈判人员的承认。尊重的需要可分为内部尊重和外部尊重。内部尊重就是谈判者个人的自尊，是谈判者希望在各种不同情境中有实力、能胜任、能独立自主的情绪情感。外部尊重是指谈判者在谈判成员中，希望有地位、有威信，受到别人的尊重、信赖和高度评价。马斯洛认为，尊重需要得到满足，能使人对自己充满信心，对社会满腔热情，体验到自己活着的用处和价值。

5. 自我实现的需要

自我实现的需要是最高层次的需要，它是指实现个人理想、抱负，发挥个人能力到最大程度，完成与自身能力相称的一切事情的心理需要。马斯洛提出，为满足自我实现需要所采取的途径是因人而异的。

谈判中自我实现的需要就是指在整个谈判过程中谈判者努力实现自己的潜力，使自己越来越成为能满足己方团队利益的核心人物。也就是说，谈判者必须是一位称职的谈判家，这样才会使他们体会到谈判中自我实现的快乐。同时，为了在谈判中满足对方自我实现的需要，谈判一方可尽量在确保己方利益的条件下，强调对方所获利益；赞扬对方的工作能力与工作精神；及时在对方上司和同伴面前予以表扬。

三、商务谈判中的心理动机

动机涉及行为的发端、方向、强度和持续性，是激励和维持人的行动，使行动导向某一目标，以满足个体某种需要的内部动因。动机本身不属于行为活动，它是行为的原因，不是行为的结果。

（一）动机的类型

按照动机的起源划分，可将动机分为生理性动机和社会性动机。生理性动机有：饥饿、渴、性、睡眠等。社会性动机有：兴趣、成就动机、权力动机、交往动机。

按照动机影响范围、持续作用时间划分，可将动机分为近景性动机和远景性动机；按照动机的正确性和社会价值划分，可将动机分为高尚动机和低级动机；按照对动机内容的意识程度不同来划分，可将动机分为意识动机和潜意识动机；按照动机的起因不同划分，可将动机分为外在动机和内在动机；按照动机对象的性质划分，可将动机分为物质性动机和精神性动机。

> 某动机可能从属于不同范畴，具体划分按标准不同而异，请区别。

（二）影响动机的因素

1. 需要

个体需要是产生动机的直接原因。

2. 内驱力

内驱力是指在需要的基础上产生的一种内部推动力，是一种内部刺激，是需求状态存在的结果。

3. 诱因

诱因是指能够激起有机体的定向行为，是能满足某种需要的外部条件或刺激物。诱因分为正诱因和负诱因。

正诱因：凡是个体趋向或接受它而得到满足时，这种诱因称为**正诱因**。

负诱因：凡是个体因逃离或躲避它而得到满足时，这种诱因称为**负诱因**。

动机是由需要与诱因共同组成的。因此，动机的强度或力量既取决于需要的性质，也取决于诱因力量的大小。

实验表明，诱因引起的动机的力量依赖于个体达到目标的距离。距离太大，动机对活动的激发作用就很小了。人有理想、有抱负，他的动机不仅支配行为指向近期的目标，而且能指向远期的目标。因此，空间上邻近的目标，不一定具有最大的激发作用。动机的社会意义与动机的力量也有直接的关系。

4. 价值观

价值观是个体在生活实践中逐渐形成的。一旦形成，就相当稳定。

根据社会文化生活方式把人的价值观区分为：经济价值观、理论价值观、审美价值观、社会价值观、政治价值观和宗教价值观。

价值观的主要表现形式有：兴趣、信念、理想。

动机越强，工作效率越高吗？请看耶基斯—多德森定律。该定律向我们清晰展示了动机与工作效率的关系。动机强度与工作效率之间的关系不是一种线性关系，而是倒 U 形曲线。

该曲线是由耶基斯和多德森（R. M. Yerkes J. D. Dodson，1908）在研究动机和学习效果的关系时提出的，他们发现：达到最高作业水平的动机强度为动机的最佳水平。在动机强度低于最佳水平时，随其强度的增加，作业的水平不断提高；而动机强度超过最佳水平时，随其强度的增加，作业的水平不断下降。这一研究结果被称为“耶基斯·多德森定律”。

另有一项实验也证明了同样的道理，当剥夺黑猩猩食物的时间超过一定限度后，随着剥夺时间的延长，解决问题的错误增多，速度也减慢。这些研究都说明：高度强烈的学习动机和低强度的学习动机一样降低学习效率。因为动机过强，紧张和焦虑强度过高，注意与知觉的范围缩小，思维受到一定的抑制，这些都会给学习带来不良影响。所以，在重要的考试中，经常有人发挥失常，而这往往与动机水平过高有关。

也就是说，动机并不是越强越好，凡事总有一个度，超过了之后就过犹不及。事实上，这样的变化形态并非只在学习动机中出现，在心理学的许多领域中都存在着多德森曲线的现象。

总之，该定律向我们揭示了以下几点：

(1) 各种活动都存在一个最佳的动机水平。但绝不是动机越强，效率越高。

(2) 动机的最佳水平随任务性质的不同而不同。

(3) 在难度较大的任务中，较低的动机水平有利于任务的完成。

结合耶基斯·多德森定律，谈谈在商务谈判中如何调整动机至最适合谈判的水平？

（三）动机的主要理论

动机的主要理论有：本能论、驱力论、唤醒论、诱因论、认知论。

1. 动机的本能理论

本能理论是最早出现的行为动力理论。本能理论的基本观点是：人的行为主要是受人体内在的生物模式驱动，不受理性支配。

本能论过分强调先天和生物因素，忽略了后天的学习和理性因素。实际上，本能在人类的动机行为尤其是社会动机行为中不起主要作用。虽然本能对自然动机起着主导作用，是自然动机的源泉，但由于自然动机不具有重要的社会意义，而且在现实生活中人类纯粹的自然动机几乎是不能独立存在的，它无一不受社会因素的影响或社会动机的调节，所以，本能论只具有从理论上对自然动机进行解释的意义，而不具有重要的社会意义。如果用本能这种不具有重要社会意义的动机来解释人类广泛的、复杂的社会行为，必然会犯生物决定论的错误。

2. 动机的驱力理论

驱力理论假定个体要生存就有需要，需要产生驱力。有些驱力来自内部刺激，不需要习得，称为原始驱力，有些驱力来自外部刺激，是通过学习得到的，称为获得性驱力。驱力是一种动机结构，它供给机体的力量或能量，使需要得到满足，进而减少驱力；心理学家对这一理论的批评是：人类行为主要是由习惯来支配的，而不是由生物驱力支配的，驱力只为行为提供了能量，而习惯则决定着行为的方向。心理学家强调经验和学习在驱力形成中的作用，认为学习对机体适应环境有重要意义。

3. 动机的唤醒理论

动机的唤醒理论认为：人们总是被唤醒并维持着生理激活的一种最佳水平。对唤醒水平的偏好是决定个体行为的一个因素。该理论主要包括以下 3 个原理：①人们偏好最佳的唤醒水平，刺激水平和偏好之间的关系是一条倒 U 形曲线；②简化原理，即重复进行刺激能使唤醒水平降低；③个人经验影响个人偏好，研究表明，富有经验的个体偏好于复杂的刺激。驱力理论的缺陷在于：它强调个体的活动来自内在的动力，忽略了外在环境在引发行为上的作用。

4. 动机的诱因理论

诱因与驱力是不可分开的，针对驱力理论的缺陷，心理学家提出了诱因理论。诱因是个体行为的一种能源，它促使个体去追求目标。一般而言，诱因由外在目标所激发，但是只有当它变成个体的内在需要时，才能对个体行为产生持久的推动力。

5. 动机的认知理论

现代认知理论认为：认知具有动机功能。动机的认知理论主要有期待价值理论、归因理论和自我功效论。

（1）期待价值理论将达到目标的“期待”作为行为的决定因素，认为“期待”这种心理现象能帮助个体获得目标。

（2）动机归因理论认为，动机是思维的功能，因此可采取因果关系推论的方法从个体行为中寻求行为内在的动力因素。例如:积极的归因是把成功归因于能力,把失败归因于努力不够。

(3) 自我功效论。个体对其行为的决策是主动的,人的认知变量如期待、注意和评价在行为决策中起着重要的作用。期待分为结果期待和效果期待。结果期待是指个体对自己行为结果的估计;效果期待是指个体对自己是否有能力来完成某种行为的推测和判断,这种推测和判断就是个体的自我效能感。自我效能感越强,渴望成功的动机也就越强烈。

(四) 动机体系

人类的动机是十分丰富多样的,个体复杂而多样的动机,以其一定的相互关系构成动机的体系。心理学的任务不在于研究动机体系的内容本身,而在于探讨不同动机对人的意志行动过程的作用和意义。

在同一个个体身上,各种不同动机所占的地位和所起的作用是不同的。某些动机比较强烈而稳定,另一些动机则比较微弱而不稳定。一个人最强烈、最稳定的动机,成为他的主导动机,这种主导动机对他而言,相对地具有更大的激励作用。在其他因素相等的条件下,个体采取同他的主导动机相符合的意志行动时,通常比较容易成功。

人类的动机体系是在后天实践中形成的,因此它总是处于一个发展变化的动态过程。首先,随着个体年龄增长和实践活动的发展,动机不断地丰富和复杂。其次,动机体系的结构也会发生变化,其中主导动机还可能发生转移。比如吃喝、游戏等方面的动机对于儿童十分重要;但到了青年时期,这类动机可能就退居次要地位。

(五) 影响商务谈判的主要心理因素

1. 成就动机

成就动机是指人们力求获得成功的内在动力。成就动机的强度因人而异。在一般情境下,个体处于一个相对稳定的成就动机水平,但是当个体处于竞争状态时,其成就动机水平会产生波动,形成两种倾向的动机:追求成就的动机和回避失败的动机。即,成就动机强的个体对自认为重要的、有价值的事情,会努力去克服困难,尽力达到目标;成就动机水平较低的个体则因害怕失败而回避困难的任务。

一般来讲,成就动机水平较高者具有以下特征。

(1) 具有挑战性与创造性。高成就动机水平的人喜欢探新求异,具有开拓精神,喜欢富于挑战性的任务,并全力以赴获取成功。这种人更富于创造性,他们总是力图将每件事做得尽可能的好。

(2) 具有坚定信念。高成就动机水平的人行为目标明确,对自认为有价值的事情会持之以恒,坚持不懈做到底,无论遇到多大困难,都始终对之抱有成功的期望。

(3) 正确的归因方式。高成就动机水平的人常把以往的成功归因于能力与努力,而把失败归因于缺乏努力这种可变的内在因素上,这种归因方式会使他们今后更努力地去完善自身，不断进取。低成就动机水平的人则会把以往的失败归因于缺乏能力这种稳定的、不可变的内在因素上，而把成功归因于外在原因（如运气等），这种归因会使他们安于现状，消极被动，过于自责，不思进取。

商务谈判中，影响谈判成员成就动机的因素有：

(1) 准备是否充分，是否大量掌握了谈判对手的信息。

(2) 谈判领袖和其他谈判主体的言行是否具有激励作用。

(3) 商务谈判人员是否经验丰富。

(4) 谈判者以往的谈判业绩如何。

(5) 个人对谈判难度的看法。

(6) 个性因素。

(7) 群体的成就动机强弱与自然环境和社会文化条件。

2. 交往动机

交往动机是指个体愿意归属于某一团体，喜欢与人交往，希望得到别人的关心、友谊、支持、合作与赞赏的愿望，是个体愿与他人接近、合作、互惠并发展友谊的内在心理需要。

交往动机会推动人们结交朋友，寻找支持，当这种动机促使人们满足了交往需要时，他们就会感到安全，有依靠和归属感；反之，就会感到孤独、寂寞、无助、痛苦、焦虑。关于交往动机的获得方式有两种不同的观点。一种观点认为，交往倾向是先天遗传的神经模式，是一种本能行为。另一种观点认为，交往行为是一种后天习得的行为，条件反射和奖赏等正强化都会加强交往倾向。例如，对交往行为持一种赞赏的态度，就会强化个体的交往行为。

商务谈判中，谈判双方既是对手又是合作伙伴，双方都期待通过对方的妥协让步实现自己的利益最大化，因此，与谈判对手交往中，遵循求同存异、实现双赢的原则是非常有必要的。当双方关系因谈判陷入僵局至而跌至冰点时，可通过私下接触等方式增加双方友谊、融洽双方关系，使谈判过程变得顺利。反之，如果将对方视为敌人，没有与对方交往的动机，则很难与对方达成协议。

3. 个性心理

> 气质类型虽然各有特点，但是并没有好坏之分。请思考：不同气质类型的谈判者如何通过互相协作在谈判桌上实现己方利益的最大化？

(1) 气质特征。人的气质特征分为这样 4 类：①多血质。活泼好动，精力充沛，交际广泛，应变能力强；反应快，动作敏捷，但情绪起伏波动，注意力不够持久。②胆汁质。热情直率，精力充沛，对事物反应迅速但不灵活，心境变化剧烈，情绪易急躁冲动；工作全神贯注，有热情有效率，喜欢提问题、提建议，但常常行动鲁莽，忍耐性较差，易发火也易息怒。③黏液质：安静稳重，反应缓慢，沉默寡言，情绪不易露，注意力稳定，善于忍耐，不喜欢过多地表现自己；注意细节，思考周密；行动起来有条不紊，不轻易受外界的干扰。④抑郁质：行动较迟缓，孤僻多疑慎重，善察秋毫，反复推敲，难下决心，容易贻误商机。

(2) 性格特征。**性格**指个体对客观现实的态度和在行为方式中经常表现出来的、稳定的心理行为倾向。

(3) 能力特征。**能力**是直接影响活动效率，并使活动顺利完成的个性心理特征。能力总是与一定的活动联系在一起，离开了具体活动既不能表现人的能力，也不能发展人的能力。

4. 知觉心理

(1) 第一印象。在与陌生人交往的过程中，所得到的有关对方的最初印象称为**第一印象**。第一印象并非总是正确的，但却总是最鲜明、最牢固的，一经形成就很难改变，并且决定着以后双方交往的过程。第一印象在日常生活中是很普遍的，这种初次获得的印象往往是今后交往的依据，因第一印象导致合作失败的故事古今中外是不乏其例的。

(2) 晕轮效应。**晕轮效应**又称(Halo Effect)"光环效应"、"成见效应"、"光圈效应"、"日晕效应"、"以点概面效应"，它是一种影响人际知觉的因素。指在人际知觉中所形成的以点概面或以偏概全的主观印象。例如，当你给对方留下某方面良好、深刻的印象时，你所提出的要求、建议就会引起对方积极的响应，要求条件也常能得到满足；反之，则会受到怀疑，使对方产生不信任、不赞同的感觉。

(3) 先入为主。**先入为主**指先听进去的话或先获得的印象往往在头脑中占有主导地位，以后再遇到不同的意见时，就不容易接受。在谈判桌上，最先得到的关于事物的看法、观点等信息，对谈判者存在着强烈的影响，影响谈判者的知觉和判断。

如何运用知觉心理在商务谈判中给对方留下良好的印象？

四、谈判者应该具备的心理品质

(1) 自信心。**自信心**就是相信自己的实力和能力。它是谈判者充分施展自身潜能的前提条件。缺乏自信往往是商务谈判遭受失败的原因。没有自信心，就难以勇敢地面对压力和挫折，面对艰辛曲折的谈判，只有具备必胜的信心才能促使谈判者在艰难的条件下通过坚持不懈的努力走向胜利的彼岸。

当然，自信并不是盲目自信和唯我独尊。自信是在充分准备、充分占有信息和对谈判双方实力进行科学分析的基础上产生的，它能促使谈判者相信自己要求的合理性、所持立场的正确性及说服对手的可能性。在谈判桌上，自信才能有惊人的胆魄，才能做到大方、潇洒、不畏艰难、百折不挠。

(2) 耐心。商务谈判的状况各种各样，尤其在面对艰难曲折的大型谈判时，耐心及容忍力更是必不可少的心理素质。在一场旷日持久的大型谈判较量中，谁缺乏耐心和耐力，谁就将失去在商务谈判中取胜的主动权。耐心是对付意气用事的谈判对手的策略武器，在谈判中能取得以柔克刚的良好效果。有了耐心就可以调控自身情绪，也不会被对手的情绪牵制和影响，能始终理智地把握正确的谈判方向。

此外，在僵局面前，谈判者一定要有充分的耐心，以等待转机。谁有耐心，沉得住气，谁就可能在打破僵局后获取更多的利益。

(3) 责任感。谈判者要以极大的热情和全部的精力投入到谈判活动中，以对自己工作高度负责的态度抱定必胜的信念去进行谈判活动。试问，一个根本不愿意进行谈判、对集体和国家都没有责任心的人，代表集体去进行谈判，他会全力以赴吗？会取得成功吗？一个抱着个人目的却代表集体去谈判的人，他会为集体的需要据理力争吗？他会使集体需要获得最大程度的满足吗？答案是否定的。只有具有崇高事业心和强烈责任感的谈判者，才会以科学严谨、认真负责、求实创新的态度，本着对自己负责、对别人负责、对集体负责的原则，克服一切困难，顺利完成谈判任务。

(4) 意志力。商务谈判不仅是一种智力、技能和实力的比试，更是一场意志、耐性和毅力的较量。一些重大艰难的谈判，往往不是一轮、两轮就能完成的。对谈判者而言，如果缺乏应有的意志力，是很难在谈判中获得成功的。意志力不仅是谈判者应具备的心理素质，也是进行谈判的一种方法和技巧。

(5) 情绪调控能力。研究发现，一般人的一生平均有十分之三的时间处于情绪不佳的状态，因此，人们常常需要与那些消极情绪作斗争。人的情绪有两种——消极情绪和积极情绪。情绪是我们对外界正常的心理反应，但是我们不能让自己成为情绪的奴隶，不能让那些消极情绪左右我们的生活。

消极情绪对健康十分有害，经常发怒和充满敌意的人患心脏病的概率很大。哈佛大学曾调查 1 600 名心脏病患者，发现他们中经常焦虑、抑郁和脾气暴躁者比普通人高三倍。因此，可以毫不夸张地说，学会控制情绪不仅是保持身体健康的大事，也是谈判事业的需要。

相关案例链接

林肯的息怒方法

很多在谈判桌上取得过瞩目成就的人，都是调控情绪的高手。林肯就是这样一位伟人。有一次，美国前陆军部长斯坦顿怒气冲冲地来到林肯的办公室，说一位少将指责他护短，并且对他进行了人格侮辱。林肯平静地说："是吗？这个家伙的确很可恶。你应该写一封尖酸刻薄的信回敬他，把他臭骂一顿才对。"斯坦顿也真的很听话，他当即就写了一封措辞强烈而且充满火药味的信给这位少将。林肯看了这封信后，连声叫好："太好了，斯坦顿！就是这样，骂得他狗血喷头才叫过瘾，这样才能狠狠地教训他。"斯坦顿随即把信叠好装进了信封，这时，林肯却叫住了他："你准备干什么？""当然是把信寄给他呀！"斯坦顿急不可耐地说。"不能胡来，斯坦顿！"林肯大声说："这封信你不能发，快把它扔到炉子里去。当别人激怒我或侮辱我的时候，我都是这么做的。你写了这封信不是已经解气了吗？如果还有气儿，那么就把这封信烧掉，再写一封！"

联系自身实际，谈谈情绪对自身行为的影响。

五、谈判中的心理挫折与心理误区

(一) 心理挫折

心理挫折就是指在行为活动过程中，人们自己认为或感觉遇到难以克服的障碍和干扰，从而在心理上形成的挫折感，并由此产生一种忧虑、焦急、紧张、激动、愤怒、懊悔等情绪性心理状态。心理挫折不同于我们平常所说的挫折。心理挫折是人们的一种主观感受，它的存在并不能说明在客观上就一定存在挫折或失败，也就是说心理挫折的存在并不一定意味着活动挫折的存在。反过来，客观挫折也不一定对每个人都会造成主观挫折感。由于个体的心理素质、性格、知识结构、生长环境等都不相同，因此他们对同一事物活动的反应也就不同，有的人可能会由于困难引发较大的挫折感，而有的人则可能会对困难、阻碍没有什么反应。同样的挫折感所产生的情绪变化也是不同的。比如，有的人在感到挫折后会沮丧，退缩甚至一蹶不振，而有的人则恰恰相反，遇到困难反而更有信心，更加全力以赴。

（二）心理误区

1. 首因效应

首因效应是人与人第一次交往中给人留下的印象，在对方的头脑中形成并占据着主导地位的效应。首因效应也叫首次效应、优先效应。它是指当人们第一次与某物或某人相接触时会留下深刻印象，个体在社会认知过程中，通过“第一印象”最先输入的信息对客体以后的认知产生的影响作用。第一印象作用最强，持续的时间也长，比以后得到的信息对于事物整个印象产生的作用更强。

人们首要印象的形成主要取决于人的外表、着装、举止和言谈。通常情况下，仪表端正，着装得体，举止大方稳重，较容易获得人们的好感。

正是由于首要效应的决定作用，比较优秀的谈判者都十分注意双方的初次接触，力求给对方留下深刻印象，赢得对方的信任与好感，增加谈判的筹码。

2. 近因效应

在关于某人的两种信息连续被人感知时，人们总倾向于相信前一种信息，并对其印象较深，此时起作用的是首因效应；而在关于某人的两种信息断续被人感知时，起作用的则是近因效应。

近因效应是指在多种刺激一次出现的时候，印象的形成主要取决于后来出现的刺激，即交往过程中，我们对他人最近、最新的认识占了主体地位，掩盖了以往形成的对他人的评价，因此，也称为“新颖效应”。例如：多年不见的朋友留在自己的脑海中最深的印象，其实就是临别时的情景；一个朋友总是让你生气，可是谈起生气的原因，大概只能说上两三条最近发生的不愉快，这也是一种近因效应的表现。

在与陌生人交往时，首因效应起较大的作用；在与熟人交往时，近因效应则起较大的作用。在商务谈判中，要避免“首因效应”和“近因效应”，不要犯“一叶障目，不见泰山”的错误。在与对方谈判人员交往时，应该全面了解他们的情况，避免以片面的印象下结论，判断谈判对手应该注意从长期来考察。当然，我们自己在谈判对手面前的表现要注意始终如一，不能凭过去或者近期留给对方的良好印象而对目前的表现有所懈怠。

3. 刻板印象

刻板印象也叫“定型化效应”，是指个人受社会影响而对某些人或事持稳定不变的看法。它既有积极的一面，也有消极的一面。积极的一面表现为：在对于具有许多共同之处的某类人在一定范围内进行判断，不用探索信息，直接按照已形成的固定看法即可得出结论，这就简化了认知过程，节省了大量时间、精力。如：

大家都认为德意志民族是严谨的民族，因此，与德国人交往时就会提醒自己不要太随意，这有助于提高我们与德国人交往的效率。消极的一面表现为：在被给予有限材料的基础上做出带普遍性的结论，会使人在认知别人时忽视个体差异，从而导致知觉上的错误，妨碍对他人做出正确的评价。

由于刻板印象往往不是以直接经验为依据，也不是以事实材料为基础，只凭一时偏见或道听途说而形成。因此，绝大多数刻板印象是错误的，甚至是有害的。刻板印象的特征有如下几种：

(1) 它是对社会人群的一种过于简单化的分类方式。

(2) 在同一社会文化或同一群体中，刻板印象具有相当的一致性。

(3) 它多与事实不符，甚至是错误的。刻板印象的形成，主要是由于我们在人际交往过程中，没有时间和精力去和某个群体中的每一成员都进行深入的交往，而只能与其中的一部分成员交往，因此，只能“由部分推知全部”，由所接触到的部分，去推知这个群体的“全体”。

(4) 刻板印象一经形成，就很难改变。因此，在日常生活中，一定要考虑到刻板印象的影响。例如，市场调查公司在招聘入户调查的访员时，一般都选择女性而不选择男性。这是因为在人们的心目中，女性比较善良，较少攻击性，力量也比较单薄，因而入户访问对主人的威胁较小；而男性，尤其是身强力壮的男性如果要求登门访问，则很容易被拒绝，因为他们更容易使人联想到与暴力、攻击有关的事物，使人们增强防卫心理。

针对刻板印象，苏联心理学家曾做过这样一个实验：研究者向参加实验的两组大学生出示同一张照片，但在出示照片前，对第一组学生说：这个人是一个十恶不赦的罪犯；对第二组学生却说：这是一位知识渊博的科学家。然后让两组学生各用词汇描述所见照片上这个人的相貌。第一组学生描述为：仇恨、绝望……第二组描述为：深邃、坚强……对于同一个人，仅仅因为先前得到的提示不同，就在描述时用了差别如此之大的词汇，可见，刻板印象的力量真的是很巨大，在商务谈判中要力求避免出现刻板印象。

4. 晕轮效应

如前所述，**晕轮效应**是在人际交往过程中形成的一种夸大印象，常表现在一个人对另一个人的最初印象决定了他的总体看法。有时候晕轮效应会对人际关系产生积极作用，比如你对人诚恳，那么即便你能力较差，别人对你也会非常信任，因为对方只看见你的诚恳。但是在大部分情况下，晕轮效应对人际交往会产生消极作用。

> 用晕轮效应的相关知识分析自己生活中的相关案例，说明其原因。

晕轮效应的形成原因，与我们的知觉特征之一——整体性有关。在商务谈判中，我们在知觉谈判对手时，并不是对谈判对手的个别属性或部分孤立地进行感知，而总是倾向于把具有不同属性、不同部分的对象知觉为一个统一的整体。这是因为谈判对手的各种属性是有机地联系成一个复合刺激物的。譬如，我们闭着眼睛，只闻到苹果的气味，或只摸到苹果的形状，我们头脑中就形成了有关苹果的完整印象，因为经验为我们弥补了苹果的其他特征。由于知觉整体性作用，我们知觉客观事物就能迅速而明了,“窥一斑而见全豹”,用不着逐一地知觉每个个别属性了。

可见,晕轮效应的最大弊端就在于以偏概全。其特征具体表现在这样 3 个方面:

(1) 遮掩性。有时我们抓住事物的个别特征并不反映事物的本质,可我们却仍习惯于以个别推及一般、由部分推及整体,牵强附会地误推出其他特征。随意抓住某个或好或坏的特征就断言这个人或是完美无比,或是一无是处,都犯了片面性的错误。青年恋爱中的“一见钟情”就是由于对象的某一方面符合自己的审美观,往往对思想、情操、性格诸方面存在的不相配处都视而不见,觉得对象是“带有光环的天仙”,样样都尽如人意。同样,在日常生活中,由于对一个人印象欠佳而忽视其优点的事,也举不胜举。

用晕轮效应的相关知识分析自己生活中的相关案例,说明其原因。

(2) 表面性。晕轮效应往往产生于自己对某个人的了解还不深入,也就是还处于感、知觉的阶段,因而容易受感觉的表面性、局部性和知觉选择性的影响,从而将对于某人的认识专注于一些外在特征上。有些个性品质或外貌特征之间并无内在联系,可我们却容易把它们联系在一起,断言有这种特征就必有另一特征,也会以外在形式掩盖内部实质。如外貌堂堂正正,未必就是正人君子;看上去笑容满面,未必就面和心慈。简单把这些不同品质联系起来,得出的整体印象必然是表面的。

(3) 弥散性。对一个人的整体态度,还会连带影响到跟这个人的具体特征有关的事物上。成语中的“爱屋及乌”、“厌恶和尚,恨及袈裟”就是晕轮效应弥散的体现。《韩非子·说难篇》中讲过一个故事。卫灵公非常宠幸弄臣弥子瑕。有一次弥子瑕的母亲病了,弥子瑕连夜偷乘卫灵公的车子赶回家去。按照卫国的法律,偷乘国君的车子是要被砍脚的。但卫灵公却夸奖弥子瑕孝顺母亲。又有一次,弥子瑕与卫灵公同游桃园,他摘了个桃子吃,觉得很甜,就把咬过的桃子献给卫灵公尝,卫灵公又夸他有爱君之心。后来,弥子瑕年老色衰,不受宠幸了。卫灵公由不喜爱他的外貌转向不喜爱他的其他品质,甚至以前被他夸奖过的两件事,现在也成了弥子瑕的“欺君之罪”。

商务谈判自始至终都是在解决人的问题,解决人与人关系的问题,因此,在商务谈判中要力求避免心理误区,尽量满足对方的心理需要,使谈判双方彼此尊重,从谈判对手变成合作伙伴,获得最大化利益。

经典案例赏析

福尔摩斯的“重生”

《福尔摩斯探案集》的作者柯南道尔是一个非常固执的人,而其出版商柯氏则是一个非常有商业头脑的人。柯南道尔在写完探案集第四卷后,执意不肯再写。出版商明白柯南道尔只是厌倦了这种通俗文学的写作,对于这个给作者带来过巨大声誉和利益的福尔摩斯,出版商还是情有独钟的。于是他一面拼命做好柯南道尔的工作，一面向他透露福尔摩斯迷们的种种惋惜和不满之情，同时又许以一个故事一千英镑的优厚稿酬。一年以后，柯南道尔果然有了新成果，他又重新执笔，让福尔摩斯从峡谷里爬了出来，推出了一段又一段精彩的探案故事。出版商也从中赚取了大量的金钱，而柯南道尔则不仅拥有了更多的读者群，同时还得到了更多数量的稿酬。于是，作者和出版代理商之间的关系更加密切了，他们人脉关系的促进就意味着新作品的不断推出和财富的不断积累！在这个过程中，出版代理商对作者柯南道尔并没有以“版权在我手中，我可以去找其他人来写”威逼利诱，而是通过暂时接受作者的决定，然后逐渐让作者感受到自己有继续写作的必要，不仅使作品得以圆满完成，还促进了彼此的关系，使作品的销售也更上一层楼。

这种做法就是谈判中所说的“掌握了谈判对手的心理，并逐渐帮助对方消除心理障碍，从而消除与对方合作的障碍，达到双赢的目的。”对此，美国著名谈判专家柯尔比曾讲过这样一个案例：柯尔比与S公司的谈判已接近尾声。然而此时对方的态度却突然强硬起来，对已谈好的协议横加挑剔，提出种种不合理的要求。柯尔比对此感到非常困惑，因为对方代表并非那种蛮不讲理的人，而协议对双方肯定都是有利的，在这种情况下，S公司为什么还要阻挠签约呢？柯尔比理智地建议谈判延期。之后从各方面收集信息，终于知道了问题的关键所在：对方认为柯尔比占的便宜比己方多多了！价格虽能接受，但心理上不公平的感觉却很难接受，导致了协议的搁浅。结果重新开始谈判，柯尔比一番比价算价，对方知道双方利润大致相同，一个小时后就签了合同。

实际的商务谈判中，或许你过多地考虑到自己的利益，而对方发现后往往会心里不服气，如果你不先将对方的心理障碍清除干净，即使谈判成功了，也会给自己留下很多隐患，这点是商务谈判中非常重大的失误。不仅如此，这对双方关系的处理也埋下了隐患，因此在实际洽谈中，必须花时间了解对方心理，并懂得收集情报和分析问题，这样才能打开局面。

思考与练习

姓名________　班级________　学号________

1. 名词解释

需要

动机

刻板印象

2. 单项选择

（1）心理是人脑对（　　）主观能动的反映。

A. 他人　B. 世界　C. 社会　D. 客观现实

（2）马斯洛是（　　）人本主义心理学家。

A. 德国　B. 英国　C. 美国　D. 奥地利

（3）近因效应也称为（　　）。

A. 第一印象效应　B. 首因效应

C. 刻板效应　D. 新颖效应

3. 多项选择

（1）商务谈判中，影响谈判成员成就动机的因素有（　　）。

A. 准备是否充分　B. 是否经验丰富

C. 成就动机强弱　D. 对方性格

（2）谈判者应该具备的心理品质有（　　）。

A. 信心　B. 耐心　C. 责任感　D. 意志力

（3）晕轮效应的特征有（　　）。

A. 遮掩性　B. 表面性　C. 弥散性　D. 客观性

4. 填空题

（1）英国哲学家弗朗西斯·培根在其著作《谈判论》中说："与人谋事，则需________________以引导之；________________以劝诱之；谙其弱点，以威吓之；________________以钳制之。"培根此言对于从事商务谈判至今仍有裨益。

（2）动机本身不属于行为活动，它是行为的________________，不是行为的________________。

（3）在商务谈判中，我们在知觉谈判对手时，并不是对谈判对手的________________孤立地进行感知，而总是倾向于把具有不同属性、不同部分的对象知觉为一个________________。

5. 简答题

(1) 为什么说心理挫折是一种主观心理感受?

(2) 谈判过程中,谈判双方需要满足对方的哪些心理需要?

(3) 商务谈判中,谈判者自我实现需要的满足体现在哪些方面?

6. 实训题

谈判中需要的心理特质有些是先天遗传的,有些是靠后天学习形成的。分组讨论:哪些心理特质可以通过后天的学习而改变?

项目六 商务谈判语言

本项目内容结构图

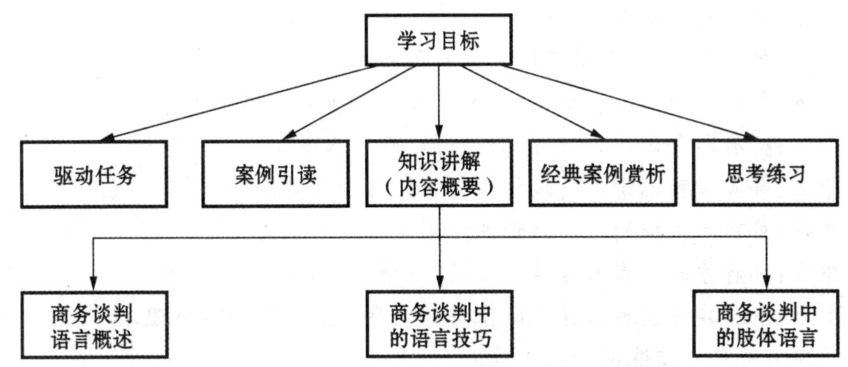

学习目标

• 知识目标

(1) 了解商务谈判用语的原则。

(2) 掌握商务谈判中倾听、叙述、提问、回答、辩论、拒绝等技巧及其要求。

(3) 熟悉商务谈判中的肢体语言。

• 能力目标

(1) 学会在商务谈判中灵活运用倾听、叙述、提问、回答、辩论、拒绝等技巧。

(2) 在商务谈判中能够理解和使用肢体语言。

驱动任务

任务内容:设计谈判沟通方案

某单位要采购一百台电脑，已经选择了一个知名电脑供应商，现将要和供应商直接接触，就拟采购商品的各项交易条件与对方谈判。步骤如下：第一，与供应商见面，寒暄。第二，要求供货商报价，并做价格解释。第三，对供应商的价格解释进行评论。第四，采用提问、辩论、拒绝等技巧迫使对方让步，争取有利的采购条件。

设计任务:设计谈判沟通方案，突出语言技巧

任务要求:按照每组4人左右的规模组成谈判小组，明确分工，充分收集市场上各

种品牌的电脑信息,根据供货商的情况设计一个谈判沟通方案,重点要突出你们小组向供货商叙述的技巧和提问的技巧。

案例引读

中美项目谈判

中国某公司与一美国公司谈判投资项目。期间双方对原工厂的财务账目反映的原资产总值有分歧。

美方:中方财务报表上有模糊之处。

中方:美方可以核查。

美方:核查也难,因为被查的依据就不可靠。

中方:美方不应该空口讲话,应有凭据证明查账依据不可靠。

美方:所有财务证均系中方工厂所造,我方人员无法一一核查。

中方:那贵方可以请信得过的中国机构协助核查。

美方:目前尚未找到可以信任的中国机构帮助核查。

中方:那贵方的断言只能是主观的、不令人信服的。

美方:虽然我方没有法律上的证据证明贵方账面数字不合理,但我们有经验,贵方的现有资产不值账面价值。

中方:尊敬的先生,我承认经验的宝贵,但账务数据不是经验,而是事实,如果贵方诚意合作,我愿意配合贵方查账,到现场一一核对物与账。

美方:无需贵方做这么多工作,请贵方自己纠正后再谈。

中方:贵方不想讲理? 我方奉陪!

美方:不是我方不想讲理,而是与贵方的账没法说理。

中方:贵方是什么意思? 我没听明白,什么"不是、不想、而是、没法"?

美方:请原谅我方的直率,我方感到贵方欲利用账面值来扩大贵方所占股份。

中方:感谢贵方终于说出也真心话,给我指明了思考方向。

美方:贵方应理解一个投资者的顾虑,尤其像我公司与贵方诚心合作的情况下,若让我们感到贵方账目有虚占股份之嫌,实在会使人却步不前,还会产生不愉快的感觉。

根据案例回答问题:

(1) 该谈判中,双方均运用了哪些语言?

(2) 双方的语言运用有何不妥之处? 如果你作为美方或中方代表会怎么谈?

中方:我理解贵方的顾虑。但在贵方心里恐惧面前,我方不能只申辩这不是"老虎账",来说它"不吃肉",但愿听贵方有何"安神"的要求。

美方:我通过与贵方的谈判,深感贵代表的人品,由于账面值让人生畏,不能不请贵方考虑修改问题,或许会给贵方带来麻烦。

中方:为了合作,为了让贵方安心,我方可以考虑账面总值的问题。至于怎么做账是我方的事。如果我没理解错的话,我们双方将就中方现有资产的作价进行谈判。

美方:是的。

(以上是中方现有资产的作价谈判)

知识讲解

商务谈判是人们相互调整利益、减少分歧并最终确立共同利益的行为过程。在商务谈判过程中，语言的作用格外鲜明。谈判者几乎所有观点的表达和技巧的运用，都必须通过语言来表现。如果谈判语言的技巧不合适，不但会使双方发生冲突，而且有可能会导致贸易失败，更有可能造成经济上的损失。语言运用得是否得当，往往能决定一次谈判的成败。因此，了解并掌握好商务谈判中语言的技巧是双方达成协议的关键。

一、商务谈判语言概述

1. 语言的内涵

语言是思维工具和交际工具。语言是符号系统，是以语音为物质外壳、语义为意义内容、音义结合的词汇建筑材料和语法组织规律的体系。语言是一种社会现象，是人类保存认识成果的载体。

语言的产生是指人们通过语言器官或手的活动把所要表达的思想说出来或写出来，包括构造阶段、转化阶段和执行阶段。语言的表达可分为说话和书写两种形式。如果按照有无声音来分，可将语言划分为有声语言和无声语言；按照语言的应用领域和表达特征来分，语言又可以分为专业领域语言、法律语言、外交语言、文学语言和军事语言。

2. 商务谈判用语的原则

商务谈判用语的原则有哪些？

(1) 客观性。客观性是指谈判过程中的语言表述要尊重事实、反映事实，不能凭空想象，更不能杜撰事实，不要使对方感到你没有诚意，从而失去与你合作的兴趣。这就要求谈判前要做好对信息的充分了解和缜密分析。

(2) 针对性。语言的针对性要强，要做到有的放矢。针对不同的商品、谈判内容、谈判场合、谈判对手，要有针对性地使用语言。如谈判对象由于民族、性别、年龄、文化程度等的不同，接受语言的能力和习惯使用的谈话方式也完全不同。

(3) 逻辑性。逻辑性是指谈判者的语言要符合逻辑规律，表达概念要明晰，判断要准确，推理要严密。谈判双方必须准确地把己方的立场、观点、要求传达给对方，帮助对方明了自己的态度。如果谈判者向对方传递了错误的信息，而对方又将错就错地达成了协议，那么整个谈判也就会前功尽弃。

(4) 协调性。谈判语言一定要适应特定的言语环境。所谓言语环境就是言语活动赖以进行的时间和场合、地点等因素，也包括说话时的前言后语。要根据不同的场合随时调整语言表达的策略，尽量采用与环境最一致的表达方式。

(5) 灵活性。谈判进程变幻无常，任何一方都不可能事先设计好谈话中的每句话，具体的言语应由参与谈判者临场组织，随机应变。谈判者要密切注意谈判局势的变化，在恰当组织语言的同时要从对方的语气、眼神、表情等方面认真考察对方的反应。

(6) 有效性。在商务谈判中除了在语言上要注意文明用语、口齿清楚、语句通顺和流畅大方等一般要求外，语言的表达还应富有感染力和震撼力。如有时谈判阶段需要亲和性，表现出谈判的诚意，追求谈判的双赢。而如果遇到谈判“黑人”，还必须声色荏苒，维护己方的尊严，但一定要把握时机，关注局势的变化，更不能因语言不当使谈判升级，最终使谈判者不欢而散。

二、商务谈判中的语言技巧

商务谈判磋商过程的表现形式之一，就是谈判代表之间的“谈”。如何正确使用语言、运用语言技巧，有效表达己方的观点、意见，达到说服对方的目的，是商务谈判中必须解决的重要问题。刘勰在《文心雕龙》中写道：“一人之辩，重于九鼎之宝；三寸之舌，强于百万之师。”由此可见语言技巧的重要性。

在商务谈判中，谈判者的语言驾驭能力是十分重要的。叙事清晰、论点鲜明、论据充分的语言表达，能够强有力地说服谈判对手，取得相互之间的谅解，协调谈判双方的目标和利益，以保证商务谈判的成功。

（一）商务谈判中倾听的技巧

有一种观点认为，上帝为什么给人两只耳朵，却只给人一个嘴巴呢？这是因为上帝要“听”的分量要有“说”的两倍。商务谈判中也是这样，要学会倾听。商务谈判是一种心灵的沟通，通过倾听你可以了解谈判对方的想法，以达到自己的目标，认真地倾听也是一种尊重谈判对方的表现。商务谈判中的倾听在沟通行为中占有最大的比例，约为40%。

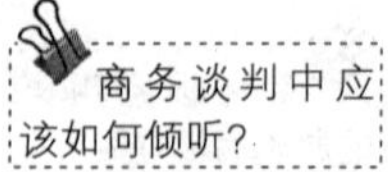

1. 商务谈判倾听的技巧

(1) 鼓励谈判对方先开口。倾听谈判对方说话本来就是一种礼貌。愿意倾听表示愿意客观地考虑对方的看法，这会让谈判对方觉得你很尊重他们的意见，有助于彼此建立融洽的关系，促进谈判的进行。谈判一方先提出己方的看法，对方就有机会在表达自己的意见之前，掌握双方意见的一致之处。当然，在谈判中采用先发制人战术时就要调整了。

(2) 听取关键词。所谓的关键词，指的是描绘具体事实的字眼，这些字眼透露出某些讯息，同时也显示出对方的兴趣和情绪。透过关键词，可以看出对方喜欢的话题，以及说话者对人的信任。另外，找出对方话中的关键词，也可以帮助我们决定如何响应对方的说法。我们只要在自己提出来的问题或感想中，加入对方所说过的关键内容，对方就可以感觉到你对他所说的话很感兴趣或者很关心。

(3) 反应式倾听。反应式倾听指的是重述刚刚所听到的话，这是一种很重要的沟通技巧。我们的反应可以让对方知道我们一直在听他说话，而且也听懂了他所说的话。但是反应式倾听不是像鹦鹉一样，对方说什么你就说什么，而是应该用自己的话，简要地述说对方的重点。比如说“你说你住的房子在海边？我想那里的夕阳一定很美”。反应式倾听的好处主要是让对方觉得自己很重要，能够掌握对方的重点，让对话不至于中断。

(4) 使用并观察谈判对方的身体语言。当我们在和对方谈判的时候，即使我们还没开口，我们内心的感觉就已经透过肢体语言清清楚楚地表现出来了。听话者如果态度封闭或冷淡，说话者很自然地就会特别在意自己的一举一动，不愿意敞开心胸。从另一方面来说，如果听话的人态度开放、很感兴趣，那就表示他愿意接纳对方，很想了解对方的想法，说话的人就会受到鼓舞。而这些肢体语言包括：自然地微笑，不要交叉双臂，手不要放在脸上，身体稍微前倾，常常看对方的眼睛，点头。

如何灵活运用商务谈判倾听技巧?

2. 运用商务谈判倾听技巧的要求

(1) 非必要时，避免打断他人的谈话。善于听别人说话的人不会因为自己想强调一些枝微末节、想修正对方话中一些无关紧要的部分、想突然转变话题，或者想说完一句刚刚没说完的话，就随便打断对方的话。经常打断别人说话就表示我们不善于听人说话，个性激进、礼貌不周，很难和人沟通。虽然说打断别人的话是一种不礼貌的行为，但如果是“乒乓效应”则是例外。所谓的“**乒乓效应**”是指听人说话的一方要适时地提出许多切中要点的问题或发表一些意见感想，来响应对方的说法。还有一旦听漏了一些地方，或者是不懂的时候，要在对方的话暂时告一段落时，迅速地提出疑问。

(2) 弄清楚各种暗示。很多人都不敢直接说出自己真正的想法和感觉，他们往往会运用一些叙述或疑问，百般暗示，来表达自己内心的看法和感受。但是这种暗示性的说法有碍沟通，因为如果遇到不良的听众，他们话中的用意和内容往往被人所误解，最后就可能会导致双方的失言或引发言语上的冲突。所以一旦遇到暗示性强烈的话，就应该鼓励说话的人再把话说得清楚一点。

(3) 消除谈判中外在与内在的干扰。外在和内在的干扰，是妨碍国际商务谈判中倾听的主要因素。因此要增进倾听就要尽可能地消除干扰。必须把注意力完全放在谈判对方的身上，才能掌握对方的肢体语言，明白对方说了什么、没说什么，以及谈判对方的话所代表的感觉与意义。

(4) 抓住重点。找出重点，并且把注意力集中在重点上，这样才比较容易从对方的观点了解整个问题。只要我们不再注意各种枝末微节，就不会因为没听到对方话中的重点或是错过主要的内容，而浪费了宝贵的时间，或者作出错误的假设。

(5) 接受说话者的观点。如果我们无法接受说话者的观点，那我们可能会错过很多机会，而且无法和对方建立融洽的关系。就算是说话的人对事情的看法与感受甚至所得到的结论都和我们不同，他们还是可以坚持自己的看法、结论和感受。尊重说话者的观点，可以让对方了解到我们一直在听，而且我们也听懂了他所说的话，虽然我们不一定同意他的观点，我们还是很尊重他的想法。若是我们一直无法接受对方的观点，我们就很难和对方彼此接纳，或共同建立融洽的关系。除此之外，接受说话者的观点也能够帮助说话者建立自信，使他更能够接受别人不同的意见。

(6) 回顾与总结。当我们和人谈话的时候，我们通常都会有几秒钟的时间，可以在心里回顾一下对方的话，整理出其中的重点所在。我们必须删去无关紧要的细节，把注意力集中在对方想说的重点和对方主要的想法上，并且在心中熟记这些重点和想法。暗中回顾并整理出重点，也可以帮助我们继续提出问题。如果我们能指出对方有些地方话只说到一半或者语焉不详，说话的人就知道我们一直都在听他讲话，而且我们也很努力地想完全了解他的话。如果我们不太确定对方比较重视哪些重点或想法，就可以利用询问的方式，来让他知道我们对谈话的内容有所注意。

（二）商务谈判中叙述的技巧

商务谈判中的语言叙述也就是“讲”，贯穿于商务谈判整个过程中。经过双方简短的寒暄之后，商务谈判便进入了叙述阶段。这时的叙述要陈述自己关于参加本次商务谈判的基本观点和意见。通过自己的叙述，使对方明了自己的观点，为商务谈判的顺利进行准备条件。商务谈判过程中也常有叙述。商务谈判结束还有总结性的叙述。总结叙述是在谈判的每一阶段或全部谈判结束前作的陈述。其中心内容是对已取得的成果进行肯定性或否定性总结，通过得体的总结性叙述，为以后的商务交往打下良好的基础。叙述要切题、中肯、观点鲜明和留有余地。

商务谈判中的叙述技巧有哪些？

1. 商务谈判中的叙述技巧

(1) 简洁法。叙述说话过多或谈判要点过多会影响谈判交易的进行。商务谈判中的叙述要尽可能简洁。因为叙述的目的在于让对方听了立即就能够理解，以便对方准确、完整地理解我方的观点和意图，而不是表明自己的观点与别人的观点有什么联系和差异。

(2) 恰当停顿法。在谈判叙述中正确地使用停顿的效果，往往比滔滔不绝的长篇大论效果好。

(3) 多用主动语态。在谈判叙述中要少用被动语态，多用主动语态，这样可以避免被动。当然，谈判中随着战术的改变，也可以用被动语态配合。

(4) 用中性语言。为了使对方容易接受自己的观点，在谈判叙述中要注意使用“中性”语言，而不要使用极端语言和粗俗的语言。

(5) 穿插对方成员的名字。在谈判叙述沟通中穿插提到双方有关人员的名字，可以增添彼此的亲切感。

2. 运用商务谈判中叙述技巧的要求

(1) 不要过分热情。有时对谈判对方过分热情，会影响谈判的效果，造成对方杀价。

(2) 客观真实。在叙述基本事实时，不要夸大事实；同时，也不要缩小事情的实情。因为万一由于自己对事实真相加以修饰的行为被对方发现，就会大大降低己方的信誉，从而使己方的谈判实力大为削弱。

(3) 具体而生动。为了使对方获得最佳的收听效果，在叙述时应注意语言生动而具体。叙述时一定要避免令人感到乏味的平铺直叙以及抽象的说教；要特别注意运用生动、活灵活现的生活用语，具体而形象地说明问题，以此来吸引对方注意，达到本方叙述的目的。

(4) 观点要准确。在叙述观点时，应力求准确无误，避免前后不一致，否则就会让对方有空子可钻。当然，谈判过程中观点有时可以依据谈判局势的发展而改变，但在叙述的方法上，要能够令人信服。这就需要有经验的谈判人员来掌握时局，不管观点如何变化，都要以准确为原则。因为要说明自己的观点，而且要对方接受自己的观点，所以在陈述时使用的语言必须准确，使对方容易接受。为了准确，要求谈判者在谈判的关键内容中使用专业语言；当对方对这些语言听不懂时，就要对所使用的专业术语进行解释，以免对方产生误解。

(5) 有错误及时改。谈判人员在商务谈判的叙述当中，常常会由于种种原因而出现叙述上的错误，谈判者应及时发现并加以纠正，以防造成不应有的损失。有些谈判人员，当发现自己叙述中有错误时，便采取文过饰非的做法，这样对自己的信誉和形象损而无益，及时纠错有助于谈判的达成。

相关案例链接

一场房屋损害的赔偿谈判

一位世界著名谈判家的邻居是一位医生，在一次台风过后，医生的房子受到了严重的损害。医生希望能从保险公司多获得一些赔偿，但自感没有这种能力，于是找到了这位谈判家。

谈判家答应帮忙，并问医生："你希望得到多少赔偿呢？"

医生回答："我希望通过你的帮助，保险公司能赔偿我 500 美元。"

谈判家点点头，然后又问道："那么请你实实在在地告诉我，这场台风究竟使你损失了多少钱？"

医生回答道："我的房子实际损失在 500 美元以上。"

几个小时以后，保险公司的理赔调查员找到了谈判家，并对他说："我知道，像您这样的专家，对于大数目的谈判是权威，但这次您恐怕无法发挥您的才能了。因为根据现场的调查情况，我们不可能赔得太多。请问，如果我们只赔 300 美元，您觉得怎么样？"

谈判家沉吟了一会，然后对调查员说："您的顾客受到这么大的损失，您居然还有心思开玩笑？任何人都不可能接受这样的条件。"双方沉默了一会儿，理赔调查员打破了僵局："您别把刚才的价钱放在心上，不过我们最多也就只能赔 400 美元了。"

谈判家回答说："看一看毁坏的现场，你就会知道这点钱是多么的可怜。绝对不行！"

"好吧，好吧，500 美元总该行了吧？"

"小伙子，别轻易下结论，我们再一起去看看现场吧。"

在谈判家的一再坚持下，这一桩房屋理赔案的谈判，最终竟以不可思议的 1 500美元的赔偿费了结，这大大出乎医生的预料。

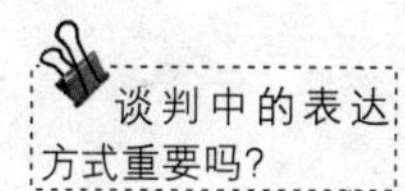

(三) 商务谈判中提问的技巧

提问是商务谈判者获取信息的重要手段。通过提问,可以发现对方的需求,了解对方的心理,把握谈判的进程,因而是商务谈判中使用语言的重要内容。商务谈判的提问内容丰富,有着不同的方法和技巧,只有熟练掌握这些内容,才能达到提问的目的。

1. 商务谈判中提问的作用

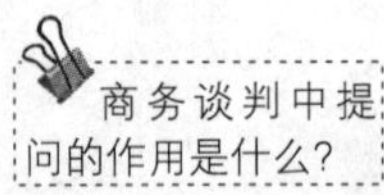

商务谈判中提问的作用至少包括以下几个方面:

(1) 引起对方的注意,为对方的思考提供引导。例如:“你好吗?”“今天天气很好,是不是?”“你能否告诉我……”这是最为普遍、应用十分广泛的问话。由于这种问话往往得到的是期望之内的回答,问话的内容也比较明确,很少引起别人误解。

(2) 获取自己需要的信息。发问人通过问话,希望对方提供自己不了解的情况。例如:“这个卖多少钱?”“你们对这一点是怎么考虑的?”这类问话归结起来,有一典型的、常见的引导词,如“谁”、“什么”、“什么时候”、“怎么”、“哪个方面”、“是不是”、“会不会”、“能不能”等。提出这类问话时,如果不事先把问话的意图表明,很可能引起对方焦虑与担心。比如,双方在洽谈商品交易中一项条款,如果买方在提出了自己对价格的看法后,再询问卖方的意见,那么卖方心里就会踏实,他会根据对方所提供的信息,斟酌自己的回答。但如果对方并没有讲述自己的观点,径直问卖方要开什么价,那么,他很可能有些担心和焦虑,因为他不知道对方是怎么想的,会对他的开价作出什么反应。

(3) 传达消息,说明感受。有许多问题表面上看起来似乎是为了取得自己希望的消息或答案,但事实上,却同时把自己的感受或已知的信息传达给对方。例如:“你真有把握保证质量符合标准吗?”这句问话像是要对方回答保证质量的依据,但同时也向对方传达了问话人担心质量有问题的信息,如果再加重语气,就说明你十分重视这一问题。这样的问题也会给对方一定的压力,但不要形成威胁。

(4) 引起对方思考。这种问话常是“你是否曾经……”“现在怎么……”“这是指哪一方面?”“我是否应该……”等等。

(5) 鼓励对方继续讲话。当你觉得对方的话还没有说完,或有些问题你还不清楚,那么,可以用提问的形式鼓励对方继续讲下去。如:“你说完了吗?”,“还有什么想法?”等等,进而了解更详细的情况。

(6) 当出现冷场或僵局时,可运用提问打破沉默。如:“我们换个话题好吗?”

(7) 作出结论。借助问话使话题归于结论,例如:“我们难道还不应该采取行动吗?”

2. 商务谈判中提问的原则

为了从自己的提问中获取对方最大的信息量,在提问时必须遵循以下原则:

(1) 不问那些对方不愿回答或恶化双方关系的问题。这类问题由于可能使对方难堪,因而会损害双方的关系,最终将影响国际商务谈判的成功。这些问题包括社会忌讳和个人忌讳两大类。社会忌讳是由于各国的文化传统形成的一些社会上的共同禁忌。个人忌讳是由于个人的信仰、喜好、个性等形成的一些忌讳。

(2) 提问的问题应能够迅速接近谈判目标。为了提高提问的效果，提问前必须进行认真准备，构思好问句，以便能迅速地接近商务谈判目标。提问的准备主要包括：确定提问的范围和内容，以便为以后的讨价还价创造条件；要根据前一个问题构思下一个问句，以便达到层层深入的效果；所有的提问都要围绕一个中心进行，有利于弄清问题；问题的提出要尽量做到让对方可以从正面作出答复，以便使自己能得到确切的答案。

(3) 提问时态度要诚恳。提问的目的是要得到对方的答案，因而提问时的态度必须诚恳，要心平气和地提出问题，以减少对方产生的防范心理和抵触情绪。为此，提问的内容不要过于尖锐，提问的语气不要有明显的挑战性。当自己提出问题对方不能马上回答时，要学会等待，给对方留下回答问题的时间，而不是步步紧逼。因为紧逼对方回答不仅得不到理想的答案，而且会给对方产生一种不友好的印象；而等待对方回答时，双方处于沉默之中，这无形中给对方增加了压力，对方有责任打破这种沉默。这样既显示了自己的修养，又达到了预定的目标。

(4) 提出问题要简明扼要。为了便于对方的理解、记忆和回答，也便于自己对信息的思考和接受，提问题要简明扼要。当所提的问题本身较复杂时，要将这些问题分解开来，作为多个小问题提问。

3. 商务谈判中提问的技巧

商务谈判中常用的提问技巧有以下几种：

(1) 封闭式提问。**封闭式发问**指在特定的领域中能带出特定的答复(如“是”或“否”)的问句。例如：“您是否认为售后服务没有改进的可能”，“您第一次发现商品含有瑕疵是在什么时候”等。封闭式问句可令发问者获得特定的资料，而答复这种问句的人并不需要太多的思索即能给予答复。但是，这种问句有时会有相当程度的威胁性。

(2) 开放式提问。**开放式提问**指商务谈判中采用的那些常见的广泛征求意见的提问方法。这种提问方法通常用于提问“怎么样”、“为什么”、“有什么意见”、“有哪些建议”等问题中。非关键性问题的提问多为开放式。

(3) 澄清式提问。**澄清式提问**是针对对方的答复，重新提出问题以使对方进一步澄清或补充其原先答复的一种问句。例如：“您刚才说对目前进行的这一宗买卖可以取舍，这是不是说您拥有全权跟我们进行谈判？”澄清式问句的作用就在于：它可以确保谈判各方能在叙述“同一语言”的基础上进行沟通，而且还是针对对方的话语进行信息反馈的有效方法，是双方密切配合的理想方式。

(4) 强调式提问。强调式提问旨在强调自己的观点和己方的立场。例如：“这个协议不是要经过公证之后才生效吗？”“我们怎能忘记上次双方愉快的合作呢？”

(5) 探索式提问。探索式提问是针对对方的答复，要求引申或举例说明，以便探索新问题、找出新方法的一种提问方式。例如：“这样行得通吗？”“您说可以如期履约，有什么事实可以说明吗？”“假设我们运用这种方案会怎样？”探索式提问不但可以进一步发掘较为充分的信息，而且还可以显示提问者对对方答复的重视。

(6) 借助式提问。借助式提问是一种借助第三者的意见来影响或改变对方意见的提问方式。例如："某某先生对你方能否如期履约关注吗?""某某先生是怎么认为的呢?"采取这种提问方式时，应当注意提出意见的第三者，必须是对方所熟悉而且是他们十分尊重的人，这种问句会对对方产生很大的影响力；否则，运用一个对方不很知晓且谈不上尊重的人作为第三者加以引用，则很可能会引起对方的反感。因此，这种提问方式应当慎重使用。

(7) 选择式提问。选择式提问旨在将己方的意见抛给对方，让对方在一个规定的范围内进行选择回答。例如："付佣金是符合国际贸易惯例的，我们从法国供应商那里一般可以得到3%～5%的佣金，请贵方予以注意。"运用这种提问方式要特别慎重，一般应在己方掌握充分的主动权的情况下使用，否则很容易使谈判出现僵局，甚至破裂。需要注意的是，在使用强迫选择式提问时，要尽量做到语调柔和、措辞达意得体，以免给对方留下强加于人的不良印象。

(8) 证明式提问。证明式提问旨在通过己方的提问，使对方对问题做出证明或理解。例如："为什么要更改原已定好的计划呢，请说明理由好吗?"

(9) 多层次式提问。**多层次式提问**是含有多种主题的问句，即一个问句中包含有多种内容。例如："你是否能就该协议产生的背景、履约情况、违约的责任以及双方的看法和态度给予解释?"这类问句因含过多的主题而使对方难于周全把握。

(10) 诱导式提问。诱导式提问旨在开渠引水，对对方的答案给予强烈的暗示，使对方的回答符合己方预期的目的。例如："谈到现在，我看给我方的折扣可以定为4%，你方一定会同意的，是吗?"这类提问几乎使对方毫无选择余地而按提问者所设计好的答案回答。

(11) 协商式提问。**协商式提问**是指为使对方同意自己的观点，采用商量的口吻向对方提问。例如："你看给我方的折扣定为3%是否妥当?"这种提问，语气平和，对方容易接受。

(12) 理解性提问。指那些在表示理解对方观点的基础上，提其他相关问题让对方回答的提问。理解性提问由于理解在先，很容易得到对方的赞同。

(13) 假设性提问。指那些在问题中有假设条件的提问。假设性提问的问题都是以"假定"为前提条件，目的是寻找自己的最佳效益。

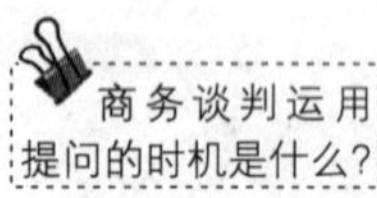

4. 商务谈判运用提问技巧的要求

在应用上面国际谈判提问沟通的方法时，不但要注意各种方法的不同作用，而且还要把握好提问的时机。

(1) 在对方发言完毕之后提问。在对方发言的时候，一般不要急于提问，因为打断别人的发言是不礼貌的，容易引起对方的反感。当对方发言时，你要认真倾听，即使你发现了对方的问题，很想立即提问，也不要打断对方，可先把发现和想到的问题记下来，待对方发言完毕再提问。

（2）在对方发言停顿和间歇时提问。如果谈判中，对方发言冗长、不得要领、纠缠细节或离题太远而影响谈判进程，这时可以借他停顿、间歇时提问。例如，当对方停顿时，你可以借机提问："您刚才说的意思是？""细节问题我们以后再谈，请谈谈您的主要观点好吗？"

（3）在议程规定的辩论时间提问。大型外贸谈判，一般要事先商定谈判议程，设定辩论时间。在双方各自介绍情况和阐述的时间里一般不进行辩论，也不向对方提问。只有在辩论时间里，双方才可自由提问、进行辩论。在这种情况下，要事先做好准备，可以设想对方的几个方案，针对这些方案考虑己方对策，然后再提问。

（4）在己方发言前提问。在谈判中，当轮到己方发言时，可以在谈己方的观点之前，对对方的发言进行提问，不必要求对方回答，而是自问自答。这样可以争取主动，防止对方接过话茬，影响己方的发言。但不要强行追问，也不要以法官的态度来询问对方，当然，如是配合谈判战术需要，可以另外考虑。

此外，一般要以诚恳的态度来提问，不要提带有敌意的问题，不涉及对方的个人生活和工作问题，不直接指责对方品质和信誉方面的问题。同时提问时说话速度太快，容易使对方感到你是不耐烦，引起对方的反感；反之，如果说话太慢，容易使对方感到沉闷、不耐烦，从而降低了你提问的力量，影响提问的效果。此外，还要注意对手的心境。谈判中，要随时留心对手的心境，在你认为适当的时候提出相应的问题。例如，当对方心境好时，常常会比较容易地满足你所提出的要求，而且会变得有些随意，会在不经意间透露一些相关的信息。此时，抓住机会，提出问题，通常会有所收获。提出问题后，要专心致志地等待对方作出回答。

相关案例链接

提问的力量

在一次中国关于某种农业加工机械的贸易谈判中，中方主谈面对日本代表高得出奇的报价，巧妙地采用了问题法来加以拒绝。中方主谈一共提出了4个问题：

（1）不知贵国生产此类产品的公司一共有几家？

（2）不知贵公司的产品价格高于贵国某某牌的依据是什么？

（3）不知世界上生产此类产品的公司一共有几家？

（4）不知贵公司的产品价格高于某某牌（世界名牌）的依据是什么？

这些问题使日方代表非常吃惊。他们不便回答也无法回答。他们明白自己报的价格高得过分了，所以设法自找台阶，把价格大幅度地降了下来。

> 进行案例分析，并回答下列问题：
> （1）怎么看日本代表高得出奇的报价？
> （2）中方主谈提出的问题中哪两个更好？

（四）商务谈判中回答的技巧

在商务谈判中，当对方向你提出问题的时候，你必须作出相应的回答；否则，对方会认为你没有诚意而使谈判陷入僵局。而巧妙的回答可以做到既不泄露机密，又不致使谈判陷入僵局。因此，谈判者必须把握回答的方式和技巧。

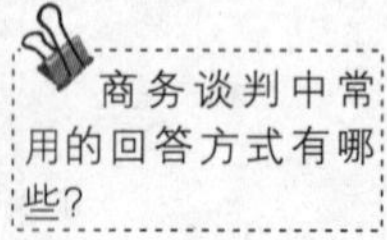
商务谈判中常用的回答方式有哪些?

1. 商务谈判中回答的技巧

商务谈判中常用的回答技巧包括:

(1) 针对式回答。即针对提问人心理假设的答案回答问题。这种回答方式的前提是要弄清对方提问的真实意图,否则回答的答案很难满足对方的要求,而且免不了要泄露自己的秘密。

(2) 含混式回答。这样既可以避免把自己的真实意图暴露给对方,又可给对方造成判断上的混乱和困难。这种回答由于没有作出准确地说明,因而可以有多种解释,从而为以后的商务谈判留下了回旋的余地。

(3) 选择式回答。即将对方提问问题的范围缩小后再作选择回答。在商务谈判中并不是所有问题的回答对自己都有利,因而在回答时必须有所限制,选择有利的内容回答对方。例如,当对方提问产品的质量时,只回答几个有特色的指标,利用这些指标给对方留下质量好的印象。

(4) 转换式回答。即在回答对方的问题时把谈判的话题引到其他方向去。这种方式也就是我们常说的"答非所问"。但这种答非所问必须是在前一问题的基础上自然转来的,没有什么雕琢的痕迹。例如,当对方提问价格时可以这样回答:"我想您是会提这一问题的。关于价格我相信一定会使您满意,不过在回答这一问题之前,请让我先把该产品的几种特殊功能说明一下。"这样就自然地把价格问题转到了产品的功能上,使对方在听完自己的讲话后,把价格建立在新的产品质量基础上,这对己方无疑是有利的。

(5) 反问式回答。即用提问对方其他问题来回答对方的提问。这是一种以问代答的方式,它既可以为自己以后回答问题留下了喘息的机会,对于一些不便回答的问题也可以用这一方法解围。

(6) 拒绝式回答。即对那些棘手和无法回答的问题,寻找借口拒绝回答。运用借口拒绝回答对方的问题,可以减轻对方提问的压力。

(7) 澄清式回答。澄清式回答是针对对方误解或不清楚的问题,向对方给以进一步澄清答复的一种答句。

(8) 借助式回答。借助式回答是一种借助第三者的意见来影响或改变对方意见的回答方式。

(9) 证明式回答。证明式回答旨在对问题做出证明或解释。

(10) 多层次式回答。多层次式回答是含有多种主题的答句,即一个答句中包含有多种内容。例如:"我们就该协议产生的背景、履约情况、违约的责任以及双方的看法和态度如下……"

(11) 协商式回答。协商式回答是指为使对方同意自己的观点,采用商量的口吻回答对方的问话。

(12) 理解性回答。指那些在表示理解对方观点的基础上,对对方的提问给以理解性回答,这很容易得到对方的赞同。

(13) 假设性回答。指那些对谈判对方问题的回答中有假设条件的回答。假设性回答的问题都是以"假定"为前提条件。

2. 商务谈判中运用回答技巧的要求

商务谈判回答问题的要诀就在于知道该说什么和不该说什么，以及什么时候采取什么样的回答方法。国际商务谈判回答沟通方法要根据谈判的进展与时机灵活运用。

一种方法就是最诚实的实话实答，如果我们考虑谈判中原则谈判的理论，其要求的也是这种方法，这样可以省去商务谈判中的许多“硝烟战火”，也有利于双方或多方的长期合作。

另一方面，也要看到谈判桌上的双方是在各方的实力基础上斗智斗勇，谈判目的在于尽可能多地通过回答过程来了解对方的实力与信息，而尽量避免过早地暴露自己的底细。在回答问题时要有艺术性和技巧，谈判人员必须熟练地加以掌握和运用。

如何运用回答技巧?

(1) 不要彻底回答。这就是指答话人将问话的范围缩小，或只回答问题的某一部分。有时对方问话，全部回答不利于我方。例如：对方问：“你们对这个方案怎么看，同意吗?”这时，如果马上回答同意，时机尚未成熟，你可以说：“我们正在考虑、推敲……”

(2) 不要马上回答。对于一些问话，不一定要马上回答。特别是对一些可能会暴露我方意图、目的的话题，更要慎重。例如，对方问“你们准备开价多少?”如果时机还不成熟，就不要马上回答。可以找一些其他借口谈别的，或是闪烁其词，所答非所问，如产品质量、交货期限等，等时机成熟再摊牌，这样，效果会更理想。

(3) 不要确切回答。模棱两可、弹性较大的回答有时很必要。许多谈判专家认为，谈判时针对问题的回答并不一定就是最好的回答。回答问题的要诀在于知道该说什么和不该说什么，而不必考虑所答的是否对题。例如，对方问：“你们打算购买多少?”如果你考虑先说出订数不利于讲价，那么就可以说：“这要根据情况而定，看你们的优惠条件是什么?”这类回答通常采用比较的语气，“据我所知……”“那要看……而定”“至于……就看你怎么看了”。

(4) 使问话者失去追问的兴趣。在许多场合下，提问者会采取连珠炮的形式提问，这对回答者很不利。特别是当对方有准备时，会诱使答话者落入其圈套。因此，要尽量使问话者找不到继续追问的话题和借口。比较好的方法是，在回答时，可以说明许多客观理由，但却避开自己的原因。例如：“我们交货延期，是由于铁路运输……许可证办理……”但不说自己公司方面可能出现的问题。有时，可以借口无法回答或资料不在，回避难以回答的问题，冲淡回答的气氛。此外，当对方的问题不能予以清晰、有条理的回答时，可以降低问题的意义，如“我们考虑过，情况没有你想的那样严重。”

(5) 幽默妙答。对于有些问题如果正面回答不利，就要用幽默的语言来回答问题，因为幽默的语言可以使谈判人员在含蓄委婉的回答中度过难关。同时，用幽默的语言可以在回答问题出现错误时把责任推给第三者，在别人抓住自己的弱点提问时可以通过自我欣赏解围。可见，使用幽默语言，可以取得事半功倍的效果。由于商务谈判对手的提问目的不同、方式各异，因而在回答对方时也必须随机应变，根据对方的不同要求作出巧妙的回答。做到该明确回答的明确回答，该与其周旋的与其周旋，该拒绝回答的拒绝回答。并且在回答的方式、回答的语言、回答的风格上要灵活选择、慎重使用，以提高回答的质量，增强己方谈判的实力。

(6) 不知不答。参与谈判的所有人都不是全能全知的人。谈判中尽管双方准备很充分，也经常会遇到陌生难解的问题。这时，谈判者切不可为了维护自己的面子强作答复，因为这样不仅有可能损害己方利益，而且对自己的面子也是丝毫无补。谈判者对不懂的问题，应坦率地告诉对方不能回答，或暂不回答，以避免付出不应付出的代价。

(7) 答非所问。答非所问在谈判中有时是一种对不能不答的问题的一种行之有效的答复方法。

相关案例链接

骗子的巧妙回答

古代有一个精明的骗子，他从别人那里借来一匹马，便牵去与一个财主进行交换。财主问："你的马是从哪里来的？"他回答道："我想卖马的念头有两年了。"财主又问："为什么要换？"他回答道："这马比你的马跑得快"。这两句话的回答全是答非所问，换马的骗子就是这样运用灵巧的方式回避了一个事实，即马是他人的，换马是想要骗走财主的马。此人的计谋于是得逞了。

谈判中，我们并不主张像这个骗子一样行骗，因为谈判必须是建立在相互信赖基础上的。但在双方利益相冲突时，如何巧妙地回答对方有关利益分割方面的问题，倒是应该从这一例中得到启发。

(8) 沉默以答。这与上面的谈判者对不懂的问题，应坦率地告诉对方不能回答又不同，而是即使懂也不答。

商务谈判中的回答有艺术性，贵在效果。

(五) 商务谈判中辩论的技巧

商务谈判中辩论的目的一般而言是要用道理去说服双方，有时也会出现不仅要求说服对方而且要求自己做好被说服心理准备的情况，也就是说不只是一方被另一方说服，而是双方都被道理说服。

1. 商务谈判中辩论的技巧

(1) "因敌取证"法。所谓**"因敌取证"**，指论辩者面对论敌的攻击，巧妙地从论敌方面取得反驳的证据，借论敌之箭再回射论敌，反守为攻、化被动为主动，使论敌欲辩无辞，只得认输。这是一种"借兵之计"的论辩谋略。

相关案例链接

中国根本没有法律吗

北京开来律师事务所的女律师开来在美国洛杉矶作题为"中国投资环境及其

法律咨询保护”的演讲时，一位美国记者以挑衅的口吻发问：“据我所知，你们中国根本无法律可言，你从哪儿变出这么多投资保护法？我听到很多中国人自己都说中国根本没有法。”顿时，场内的空气凝住了，听众把注视的目光投向开来女士。只见她先微笑着倾听记者的提问，然后心平气和地反问道：“先生，您知道美国法院的书架上有多少判例吗？”对方摇头说：“不知道，我不是法官，也不是律师。”“那您一定知道，在这些判例之外，美国已经制订了许多成文法了？”对方点点头。开来女士说：“这正是您提出问题的答案。作为判例法体系的美国，随着社会发展需要还在不断制订成文法。外国人过去没有去中国投资，当然不需要投资法。从中国对外招商引资之时，我国与之相适应的各种投资法就不断被制订出来……用我们中国人的话说，叫做‘应运而生’”。场内响起一阵掌声，这位美国记者十分尴尬。

(2) 铁的逻辑法。**铁的逻辑法**就是强调铁立论，是指对某个观点提出本方看法和理论的逻辑过程，也就是树立本方旗帜的过程。**铁立论**是指立论坚固如铁，也要凝重如铁。只有坚固如铁才有抗击打力，凝重如铁才能简练而富有打击力。这里面真实的含义是辩论不是搞学术，要让你的理论、事实所推出的观点都达到可触可摸的程度才可以。所谓说理也有多种方式，“言之无文”则“行之不远”。这就要求立论及相关的逻辑极为简洁，表达流畅有层次。既坚固又简练的铁立论几乎是辩论最重要的环节了，用逻辑上同意的观点去打击对方，用铁的逻辑法据理制胜。

(3) 平行论证法。平行论证在西方有的谈判人员的术语中叫做“双行道战术”，即当你论证他的某个弱点时，他虚晃一枪另辟战场，抓住你的一个弱点论战；也可能故意提出新的问题，同时论证，使谈判失去统一方向。

例如：在某项目开始谈判时，买方让卖方介绍报价形成的基础。卖方怕过早泄露情报给买方，不按买方的要求作出回答。卖方这样说：我方对贵方供货范围的要求不了解，不好做“最终报价”，只能做“目前报价”；但“目前报价”的可变因素很多，所以最好请贵方讲明供货范围。在这个案例中，买方要求卖方“解释目前的报价”，但卖方却回避了这个问题，而提出新的论题即买方的供货要求是卖方“最终报价”的基础。从两个平行的论题来讲，任何一方均有道理。第一个论题推理的起点是因为卖方有了“目前的报价”。而不是“最终报价”。买方要求解释的是“目前报价”而不是“最终报价”。但是，从本质上讲，卖方让买方提出供货要求，以便做最终报价的要求是不合理的，因为卖方“目前报价”不讲清，买方就无法有“供货意见”。所以，卖方应解释已有的“目前报价”。因此，我们可以判定卖方是在运用平行论证的方法进行诡辩，而我们通过分析平行论题的内在关系，就可以揭穿其诡辩的本质，并可使其诡辩术失效。

(4) 现象法。这是强调问题的表现形式或掩盖自己真实意图的做法。在商务谈判中，以现象代替本质的战术也是屡见不鲜的。

例如：关于验收问题的谈判，买方坚持在交货地点，而卖方坚持在自己的工厂。卖方论证:"我方不是提供交钥匙工程,对交货地点的环境条件、人、材料不了解,即使了解也无法控制,所以不能保证在现场验收。"从表面上看很有道理,但辩证思维判断要求透过现象看本质。买方可以论证;"试车验收材料用你的,参加验收的人是你培训的,或你方来人指导,条件可在设计联络时由双方商定,我方予以保证。所以,在现场验收是可行的。"这样,买方就运用了论证的客观性和具体性原则,反驳了卖方提出的理由。反过来,卖方若是诚实商人就会与买方讨论措施;如果是诡辩者,那么其逃避责任的本质也一览无余。

还有一个典型例子:卖方对包含水分的价格略作改善后重新报价,并且说:"你看我方很尊重贵方意见,凡是我能改善的,一定会改善。这一价格已经做了大修改,贵方可以接受我们价格了。"该商品的价格所包含的水分是很大的,而卖方仅仅消除了很小比例的一部分水分,却围绕降价大做文章,使买方动摇谈判决心。若买方不究其质就会上当,会在谈判中失利,卖方则会得利。

(5) 相对法。这是一种把相对判断与绝对判断混同,并以相对判断去压制对方的一种做法。在商务谈判中用相对判断方法迫使对方接受某个立场,有时也很见效。

例如,人们常说"我要最先进的技术",或者说"我有最先进的技术,并且可以提供该技术"。那么,该项技术的价格如果按照价值判断自然是高技术、高价格。对此,买方怎么才能使卖方降价,而自己少花钱就能够获得该项技术呢?这就必须分析其中的相对性与绝对性。首先,"新技术"会变"旧"。即使买方在购买的时候可能是"新技术",但是,在买方真正使用时也会变旧。因此,从绝对概念上讲,买方得到的仍然是旧技术。当然,有的卖方在谈判时已知即将有更新的技术问世,但通常不会告诉买方。其次,"新技术"的使用费用也不应该报绝对高价,因为卖方可以通过向买方提成取得回报。还有,买方即使使用该项"新技术",但是否能获得预期收益也是一个问题。只要买方坚持了这些相对要素就可以迫使卖方降价。

(6) 集中攻击法。即集中对对方一点进行要挟或抨击,而不是对他进行全面公正的评价。在谈判中,比如买方抓住卖方报价某个不合理处,指责他整个报价都不合理,或卖方抓住买方批评中不正确的部分不放。这种论证方式往往使洽谈气氛相当紧张。无论是谁,如果对交易有诚意的话,均不应这么做。

2. 商务谈判中运用辩论技巧的要求

商务谈判中运用辩论技巧的要求有哪些?

从总体来看,商务谈判中运用辩论技巧的要求如下:

(1) 论点要明确。商务谈判中的辩论一般要论证己方观点,反驳对方观点。论辩的过程就是通过摆事实、讲道理,以说明自己的观点和立场。为了能更清晰地论证自己的观点和立场的正确性及公正性,在论辩时要运用客观材料,以及所有能够支持己方论点的证据,以增强自己的论辩效果,从而反驳对方的观点。

(2) 逻辑性要强。商务谈判中辩论方法的应用要求有逻辑性。任何一次成功的论辩,都具有思路敏捷、逻辑性强的特点,为此,商务谈判人员应加强这方面的基本功训练,培养自己的逻辑思维能力,以便在谈判中以不变应万变。

(3) 掌握大的方向。在商务谈判辩论过程中，要掌握大的方向、大的前提，以及大的原则。辩论过程中要洒脱，不在枝节问题上与对方纠缠不休，但在主要问题上一定要集中精力、把握主动。在反驳对方的错误观点时，要能够击中要害，做到有的放矢；同时切记不可断章取义、强词夺理、恶语伤人，因为这些都是不健康的、应予以放弃的辩论方法。

(4) 态度公正，措辞准确。文明的谈判准则要求：不论辩论双方如何针锋相对，争论多么激烈，谈判双方都必须以客观公正的态度准确地措辞，切忌用侮辱诽谤、尖酸刻薄的语言进行人身攻击。如果相反，其结果只能是损害自己的形象，降低了己方的谈判质量和谈判实力，不会给谈判带来丝毫帮助，反而可能置谈判于破裂的边缘。

(5) 辩论进攻适度。商务谈判中辩论的目的是要证明己方的立场、观点的正确性，反驳对方的立场、观点上的不足，以便能够争取有利于己方的谈判结果。切不可认为辩论是一场对抗赛，必须置对方于死地。因此，辩论时应掌握好进攻的尺度，一旦达到目的，就应适可而止。因为谈判中，如果某一方被另一方逼得走投无路，陷于绝境，则往往会产生更强的敌对心理，甚至于反击的念头更强烈，这样即使对方暂时可能认可某些事情，事后也不会善罢甘休，最终会对双方的合作不利。

(6) 举止和气度良好。在辩论中，一定要注意自己的举止和气度。有些行为，比如语调高亢、唾沫四溅、指手画脚等，都是没有气质的表现，更谈不上什么气度了。辩论中良好的举止和气度不仅会在谈判桌上给人留下良好的印象，而且可以在一定程度上左右谈判气氛。有时，一个人的良好形象会比他的语言更具有诱惑力。

(7) 顺优势而为。在商务谈判的辩论中，可能在某一阶段一方占优势、另一方处于劣势。如己方处于优势状态时，谈判人员要注意以优势压顶，滔滔雄辩，气度非凡，并注意借助语调、手势的配合，渲染己方的观点，以维护己方的立场。切忌表现得轻狂、放纵和得意忘形。要时刻牢记，谈判中的优势与劣势是相对而言的，而且是可以转化的。

(8) 逆劣势而静。在商务谈判的辩论中，双方的优势、劣势两种不同状态是会转变的。当己方处于劣势状态时，要记住这是暂时的，应沉着冷静，从容不迫；既不可赌气，又不可沮丧、慌乱不堪，因为这样对于挽救己方的劣势是毫无帮助的。在劣势条件下，只有沉着冷静，保持己方阵脚不乱，才会对对方的优势构成潜在的威胁，从而使对方不敢贸然进犯。

(六) 商务谈判中拒绝的技巧

1. 商务谈判中拒绝的技巧

商务谈判中拒绝也是一种沟通方式，当然这里要区分暂时拒绝和永久拒绝，对于永久拒绝，一旦落实就很难再沟通了。当然，永久拒绝也可以作为一种谈判的策略。

商务谈判中常见的拒绝技巧至少包括：

(1) 客观法。就是在谈判中利用一些客观事实来拒绝接受对方的观点或条件。例如:“您想降价的心情是可以理解的。但由于产品成本上涨了10%,再降价我们就亏本了。”由于物价上涨是人所共知的客观事实,拒绝降价便有理有据,因而很容易被对方接受。

(2) 问题法。所谓问题法,就是面对对方的过分要求,提出一连串的问题。这一连串的问题足以使对方明白你不是一个可以任人欺骗的笨蛋。无论对方回答或不回答这一连串的问题,也不论对方承认或不承认,都已经使他明白他提的要求太过分了。

(3) 借口法。现代企业不是孤立的,它们的生存与外界有着千丝万缕的联系。在谈判中也好,在企业的日常运转中也好,有时会碰到一些无法满足的要求。面对对方或者来头很大,或者过去曾经有恩于你,或者是你非常要好的朋友、来往密切的亲戚,如果你简单地拒绝,那么很可能会使你的企业遭到报复性打击,或者让你背上忘恩负义的恶名。对付这类对手,最好的办法是用借口法来拒绝他们。

相关案例链接

扯皮的批条

上海某合资针织企业的产品销路非常好。有人拿了某领导的批条来找销售经理,要以低于批发的价格购买一大批。销售经理看日近中午,灵机一动,先把来人让进饭厅,招待吃饭,并对来人说:“你要的东西数量大,批价低,已经超出我的权限。不过你放心,这件事我马上全力去办。你先吃饭。”饭后,他又对持条人说:“你的条子要我们总经理批。可总经理刚到北京开会去了。你是否先回去,过两天再打电话来问问。”这人碰了个软钉子,发不出火,只好快快而返。过了两天,此人打电话去问。销售经理告诉说,他向总经理汇报过了。总经理答复:这种大事要开董事会研究。他安慰持条人说他会尽力向董事会争取的,要持条人过两个星期再打电话问情况。持条人一听这么麻烦,心里早就凉了半截。他明白要董事会里那些外国人点头同意是不可能的事,所以再也不打电话问结果了。销售经理巧妙地把对方的注意力从自己身上转移到总经理身上,再转移到外国董事身上,叫他有火也无处发。

(4) 补偿法。所谓补偿法,顾名思义,是在拒绝对方的同时给予其某种补偿。这种补偿往往不是“现货”,即不是可以兑现的金钱、货物、某种利益等,相反,可能是某种未来情况下的允诺,或者提供某种信息(不必是经过核实的、绝对可靠的信息)、某种服务(例如,产品的售后服务出现损坏或者事故的保险条款等)。这样,如果再加上一番并非己所不为而乃不能为的苦衷,就能在拒绝了一个朋友的同时继续保持你和他的友谊。

相关案例链接

购买钢材得到补偿

有一个时期，市场上钢材特别紧张。有个专门经营成批钢材的公司生意非常兴隆。一天，公司经理的好朋友来找他，说急需一吨钢材，而且希望价格特别优惠，要求比市场上的批发价还低10%。公司经理因为过去的亲密友谊，实在无法毫不留情地加以拒绝，所以就巧妙地用补偿法来对付这位朋友。他对朋友说，本公司经营钢材是以千吨为单位的，无法拆开一吨来给他。不过，总不能让老朋友白跑一趟。所以他提议这位朋友去找一个专门经营小额钢材的公司。这家小公司和他们有业务往来。他可以给这家小公司打招呼，以最优惠的价格(毫无疑问，这一“最优惠”的含义是模糊语言。因为再优惠，也不会比市场批发价低10%)卖给他一吨。这位朋友虽然遭到了拒绝，但因为得到了“补偿”。所以拿着他写的条子，高高兴兴地去找那家小公司，最后以批发价买了一吨钢材。

(5) 条件法。赤裸裸地拒绝对方必然会恶化双方的关系。不妨在拒绝对方前，先要求对方满足你的条件：如对方能满足，则你也可以满足对方的要求；如对方不能满足，那你也无法满足对方的要求。这就是条件拒绝法。外国银行的信贷人员往往用这种条件拒绝法来拒绝向不合格的发放对象发放贷款。这是一种留有余地的拒绝。银行方面的人绝不能说要求借贷的人“信誉不可靠”或“无还款能力”等。那样既不符合银行的职业道德，也意味着断了自己的财路，因为说不定银行方面看走了眼，这些人将来飞黄腾达了呢？所以，银行方面的人总是用条件法来拒绝不合格的发放对象。既拒绝了对方，又让别人不朝你发火，这就是条件法的威力所在。

(6) 不说理由法。苏联外长葛罗米柯是精通谈判之道的老手。在对手准备了无可辩驳的理由时，或者无法在理论上与对手一争高低时，或者不具备摆脱对方的条件时，他的看家本领是不说明任何理由，光说一个“不”字。美国前国务卿万斯早就领教过葛罗米柯的“不”战术。1979年，他在维也纳同葛罗米柯谈判时，出于好奇在谈判中记录了葛罗米柯说“不”的次数，一次谈判下来竟然有12次之多。葛罗米柯先后同9位美国总统谈判不败，这种不说明理由的“不”战术是重要法宝之一。

(7) 幽默法。在谈判中，有时会遇到不好正面拒绝对方，或者对方坚决不肯降低要求或条件的情况，此时你并可不直接加以拒绝，相反全盘接受，然后根据对方的要求或条件推出一些荒谬的、不现实的结论来，从而加以否定。这种拒绝法往往能产生幽默的效果。

相关案例链接

用工资分期付鲱鱼款

有一个时期，苏联与挪威曾经就购买挪威鲱鱼进行了长时间的谈判。在谈判中，深知贸易谈判诀窍的挪威人，开价高得出奇。苏联的谈判代表与挪威人进行了艰苦的讨价还价，挪威人就是坚持不让步。谈判进行了一轮又一轮，代表换了一个又一个，还是没有结果。

为了解决这一贸易难题，苏联政府派柯伦泰为全权贸易代表。柯伦泰面对挪威人报出的高价，针锋相对地还了一个极低的价格，谈判像以往一样陷入僵局。挪威人并不在乎僵局。因为不管怎样，苏联人要吃鲱鱼，就得找他们买，是"姜太公钓鱼，愿者上钩"。而柯伦泰是拖不起也让不起，而且还非成功不可。情急之余，柯伦泰使用了幽默法来拒绝挪威人。她对挪威人说："好吧！我同意你们提出的价格。如果我的政府不同意这个价格，我愿意用自己的工资来支付差额。但是，这自然要分期付款。"堂堂的绅士能把女士逼到这种地步吗？所以，在忍不住一笑之余，一致同意将鲱鱼的价格降到一定标准。柯伦泰用幽默法完成了她的前任们历尽千辛万苦也未能完成的工作。

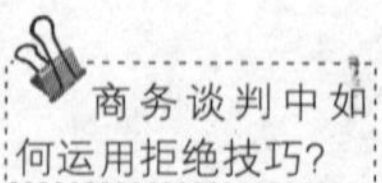

2. 商务谈判中运用拒绝技巧的要求

(1) 拒绝忌生硬。谈判中的拒绝，说是"技巧"也好，"艺术"也好，是指拒绝对方时，不能板起脸来、态度生硬地回绝对方。

(2) 态度要诚恳。为了使被拒绝者能够理解自己的心情，在拒绝时必须态度诚恳，使对方知道你确实尽了力，但又实在无法满足其要求，这样拒绝起来就顺理成章。因此，在拒绝对方时必须给人一种经过认真考虑而又确实无法做到的感觉。

(3) 观点要明确。为了使拒绝能达到应有的效果，必须使对方能明白无误地了解你拒绝的意思，以免使对方产生误解。观点必须明确，这样可以为谈判节省时间。

(4) 措辞要委婉。在拒绝对方的观点时，在措辞上要委婉，不能用教训、嘲弄、挖苦的言词拒绝对方。这样一方面可以显示对被拒绝者的尊重，另一方面被拒绝者也容易接受。

(5) 方法要得当。在谈判拒绝时究竟采用哪种方法，要根据谈判者、谈判环境、谈判话题等多种因素确定，在方法的运用上要灵活得当。

(6) 拒绝是相对的。在谈判中，一般而言，拒绝并不意味着宣布谈判破裂，而是一种谈判技巧和手段。一方面，拒绝是否定了对方的进一步要求；另一方面，却延续了对以前的报价或让步的某种承诺。而且，谈判中的拒绝往往不是全面的。相反，大多数谈判中的拒绝往往是单一的、有针对性的。所以，在谈判中的拒绝，往往给对方留有了其他方面讨价还价的可能性。当然，这里的拒绝不是永久性的拒绝。

(7) 拒绝不是为出气。要明白拒绝本身是一种手段，这就是说，谈判的目的不是为了拒绝，而是为了获利，或者为了避免损失，一句话，是为了谈判成功。不少谈判者在谈判中易被感情所支配，宁可拒绝也不愿妥协。这样的情况屡见不鲜，他们的目的似乎就是为了出一口气，这是欠妥当的。

三、商务谈判中的肢体语言

商务谈判是不同利益主体为了满足自己的需要进行的磋商活动，同时也是谈判代表之间面对面的沟通。人与人之间的这种沟通当然不局限于语言，谈判者双方的眼神、面部表情和肢体动作等都能传达谈判者的内心感受。微微一笑伸出手来表示欢迎，皱眉表示不满，点头表示同意，挥手表示再见。听报告或讲演时，身子往椅背上一靠、打个呵欠表示厌烦、不感兴趣。

因此，在商务谈判过程中，适当地运用一些有意识、无意识的动作是谈判内容中不可或缺的增效剂。而这些有意识、无意识的动作，即身体语言，也称作肢体语言（非语言符号）。

（一）肢体语言的含义

世界著名的非语言传播专家伯德维斯泰尔指出：两个人之间一次普通的谈话，口头语言部分传播的信息不到35%，而肢体语言部分传播的信息达到65%以上。**肢体语言**是指那些包括目光、表情、身体运动、触摸、体态、身体间的空间距离等在内的非言语性的身体信号。商务谈判的肢体语言沟通是相对于有声语言而言的，是指通过人的形体、姿态、个人整体形象、声调特点等方面，不用文字而单独传递信息、表示态度的过程，其内在含义有：理解别人的感受；发现潜在的问题；更好地理解当前的状况并相应地修正存在传递的信息；创造一种积极的印象；传递热情和信心。

肢体语言的内在含义是什么？

1. 肢体语言的作用

从人的肢体语言具有的作用角度来说，在商务谈判过程中，“人可以貌相”。谈判者可以通过观察谈判对手的形体、姿态、表情等非发音器官来与谈判对手沟通，以达到传递信息、表达意见、交流思想的目的。

在商务谈判过程中，谈判者肢体语言的主要作用有替代作用、补充作用、表现作用。

2. 肢体语言的类型

据不完全统计，人类可以做出多达27万种肢体语言姿势，比人体所能发出的声音还要多。这么多人体姿势和动作，他们所表达的含义是复杂的。有的含义明确具体，有的却笼统模糊；因此，肢体语言的分类很复杂。解读肢体语言要从语感、眼神、面部表情、身体姿势、手势、身体距离、气氛等方面进行剖析。

（二）肢体语言的运用

在商务谈判过程中，谈判者可以通过自觉的意识，在语言、语气等方面显示出其强硬和雄辩，表现得信心十足、绝不妥协；也可能因为内心不踏实，没有十分的把握，在下意识中借助一些动作来掩饰内心的紧张和冲突。

1. 头部“语言”

在谈判过程中，谈判者是可以通过观察谈判对方的肢体语言，来获取商务谈判中所需的相关信息。头部是人们肢体语言中运用比较频繁的部位。

在大多数国家，点头表示赞许、认可、同意，而尼泊尔人、斯里兰卡人和有些印地安人和爱斯基摩人则用点头表示“不”。扬头表示招呼人过来的肢体语言，动前额和下巴是指点方向；留长发的女士，往往有一些习惯动作，如头发向后甩；头部左右摇摆表示也许、犹豫不决、差不多、马马虎虎等意思，有时也表示自鸣得意；头部斜向表示在专注某个问题或现象。

2. 眉毛“语言”

眉毛是人体面部传递信息潜力最大的器官，也是一个最有效的信息源，素有“眉目传情”之说。眉毛是配合眼的动作来表达含义的，但单纯眉毛也能反映出人的许多情绪。眉毛上耸，表示惊喜；眉角下拉或倒竖，表示愤怒或气恼；眉毛轻扬，表示有兴趣；皱着眉头，表示人们处于疑虑、困惑、不愉快、不赞同的状态；眉毛高挑，表示询问或疑问；眉宇舒展，表示心情舒畅；双眉下垂，表示难过和沮丧；眉毛平平，表示不置可否或严肃。例如，“眉开眼笑”，常常表示谈判者心想事成，谈判一定进行得很顺利；“横眉立目”，通常表示义愤填膺、气愤之极，这个时候谈判者应该及时转换说话的方式，让谈判对手的情绪尽快冷静下来，以达到最佳的谈判目的。

3. 眼睛“语言”

“眼睛是心灵的窗口”。这句话表明了眼睛具有反映人类内心活动的功能。在日常生活中，我们常常用眼神来表达情感。而在商务谈判中，运用目光可以加强自己的意见或表达没有用语言表示出来的意思。

在谈判中，听讲者看着对方，可以表示自己在注意倾听对方的讲话。讲话的人在讲话的最后会把目光转向对方，意思暗示：我的话已经讲完，现在该听你的了。在寒暄交往中，一直盯着对方看，无论性别异同都是失礼的行为。但如果对方是你多年不见的熟人，那一直盯着看就有“老友重逢”的意味；谈判对手之间互相对视时一定要掌握好分寸，友好地对视可以表示自己胸怀坦荡，以诚待人。与谈判对手偶然对视时，互相微笑一下，用来表示没有其他的含义。

不同国别的人对目光的理解有哪些不同?

此外，要注意不同国别的人对目光的不同理解。美国人认为直视一个人表明诚实，不可以信任那些不直视他们眼睛的人。但对于日本人来说，直视却是一种非常粗鲁的行为。因此，在谈判桌上，美国人认为日本人不直视的目光是不诚实，而日本人认为美国人对他的直视目光是不礼貌。

相关案例链接

低眼看地的波多黎各姑娘

有个十来岁的波多黎各姑娘在纽约一所中学里读书。有一天，校长怀疑她和另外几个姑娘吸烟，就把她们叫去，尽管这个姑娘一向表现不错，也没有做错什么事的证据，但校长还是认为她做贼心虚，勒令其停学。他在报告中写道：“她躲躲闪闪，很可疑。她不敢正视我的眼睛，她不愿看着我。”校长查问时，她的确一直注视着地板，没有看着校长的眼睛。碰巧有一位出生于拉丁美洲家庭的教师，对波多黎各文化有所了解，他同这个姑娘的家长谈话后对校长解释说，就波多黎各的习惯而言，好姑娘“不看成人的眼睛”，这种行为“是尊敬和听话的表现”。校长接受了这个解释，妥善处理了这件事。

欧美国家的谈判者，特别是女性，习惯于眼光旁顾，给东方人的感觉似乎是太冷淡、漠不关心或心中不满。而东方人特别是中国人习惯于目光下垂，表示一种谦逊或恭敬的态度。欧美国家的谈判者往往难以理解，他们甚至会认为，中国女子目光下垂是“中国大男子主义文化的间接凭证”。

4. 手势“语言”

手势可以帮助我们判断对方的心理活动或心理状态，同时也可帮助我们将某种信息传递给对方。但动作稍有不同，意图就会大相径庭。

相关案例链接

丘吉尔的倒“V”形手势

在第二次世界大战中，领导英国进行战争的首相温斯顿·丘吉尔曾做了一个手势，当时引起了轰动。丘吉尔出席一个盛大而又重要的场面，他一露面，群众对他鼓掌欢呼。丘吉尔做了一个表示 Victory(胜利)的 V 形手势……用食指和中指构成 V 形。做这个手势时，手心要对着观众。不知丘吉尔是不知道还是一时失误，把手背对着观众了。群众当中，有人鼓掌喝倒彩，有人发愣，有人忍不住哈哈大笑。这位首相所做的手势表示的不是“胜利”的 V 形，而是一个下流的动作。

握拳是表现向对方挑战或自我紧张的情绪。握拳的同时使手指关节发出响声或用拳击掌，都是向对方表示无言的威吓或发出攻击的信号；用手指敲打桌面，或在纸上乱涂乱画，表示对对方的话题不感兴趣、不同意或不耐烦的意思；吮手指的动作是婴儿行为的延续，成年人做出这样的动作是个性或性格不成熟的表现；两手手指并拢并置胸的前方，表明充满信心，这种动作多见于西方人，特别是会议主持人、领导者、教师在主持会议或上课时，用这个动作以示独断或高傲，以起到震慑学生或与会者的作用；手与手连接放在胸腹部的位置，是谦逊、矜持或略带不安心情的反映，歌唱家、获奖者等待被人介绍时常有这样的姿势。

5. 腿部动作(下肢)“语言”

腿部动作往往是最先表露潜意识情感的部位，观察的“腿”的语言可以窥探谈判者的内心世界。

(1) 二郎腿。与对方并排而坐时若架着“二郎腿”且上身向前向对方倾斜，意味着合作态度；反之则意味着拒绝、傲慢或有较强的优越感。相对而坐时的“二郎腿”，表明他是比较拘谨、欠灵活的人，且自觉处于很低的交易地位，成交期望值很高。

(2) 架腿(把一脚架在另一条腿膝盖或大腿上)。对方与你初次打交道时就采取这个姿势并仰靠在沙发靠背上，通常带有戒备、怀疑、不愿合作等意味。若上身前倾同时又滔滔不绝地说话，则意味着对方是个热情但文化素质较低的人，对谈判内容感兴趣。如果频繁变换架腿姿势，则表示情绪不稳定、焦躁不安或不耐烦。

(3) 并腿。交谈中始终或者经常保持这一姿势并上身直立或前倾的对手，意味着谦恭、尊敬，表明对方有求于你，自觉交易地位低下，成交期望值很高。时常并腿后仰的对手大多小心谨慎，思虑细致全面，但缺乏自信心和魄力。

(4) 分腿。双膝分开、上身后仰者表明对方是充满自信、愿意合作、自觉交易地位优越的人，但要指望对方作出较大让步是相当困难的。

6. 腰部动作“语言”

腰部在身体上起“承上启下”的支持作用，腰部位置的“高”或“低”与一个人的心理状态和精神状态是密切相关的。

(1) 弯腰动作。如鞠躬、点头哈腰属于低姿势，把腰的位置放低，精神状态随之“低”下来。向人鞠躬是表示某种“谦逊”的态度或表示尊敬。弯腰还表示腼腆、羞涩，甚至是不自信，或者是惧怕对方，就会不自觉地采取弯腰的姿势。弯腰、鞠躬、作揖、跪拜等动作，除了礼貌、礼仪的意义之外，都是服从或屈从对方，压抑自己情绪的表现。

(2) 挺直腰板。腰板挺直则反映出情绪高昂、充满自信。经常挺直腰部站立、行走或坐下的人往往有较强的自信心及自制和自律的能力，但为人可能比较刻板，缺少弹性或通融性。

(3) 手叉腰间。手叉腰间表示胸有成竹，对自己面临的事物已作好精神或行动上的准备，同时也表现出某种优越感或支配欲。有人将这视作领导者或权威人士的风度。

7. 空间距离“语言”

空间的距离还能表现在领域的控制上。领域是我们把它视为暂时或永久属于自己的空间。我们每个人都有特定的区域属于自己的领域，或是某个特定的地点，或是我们周围的空间。每个人都有令自己感觉舒适的私人区域。阿拉伯人同英国人谈话时，阿拉伯人按照自己的民族习惯认为站得近些表示友好，英国人则按照英国的习惯会往后退，因为英国人认为保持适当的距离才合适。阿拉伯人往前挪，英国人往后退，谈话结束，可能比原来距离还要远。不同的民族在谈话时，对双方保持多大距离才合适有不同的看法。表示喜爱或鼓励对方与自己亲近等时是另一回事。

在中国，成人抚摸、亲吻孩子是一种爱抚、亲热、喜欢，但也常常听到西方妇女抱怨中国人抚弄了她们的孩子，因为她们认为这些动作是无礼的，虽然她们知道并无恶意，当西方的母亲遇到这种情况，往往怀着复杂的感情站在一旁不说话，感到窘迫，即使抚弄自己孩子的是自己的朋友或熟人。

在许多国家里，两个妇女见面拥抱、亲吻是很普遍的现象。两个男人应否互相拥抱，各国习惯不同。阿拉伯人、俄罗斯人、法国人以及在东欧和地中海沿岸的一些国家里，两个男人也热烈拥抱、亲吻表示欢迎，有些拉丁美洲国家的人也是这样。然而，在东亚和英语国家，两个男人很少拥抱，一般只是握握手。若干年前，发生了这样一件事：当时日本首相福田赳夫到美国进行国事访问。他在白宫前下车，美国总统上前紧紧拥抱，表示欢迎：福田首相吃了一惊，日本代表团成员也愣住了。许多美国人感到奇怪，这种情况很少见，完全出乎人们意料。如果美国总统按日本人的习惯深鞠一躬，大家也不会那么惊讶。

（三）其他肢体语言

（1）两臂交叉的动作。这在两种文化中都有，但其含义多种多样。两臂水平交叉都表示拒绝、反抗或轻蔑；与此同时，通常将脸扭向一侧，如果再双目直视，面带微笑，挺起胸脯，就是显示自己的“力量”。双臂下垂交叉，在英语国家中就只是一种精神放松、态度随便、悠闲自在的姿势，中国人却视其为拒绝交往或居高临下的一种派头。

（2）表示生气或失望的动作。英语国家的人用手掌或拳头叉腰，或者手臂背到背后，一手紧紧抓住另一手腕表示压住“火气”；这两种动作在中国人当中也可以见到，尤其是男性或撒泼的妇女更喜欢使用这种手势。

（3）表示害羞的姿势。在英语国家，双臂伸直向下交叉，两掌反握，同时脸转向一侧，就表示害羞；中国人表示害羞时，喜欢用手臂捂住脸，头向侧低垂。

（4）表示自己。中国人用食指指着自己的鼻子，英语国家的人却是用食指或拇指指着自己的胸部。中国人以食指指着自己的太阳穴时，表示“动动脑子”或“机灵一点儿”；英语国家的人表示这一意思是用手指点点自己的太阳穴。

（5）禁止出声。双手在嘴边围成喇叭形都是高声大喊的动作，表示“别做声”的动作都是嘴唇合拢，将食指举到嘴边前。不过，英语国家的人是食指贴着嘴唇，中国人却将食指放在唇前。英语国家的人还有一种叫人安静的方法是不出声，只是闭住嘴，将拇指横双唇之间。

（6）擦掌动作。这一动作在中国人和英语国家的人都有。面带微笑，两手手掌相擦，表示“愉快的期待”；双肘紧夹，一会擦擦手掌，一会擦擦手背，表示“冷”；双手上下搓擦，意思是“完了”，这英语国家中也表示“我再也不管这件事了”。在餐桌上中国人使用这一动作表示“我要再添一点儿”。

（7）翘大拇指。在英国和澳大利亚、新西兰等国家，这一手势可以表示数字，在数数时，他们用食指代表“1”，用中指代表“2”，用大拇指表示“5”。再一种就是表示侮辱人的信号，在希腊，如果将大拇指急剧翘起，就好似让对方“滚蛋”，是对人极大的不敬。

经典案例赏析

发动机购买谈判

德国某厂与美国某公司谈判发动机设备的购买生意，涉及价格时双方分歧较大。美方开价较高，要求每台10万美元，德方表示难以接受。

美商：“发动机的质量对于任何运输设备而言都是极其重要的，发动机的一点问题会导致整个运输系统瘫痪，产生巨大的损失，这一点我们相信贵方一定了解吧！”

德商:“这一点我们非常了解,所以我们一向追求高品质的发动机。”

美商:“我公司的发动机是美国同类产品中质量体系指标最佳的前10家企业之一,所获得的检验证书号码、排名均可在政府网站上查到,这就是为何我们的价格稍高于其他企业的原因。我们相信10万美元并不是过高的价格。”

德商:“正因为我们对质量十分关注,我们选择的供货商都是非常有技术实力和经济实力的发动机生产厂商,例如包括A、B、C、D(都是非常著名的发动机生产企业),他们之前和我公司的交易价格似乎并不如你们报的那么高。”

美商:“那我们有兴趣知道他们跟您的交易价格大约是多少?”

德商:“这个,由于涉及商业机密,不能奉告。”

美商:“那么贵公司能够接受的价格范围是多少?”

德商:“根据我们的销售和市场情况,6.5～7.5万元是我们可以接受的价格范围。”

美商:“贵公司所报的价格未免离谱,7.5万美元还不够我们的生产成本,您知道发动机的基本结构包括曲轴连杆、气缸、供给系、散热器、润滑设备、启动设备、火花塞”(美商取出这些零部件的一份详细报价),“根据当前市场的报价,仅这些零部件的价格总共已经超过7万美元,加上我们公司的组装、搬运、加工成本,7.5万美元一台是绝对不可能的。”

德商:“那我们就再让一步,单价7.8万美元。我们没有太多时间,我们已经订了下午的机票,如果贵公司不能提供7.8万美元每台的价格,我们马上就要启程了。凭我们的交易经验和客户群,和其他老客户达成7.8万美元每台肯定没有问题,只是因为想与贵公司发展合作才决定过来谈判的。”

> 根据案例分析双方在谈判沟通中使用了哪些语言技巧?

美商:“先生,这类发动机8.5万美元以下每台的价格是不可能实现的,我们是生产厂商,与零部件供货商和同类企业有广泛接触,关于成本的计算我们绝对有信心,您可以搜寻其他厂商的报价单,但我们相信您能把支付方式改为信用证支付,让我们有更好的收汇保证,否则我们只好祝愿贵方找到可以提供更为优惠价格的厂商了。”

德商:“看你方较有诚意,那就8.2万美元一台吧,我们购买10台。”

美商:“既然贵公司有达成协议的诚意,那我们就取一个中间价,8.25万美元一台,这已经是我们近年来最便宜的价格了。”

思考与练习

姓名________　班级________　学号________

1. 名词解释

探索式提问

"因敌取证"法

肢体语言

2. 单项选择

(1) 商务谈判中的倾听在沟通行为中占有最大的比例，约为(　　)。

A. 60%　　B. 70%　　C. 40%　　D. 30%

(2) 商务谈判中采用的那些常见的广泛征求意见的提问方法是指(　　)。

A. 封闭式提问　　B. 开放式提问　　C. 澄清式提问　　D. 强调式提问

(3) 下列不符合商务谈判中提问原则的是(　　)。

A. 提问的问题应不易迅速接近谈判目标

B. 提问时态度要诚恳

C. 提出问题要简明扼要

D. 不问那些对方不愿回答或恶化双方关系的问题

3. 多项选择

(1) 下列运用商务谈判倾听技巧要求中正确的是(　　)。

A. 非必要时，可以打断他人的谈话　　B. 弄清楚各种暗示

C. 消除谈判中外在与内在的干扰　　D. 及时反对说话者的观点

E. 抓住重点

(2) 下列中属于商务谈判中叙述技巧的是用(　　)。

A. 简洁法　　B. 恰当停顿法　　C. 多用主动语态　　D. 中性语言

E. 穿插对方成员的名字

(3) 下列是商务谈判中常见的拒绝技巧的是(　　)。

A. 借口法　　B. 幽默法　　C. 补偿法　　D. 条件法

E. 问题法

4. 填空题

(1) 商务谈判用语的原则有________、________、________、________、________、________。

(2) 商务谈判中叙述的技巧有多种方法，如________、________、________、________、________。

(3) 商务谈判中辩论的技巧有________、________、________、________、________、________。

5. 简答题

（1）商务谈判的原则有哪些？

（2）商务谈判中提问的技巧有哪些？

（3）商务谈判中的肢体语言有哪些？

6. 实训题

帕卡伦公司的一次电话交谈

"您好！"

"您好！"

"请问是帕卡伦公司售后服务部吗？"

"是的。"

"请问您是？"

"我是哈里·罗尔斯。我能帮你做什么？"

"罗尔斯先生，我上星期买了贵公司生产的冰箱，今天早上发现它已不能制冷，存放的食品都变质了，气味实在难闻！"

"您肯定没有弄错开关或插销什么的吗？"

"当然！"

"噢……我想是压缩机故障……"

"您能让人来看看吗？"

"24 小时之内维修人员到达。"

"我要求换一台新的冰箱！我已经受够了！"

"我公司的规则是先设法维修……"

"好吧，好吧……我把地址告诉你们……"

"请等一等，我去取纸和笔……好了，请讲！"

"本市西区阿佩尔路 121 号……你记下了吗？"

"当然，噢，先生，你怎么称呼？"

"威廉·詹姆斯。"

"詹姆斯先生，您将发现我们的维修工是一流的……"

"我更希望贵公司的产品是一流的。"

"好吧，再见。"

"再见，祝你走运。"

罗尔斯在电话留言簿上记下："维修部卡特先生：顾客电话，今天西区阿佩尔路 127 号冰箱故障，主速修理。哈里·罗尔斯"

实训要求：两个同学一组，一人扮演威廉·詹姆斯，一人扮演哈里·罗尔斯，模拟一下通话的全过程。分析罗尔斯的电话交流中有哪些不妥之处？试举出 6 个方面的问题，并从案例中找出实例。将罗尔斯的电话交流中的不妥之处校正之后继续试着通话沟通，认真体会语言技巧的魅力。

项目七 商务谈判策略

本项目内容结构图

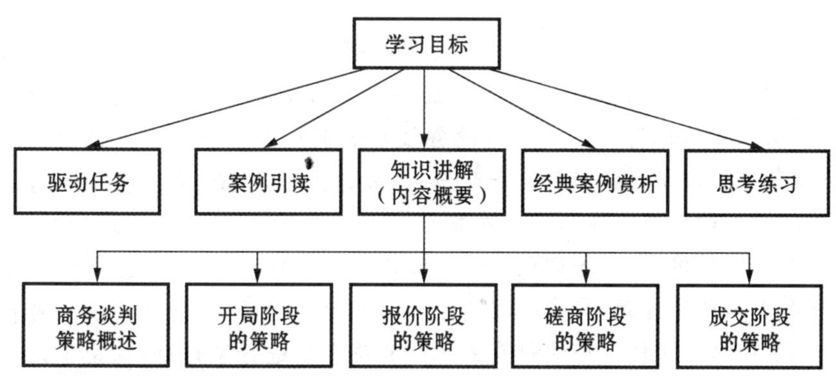

学习目标

• 知识目标

(1) 了解商务谈判策略的含义和制定商务谈判策略的步骤。

(2) 掌握商务谈判各阶段的策略。

(3) 熟悉商务谈判各阶段不同策略对应的注意事项。

• 能力目标

(1) 学会根据谈判任务设计出一套谈判策略模式。

(2) 能够初步参与商务谈判。

(3) 能够灵活运用讨价、还价、让步技巧与客户进行交易磋商。

驱动任务

任务内容：针对下述购物情景设计一套谈判策略模式

王明的性格有点内向，在校外购物与人讨价还价时总感到难为情，往往是被动地接受对方的高价而成交，使他本来就囊中羞涩的钱包更加空瘪。自从学习了商务谈判这门课，王明开始对谈判活动有了信心。这一次，王明需要一件过冬的羽绒服，考虑价格因素，他决定到集市的服装摊上去购买。但他也知道这里的价格弹性很大，能否以合理的价格买到合适的服装很难说，商贩们在市场整天与人

"谈判"做交易，相比较于他这个没有多少经验的学生来说，他们恐怕要精明得多。不过，王明仍很自信，他想只要先设计出一套谈判策略的模式，到时就可以以不变应万变、应对自如了。

设计任务：请为王明设计出一套谈判策略模式

任务要求：按照每组4人左右的规模组成设计小组，明确分工，充分收集市场信息，根据不同情况设计不同方案的谈判策略，严格论证，最后形成一个能灵活应对的谈判策略模式。

案例引读

让步的策略

某市机械进出口公司欲向国外订购一台专用设备，在收到了报价单并经过估价之后，决定邀请拥有先进生产该设备技术的某国客商来进一步洽谈。在谈判中，双方集中讨论了价格问题。一开始，我方的出价是10万美元，而对方的报价与报价单开列的价格一样，是20万美元。

在第一轮报价后，双方都预计到最后的成交范围是14万美元到15万美元之间。同时大家也估计到，需要经过几个回合的讨价还价，才能实现这一目标。那么，如何掌握以后的让步幅度和节奏呢？有关人员进行了讨论，提出了以下几种可供选择的方式：

（1）向对方提出："好吧！我方本希望以10万美元成交，但你方要价20万美元，差距较大，为了取得一致，双方都应当互谅互让。坦率地说，14万美元这个价格兼顾了双方的利益，比较现实，你方能否考虑接受？"

从表面上来看，这是合情合理的要求，但客观上却表现出我方急于成交或缺乏谈判经验，是一个典型的过大过快的让步方式。如果对方抓住这点猛压，我方就没有回旋余地了。

（2）向对方表示我方愿意考虑的让步不超过5000美元，即由原报价10万美元增加到10.5万美元。显然这样的让步就显得微不足道，会使对方觉得我方缺乏达成协议的诚意。

（3）采取比较稳妥的方式，先由10万美元增加到11.4万美元，然后依次增加，不过增加的幅度越来越小。按此方案双方进行了讨价还价，前4个回合双方出价及让步幅度见表7-1。到了第4个回合结束时，双方出价已离各自的期望值不远，即接近协议点了。

表7-1 报价回合

次序	买方报价	卖方报价	买方递增额	卖方递减额
第一回合	10.0	20.0		
第二回合	11.4	17.5	1.4	2.5
第三回合	12.7	16.0	1.3	1.5
第四回合	13.5	14.7	0.8	1.3

此例中的双方让步过程是谈判中最普遍的让步方式。当双方都有达成交易的愿望，并希望彼此不伤害和气的时候，大都采用此种方式。每两个相邻的报价之间的差距随着逼近期望值而越来越小，以此暗示成交的可能。一般而言，如为买主，一开始只作较小的让步，其后始终坚持缓慢让步；如为卖主，则是一开始所作让步可稍大些，以后再做缓慢让步。买卖双方总体上的让步往往是不对称的，在把握住不形成僵局的情况下，越是能够坚持不让步或者缓慢让步的一方，最终的成交价格就越会接近其期望的价格。

(1) 上面的案例中，你能总结出哪些让步的原则和策略？
(2) 如果采取案例提供的第一种让步方式，最终协议价格可能会在一个什么样的水平上？
(3) 如果采取第二种让步方式，可能出现什么样的谈判结局？

知识讲解

商务谈判策略是谈判者对谈判过程中各项具体的活动所作的谋划。策略所解决的主要是采取什么手段或使用什么方法的问题，目的是将实际谈判活动纳入预定的方向和轨道，最终实现预期的谈判目标。商务谈判是一个有序的行为过程，具有很强的阶段性特征，因而谈判策略的制定和实施，应该根据不同阶段的特点和要求来进行。在谈判开局阶段、报价阶段、磋商阶段、成交阶段各自具有不同的特点，应该针对 4 个阶段分别提出有效的谈判策略。

一、商务谈判策略概述

(一) 商务谈判策略的概念

商务谈判策略，从企业经营的角度来说，是为了实现企业的经营目标，在市场竞争的环境变化中求得生存和发展的一系列对策的统称；从谈判人员习惯认识的角度来说，策略是谈判者为了有效地达到预期的目的，在谈判过程中所采取的各种行动、方法和手段的总和；从商务谈判人员的习惯认识来说，可以把谈判策略理解为根据谈判战略目标的要求和谈判情况的变化，灵活地贯彻谈判战略方案所采取的措施的总和。简言之，**商务谈判策略**是在可以预见和可能发生的情况下应采取的相应的行动和手段。

(二) 制订商务谈判策略的步骤

制订商务谈判策略的步骤是指制订策略所应遵循的逻辑顺序。其主要步骤包括以下几个方面：

1. 了解影响谈判的因素

谈判策略制订的起点是对影响谈判的各因素的了解。这些因素包括谈判中的问题、双方的分歧、态度、谈判的趋势、事件或情况等，这些因素共同构成一套谈判组合。首先，谈判人员将这个“组合”分解成不同的部分，并找出每部分的意义，然后谈判人员进行重新安排，观察分析之后，找出最有利于自己的组合方式。

为了判断在谈判过程中采取进攻或防守行动的最佳时机，寻找最合适的手段或方式，达成最有利于自己的协议，谈判人员需要制订恰当的谈判策略。由于谈判是一个动态的发展过程，要求谈判人员能针对谈判中的发展趋势做出适当的反应，随时调整谈判策略。

2. 寻找关键问题

在对相关现象进行科学分析和判断之后，要求对问题，特别是关键问题作出明确的陈述与界定，厘清问题的性质以及该问题对整个谈判的成功会产生什么作用等。

3. 确定具体目标

根据现象分析，找出关键问题，找出谈判进展中应该调整的事先已确定的目标。然后，视当时的环境变化，调整和修订原来的目标，或是对各种可能的目标进行分析，确定一个新目标。谈判目标的确定关系到整个谈判策略的制订以及将来整个谈判的方向、价值和行动。这个过程实际上是一个根据自身条件和谈判环境的要求寻找各种可能目标进行动态分析判断的过程。

4. 形成假设性方法

根据谈判中不同问题的不同特点，逐步形成解决问题的途径和具体方法。这需要谈判人员对不同的问题进行深刻分析，突破常规限制，尽力探索出既能满足自己期望的目标，又能解决问题的方法。

5. 深度分析和比较假设方法

在提出了假设性的解决方法后，要对少数比较可行的策略进行深入分析。依据"有效"、"可行"的要求，对这些方法进行分析、比较，权衡利弊，从中选择若干个比较满意的方法与途径。这要求谈判人员在决策理论的指导下，运用一系列定性与定量的分析方法，对假设方法进行深度分析，分析的标准是"有效"和"可行"，所谓"有效"，是指方法的针对性强，既能切实解决问题，又能实现利益目标的要求；所谓"可行"，是指方法本身简便易行，而且要在谈判对方认可、接受的范围之内。

6. 形成具体的谈判策略

在进行深度分析得出结果的基础上，对拟定的谈判策略进行评价，得出最后结论；同时，还需要考虑提出假设性谈判策略的方式、方法，根据谈判的进展情况，特别是已准确把握了对方的企图以后，就要考虑在什么时候提出己方的策略，并考虑以何种方式提出。综合考虑这些方法和提出的时间、方式，确定这些假设方法中哪些是最好的，哪些是一般的，哪些是迫不得已的，即形成所谓的"上策"、"中策"和"下策"。

7. 拟订行动计划草案

有了具体的谈判策略，紧接着便是考虑谈判策略的实施。要从一般到具体地提出每位谈判人员必须做到的事项，把它们在时间、空间上安排好，并进行反馈控制和追踪决策。

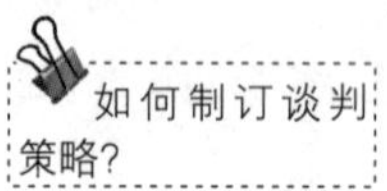

以上只是从商业谈判的一般情况来说明如何制订谈判策略。在具体实施的过程中，上述步骤并非机械地排列，各步骤间也不是截然分开的，这些步骤和程序仅仅是制订谈判策略时所应遵循的逻辑思维。

二、开局阶段的策略

从谈判双方见面商议开始，到最后签约或成交为止，整个过程呈现一定的阶段性特点。在开局阶段主要是指谈判双方见面后，在讨论具体、实质性的交易之前，相互介绍、寒暄以及就谈判内容以外的话题进行交谈的那段时间，谈判的开局是整个商务谈判的起点，开局的效果如何在很大程度上决定着整个谈判的走向和发展趋势，因此，一个良好开局将为谈判成功奠定坚实的基础，谈判人员应给予高度重视。

在开局阶段，谈判人员的主要任务是创造谈判气氛、交换意见和作开场陈述。

（一）创造良好的谈判气氛

根据互惠谈判模式的要求，谈判双方应当共同努力，寻求互惠互利的谈判结果。经验证明，在非实质性谈判阶段所创造的气氛会对谈判的全过程产生重要影响。因此，谈判人员要在谈判开始前建立一种合作的气氛，为双方融洽的工作奠定良好的基础。

每一次谈判都因谈判内容、形式、地点的不同，而有其独特的气氛。有的谈判气氛是冷淡、对立的；有的是松弛、缓慢、旷日持久的；有的是积极、友好的；也有的是平静、严肃、拘谨的。不同的谈判气氛对谈判会有不同的影响。在热烈、积极、友好的气氛下，双方抱着互利互让、通过共同努力而签订一个皆大欢喜的协议、使双方的需要都能得到满足的态度来参加谈判，谈判便会成为一件轻松愉快的事情；在冷淡、对立、紧张的气氛中，双方抱着寸土不让、寸利必夺、尽可能签订一个使自己利益最大化的协议的态度来参加谈判，很有可能会将谈判变成一场没有硝烟的战争。

一种谈判气氛可以在不知不觉中把谈判朝某个方向推进。比如热烈、积极、合作的气氛，会把谈判朝着达成一致的协议方向推动，而冷淡、对立、紧张的气氛会把谈判推向更为严峻的境地。气氛会影响谈判人员的心理、情绪和感觉，如果不加以调整和改变，就会增强那种气氛。因此，在谈判一开始，建立起一种合作、诚挚、轻松、认真和解决问题的气氛，对谈判可起到十分积极的作用。

谈判双方刚见面时的寒暄等客套并不能决定谈判的气氛，这仅仅是表面现象而已。谈判人员的大脑运动才是决定谈判气氛的实质内容，正是谈判人员的大脑运动所决定的谈判人员的谈吐、目光、姿态、各种动作形式及速度造成了各不相同的谈判气氛。实际上，当双方走到一起准备谈判时，洽谈的气氛就已经形成。是热情还是冷漠，是友好还是猜忌，是轻松活泼还是严肃紧张都已基本确定，甚至整个谈判的进展，如谁主谈、谈多少，也会对双方的策略产生很大的影响。当然，谈判气氛不仅受开局瞬间的影响，双方见面之前的预先接触、谈判中的交流都会对谈判气氛产生影响。但谈判开始瞬间的影响最为强烈，它奠定了谈判的基础。此后，谈判的气氛波动比较有限。因此，为了创造一个良好、合作的气氛，谈判人员应当注意以下几点：

(1) 谈判前，谈判人员应静下来再一次设想谈判对手的情况，设想谈判对手的类型。若是从未谋面的人则可根据己方掌握的情况设想其工作和个人生活特点、在企业中所处的地位、秉性特点等。

(2) 谈判人员应该径直步入会场，以开诚布公、友好的态度出现在对方面前。

肩膀要放松，目光的接触要表现出可信、可亲和自信。心理学家认为，谈判人员心理的微妙变化都会通过目光而表现出来。

(3) 谈判人员在服饰仪表上，要塑造符合自己身份的形象。谈判人员不应该蓬头垢面，服饰要美观、大方、整洁，颜色不要太鲜艳，式样不能太奇异，尺码要合适。由于各国的经济发展程度不同和风俗习惯的差异，对服饰方面的要求当然不能一概而论，但干净、整齐的服饰在任何场合都是必要的。

(4) 在开场阶段，谈判人员最好站立说话，小组成员不必围成一个圆圈，而最好是自然地把谈判双方分成若干小组，每组都有各方的一两名成员。

(5) 行为和说话都要轻松自如，不要慌张。可适当谈论些轻松的、非业务性的中间问题，如来访者旅途的经历、体育表演或文娱信息、天气情况、私人问候以及以往的共同经历和取得的成功等，此时应采用不带任何威胁的语调，不要涉及个人的隐私，尽量使双方找到共同语言，为心理沟通做好准备。

(6) 注意手势和触碰行为。双方见面时，谈判人员应毫不迟疑地伸出右手与对方相握。握手虽然是一个相当简单的动作，却可以反映出对方是强硬、温和的，还是理智的。在西方，一个人如果在以右手与对方相握的同时，又把左手搭在对方的肩上，说明此人精力过于充沛或权力欲很强，对方会认为"这个人太精明了，我得小心一点"。同时，最忌讳的莫过于拉下领带、解开衬衫纽扣、卷起衣袖等动作，因为这将使人产生你已精疲力竭、厌烦等印象。

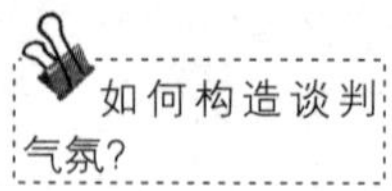

总之，谈判气氛对谈判进程极为重要，谈判人员要善于运用灵活的技巧来影响谈判气氛的形成。只有建立起诚挚、轻松、合作的洽谈气氛，谈判才能获得理想的结果。

（二）交换意见

在建立良好的谈判气氛之后，谈判人员相继落座，此时谈判开始。

在开局阶段，谈判人员切忌离题太远，应尽量将话题集中于谈判的目标、计划、进度和人员这 4 个方面。

1. 谈判目标

谈判目标因各方出发点不同而有不同类型。例如，探测型意在了解对方的动机；创造型旨在发掘互利互惠的合作机会；论证型旨在说明某些问题；还有达成原则协定型、达成具体协定型、批准草签的协定型、回顾与展望型、处理纷争型，等等。目标既可是上述的一种，也可以是其中的几种。

2. 谈判计划

谈判计划是指议程安排，其内容包括议题和双方人员必须遵循的规矩。

3. 谈判进度

这里的进度是指会谈的速度或是会谈前预计的洽谈速度。

4. 谈判人员

谈判人员是指每个谈判小组的成员情况，包括姓名、职务以及谈判中的地位与作用。

上述问题也许在谈判前双方就已经讨论了，但在谈判开始前，仍有必要再就这些问题协商一次。最为理想的方式是以轻松、愉快的语气先谈双方容易达成一致意见的话题。例如，“咱们先确定一下今天的议题，如何?”“先商量一下今天的大致安排，怎么样?”这些话从表面上看似乎无足轻重，但这些要求往往最容易引起对方肯定的答复，因此比较容易创造一种一致的氛围。如果对方急于求成，一开局急于谈论实质性问题，己方应巧妙地避开对方肯定的答复，把对方引到谈判目的、议程上来。如对方一开始就说：“来，咱们雷厉风行，先谈价格条款。”我方可以接口应道：“好，马上谈，不过咱们先把会谈的程序和进度先统一一下，这样谈起来效率更高.”这也是防止谈判因彼此追求的目标、对策相去甚远而在开局之初就陷入僵局的有效策略。

（三）开场陈述

在报价和磋商之前，为了摸清对方的原则和态度，可作开场陈述和倡议。所谓**开场陈述**，即双方分别阐明自己对有关问题的看法和原则。开场陈述的重点是己方的利益，但它不是具体的，而是原则性的。

开场陈述包括哪些内容?

陈述的内容通常包括：己方对问题的理解，即己方认为这次应涉及的问题；己方的利益，即己方希望通过谈判取得的利益；哪些方面对己方来讲是至关重要的；己方可向对方做出的让步和商谈事项；己方可以采取何种方式为双方共同获得利益做出贡献；己方的原则，包括双方以前合作的结果，己方在对方心中享有的信誉，今后双方合作中可能出现的良好机会或障碍等。

双方应尽量平分陈述的时间，切忌出现独霸会场的局面。发言内容要简短而突出重点，恰如其分地把意图、感情倾向表示出来即可。例如，“希望有关技术方面问题的讨论结果，能使我们双方都满意。”在用词和态度上，尽量轻松愉快、具有幽默感，以避免引起对方的焦虑、不满和愤怒。

结束语需特别斟酌，其要求是应表明己方陈述只是为了使对方明确己方的意图，而不是向对方挑战或强加给对方。例如，“我是否说清楚了”、“这是我们的初步意见”等都是比较好的语句。陈述完毕后，要留出一定时间让对方表示一下意见。同时，注意对方对自己的陈述有何反应，并寻找出对方的目的和动机与己方的差别。

对于对方的陈述，己方一是倾听，听的时候要思想集中，不要把精力集中在寻找对策上；二是要明确对方陈述的内容，如果有疑问，可以向对方提问；三是归纳，要善于思考理解对方的关键问题。

双方分别陈述后，需要做出一种能把双方引向寻求共同利益的陈述，即倡议。倡议时，双方提出各种设想和解决问题的方案，然后再在设想和符合商业标准的现实之间，搭起一座通向成交道路的桥梁。

（四）开局阶段应考虑的因素

不同内容和类型的谈判，需要有不同的开局策略与之对应。一般来说，确定恰当的开局策略需要考虑以下几个因素。

1. 考虑谈判双方之间的关系

谈判双方之间的关系，主要有以下几种情况：双方过去有过业务往来，且关系很好;双方过去有过业务往来,关系一般;双方过去有过业务往来,但己方对对方印象不佳;双方过去没有业务往来。

(1) 如果双方在过去有过业务往来且关系很好,那么这种友好的关系应作为双方谈判的基础。在这种情况下,开局阶段的气氛应是热烈、真诚、友好和愉快的。开局时,己方谈判人员在语言上应该是热情洋溢的,内容上可以畅谈双方过去的友好合作关系或双方之间的人员交往,亦可适当地称赞对方企业的进步与发展,态度应该比较自由、放松、亲切。在结束寒暄后,可以这样将话题切入实质性谈判:"过去我们双方一直合作得很愉快,我想,这次我们仍然会合作愉快的。"

(2) 如果有过业务往来,但关系一般,那么开局的目标是要争取创造一个比较友好、和谐的气氛。但是,己方的谈判人员在语言的热情程度上要有所控制;在内容上,可以简单回忆双方过去的业务往来及人员交往,亦可交流双方人员在日常生活中的兴趣和爱好。寒暄结束后,可以这样把话题切入实质性谈判:"过去我们双方一直保持着业务往来关系,我们希望通过这一次的交易磋商,将我们双方的关系推进到一个新的高度。"

(3) 如果双方过去有过一定的业务往来,但己方对对方的印象不好,那么开局阶段的谈判气氛应是严肃、凝重的。己方谈判人员在开局时,语言上在注意礼貌的同时,应该比较严谨,甚至可以带一点冷峻。内容上可以就过去双方的关系表示不满和遗憾,以及表达希望通过磋商来改变这种状况的愿望。在态度上应该充满正气,与对方保持一定距离。在寒暄结束后,可以这样将话题引入实质性谈判:"过去我们双方有过一段合作关系,但遗憾的是并不那么令人愉快。千里之行,始于足下。让我们从这里开始吧。"

(4) 如果过去双方从来没有业务往来,应努力创造一种真诚、友好的气氛,以淡化和消除双方的陌生感以及由此带来的防备,为后面的实质性谈判奠定良好的基础。因此,己方谈判人员在语言上应该表现得礼貌友好,但又不失身份。内容上多以天气情况、途中见闻、个人爱好等比较轻松的话题为主,也可以就个人在公司的任职时间、负责的范围、专业经历进行一般性询问和交谈。态度上不卑不亢,沉稳中又不失热情,自信但不傲气。寒暄后,可以这样开始实质性谈判:"这笔交易是我们双方的第一次业务交往,希望它能够成为我们双方发展长期友好合作关系的一个良好开端。我们都是带着希望来的,我想,只要我们共同努力,我们一定会满意而归。"

2. 考虑双方的实力

就双方的实力而言,有以下 3 种情况:

(1) 双方谈判实力相当,为了防止一开始就强化对手的戒备心理或激起对方的对立情绪,以致影响到实质性谈判,在开局阶段,仍然要力求创造一种友好、轻松、和谐的气氛。己方谈判人员在语言和姿态上要做到轻松又不失严谨,礼貌又不失自信,热情又不失沉稳。

(2) 如果己方谈判实力明显强于对方,为了使对方能够清醒地意识到这一点,使其在谈判中不抱过高的期望值,从而产生威慑作用,同时又不至于将对方吓跑，在开局阶段，在语言和姿态上，既要表现得礼貌友好，又要充分显示出己方的自信和气势。

(3) 如果己方谈判实力弱于对方，为了不使对方在气势上占上风，从而影响后面的实质性谈判，应在开局阶段的语言和姿态上，一方面要表示出友好和积极合作的意愿；另一方面也要充满自信，使对方不能轻视己方。

三、报价阶段的策略

谈判双方在结束非实质性交谈之后，要将话题转向有关交易内容的正题，即开始报价。报价以及随之而来的磋商是整个谈判过程的核心。

这里所说的报价，不仅指产品在价格方面的要价，而且泛指谈判的一方对另一方提出自己的所有要求，包括商品的数量、质量、包装、价格、装运、保险、支付、商检、索赔、仲裁等交易条件，其中价格条件是谈判的中心。外贸业务虽然种类繁多，但一般情况下，谈判都是围绕着价格并行的。

谈判的中心是什么?

报价阶段的策略主要体现在3个方面，即报价的先后顺序、报价方式和如何对待对方的报价。

(一) 报价的先后顺序

关于谈判双方中谁先报价是个微妙的问题，报价的先后在某种程度上对谈判结果会产生实质性影响。就一般情况而言，先报价有利也有弊。

谈判者一般都希望谈判尽可能按己方意图进行，因此要以实际的步骤来树立己方在谈判中的影响。己方如果首先报价就为以后的讨价还价树立了一个界碑，实际上是为谈判划定了一个框架或基准线，最终谈判将在这个范围内达成。例如，卖方报价某种材料每吨FOB 1 000美元，那么双方磋商结果的最终成交价一定不会超过1 000美元。

而且，先报价如果出乎对方的预料和期望值，会使对方失去信心。例如，卖方报价FOB 1 000美元一吨的货物，买方能承受的价格只有400美元，与卖方报价相去甚远，即使经过磋商也很难达成协议，因此只好改变原部署，要么提价，要么放弃交易。总之，先报价在整个谈判中会持续地发挥作用，因此先报价比后报价影响要大得多。

先报价的弊端也很明显：一方面，卖方了解己方的报价后，可以对他们原有的想法做出最后的调整。由于己方先报价，对方对己方的交易起点有所了解，他们可以修改预先准备的报价，获得本来可能得不到的收益。如上例中，卖方报价1 000美元一吨的材料，若买方预先准备的报价是1 100美元，这种情况下，很显然，在卖方报价后，买方会马上修改其原来准备的报价条件，其报价肯定会低于1 000美元，那么对买方来讲，后报价至少可以使他获得100美元的好处。另一方面，先报价后，对方还会试图在磋商过程中迫使己方按照他们的思路进行后续谈判。其常用的做法是：采取一切手段，调动一切积极因素，集中力量，攻击我方报价，逼迫我方逐步降价而并不透露他们自己的价格。

既然两种方式各有利弊，就应通过分析比较谈判双方的谈判实力，采取不同的策略。

(1) 如果预期谈判将会出现各不相让的僵持局面，那么就应通过先报价来规定谈判过程的起点，并由此来影响此后的谈判过程，从一开始就占据主动是比较有利的。

(2) 如果己方的谈判实力强于对方，或者与对方相比，己方在谈判中处于相对有利的地位，那么己方可以先报价。尤其是在对方对本次交易的市场行情不太熟悉的情况下，先报价就更占优势，这样可为谈判划定一个基准线。同时，由于己方了解行情，可以适当掌握成交的条件，对己方无疑利大于弊。

(3) 如果谈判对方同己方有较长的业务往来，而且双方合作一向较愉快，在这种情况下，谁先报价对双方来说都无足轻重。

(4) 就一般惯例而言，发起谈判的人应先报价。

(5) 如谈判双方都是谈判专家，则谁先报价均可。如谈判对方是谈判专家，自己不是谈判专家，则让对方先报价可能较为有利。

(6) 如对方是行业外人士，不论己方是不是了解此行业，己方先报价可能较为有利，因为这样做可以对对方起一定的引导或支配作用。

(7) 按照惯例，由卖方先报价。卖方先报价的目的不是为了扩大影响，而只是用报价的方法直接刺探对方的反应思路。卖方报价是一种义务。

相关案例链接

爱迪生让买方先报价

爱迪生在做某公司的电气技师时，他的某项发明获得了发明专利。一天，公司经理突然派人把爱迪生叫到了经理室，表示愿意购买爱迪生的发明专利，并让爱迪生先报价。

爱迪生想了想，回答道："我的发明对公司有怎样的价值我是不知道的，请您先开个价吧。"

"那好吧，我出 40 万，怎么样?"经理爽快地先报了个价。

谈判顺利结束了。

事后，爱迪生这样说："我原来只想把专利卖 5 000 美元，因为以后在实验上还要用很多钱，所以再便宜些我也是肯卖的。"

让对方先报盘，使爱迪生多获得了 30 多万的收益，经理的开价与他所预料的价格简直是天壤之别。在这次谈判中，事先未有任何准备、对其发明对公司的价值一无所知的爱迪生如果先报价，肯定会遭受巨大的损失。在这种情况下，最佳的选择就是把报价的主动权让给对方，通过对方的报盘传递的信息，来探查对方的目的、动机，摸清对方的虚实。然后及时地调整自己的谈判计划，重新确定报盘的价格。

(二) 如何报价

由于报价的高低对整个谈判进程会产生实质性影响，因此，要成功地进行报价，谈判人员必须遵守一定的原则。

1. 掌握行情是报价的基础

报价策略的制定基础是谈判人员根据以往和现在所收集和掌握的、来自各种渠道的商业情报和市场信息，对其进行比较、分析、判断和预测。

众所周知，国际市场的行情处于不断的变化之中，这种错综复杂的变化，通常会通过价格的波动表现出来；同时，价格的波动反过来又会影响市场的全面波动。因此，要求谈判人员在收集、积累有关信息、情报和资料的基础上，注意分析和预测市场动向，主要是研究有关商品的国际市场供求关系及其价格动态。此外，该商品或其代用品在生产技术上如有重大突破和革新征兆时，也应予以密切的关注。

2. 报价的原则

卖方希望卖出的商品价格越高越好，而买方则希望买进的商品价格越低越好。但一方的报价只有在被对方接受的情况下才能产生预期的结果，才能使买卖成交。这就是说，价格水平的高低，并不是由任何一方凭自己意愿决定的，它要受到供求和竞争以及谈判对手状况等多方面因素的制约。因而，谈判一方向另一方报价时，不仅要考虑报价所获利益，还要考虑该报价能否被对方接受，即报价能否成功的概率。

因此，报价的基本原则就是：通过反复比较和权衡，设法找出价格所带来的利益与被接受的成功率之间的最佳结合点。

3. 最低可接纳水平

报价之前最好为自己设定一个“最低可接纳水平”。最低可接纳水平是指最差的但却可以勉强接纳的最终谈判结果。有了最低可接纳水平，谈判人员可避免拒绝有利条件或接受不利条件，也可用来防止一时的鲁莽行动。在“联合作战”的场合，可以避免各个谈判者各行其是。例如，卖方将他欲出售的某种商品的最低可接受价格定为500元，意味着假如售价等于或高于500元，他将愿意成交，但若售价不及500元，则他宁愿持有商品，也不愿出售。

4. 确定报价

一般来说，一方开盘报价之后，对方立即接受的例子极为少见，一方开价后，对方通常要还价。报价策略对卖方来说，是要报出最高价，而买方则要报出最低价。

首先，报价存在一定虚头是正常情况，虚头的高低要看具体情况而定，不能认为越高越好，也没有固定的百分比。在国际行市看好时，卖方的虚头可以略高一些，行市越趋好，虚头就可以越高。虚头是为以后的谈判留有余地，量要适当。

作为卖方，开盘价为成交的价格确定了一个最高限。一般来讲，除特殊情况外，开盘价一经报出，就不能再有提高或更改的余地。同样，作为买方，开盘价为购买价确定了一个最低限度。一般来讲，没有特殊情况，开盘价也是不能降低的。

其次，“一分钱，一分货”的观念被大多数人所信奉，尤其对于价格政策为“厚利少销”的商品（如工艺美术品），较高的虚头是必要的。

最后，在谈判过程的各个阶段，特别是磋商阶段中，谈判双方经常会出现僵持不下的局面。为了推动谈判的进程，使之不影响己方谈判的战略部署，己方应根据需要，适时作一些退让，适当满足对方的某些要求，以打破僵局或换取对己方有利的条款。所以，报出含有高虚头的价格是很有必要的。

但是，虚头并不是越高越好。离开实际，漫天要价，并不会为己方带来任何利益，而且有可能失去贸易对手，浪费了时间和精力。

因此，报价的虚头必须是合情合理的，即能找出合适的理由为之辩护。若价格高却毫无来由，对方必然会认为你缺少诚意，从而终止谈判；或者用相对的方式过分杀价；或者提出质问，使己方丧失信誉。

过分的虚头也会给谈判造成困难。如果对方认为报价还有水分，总不敢下最后决心。为了使对方明确态度，己方往往限定最后期限。这样做可能产生两种后果，一是对方看清局势接受下来，二是被对方误认为是谈判手段而不予重视，这意味着谈判可能破裂。

5. 报价过程

卖方主动开盘报价叫**报盘**，买方主动开盘报价叫**递盘**。在正式谈判中，开盘都是不可撤销的，叫做**实盘**。开盘时，要坚定而果断地提出报价，这样才能给对方留下己方是认真而诚实的印象。欲言又止、吞吞吐吐必然会导致对方的不信任。

开盘必须明确清楚，必要时应向对方提供书面的开价单，或一边解释一边写明，使对方准确地了解己方的期望，切勿含混不清使对方误解。

开盘时不需对所报价格作过多解释和说明，对方定是会对有关问题提出质询。如果在对方提问之前，己方主动地加以说明，会使对方意识到己方最关心的问题所在，而这种问题对方有可能尚未考虑过。而且有时过多的说明和辩解会使对方从中找出破绽或突破口。

相关知识链接

两种典型报价术

在国际商务谈判中，有两种典型的报价战术，即西欧式报价和日本式报价。

西欧式报价战术与前面所述报价原则一致。其一般的模式是：首先提出含有较大虚头的价格，然后根据买卖双方的实力对比和该笔交易的外部竞争状况，通过给予各种优惠，如数量折扣、价格折扣、佣金和支付条件上的优惠（如延长支付期限、提供优惠信贷等）来逐步软化和接近买方的市场和条件，最终达成交易。实践证明，这种报价方法只要能够稳住买方，往往会有一个不错的结果。

日本式报价战术的一般做法是，将最低价格列在价格表上，以求首先引起买主的兴趣。由于这种价格一般是以对卖方最有利的结算条件为前提的，并且，在这种低价格交易条件下，各个方面都很难全部满足买方的需要，如果买主要求改变有关条件，则卖主就会相应提高价格。因此，买卖双方最后成交的价格往往高于价格表中的价格。日本式报价术一方面可以排斥竞争对手而将买方吸引过来，取得与其他卖主竞争中的优势和胜利；另一方面，当其他卖主败下阵来，这时买方原有的市场优势就不复存在了。如果买方想要达到一定需求，只好任卖方把价格抬高才能实现。

（三）如何对待对方的报价

在对方报价的过程中，切忌干扰对方的报价，而应认真听取并尽力完整、准确、清楚地把握对方的报价内容。在对方报价结束后，对某些不清楚的地方可以要求对方予以解答。同时，应将己方对对方报价的理解进行归纳总结，并加以复述，以确认自己的理解是否准确无误。

在对方报价完毕之后，比较正确的做法是：不急于还价，而是要求对方对其价格的构成、报价依据、计算的基础以及方式方法等作出详细的解释，即所谓的价格解释。通过对方的价格解释，可以了解对方报价的实质、态势、意图及其诚意，以便从中寻找破绽，从而动摇对方报价的基础，为己方争取重要的便利。

在对方完成价格解释之后，针对对方的报价，有两种行动选择：一种是要求对方降低报价；另一种是提出自己的报价。一般来讲，第一种选择比较有利。因为这是对报价一方的反应，如果成功，可以争取到对方的让步，而己方既没有暴露自己的报价内容，更没有作出任何让步。

（四）进行报价解释时必须遵循的原则

通常一方报价完毕之后，另一方会要求报价方进行价格解释。在解释时，必须遵守一定的原则，即不问不答，有问必答，避虚就实，能言不书。

不问不答是指买方不主动问的问题卖方不要回答。其实，对于买方未问到的一切问题，都不要进行解释或答复，以免造成言多必失的结果。

有问必答是指对对方提出的所有有关问题，都要一一做出回答，并且要很流畅、很痛快地予以回答。经验告诉人们，既然要回答问题，就不能吞吞吐吐、欲言又止，这样极易引起对方的怀疑，甚至会提醒对方注意，导致其穷追不舍。

避虚就实是指对己方报价中比较实质的部分应多作陈述，对于比较虚的部分应该少作陈述，甚至不提及。

能言不书是指能用口头表达和解释的，就不要用文字来书写，因为当自己表达中有误时，口述和笔写的东西对自己的影响是截然不同的。有些国家的商人，只承认纸面信息，而不重视口头信息，因此要格外慎重。

四、磋商阶段的策略

磋商阶段也可叫讨价还价阶段，它是谈判的关键阶段，也是最困难和最紧张的阶段。

一般情况下，当谈判一方报价之后，另一方不会无条件地接受对方的报价，而要进行一场谈判双方的实力、智力和技术的具体较量，这是谈判双方求同存异、合作、谅解、让步的阶段。因此，这一阶段是谈判双方为了实现其目的而运用智慧使用各种策略的过程。

（一）还价前的准备

己方在清楚了解对方报价的全部内容后，就要透过其报盘的内容，来判断对方的意图，在此基础上分析如何能使交易既对己方有利又能满足对方的某些要求，即如何实现双方的共赢。将双方的意图和要求逐一进行比较，弄清双方分歧之所在，判断对方的谈判重点。

谈判双方的分歧可分为实质性分歧和假性分歧两种。实质性分歧是原则性的、根本利益的真正分歧；假性分歧是由于谈判中的一方或双方为了达到某种目的人为设置的难题或障碍，是人为制造的分歧，目的是使自己在谈判中有较多的回旋余地。其实，要区分这两种分歧并不困难，只要谈判人员细心观察和分析，是可以进行区分的，特别是当双方都用同一种方法时，就都不言自明了。人为设置难题或障碍等过渡性手段不影响谈判结局。所以，对待假性分歧，只要认真识别，不被对方的气势所逼迫而坚持说理，就一定会取得最后成功。

而对于实质性分歧则更需认真对待。要反复研究做出某种让步的可能性，并做出是否让步的决定。同时，根据预期的目标决定让步的阶段和步骤。当然，谈判人员的分析受到经验和水平的限制，在谈判开始时不一定准确，但允许在谈判过程中不断修正。

通过分析应得出：若己方还盘，还价的幅度应如何掌握；在其他各项交易条件上所作的针对原报盘的变动、补充和删减中，识别能为对方所接受和对方急于讨论的问题。然后以此为基础，设想出双方最终可能签订的合同的大致面目，并据此把握谈判的总体方向和讨论范围。

（二）让步策略

谈判中讨价还价的过程就是让步的过程。让步是一种侦察手段，是探清对方期望的过程。让步的方式灵活多样，无论是以价格的增减换取原则条款的保留，以放弃某些次要条款或要求换取价格的效益，还是以次要条款或要求的取舍换取主要条款或要求的取舍，都要掌握好尺度和时机。如何把握尺度和时机，还需要凭借谈判人员的经验、直觉和机智来处理。但这并不意味着谈判中的让步无法从科学的角度去认识、把握、计划和运筹。恰恰相反，有经验的谈判专家无不在谈判之前就胸有成竹，在进入实际让步阶段后，再凭借自己的经验、直觉和机智来灵活处理，变换和发展自己已有的让步方案。

1. 考虑对方的反应

在做出让步的决策时，事先要考虑到对方的反应。总的来讲，己方的让步给对方造成的影响和反应有以下 3 种情况。

(1) 对方很看重己方所做出的让步，并感到心满意足，甚至会在其他方面也作些松动和让步作为回报，这是己方最希望的结果。

(2) 对方对己方所作的让步不很在乎，因而在态度上或其他方面没有任何改变或是松动的表示。

(3) 己方的让步使对方认为己方的报价有很大的水分，甚至认为只要他们再加以努力，己方还会做出新的让步。也就是说，己方的让步不但没能使对方心满意足，反而鼓励对方向己方争取更多的让步。

显然，后两种反应及结果都对己方不利。

2. 注意让步的原则

谈判中的让步不仅仅取决于让步的绝对值的大小，还取决于彼此的让步策略，即如何做出让步，以及对方如何争取到让步。在具体讨价还价的过程中，要注意以下几方面的基本原则：

让步的基本原则有哪些?

(1) 不要做无谓的让步，应体现对己方有利的宗旨。每次让步都是为了换取对方在其他方面的相应让步和策略。

(2) 让步要集中于关键环节上，幅度要适当，使己方较小的让步能给对方以较大的满足。

(3) 在己方认为重要的问题上要力求对方先让步，而在较为次要的问题上，根据情况的需要，己方可以考虑先作让步。

(4) 不要承诺作同等幅度的让步。例如，对方在某一条款项目上让步60%，而己方在另一项目上也让步40%。假如对方说"你也应该让步60%"，己方则可以说"我方无法负担60%"来拒绝他。

(5) 做出让步时要三思而行，不要掉以轻心。因为每一次让步都包含着己方的利润损失甚至成本的增加。

(6) 如果作出让步后又觉得考虑欠周，也可以收回，因为让步不同于决定，完全可以推倒重来。

(7) 即使己方已决定做出让步，也要使对方感受到己方为让步所付出的努力，要使对方珍惜所得到的让步。

(8) 一次让步的幅度不要过大，节奏不宜太快，应做到步步为营。如果一次让步太大，会使人觉得己方这一举动是处于软弱地位的表现，会建立起对方的自信心，导致对方在以后的谈判中掌握主动。

3. 选择理想的让步方式

在商务谈判实践中，人们总结出了8种常见理想让步方式，见表7-2。由于每一种方式传递的信息不同，应用于不同的谈判对象也就有不同的结果。选择、采取哪种让步方式，取决于以下几个因素：谈判对手的经验；准备采取什么样的谈判方针和策略；让步后期望对方给予何种反应。

表7-2　8种理想的让步方式　(单位：元)

让步方式	预定让步	第一期让步	第二期让步	第三期让步	第四期让步
1	60	0	0	0	60
2	60	15	15	15	15
3	60	13	8	17	22
4	60	22	17	13	8
5	60	26	20	12	2
6	60	46	10	0	1
7	60	50	10	−1	1
8	60	60	0	0	0

下面具体地探讨这8种常见的理想让步方式的特点及优缺点。

方式一是在让步的最后阶段一步让出全部可让利益。该方式使对方感觉一直没有妥协的希望，因而被称作**坚定的让步方式**。如果买方是一个意志比较弱的人，当卖方采用此方式时，买方可能会尽早放弃讨价还价了，因而得不到利益；如果买方是一个意志坚强、坚持不懈的人，那么买方只要不断迫使对方让步，即可达到目的，获得利益。在运用这种方式时，买卖双方往往都要冒着形成僵局的危险和可能。

(1) 特点：让步方态度比较果断，往往被认为较有魄力。这种方式是在开始时寸步不让，态度十分强硬，但到最后时刻一次让步到位，促成和局。

(2) 优点：由于在起初阶段寸利不让，因此已向对方传递了己方的坚定信念，因此，如果谈判对手缺乏毅力和耐性，就有可能被征服，使己方在谈判中获得较大的利益。

(3) 缺点：由于在谈判的开始阶段一再坚持寸步不让的策略，则有可能失去伙伴，有较大风险；同时，易给对方造成己方缺乏谈判诚意的印象，进而影响谈判的和局。

(4) 适用对象：适用于对谈判投入少，在谈判中占有优势的一方。实践证明，在谈判中投入少的一方有承担谈判失败风险的力量，或在某种意义上说，就是不怕谈判的失败。

总之，此种让步方式有其利，也有其弊；有时在卖方一再坚持"不"的情况下，还有可能迫使恐惧谈判的买方做出较大的让步。

方式二是一种等额地让出可让利益的让步方式。此种方法只要遇到耐心等待的买主，就会鼓励买方期待进一步的让步。

(1) 特点：在商务谈判让步的过程中，一步步地讨价还价，让步的数量和速度都是均等、稳定的，国际上称这种让步方式为**"色拉米"香肠式谈判让步方式**。

(2) 优点：首先，此种让步平稳、持久，本着步步为营的原则，因此不易让对方轻易获利；其次，对于双方充分讨价还价比较有利，容易在利益均享的情况下达成协议；再次，遇到性情急躁或无时间应付长期谈谈的对方时，往往会占上风，削弱对方的还价能力。

(3) 缺点：首先，每次让利的数量相等、速度平稳，给人的感觉平淡无奇，容易使人产生疲劳、厌倦之感；其次，该谈判方式效率极低，通常会浪费大量的精力和时间，因此，谈判成本较高；再次，对方每次讨价还价一次，都有等额利润让出，这样会给对方传递一种信息，即只要耐心等待，总有希望获得更大的利益。

(4) 适用对象：等额让步方式目前使用极为普遍，在缺乏谈判知识或经验的情况下以及在进行一些较为陌生的谈判时运用，常常会取得明显效果。

方式三是一种先高后低，然后又拔高的让步方式。

(1) 特点：比较机智、灵活、富有变化。在商务谈判的让步过程中，能够正确处理竞争与合作的尺度，在较为恰当的起点上让步，然后缓速减量，给对方传递一种接近尾声的信息。这时，如果买方表示满意即可收尾；如果买方仍要穷追不舍，卖方再大步让利，在一个较高的让步点上结束谈判。

(2) 优点：首先，起点恰当、适中，能够向对方传递合作、有利可图的信息；其次，使谈判富有变化，如果谈判不能在减缓中完成，则可采取大举让利的方法，使谈判易于成功；再次，在二期让步中减缓一步，可以给对方造成一种接近尾声的感觉，易促使对方尽快作出决定，最终能够保住己方的较大利益。

(3) 缺点：首先，这种让步方式是一种由少到多、不稳定的让步方式，容易鼓励对方继续讨价还价；其次，由于二期让步就已向买方传递了接近尾声的信息，而后来又作了大幅让利，会给对方造成不诚实的感觉，因此，对于想与对方建立友好合作关系的谈判者来说往往不利。

(4) 适用对象：这种方式适用于竞争性较强的谈判。该策略在运用时要求技术性较强，而且富有变化性。同时又要时时刻刻观察谈判对方对己方让步的反应，以调整己方让步的速度和数量，故实施难度较大。

方式四是一种小幅度递减的让步方式，即先让出较大的利益，然后再逐期减让，到最后一期让出较小的利益。

(1) 特点：比较自然、坦率，符合商务谈判讨价还价的一般规律。先以较大的让步作起点，然后依次下降。直到可让的全部利益让完为止。这种让步策略往往给人以和谐、均匀、顺理成章的感觉，是谈判中最为普遍采用的一种让步方式。

(2) 优点：首先，易为人们所接受，给人以顺其自然之感；其次，由于让步采取先大后小的方式，这往往有利于促成谈判的和局；再次，让步的程度是一步较一步更为谨慎，一般不会产生让步上的失误；最后，达成协议是在等价交换、利益均衡的条件下完成的，不会影响谈判的和谐气氛。

(3) 缺点：首先，让步由大到小，对于买主来讲，越争取利益越小，因而往往使买主进行继续谈判的期望降低，故终局情绪不会太高；其次，这是谈判让步中习惯使用的方法，缺乏新意。

(4) 适用对象：此种谈判让步方式一般适用于商务谈判的提议方。原因是谈判方对谈判的和局更为关切，理应作出较大的让步，以诱发对方从谈判中获利的期望。

方式五是一种从高到低再到微高的让步方式。这种让步方式往往显示出卖方的立场越来越坚定，表示卖主在条件适当时愿意妥协，但不会轻易让步，并告诉买方，让步的余地越来越小，最后以一个适中让步结束谈判。

(1) 特点：合作为主，竞争为辅，诚中见虚，柔中带刚。在初期以高姿态出现，并作出较高的礼让，向前迈进两大步，然后再让微利，以向对方传递无利再让的信息。这时，如果买方一再坚持，则以较为适中的让步结束谈判。

(2) 优点：首先，由于谈判的让步起点较高，富有较强的诱惑力；其次，大幅度的让利之后，到三期仅让微利，给对方传递了已基本无利可让的信息，因此比较容易使对方产生获胜感而达成协议；再次，如果三期所作微小让步仍不能达成协议的话，再让出最后稍大一点的利润，往往会使对方满意而最终达成协议。

(3) 缺点：首先，由于一开始让步很大，容易造成己方软弱可欺的不良印象，加强对方的进攻性；其次，头两步的大让利和后两步的小让利形成鲜明对比，容易给对方造成己方诚意不足的印象。

(4) 适用对象：适用于以合作为主、以互惠互利为基础的谈判。在开始时作出较大的让步,有利于创造出良好的合作气氛和建立友好的伙伴关系。

方式六是一种开始时大幅度递减,但又出现反弹的让步方式。此种方式在初期让出绝大部分可让的利益,目的是表示己方的诚意。

(1) 特点:给人以软弱、憨厚、老实之感,因此成功率较高。这种方式在让步初期即让出绝大部分利益,二期让步即达已方可让利益的边际,到三期拒绝让步,向对方传递了该让的利已基本让完了的信息。如果对方仍一再坚持,再让出最后一步,以促成谈判的成功。

(2) 优点:首先以求和的精神,让出多半利益,因此有可能换得对方较大的回报;其次,三期让步时做出了无利可让的假象,这有可能打消对方进一步要求己方再一次让利的期望;再次,最后让出小利,既向对方显示了己方的诚意,又会使通达的谈判对手难以拒绝签约,因此往往收效良好;最后,尽管其中还有余地,但客观上仍表现出以和为贵的温和态度。

(3) 缺点:首先,开始时表现软弱,大步让利,如果遇到强势的对手,会刺激对手变本加厉,步步跟进;其次,这种方式可能由于三期让步遭到拒绝后,导致谈判出现僵局或败局。

(4) 适用对象:这种方式用于在谈判竞争中处于不利境地,但又急于获得成功的谈判一方,它使己方有三次较好的机会达成协议。

方式七是一种在起始两步全部让完可让利益,三期赔利相让,到四期再讨回赔让部分的让步方式。这是一种在谈判中最具有特殊性的让步方式,也是最富有戏剧性的一种方式。

(1) 特点:风格果断诡诈,又具有冒险性。一期的大部分让利和二期的小部让利后,便把可让利益全部让完,三期并非消极拒绝,而是诱惑性地让出本来不让的一小部分利益,然后再从另外的角度进行讨价还价,在第四期收回该部分益。可见,这是一种具有很高技巧的让步方式,只有非常有谈判经验的人才能灵活运用。

(2) 优点:首先,开始两步让出全部利益,具有很大的吸引力,往往会使陷入僵局的谈判起死回生;其次,若前两期的让利尚不能打动对方,再冒险让出不该让出的利益,就会产生一种诱惑力,使对方沿着己方思路往前走;再次,对方一旦与己方思路相同,并为谈判付出代价,再借口某原因,从另一角度找回己方所需的利益,就容易促成和局。

(3) 缺点:首先,开头两期的全部可让利益的让出,会导致对方期望增大,在心理上强化了对方的议价能力;其次,三期额外的让步,如四期中不能讨回,就会损害己方的利益;再次,在四期中讨回让利时,极易出现谈判破裂的局面。

(4) 适用对象:这种让步方式一般适用于陷入僵局或危难的谈判,由于己方处于危险境地,又不愿使已付出的代价付之东流,因此不惜在初期就大步相让,以牺牲自己的利益为代价来挽救谈判,以促成谈判和局。

方式八是一种一次性让步的方式,即一开始就让出全部可让利益的方式。

(1) 特点:态度诚恳、务实、坚定、坦率。在谈判进入让步阶段,一开始即亮出底牌,以达到以诚取胜的目的。

(2) 优点：首先，由于谈判者一开始就向对方亮出底牌，让出自己全部可让利益，比较容易打动对方采取回报行为，促成和局；其次，率先大幅度让步，富有巨大诱惑力，会在谈判桌上给对方留下深刻印象，有利于获取长远利益；再次，一步让利，坦诚相见，有利于速战速决，降低成本。

(3) 缺点：首先，由于这种让步操之过急，会给对方传递一种可能尚有利可图的信息，导致对方继续讨价还价；其次，由于一次性大步让利，可能会失掉本来能够力争的利益。

(4) 适用对象：对于己方处于谈判的劣势或谈判各方之间关系较为友好的谈判，可采用此策略。此策略以自己的最大让步感动对方，促使对方以同样的方式予以回报，并建立友好的关系。

以上 8 种让步方式，从实际谈判的情况看，采用较多的是第四种和第五种，这两种方式适应一般人心理，易为对方接受。第六种和第七种让步方式，其运用需要有较高的艺术技巧和冒险精神，有可能作少量让步，迅速达成交易；也有可能因运用得不好而造成僵局。第二种和第八种方式在实际中采用得较少，第一种则基本上不采用。

4. 运用适当的让步策略

磋商中的每一次让步，不但是为了追求己方的满足，同时也要充分考虑到对方的满足。谈判双方在不同利益问题上相互给予让步，以达成谈判和局为最终目标。通常的让步策略有以下几种：以己方的让步换取对方在另一问题上的让步，称为互利互惠的让步策略；在时空上，以未来利益上的让步换取对方近期利益上的让步称作予远利谋近惠的让步策略；若谈判一方以不作任何让步为条件而获得对方的让步也是有可能的，称为己方丝毫无损的让步策略。

通常的让步策略有哪几种？

(1) 互利互惠的让步策略。谈判不仅仅是有利于某一方的洽谈，一方做出了让步，必然期望对方对此有所补偿，使自身获得更大的让步。

一方在做出让步后，能否获得对方的让步，在很大程度上取决于该方商谈的方式：一种是所谓的横向谈判，即采取横向铺开的方法，几个议题同时讨论，同时展开，同时向前推进；另一种是所谓的纵向深入方法，即先集中解决某一个议题，而在开始解决其他议题时，已对这个议题进行了全面深入的研究讨论。采用纵向商谈方式的双方往往会在某一个议题上争执不下，而在经过一番努力之后，往往会出现单方让步的局面，而横向谈判把各个议题联系在一起，双方可以在各议题上进行利益交换，达成互惠式让步。

争取互惠式让步，谈判人员需要有开阔的思路和视野。除了要坚持某些己方必须得到的利益以外，不要太固执于某一个问题的让步，而应统观全局，分清利害关系，避重就轻，灵活地使一方的利益在其他方面得到补偿。

为了能顺利地争取对方互惠互利的让步，商务谈判人员可采取以下两种技巧：①当己方谈判人员提出让步时，应向对方表明做出此让步是与公司政策或公司主管的指示相悖。因此，己方只同意这样一个让步，即贵方也必须在某个问题上有所回报。②把己方的让步与对方的让步直接联系起来。表明己方可以做出这次让步，只要在己方要求对方让步的问题上能达成一致，一切就不存在其他障碍了。

比较而言，前一种言之有理，言中有情，易获得成功；而后一种则直来直去，比较生硬。

(2) 予远利谋近惠的让步策略。在商务谈判中，参加谈判的各方均持有不同的愿望和需要，有的对未来很乐观，有的则很悲观；有的希望马上达成交易，有的却希望能够有所拖延。因此，谈判人员就自然地表现出对谈判的两种满足形式，即对现实谈判交易的满足和对未来交易的满足，而对未来的满足程度完全凭借谈判人员自己的直觉。

对于有些谈判人员来说，可以通过给予其期待的满足或未来的满足而避免给予其现实的满足，即为了避免现实的让步而给予对方远利。例如：当对方在谈判中要求己方在某一问题上做出让步时，己方可以强调保持与己方的业务关系将能给对方带来长期的利益，而本次交易对是否能够成功地建立和发展双方之间的这种长期业务关系是至关重要的。向对方说明远利和近利之间的利害关系，如果对方通情达理，是会取远利而弃近惠的。

(3) 丝毫无损的让步策略。丝毫无损的让步，是指在谈判过程中，当谈判的对方就某个交换条件要求己方做出让步，其要求确实有理，而对方又不愿意在这个问题上做出实质性的让步时，可以采取这样一种处理的办法，即首先认真地倾听对方的诉说，并向对方表示，己方充分理解对方的要求，也认为对方的要求有一定的合理性，但就己方目前的条件而言，实在难以接受对方的要求，同时保证在这个问题上己方给其他客户的条件，绝对不比给对方的好，希望对方能够谅解。

谈判是具有一定艺术性的。人们对自己争取某个事物的行为的评价，并不完全取决于最终的行为结果，还取决于人们在争取过程中的感受，有时感受比结果更重要。在此，己方认真倾听对方的意见要求，肯定其要求的合理性，满足了对方受人尊敬的要求；保证其条件待遇不低于其他客户，进一步强化了这种受人尊敬需求的效果，迎合了人们普遍存在的一种心理：互相攀比，横向比较。

(三) 迫使对方让步的策略

谈判中的让步是必需的，没有适当的让步，谈判就无法进行。而一味地让步是根本不现实的，有害于己方利益。所谓“最好的防守便是进攻”，在谈判磋商中，迫使对方让步也是达到最终谈判目的的手段之一。迫使对方让步的策略主要有以下几种。

1. 利用竞争

制造和创造竞争条件是谈判中迫使对方让步的最有效的武器和策略。当一方存在竞争对手时，其谈判的实力就大为减弱。因此，在谈判中，应注意制造和保持对方的竞争局面。

具体做法是：进行谈判前，多考察几家国外厂商，同时邀请他们前来谈判；并在谈判过程中适当透露一些有关竞争对手的情况。在与一家厂商达成协议前，不要过早结束与其他厂商的谈判，以保持竞争局面。即使对方实际上没有竞争对手，己方也可巧妙地制造假象来迷惑对方。

2. 软硬兼施

谈判过程中，对方在某一问题上应让步或可以让步但却坚持不让步时，谈判便难以继续下去。在这种情况下，谈判人员可利用软硬兼施的策略。

具体做法是：己方主谈人或负责人暂时回避，让“强硬派”挂帅出阵，将对方的注意力引向自己，采取强硬立场，步步紧逼，从气势上压倒对方，给对方心理造成错觉，迫使对方让步，或者索性将对方主谈人激怒，使其怒中失态。

一旦己方主谈人估计已获得预期效果时，即回到谈判桌边，但不要马上发表意见，而是让己方调和者以缓和的口气和“诚恳”的态度，调和双方的矛盾，以便巩固己方已取得的优势。主谈人通过调和者的间接汇报和察言观色，判断对方确被激怒或确被己方的气势压倒而有让步的可能时，就应以诚恳的态度和亲切的言词，提出“合情合理”的条件，使对方接受。如有必要，也可训斥己方“强硬派”扮演者的粗暴行为以顾全对方的情面。在这种情况下，被攻击的对方，很可能会接受己方主谈人所提出的条件或做出某些让步。当然，对方也可能不会立即让步，应给对方以思考的时间。

3. 最后通牒

在谈判双方争执不下、对方不愿做出让步来接受己方交易条件时，为了逼迫对方让步，己方可以向对方发出最后通牒，即如果对方在某个期限内不接受己方的交易条件并达成协议，己方就宣布谈判破裂并退出谈判。

相关案例链接

航空公司坚持以自己建厂发电占据谈判主动权

美国一家航空公司要在纽约兴建大的航空站，想要求爱迪生电力公司优惠电价。这场谈判的主动权掌握在电力公司一方，因为航空公司有求于电力公司。因此，电力公司推说如给航空公司提供优惠电价，公共服务委员会不批准，不肯降低电价，谈判相持不下。

这时，航空公司突然改变态度，声称若不提供优惠电价，它就撤出这一谈判，自己建厂发电。此言一出，电力公司慌了神，立即请求公共服务委员会给予这种类型的用户以优惠电价，委员会立刻批准了这一要求。但令电力公司惊异的是，航空公司仍然坚持自己建厂发电，电力公司不得以再度请求委员会降低价格，到这时，电力公司才和航空公司达成协议。

在谈判过程中，谈判人员往往寄希望于未来能有更大利益而对现实的讨价还价不肯放弃，打破对方的奢望，就能击败犹豫中的对方。最后通牒在这种情况下极为有效。

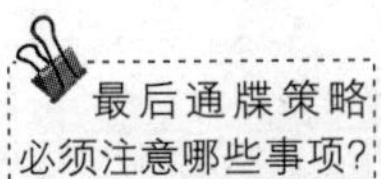

最后通牒策略必须注意以下几点：

(1) 谈判人员知道自己处于一个强有力的地位，特别是该笔交易对对方来讲，要比对己方更为重要。这是运用这一策略的基础和必备条件。

(2) 谈判的最后阶段或最后关键时刻才宜使用"最后通牒"。对方经过旷日持久的谈判，花费大量人力、物力、财力和时间，一旦拒绝己方的要求，这些成本将付之东流。这样，对方会因无法承受失去这笔交易所造成的损失而非达成协议不可。

(3) "最后通牒"的提出必须非常坚定、明确、清晰，不让对方存有斡旋的余地。同时，己方也要做好对方决不让步而退出谈判的思想准备，不致到时惊慌失措。

(四) 阻止对方进攻的策略

谈判中，除了需要一定的进攻以外，还需要有效的防守策略。

1. 限制策略

商务谈判中，经常运用的限制因素有以下几种：

(1) 权力限制。上司的授权、国家的法律和公司的政策以及交易的惯例限制了谈判人员所拥有的权力。一个谈判人员的权力受到限制后，可以很坦然地对对方的要求说"不"。因为未经授权，对方无法强迫他超越权限做出决策。对方若选择终止谈判，寻找有此权限的上司重新开始谈判，都不得不遭受人力、物力、财力和时间上的损失。

因此，精于谈判之道的人都信奉这样一句名言：在谈判中，受到限制的权力才是真正的权力。

(2) 资料限制。在商务谈判过程中，当对方要求己方就某一问题做进一步解释或让步时，己方可以用抱歉的口气告诉对方：实在对不起，有关这方面的详细资料己方手边暂时没有，或者没有备齐，或者这属于本公司方面的商业秘密，因此暂时还不能做出答复。这就是利用资料限制因素阻止对方进攻的常用策略。

(3) 其他方面的限制。其他方面的限制包括自然环境、人力资源、生产技术要求、时间等因素在内的其他方面的限制。

值得注意的是，经验表明，该策略使用的频率与效率成反比。限制策略运用过多，会使对方怀疑己方无诚心谈判，或者请己方具备一定条件后再谈，会使己方处于被动的局面。

2. 示弱以求怜悯

在一般情况下，人们总是同情弱者，不愿落井下石，将其置于死地。有些国家和地区的商人，如日本和我国港澳地区的商人多利用人性的这一特点，把它作为谈判中阻止对方进攻的一种策略。

示弱者在对方就某一问题提请让步，而其又无法以适当理由拒绝时，就表现出处于弱势的姿态乞求对方。例如，若按对方要求去办，公司必将破产倒闭，或是他本人就会被公司解雇，等等，要求对方高抬贵手，放弃要求。

与此类似，有的谈判人员"以坦白求得宽容"，当在谈判中被对方逼迫而走投无路时，只好把己方对本次谈判的真实希望和要求全盘托出，以求得到对方的理解和宽容，从而阻止对方进攻。

这些策略，都取决于对方谈判人员的个性以及对示弱者坦白内容的相信程度，因此具有较大的冒险性。

3. 以攻对攻

只靠防守无法有效地阻止对方的进攻，有时需要采取以攻对攻的策略。当对方就某问题逼己方让步时，己方可以将这个问题与其他问题联系在一起加以考虑，在其他问题上要求对方做出让步。例如，如果买方要求卖方降低价格，卖方就可以要求买方增加订购数量或延长交货期限，等等。要么双方都让步，要么双方都不让步，从而避免对方的进攻。

（五）僵局处理策略

谈判进入实际的磋商阶段以后，谈判各方往往由于某种原因而相持不下，陷入进退两难的境地。把这种搁浅的情况称为“谈判的僵局”。僵局之所以会经常产生，其原因就在于谈判各方面都有自己的利益，当谈判进展到一定的时期时，谈判各方对某一问题的立场和观点确实很难达成共识，甚至相差甚远，当各自又不愿再作进一步的让步时，就形成了僵局。

常用的处理僵局的策略有以下几个：

1. 休会策略

休会是谈判人员平息愤怒的基本策略之一，在谈判出现某种障碍时，双方或一方提出休会的请求，使双方有机会恢复和调整策略，但要注意把握火候，否则会适得其反，使僵局发展，以致破裂。因此要注意以下 3 个方面。

(1) 把握休会的适宜时机，看准对手的态度变化一拍即合。下面几种情况可提出休会：①谈判双方各持己见，互不相让；②在谈判某一阶段接近尾声时；③在谈判出现疑难问题百思不得其解时；④当一方不满现状，休会可使一方检查自己不满的原因，经过调整后再来谈判时。

(2) 谈判人员应该委婉地讲清休会要求，明白无误地让对方知道你有休会的需要。

(3) 在休会期间，谈判人员应该集中考虑一些问题。例如，现在谈判已取得了哪些进展？还有哪些问题有待深谈？谈判对手的态度有何变化？自己是否应该调整谈判对策？下一步应该谈些什么？主要谈什么？等等。这样，经过谈判双方在休会期间的准备，新一轮的谈判会更有成效。

2. 拖延策略

时间是感情冲动最好的天敌。**拖延策略**也就是利用时间来缓解对手的冲动，待其平静后再进行正式的谈判。

对正在气头上的人，不妨说：“请慢慢说，先喝一杯茶。”或者说：

“来，先歇口气，抽支烟。请稍候，我正好有个长途电话。”

“哦，吃午饭的时间到了，让我们休会，中午我请客，请务必赏光。”

受敬使人气和，受礼助人气消，上述拖延技巧，都能使对手平静下来，恢复理智。拖延，虽然不能解决问题，但能为问题的解决提供一个良好的感情基础。比如，某单位两位青年为一件小事发生争吵，继而皆大怒。推推搡搡，一场恶斗一触即发。领导闻讯赶来，但并不马上做工作，而是将两人分开。半小时后把两人召到一起，此时两人再无争斗之意。这就是拖延的功效。

在谈判中拖延时间，可以淡化感情冲动的色彩。

3. 缓解冲动策略

首先，运用握手的办法，表示己方的友好和宽容。愤怒者往往指手画脚，拍桌摔物。握手可以客气地制止对手的指手画脚、拍桌摔物的行动。通过控制对手激动的行为，达到调整对手情绪的目的，起到缓和冲动的作用。对手如果拒绝握手，你可以大胆地、合理地借故多次试握，握手是友好的象征，一般情况下断然拒绝握手的对手不多，多次断然拒握手的对手更是少见。

其次，劝对方入座，"心静自然凉"。感情冲动基本上都是站立着的。有人呼吸加快，手脚微颤，有人跺脚擂胸，脸色苍白或赤红。为了缓解对手的冲动，最好请他们坐下来说话，而且坐在较矮的沙发上。坐着的人是很难大怒的。坐的姿势会大大限制胸部扩张，使其怒气不足。

4. 以柔克刚策略

有时人们只要"发发牢骚"，就可以得到心理的平衡。发泄之后，理性会重新指挥发泄者的行动。因而容忍其宣泄，也是平息对手感情冲动的一个良方。你正参加一个谈判，当对手在谈判时破口大骂，发动人身攻击时，你不妨静静地倾听，毫不反驳，并且偶尔还请他继续讲下去，直到他吐完心中的最后一点"余毒"。等待这感情的"巨浪"过去后，再谢谢他这么清楚而激动地说出他的观点，这样的反应往往使对手后悔自己的失态，并以加倍的顺从来弥补自己的过失；相反，如果你没有保持冷静，以怒对怒，以动克动，以气制气，势必导致矛盾激化。处于感情冲动中的对手，很难听得进你的说明和辩解。

如果对手在感情冲动中冤枉了你，那么，不立刻反驳能使你站在最有利的位置上。

综合以上 4 点，要采取两种基本的态度：当谈判对手有意去刺激你的时候，目的是使你一怒之下贸然行动，这时最忌操之过急，忍耐才是上策；当对方已经发怒的时候，目的是强化对立情绪，对你施加压力，逼你做出让步，这时要把各种技巧组合实施，以柔克刚，只能智取，不能强夺。

五、成交阶段的策略

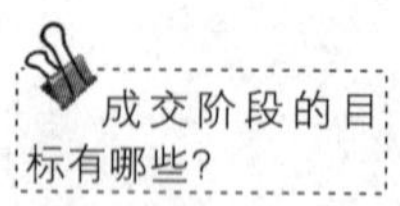

谈判双方的期望已相当接近时，就都会产生结束谈判的愿望。成交阶段就是双方下决心按磋商达成的最终交易条件成交的阶段。这一阶段的主要目标有三方面：一是力求尽快达成协议；二是尽量保证已取得的利益不丧失；三是争取最后的利益收获。为达到这些目标，可以采用以下谈判策略：

(一) 场外交易

当谈判进入成交阶段，双方已经在绝大多数议题上取得了一致意见，仅在某一两个问题上存在分歧、相持不下而影响成交时，即可考虑采取场外交易，如酒宴或其他娱乐场所等。因为这时仍把问题摆到谈判桌上继续商讨，往往难以达成协议，原因是：①过长时间的谈判会影响谈判协商的结果；②谈判桌上紧张、激烈、对立的气氛及情绪迫使谈判人员自然地去争取对方让步，让步方会被对方视为投降或战败方；③即使某一方主谈人或领导人头脑仍能保持冷静，认为做出适当的让步以求尽快达成协议是符合己方利益的，但因同伴态度坚决、情绪激昂而难以当场做出让步的决定。

场外轻松、友好、融洽的气氛和情绪则很容易缓和双方剑拔弩张的紧张局面，轻松自在地谈论自己感兴趣的话题，交流私人感情，有助于化解谈判桌上遗留的问题，双方往往会很大度地相互做出让步而达成协议。

需要指出的是，场外交易的运用，一定要注意谈判对手的不同习惯。有的国家的商人忌讳在酒席上谈生意，所以必须事先了解清楚，以防弄巧成拙。

（二）最后让步

针对磋商阶段遗留的最后一两个有分歧的问题，需要通过最后的让步才能求得一致。求得最后的让步要把握两方面的问题：一是让步的时间；二是让步的幅度。

让步的时间过早会被对方认为是前一阶段讨价还价的结果，而不是为达成协议做出的终局性的最后让步。让步的时间过晚会削弱对对方的影响和刺激作用，并增加了下一阶段谈判的难度。

时间策略是将最后的让步分为两部分：主要部分在最后期限之前做出，以便对方有足够的时间来回味；次要部分安排在最后时刻，作为最后的让利。

让步的幅度太大，会让对方认为这不是最后的让步，仍步步紧逼；如果幅度太小，对方会认为微不足道，难以满足。在决定最后让步的幅度时，要考虑的一个重要因素即对方接受让步的个人在对方组织中的地位或级别。在许多情况下，到谈判的最后关头，往往对方管理部门中的高级主管会出面参加或主持谈判。这时我们最后让步的幅度必须满足以下两项要求：幅度只能大到刚好满足该主管维持地位和尊严的需要；幅度如果过大，往往会使该主管指责他的部下没有做好工作，并坚持要求他们继续谈判。

做出最后的让步后，谈判人员必须保持坚定的立场，因为对方会想方设法来验证己方立场的坚定性，判断该让步是否是真正的终局或是最后的让步。

（三）不忘最后获利

通常在双方将交易的内容、条件大致确定即将签约的时候，精明的谈判人员往往还要利用最后的时刻去争取最后的一点收获。

在成交阶段最后收获的常规做法是：在签约之前，突然提出一个小的请求，要求对方再做出一个小的让步。由于谈判已进展到签约的阶段，谈判人员已付出很大代价，也不愿为这一点点小利而伤了友谊，更不愿为这点小利而回到磋商阶段，因此往往会很快答应这样的请求，进行签约。

（四）注意为双方庆贺

在商务谈判即将签约的时候，可谓大功告成，此时，己方可能心中暗喜，以为自己在交易中比对方得到的更多,但这时己方一定要注意为双方庆贺,强调谈判的结果是我们共同努力的结晶,以满足双方心理的平衡和安慰。

(五) 谨慎对待协议

谈判的成果要靠严密的协议来确认和保证,协议是以法律的形式对谈判成果的记录和确认,它们之间应该完全一致,不得有任何误差。但实际情况中,常常有人有意无意地在签字协议时故意更改谈判的结果,如故意在日期、数字以及关键性的概念上作修改。如果己方对此有所疏忽,在修改后的协议上签字,那么,协议就与以前的谈判无关了。因此,将谈判成果转变为协议形式的成果需做出努力,不能有任何松懈,所以,在签订协议之前,应与对方就全部谈判内容、交易条件进行最终的确定。协议签字时,再将协议的内容与谈判结果一一对照,在确认无误后方可签字。

经典案例赏析

不同阶段的不同策略

美国有个谈判专家想在家中建个游泳池,建筑设计的要求非常简单:长 30 米,宽 15 米,有水过滤设备,并且在一定时限内做好。谈判家对游泳池的造价及建筑质量方面是个外行,但这难不倒他。在极短的时间内,他不仅使自己从外行变成了内行,而且还找到了质量好、价钱便宜的制造者。

谈判专家先在报纸上登了个想要建造游泳池的广告,具体写明了建造要求,结果有甲、乙、丙三位承包商来投标,他们都交给他承包的标单,所提供的温水设备、过滤网、抽水设备和付款条件都不一样,总费用也有差距。

接下来的事情是约这三位承包商来他家商谈,第一个约好早上 9 点钟,第二个约 9 点 15 分,第三个则约在 9 点 30 分。第二天,三位承包商如约而至,他们都没有得到主人的马上接见,只得坐在客厅里彼此交谈着等候。

10 点钟的时候,主人出来请第一个承包商甲进到书房去商谈。甲一进门就宣称他的游泳池一向是造得最好的,好的游泳池设计标准和建造要求他都符合,顺便还告诉谈判家承包商乙通常使用陈旧过滤网,而承包商丙曾经丢下许多未完成的工程,并且丙现在正处于破产的边缘。主人接着同承包商乙进行谈话,从他那里了解到甲和丙所提供的水管都是塑胶管,他所提供的才是真正的铜管。承包商丙告诉谈判家的是,其他人所使用的过滤网都是品质低劣的,并且往往不能彻底做完,而他则绝对做到保质保量。

谈判专家通过静静的倾听和旁敲侧击的提问,基本上弄清楚了游泳池的建筑设计要求及 3 位承包商的基本情况,发现承包商丙的价格最低,而乙的建筑设计质量最好。最后他选中了乙来建造游泳池,而只给丙所提供的价钱。经过一番讨价还价之后,谈判终于达成一致。

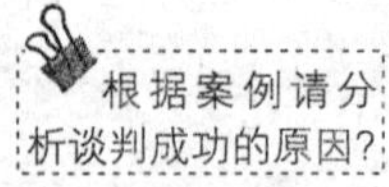

思考与练习

姓名________　班级________　学号________

1. 名词解释

商务谈判策略

让步策略

休会策略

2. 单项选择

(1) 客户不接纳你所开出的价格，但他并不向你提出具体的建议，只是强调你出的价格太高。此时你将(　　)。

A. 拒绝价格太高的看法　　B. 要求他提出具体的建议或意见

C. 问他何以反对你开出的价格　　D. 你自己提出解决问题的途径

(2) 你是一位汽车进口公司的业务员，正在与某客商接洽明年的汽车进口事宜。对方提出明年每辆汽车要加价 5 000 元，但对方愿意与你各负担 50%。此时，你的反应是(　　)。

A. 提议对方负担 60%，你自己负担 40%　　B. 拒绝接受加价

C. 接纳对方加价的意见　　D. 提议对方负担 75%，你自己负担 25%

(3) 你为处理某桩买卖的纠纷到达深圳，并通知香港客商到深圳面议。但后来你发现对方并非卖主本人，而是他的下属。在这种情况下，你该(　　)。

A. 坚持要与卖主本人谈判

B. 问该人是否能够全权代理，而无须征求卖主本人的意见

C. 以边谈边看的方式和该代理人进行谈判

D. 无所谓，反正握有主动权

3. 多项选择

(1) 下列中适合在僵局中运用的策略是(　　)。

A. 休会策略　　B. 拖延策略

C. 以攻对攻策略　　D. 缓解冲动策略

E. 强硬策略

(2) 通常一方报价完毕之后，另一方会要求报价方进行价格解释。在解释时，必须遵守的原则有(　　)。

A. 不问不答　　B. 有问必答

C. 避实就虚　　D. 避虚就实

E. 能言不书

(3) 下列符合谈判开局阶段话题的是(　　)。

A. 谈判目标　　B. 谈判结果
C. 谈判计划　　D. 谈判进度
E. 谈判人员

4. 填空题

(1) 商务谈判是一个有序的行为过程,具有很强的阶段性特征。商务谈判的 4 个阶段是________、________、________、________。

(2) 报价过程中卖方主动开盘报价叫________,买方主动开盘报价叫________。在正式谈判中,开盘都是不可撤销的,叫做________。

(3) 在国际商务谈判中,有两种典型的报价战术,即________报价和________报价。

5. 简答题

(1) 制订商务谈判策略的步骤有哪些?

(2) 商务谈判磋商阶段让步的原则有哪些?

(3) 商务谈判成交阶段的策略有哪些?

6. 实训题

由 4 人左右组成设计小组,针对下述销售情景,设计一套谈判策略模式。

李昊大学毕业后选择自己创业,在家人和朋友的帮助下开了一家商贸有限公司,代理各种品牌的建筑装修(装饰)材料的销售。日常工作中,李昊几乎每天都在与大大小小的客户打交道,与他们就产品交易条件展开谈判。因此,如何筹划安排谈判活动、如何来报价还价、如何来达成协议,就成了他每天必须要面对的问题。

请各小组为李昊设计出一套产品销售时的谈判策略模式。

项目八 商务谈判技巧

本项目内容结构图

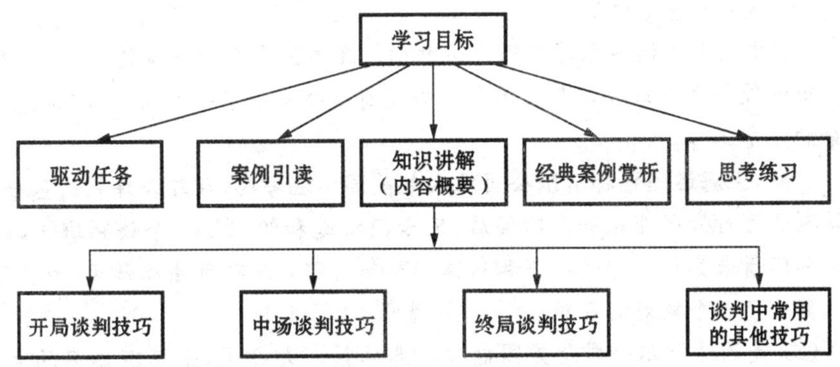

学习目标

- **知识目标**

(1) 理解商务谈判技巧的含义。

(2) 掌握商务谈判中不同阶段所使用的不同技巧。

(3) 了解各种谈判技巧使用的情境。

- **能力目标**

(1) 学习商务谈判技巧，树立正确的商务谈判理念，为具备商务谈判能力打下良好基础。

(2) 能在日常购物中运用本课所学的技巧，学会在一点一滴的小事中践行谈判技巧。

驱动任务

任务内容：阅读下面资料，回答相应的问题。

一位律师代表自己的客户谈判购买一处不动产，虽然一切都很顺利，可是他想："我试试看我的这个方法是否有效。"于是他拟出了一份文件，向卖方提出了23条要求，其中的一些要求显然十分荒唐。他相信，只要卖方一看到这份文件，立刻就会拒绝其中至少一半的条件。可是让他大为吃惊的是，他发现对方居然只对其中的一条表示出了强烈反对。即使如此，约翰还是没有欣然答应，他坚持了几天时间，直到最后才不情愿地答应了。虽然约翰只是放弃了这23个条件中的一个，卖方还是觉得自己赢得了这场谈判。

案例引读

中国上海迅通电梯有限公司和美国达贝尔公司的合资设厂谈判。

谈判甲方：中国上海迅通电梯有限公司。

谈判乙方：美国达贝尔公司。

一、谈判的基本情况

(1) 中国上海迅通电梯有限公司电梯产品占国内电梯产量的50%，是国内同行业中的佼佼者。该公司与美国合资兴建有限公司一事一经立项，即预先做好了充分的准备工作。

首先，上海迅通电梯有限公司派人赴美国实地考察，在综合评判的基础上，共同编制了可行性研究报告。回国后，又专门挑选和组织了一个谈判班子，包括从上级部门请来参与谈判的参谋和从律师事务所聘来的项目法律顾问，为该项目的谈判奠定了一个良好的基础。

(2) 美国达贝尔公司是美国电梯行业的第一大公司，是享有盛名的大公司，在世界上有100多家分公司，他们的电梯产品行销全世界。在谈判之前，美方对国际、国内的市场做了充分的调查了解，进行了全面深入的可行性研究。他们还特别对中方的合作伙伴做了详细的分析和了解，全面掌握了与谈判有关的各种信息和资料，并在此基础上，组织了一个精干的谈判班子，该班子由公司董事长兼首席法律顾问充当主谈人。

(3) 此次项目投资大，并且达贝尔公司是享有盛名的大公司，对中方的意义非同小可。另外，美国达贝尔公司来中国谈判，事先做过充分的可行性调查研究，此项目旨在打开中国市场，并且在合资企业的股份多于中方。中国上海迅通电梯有限公司是其最合适的合作伙伴，因为其无论从技术到产品都是国内第一流的，如果美方在中国的第一个合作项目失败，将来再想在中国投资合办企业就比较困难了。

二、谈判问题

(1) 在中美合资谈判中，首先遇到的就是合资企业的名称问题，美方建议定名为“达贝尔电梯中国有限公司”，但遭到中方的反对。请陈述反对理由，并商讨一个兼顾双方利益而且对双方都最为有利的名称。

(2) 关于产品销售问题，在该项目的可行性研究中曾有两处提到：一是“美方负责包销出口量的25%，其余75%在国内销售”；二是“合资公司出口渠道为达贝尔公司、合资公司和中国外贸公司”。双方在这一表述的理解上产生了分歧。这种理解上的分歧，构成了谈判的严重障碍。美方对此表述的理解是：许可产品(用外方技术生产的产品)只能由达贝尔独家出口25%，一点也不能多，而其他的两个渠道,是为出口合资企业的其他产品保留的。而中方的理解是:许可产品25%由达贝尔公司出口,其余75%的产品,有可能的话,通过另外两条渠道出口。双方为此互不相让。

如何解决这次争端成了摆在双方谈判小组面前的问题。假设你代表的是甲方(中国上海迅通电梯有限公司),分析具体该怎么谈。

知识讲解

一、开局谈判技巧

(一) 投石问路技巧

投石问路原指夜间潜入某处前,先投以石子,看看有无反应,借以探测情况。后用来比喻在进行某项活动前先进行试探。商务谈判中的投石问路技巧是指买主在谈判中通过不断地询问,来直接了解从卖方那儿不容易获得的诸如成本、价格等方面的尽可能多的资料,以此来摸清对方的虚实,掌握对方的心理,以便在谈判中做出正确的决策。

投石问路的关键,在于选择合适的"石",提出的假设应该是己方所关心的问题,而且是对方所无法拒绝回答的。很多时候,如果提出的问题正好是对方所关心的,那么也容易将己方的信息透露给对方,反而为对方创造了机会。所以,在使用投石问路技巧的时候,也应该谨慎,并且注意不要过度使用。

你认为哪些问题可以作为"石"来试探对方?

比如,现在一位买主要购买三千件产品,他会先问:如果购买一百、一千、三千、五千和一万件产品的单价分别是多少。一旦卖主给出了这些单价,敏锐的买主就可从中分析出卖主的生产成本、设备费用的分摊情况、生产的能量、价格政策、谈判经验丰富与否等情况。最后,买主能够得到比购买三千件产品更好的价格,因为很少有卖主愿意失去这样的大额买单。

不同的谈判过程,使用投石问路技巧的提问方法不同。概括起来,提问形式有6种类型:①一般性提问,如"你认为如何?""你为什么这样做?"等;②直接性提问,如"这不就是事实吗?"等;③发现事实提问,如"何处?""何人?""何时?""何事何物?""如何?""为何?"等;④探讨性提问,如"是不是?""你认为?"等;⑤选择性提问,如"是这样,还是那样?"等;⑥假设性提问,如"假如……怎么?"等。这些提问方式是有力的谈判工具,我们必须审慎地、有选择地、灵活地运用这一工具。任何一个问题都会使买主更进一步了解对方的商业习惯和动机,卖主想要拒绝回答也是很容易的,所以大多数卖主宁愿降低他的价格,也不愿意受这种疲劳轰炸式的提问。

采用投石问路技巧,并通过假设性提问,会获得很多颇有价值的资料,引导新的选择途径。如:假如我们订货的数量加倍或减半呢?假如我们和你签订一年的合同呢?假如我们将保证金减少或增加呢?假如我们自己提供材料呢?假如我们提供工具呢?假如我们要买几种产品,不只购买一种呢?假如我们让你在淡季接下这份订单呢？假如我们自己提供技术援助呢？假如我们改变合同的形式呢？假如我们买下你的全部产品呢？假如我们改变产品的规格呢？假如我们分期付款呢？

采用投石问路策略需注意的问题是：

(1) 提问题要恰当。

例如，在经济合同的再谈判过程中，买方与卖方在交货问题上激烈辩论。卖方晚交货两个月，同时只交了一半的货。买方对卖方说："如果你们再不把另一半货物按时交来，我们就向其他供货商订货了。"卖方问："你们为什么要撤销合同？如果你们撤销合同，重新订货，后果是不堪设想的，这些你们明白吗？"在这里卖方提出"你们为什么要撤销合同"，这是一个不恰当的问题，因为这个问题隐含着一个判断，即买方要撤销合同。这样，买方不管怎样回答，都得承认自己要撤销合同。这就是强人所难、逼人就范，谈判自然不欢而散！所以，谈判必须准确地提出争论的问题，力求避免包含着某种错误假定或有敌意的问题。

(2) 提问题要有针对性。在谈判中，一个问题的提出要把问题的解决引导到交易能否达成这一方向上去，并给予足够的时间使对方做尽可能详细的正面回答。为此，谈判者必须根据对方的心理活动运用各种不同的方式提出问题。

例如，当需要方不感兴趣、不关心或犹豫不决时，供应方应问一些引导性问题："你想买什么东西？""你愿意付出多少钱？""你对于我们的消费调查报告什么意见？""你对于我们的产品有什么不满意的地方？"等等。提出这些引导性问题后，供应方可根据需方的回答找出一些理由来说服对方，促使买卖成交。

(3) 尽量避免暴露提问的真实意图，不要与对方争辩，也不必陈述己方的观点。

使用价格陷阱技巧是否应该有个度？该如何掌握？

(二) 价格陷阱技巧

价格陷阱是指卖方利用传递商品价格上涨信息和人们对涨价的不安情绪所投的诱饵，将买方的注意力吸引到价格上来，从而达到促使买方忽略对其他条款讨价还价的目的。

价格陷阱之所以行之有效，是充分利用了人们的心理因素。

(1) 利用了人们"买涨不买跌"的心理——市场上商品价格下跌时，人们一般不愿购买，期盼价格进一步下降；反之，市场上商品价格上涨时，人们唯恐价格继续上涨，积极买进，这种心理正好被价格陷阱策略所利用。

(2) 利用了人们"价格中心"的心理定势。谈判者一般都将交易价格作为商务谈判中最重要的条款，因为它是涉及双方利益的关键问题。价格在交易中的这种重要性往往使人产生一种"价格中心"的心理定势，认为只要在价格上取得了优惠就等于整个谈判大功告成。

虽然有些谈判的确是这样，但也有一些谈判，如一些大型的复杂的商务谈判牵涉面广、内容多，价格并不一定就是商务谈判中的主要问题。而价格陷阱技巧正是利用人们"价格中心"的心理定势，使买方仅从价格上得到一些优惠，而失去了比单纯价格优势更为重要的东西，从而损失了实际利益。价格陷阱的运用旨在诱使对方跳入价格陷阱，为增加该种技巧成功的可能性。

相关案例链接

电视机销售中的“价格中心”

1998 年有一电视机厂厂长在召开年度订货会时向客户宣称：“本厂产品质量经省、部鉴定为免检产品，由于原材料涨价、职工工资上浮等因素，成本大幅度上扬，但为了照顾新老客户的利益，决定凡在本次订货会上签订订货合同的，××型彩电单价定为 2 760 元，在此会后订货者，每台彩电的价格则为 3 036 元(上涨 10%)。”结果，与会代表纷纷签订合同，唯恐错过时机，电视机厂的销售额也直线上升。

在这个案例中，电视机厂成功的营销靠的是价格陷阱策略的成功运用。

谈判中，破解价格陷阱的技巧主要有以下 3 种：

(1) 不要轻信对方的宣传，应在冷静、全面考虑之后再采取行动，切忌被对方价格上的优惠所迷惑。

(2) 不要轻易改变自己确定的购买目标、计划和具体步骤，要相信自己的判断力，排除外界环境的干扰，该讨价还价就讨价还价，该反击就果断反击，绝不手软。

(3) 不要在时间上受对方所提期限的约束而匆忙地做出决定。良好的心理素质、有耐心、遇事从容不迫，对消费者来讲是十分重要的。一般而言，买方在消费中能够抵御卖方各种招数，坚持得越久，最终得到的实惠和好处也就越多。相反，如果买方招架不住卖方的各种手法和招数，急于订购其商品，必然给自己带来很 大的损失。

(三) 抬高开局条件技巧

美国前国务卿基辛格(Henry Kissinger)博士曾经说过：“谈判桌前的结果完全取决于你能在多大程度上抬高自己的要求。”

> 美国前国务卿基辛格博士参与过无数谈判，这句话可谓是经验之谈。你如何理解这句话？

看看以下几个场景：

在面试时，你为什么经常会提出高出自己心理预期的工资待遇？

老板分配给你一项工作，你预计 5 天可以完成，但会和老板说争取 7 天完成；

去专卖店买一条裤子，你的期望值可能是 150 元，但你往往会第一次就还价到 130 元。

仔细对照以上几个场景，再认真思考一下，为什么会这么做？一般来讲，这样做的理由有如下几点：

> 除了左侧 4 点，你还能想出这样做的理由吗？请列出。

(1) 它可以让你有更大的谈判空间。

(2) 对方可能直接答应你的条件。

(3) 会抬高你的产品或服务在对方心目中的价值和地位。

(4) 可以让对方在谈判结束时感觉到他赢得了谈判。

当然，抬高开局条件也要有一定的技巧：一定要让对方感觉你的条件是可以商量的。否则，如果你让对方感觉你的条件非常苛刻，而且你的态度也非常坚决，那么只会让对方认为你毫无谈判的诚意，最终的结果可能只有两种：根本无法开始谈判，或是一开始就使谈判陷于僵局。具体应注意以下几点：

1. 界定自己的目标范围

经过统计，绝大多数最终成交的条件，都是双方开出条件的折中值，也就是说，你所开出的条件、对方开出的条件和双方最终成交的条件是等距的。

2. 你对谈判对手的情况了解得越少，你所开出的条件就应该越高

正如前面所讲，只要你让对手觉得你的条件是可以谈的，就完全可以大胆地提出你自认为非常离谱的条件。如果双方是初次接触，对方在听到你的条件后可能会非常惊讶，但在接下来的谈判过程中你可以作出比较大的让步，从而可以让对方感觉你初次合作很有诚意。

3. 永远不要立即答应对手的第一次报价

如果你立即答应对手的第一次报价，对手通常会有两种反应：

(1) 我本来可以做得更好(卖出更高的价格/花更低的价格买这个东西)。

(2) 太不可思议了，一定是哪里出了问题。

4. 知道对方的条件后立即大胆地表示意外

相关案例链接

买电视机时的"意外"

你到一个电器店去购买一台电视，同样品牌的产品，你已经看过好几个地方了，价格也了解清楚了。店老板开价1 000元。天啦，我不会听错了吧，其他店铺的开价至少都是1 100元。如果你没有表示意外，店老板就会接着说："如果需要我送货上门的话，加收送货费50元"(原本很可能是免费送货的)。

最后谈判的结果会怎样？多半是1 000元，免送货上门费。而如果你在听到1 000元的价格的时候，立即就表示出很意外，"不会吧，同样的东西，其他店家标价也是1 000，但我还价到950元，店家都同意了，而且是免费送货上门。"结果会怎样？你自己想吧。

所以说，在知道对方的条件后，一定要立即表示意外。切记：没有人会指望你立即接受他们的第一次报价；但如果你没有表示出意外，对方就会认为你是有可能接受他提出的远超过他预期的条件的。如果你表示出很意外，对方通常会作出一些让步。但如果没有任何表示，只会让对方变得更加强硬和自信。

5. 诱使对方先出价

在谈判开局阶段，一定要诱使对方先出价，当然，也就是要避免被对手诱惑而先出价。理由有三：

(1) 对方的出价或许会远超自己的预期。

(2) 对方先亮出条件，可以帮你界定你的谈判目标范围，而界定目标范围之后，你就能很清楚地知道自己在谈判中的让步空间有多大。

(3) 对方先出价，是使自己占据主动地位的唯一方式。

掌握了这些技巧和知识，就能营造非常有利的谈判氛围，有助于争取到最大的利益。

稍作总结，开局谈判应注意：开局的条件一定要高于你的预期，永远不要立即接受对方的报价或条件，知道对方的条件要立即表示意外，诱使对方先出价。

6. 假出价技巧

相关案例链接

9 万元的诱惑

美国某公司发布广告，说有一部机器设备出售，价格是 10 万美元。互相竞争的几位雇主中，一位愿出 9 万元高价的公司当场付了 10%的订金，卖主没想到这部旧设备竟能卖得这么好的价钱，就同意不再考虑其他买主。三天后买方来了，说当时的价格太高，不同意马上成交，还说，这部机器仅值 5 万美元，于是卖方又被迫与买方讨价还价，最后以 6 万美元成交。而当初曾有人愿出 7 万美元，卖主却没有卖给他。

这是买主使用假出价策略的胜利。**假出价**，即买主利用高价的手段(或卖主利用报低价的手段)，排除交易中的其他竞争对手，优先取得交易的权力，可是一到最后成交的关键时刻，买主便大幅度压价(或卖主大幅主提价)。在这种情况下，一般是假出价格的一方占便宜，而另一方只好忍痛割爱。假出价虽然不是很道德，但却是销售中屡见不鲜的陷阱。

日本人往往利用这种伎俩来占对手的便宜，他们在谈判中会先报个低得出奇的价格诱使对方上钩，使对方很高兴和他达成交易。但东西到手之后，对方便常常会发现少了点什么配套部件，于是，被迫又向他们购买，由于排除了其他竞争对手，他们便会漫天要价，逼买主就范。

“兵不厌诈”，这是《孙子兵法》中的一条重要原则，也是我们预防假出价陷阱的法宝，为了防止买主假出价，可以要求对方先付大笔订金，使他不敢轻易反悔；或同时与几个买主接洽，为了防止卖主假出价，应该仔细询问对方价格的含义，提出各种疑难问题和对方纠缠，最后协议要反复推敲，如果万一发现上了对方的当，不应该忍气吞声，而应该因地制宜采取必要的措施，给对方以坚决的还击，使己方在销售过程中的基本利益得到保障。

二、中场谈判技巧

中场是谈判的核心环节，也是最能展现谈判技巧的环节。以下简单介绍 3 个技巧：

(一) 不开先例技巧

不开先例技巧通常是指在谈判过程中处于优势的一方，为了坚持和实现提出的交易条件，而采取对已有用的先例来约束对方，从而使对方就范，接受己方交易条件的一种技巧。它是一种保护卖方利益，强化自己谈判地位和立场的最简单而有效的方法。买方如果居于优势，对于有求于己的推销商也可参照应用。

相关案例链接

电冰箱供货价的谈判

甲:"你们提出的每台1700元,确实让我们感到难以接受,如果你们有诚意成交,能否每台降低300元?"

乙:"你们提出的要求实在令人为难,一年来我们对进货的600多位客户都是这个价格,要是这次单独破例给你们调价,以后与其他客户的生意就难做了。很抱歉,我们每台1700元的价格不贵,不能再减价了。"

在这个关于电冰箱价格的谈判实例中,电冰箱供应者面对采购者希望降价的要求,为了维持己方提出的交易条件而不让步,便采取了不开先例的手法。对供应者来讲,过去与买方的价格都是每台1700元,现在如果答应了采购者要求降价就是在价格问题上开了一个先例,进而造成供应者在今后与其他客户发生交易行为时也不得不提供同样的优惠条件。所以,精明的供应商始终以不能开先例为由,委婉地回绝了对方提出的降价要求。供应者在价格谈判中,成功地运用了不开先例的技巧,其原理是利用先例的力量来约束对方使其就范。

如果在谈判一开始就作出最大让步,对方根本不会在谈判结束时有任何胜利感,所以通常只有那些没有经验的新手才会在谈判一开始就退到最底线。如果你是一位求职者,你可能会想:"现在找工作不容易,如果我开出的薪资条件太高,他们可能根本就不会考虑我。"

如果你是在卖房子或汽车,你可能会想:"如果我要价太高,他们可能会笑话我的。"如果你是一名销售人员,你可能会这样告诉销售经理:"我今天必须给出报价。我知道我们现在有很多竞争对手,附近所有的同行都在争这笔生意,所以还是把价格压低一些吧,这样才可能得到这笔订单。"而真正的谈判高手往往非常清楚,在谈判过程中,对方最开始的条件总是比较离谱的,所以他们不会太在意。他们知道,随着谈判的进展,他们一定会找到一个双方都能接受的价位。然后他们就可以召开记者招待会,宣布他们取得了谈判的胜利。

> 在日常的购物活动中店家是否运用过这个技巧来拒绝你的砍价?你认为该如何破解?

不开先例技巧的核心是运用先例来约束对方。这里的先例是指同类事物在过去的处理方式。商务谈判中采用的先例主要有3种情况:与对方过去谈判的先例、与他人过去谈判的先例、外界通行的谈判先例。作为一个成功的商务谈判者,在运用不开先例技巧中,必须充分运用好各种先例,为自己的谈判成功服务。特别是在面对下述各种情形时,应运用不开先例技巧:

(1) 谈判内容属保密性交易活动时。

(2) 交易商品属于垄断交易时。

(3) 市场有利于我方而对方急于达成交易时。

(4) 对方提出的交易条件难以接受时。

这里需要指出的是,运用不开先例技巧的目的在于利用先例来约束对方接受己方提出的交易条件。这一技巧运用得成功与否,取决于谈判者所采用先例的力量大小和提出的交易条件的适度性。它们之间有着正相关的密切联系。为此，在实际操作中，我们不仅需要反复衡量交易条件，注意交易条件的合理性、适度性，让对方有接受的余地，而且还有反复强调不开先例的事实与理由，通过加强先例的真实性和可信度，让对方对己方宣传的先例深信不疑。同时，还要运用类比性强的先例，着重强调本次交易与先例在交易条件、市场行情、竞争情况、相关因素等方面的相似性，通过强化先例的类比性，使得先例的力量得到充分发挥。

在商务谈判中，面对谈判对手采用不开先例策略时，我们应采用积极的策略进行破解。

第一，搜集信息，吃透"先例"。商务谈判中只有搜集到了必要的情报资料，清除了对"先例"的"无知"，我们方可破译"先例"，揭穿先例的虚假性，从而使对方使用的这一招术归于失败。

第二，克服习惯性心理的约束。作为成功的谈判者，要勇于打破成规，跳出自己的经验圈子，以免被习惯、经验捆住了手脚。应有"市无常形"的观念，要以变化了的诸多条件，作为开展谈判的根本依据。

第三，证明环境条件发生变化以使"先例"不再适用。如：有一位电冰箱采购员面对供货方不肯降价时指出："是的，过去一直是以1700元成交的，但是，从上周开始，全国各大商店的冰箱都有不同程度的降价，我方提出的要求显然是合理的。"在本例中，采购员就是通过指出先例与本次交易的差异性（市场行情已经变化）来证明先例的非通用性，从而有效反击了不开先例策略的手法。

（二）让步技巧

相关案例链接

"四大发明"与知识产权费的谈判

20世纪80年代，蛇口招商局负责人袁庚，同美国PPC集团签订合资生产浮法玻璃的协议。谈判时，在蛇口方面每年所付给美方的知识产权费用所占销售总额的比例问题上，双方产生了较大的分歧。美方要价是6%，而蛇口方面还价是4%，经过一番讨价还价，美方被迫降下来一个百分点，要价为5%，而蛇口方面还价是4.5%。这时，双方都不肯再让步了，于是谈判出现了僵局。怎么办呢？休会期间，袁庚出席美方的午餐会，在应邀发表演讲时，他念念不忘台下的PPC集团的谈判对手，于是故意将谈论转向中国文化上。他充满豪情地说："早在千年以前，我们民族的祖先就将四大发明——指南针、造纸术、印刷术和火药无条件地贡献给了全人类，而他们的后代子孙却从未埋怨过不要专利权是愚蠢的；恰恰相反，他们盛赞祖先具有伟大的风格和远见。"一席豪情奔放的讲话，把会场的气氛激活了。接下去，袁庚转到正题上，说："我们招商局在同PPC集团的合作中，并不是要求你们也无条件地让出专利，不，我们只要求你们要价合理——只要价格合理，我们一个钱也不会少给！"

这番话，虽然是在谈判桌外说的，却深深触动了在座的PPC集团的谈判者。回到谈判桌以后，PPC集团很快作出了让步，同意以4.75%达成协议，为期10

年。蛇口的这个协议，比其他城市的同类协议开价低出了一大截。从达成的协议上不难看出，与最初的要价相比，美方让步是1.25个百分点，而我方让步仅0.75个百分点。

谈判中除了必不可少的“火力侦察”以外，有时也可让自己的语言流露出一定的豪情和胆气，借以攻破对方的心理底线，迫使其作出最大限度的让步。

1. 让步的原则

(1) 谨慎让步，要让对方意识到你的每一次让步都是艰难的，使对方充满期待，每次让步的幅度不能过大。

(2) 尽量迫使对方在关键问题上先行让步，而本方则在对手的强烈要求下，在次要方面或者较小的问题上让步。

(3) 每次让步都需要对方用一定的条件交换。

(4) 了解对手的真实状况，在对方急需的条件上坚守阵地。

(5) 事前做好让步的计划，所有的让步应该是有序的，将具有实际价值和没有实际价值的条件区别开来，在不同的阶段和条件下使用。

2. 常规的让步方法与非常规让步方法

常规的让步方法主要有链条式让步。

链条式让步也叫渐进式让步，其心理机制是“取乎上，得乎其中”，即先把要价尽量开得高一些，然后根据谈判对手的反应逐渐让步，直到双方达到一个“平衡点”为止。这种方式具有很强的试探性和回旋余地，在外部环境比较复杂险恶，或者对外界信息掌握得不够充分的情况下，采取这种方式可以避免自我“套牢”和无法挽回的损失，因而比较稳妥。

运用常规的让步法让对方得到满足，并不是时时都奏效的。当常规的让步技巧不能奏效时，有经验的谈判高手往往会采用如下几种特殊的让步技巧，让对方得到好处后意犹未尽，爽快成交。非常规让步方法主要有：

(1) 附加条件法。

谈判高手总是使用，条件句“如果……那么……”来表述自己的让步。前半句“如果……”是明确要求对方作出的让步内容，后半句“那么……”是己方可以作出的让步。这前半句是条件，后半句是回报，没有前半句的条件，就没有后半句的回报。

这种表达有两种好处：一是对方必须在你作出让步的同时，也作出让步来回报，因为你的让步是以对方的让步为条件的，对方如果不作出相应让步的话，你的让步也就不成立了；二是规定对方必须作出你所需要的让步，以免对方用无关紧要的、不痛不痒的让步来搪塞你。

(2) 无损让步法。

无损让步法可以遵循下面步骤实施：①向对手说明，其他大公司或者有地位、有实力的人也接受了相同的条件。②反复向对手保证他享受了最优惠的条件。③明示或者暗示这次谈判成功将会对以后的交易产生有利的影响。④努力帮助对方了解自己产品的优点和市场行情。⑤尽量圆满、严密、反复地解释自己的观点、理由，详尽地提供有关证明材料，但是，不要正面反对对方的观点。⑥反复强调己方的某些条件的完美、周到、突出，如交货日期、付款方式、运输问题、售后服务甚至保证条件等。⑦全神贯注地倾听对方的讲话，不要打岔，不要中途反驳，打岔会使对手不快，中途反驳会使对手生气，这些都是得不偿失的行为。⑧在恰当的时候重述对方的要求和处境。

通常人们都喜欢自己被别人了解，所以这是与己无损的妙法。莎士比亚曾经说过："人们满意时，就会付出高价。"以上方法都会使买主满意，但都与己无损，往往能让对方作出让步来回报你。

(3) 针锋相对法。

谈判中我们常常会遇到某些难缠的人，他们往往报价很高，然后在很长的时间内拒不让步。假如你按捺不住，作出让步，他们就会设法迫使你接着作出一个又一个的让步。

实践经验告诉我们，对付强硬而难缠的对手，唯一有效的办法是：针锋相对，以牙还牙。

三、终局谈判技巧

(一) 红白脸技巧

红白脸技巧即软硬兼施技巧。它是指在商务谈判过程中对原则性问题毫不退却，对细节问题适当让步的一种策略。谈判时，面对咄咄逼人的对手，可在坚持原则的条件下做一些顺水推舟的工作，等到对方锐气减退时，己方再发动反攻，力争反败为胜。它的具体做法有两种：两个人分别扮演红脸和白脸，或一个人同时扮演红脸和白脸的角色。

当商务谈判的气氛明显充满敌意时，对方因为要坚持自己的观点和利益，一点也不肯让步时，己方的"白脸人"就要出场了。他可以表现得很生气，或者大发雷霆，指责和诋毁对手，主要的目的是把气氛搞得十分紧张。而其余成员则一言不发或不知所措。然后是己方的"红脸人"出场，他的任务是出来缓和气氛，他在劝阻自己同伴的同时也会平静而又明确地指出；这种场面完全是由对方的态度所造成的。当"白脸人"发怒以后，对方一般会被激怒，而后又会感到自己的做法有失情理，在这种心理下，对方就会自然地对一直坚持的条件做出让步，在不知不觉中使运用红白脸技巧的一方实现了预期的目的。

试举例说明红白脸技巧的运用。

使用该技巧时应注意：

(1) 扮"白脸"的人，既要"凶"，又要出言在理，保持良好的形象。比如，态度强硬，寸步不让，但又处处讲理，决不"蛮横"。外表上，不要高门大嗓，唾沫横飞，显出"俗相"，也不一定老是虎着脸，反倒可以有笑容，只是"立场"要硬，条件要狠。

(2) 使用前，应该进行仔细的策划和排练。扮演"白脸者"要使人望而生畏并容易被激怒，扮"红脸"的人，应为主谈人或负责人，要求其善于把握火候，让"白脸"好下台，及时请对方表态。使用中，要注意谈判的气氛，只有当谈判气氛因对方的死守不让到了剑拔弩张的时候，运用此技巧才能拥有好的效果。

(3) 若是一个人同时扮演“红白脸”，要机动灵活。如发动强攻时，声色俱厉的时间不宜过长，同时说出的话要给自己留有余地，否则会把自己给绊住。若由于过于冲动而被动时，最好的解决方法就是“暂停”、“休会”或“散会”，通过改变时间，以争取请示、汇报、研究被动局面的化解法。

识别和应对谈判对手的红白脸技巧主要有：

(1) 红白脸技巧是一种非常有效的谈判技巧，可在不导致任何对抗情绪的情况下成功地给对手施加压力。人们使用红白脸技巧的频率远比你想象的高。每当你同时面对两个谈判对手时，就一定要当心；

(2) 应对红白脸技巧的最好方式就是识破它，一旦被识破，对方通常会选择放弃，但要注意识破的方式，以免引起对手的尴尬。

(二) 最后期限技巧

最后期限技巧是谈判中的一方给对方一定的时间考虑，同时又通过设定最后期限给对方施加压力，以达到迫使对方尽快做出决定的目的。几乎人类的一切行为都包含着时间的因素，但是经验告诉人们，有些事情的最后期限是不能逾越的，否则就要发生重大损失。谈判往往是在最后不到10%的时间里谈成的。在洽谈的最后时间里，双方作出的每一次让步都影响全部销售价值90%的变动幅度。

处于被动地位的谈判者，总是希望谈判能达成协议。当谈判双方各持己见、争执不下时，处于主动地位的一方可以利用这一心理，提出解决问题的最后期限和解决条件。期限是一种时间性通牒，它可以使对方感到如不迅速作出决定，他会失去这个机会。因为从心理学角度来讲，人们对于得到的东西并不十分珍惜，但却对即将失去的东西一下子变得珍惜起来，在谈判中采用最后期限的策略就是借助人的这种心理定势发挥作用的。因为，谈判不成损失最大的还是自己。因而，最后期限压力容易迫使对方快速做出决策。

在具体使用最后期限技巧时，应注意以下几方面的问题。

(1) 不要激怒对方。最后期限技巧主要是一种保护性的行为，因此，当你不得不采取这种策略时，要设法消除对方的敌意。除语气委婉、措辞恰当外，最好以某种公认的法则或习惯作为向对方解释的依据。假如你遵循的是恰当、公认的习惯或行为准则，或者你有一定的法律依据，对方在接受时就不至于有怨气。

(2) 给对方一定的时间考虑。这样做的目的是让对方感到你不是在强迫他接受城下之盟，而是向他提供一个解决问题的方案。尽管这个方案的结果不利于他，但是毕竟是由他自己作了最后的选择。

(3) 对原有条件的适当让步。这样会使对方在接受最后期限时有所安慰，同时也有利于达成协议。时间就是压力，它使对方在商务谈判时无法忘掉这种压力，使对方不自觉地接受它。

(三) 最后出价技巧

最后出价技巧是指谈判一方给出了一个最后的价格，告诉对方不准备再进行讨价还价了，要么在这个价格上成交，要么谈判破裂。西方谈判界把最后出价形象地描述为“要么干,要么算”。

最后出价与最后时限是不可分割的两个方面,在谈判过程中,这两种技巧往往合二为一混合使用,但在使用中侧重点不同:

第一,规定了最后时限,不是说可以让对方提出无限的要求,本方可以做出无限的让步,只要谈判在最后时限前结束就可以了;相反,在规定最后时限的同时,也一定给出了一个最后出价。所以,实际上是指在最后时限前、在最后出价的基础上结束谈判。

第二,规定了最后出价,也不是说谈判时间可以任意拖延下去,而是同时也规定了结束谈判的时间。只是由于侧重点不同,强调的方面不同,给人的印象也不同。

最后出价很容易把谈判双方逼到“不成功,则成仁”的境地,造成双方的对抗,导致谈判破裂。一般说来,商务谈判中的谈判双方往往不愿意中断谈判。因为双方都明白,市场竞争很激烈,一旦自己退出谈判,很可能使其他竞争者乘虚而入,取代自己的位置。所以,在商务谈判中对待使用最后出价的战术,往往是慎而又慎的。

当谈判中出现以下情况时,可以考虑选择最后出价技巧来达到自己的目标:

(1) 谈判的一方处于极为有利的谈判地位,“皇帝的女儿不愁嫁”,对手只能找自己谈判,任何人都不能取代自己的位置。

(2) 讨价还价到最后,所有的谈判技巧都已经使用过,均无法使对方改变立场,做出自己所希望的让步。

(3) 己方让步已经到了极限,再作任何让步都将带来巨大损失,而对方还在无限制地提出要求。

那么,如何破解对方的最后出价陷阱呢?可通过以下几种方式加以破解:

(1) 不管是真是假,应重视对方所提出的最后出价。在未掌握确切消息前都不可轻视对方,应认真对待。

(2) 要沉着冷静,不可轻易让步。面对此情,不可草率行事,可从对方的蛛丝马迹(如神态、动作)中寻求信息。此外,利用一切可能的机会摸清对方给出最后出价的原因,并考证此价是否符合行情。只有充分掌握了信息,才可保证在谈判中的主动权。

四、商务谈判中常用的其他技巧

商务谈判是企业活动的家常便饭,在倡导双赢的市场经济环境下,谈判结果是否有利于自己的一方,关键是谈判策略和技巧的有效运用,既要达到自己合理的目标期望,又能满足对方的期望值,谈判策略和技巧的运用对企业的销售业绩来说是非常重要的。在使用时还应注意以下几点:

1. 避免争论

谈判人员在谈判开始以前,要明确自己的谈判意图,在思想上进行必要的准备。然而,谈判双方为了谋求各自的利益,不可避免地要在一些问题上产生分歧。

分歧出现后，要防止感情用事，保持冷静，尽可能地避免争论。因为，争论不仅于事无补，反而会使事情变得更糟。最好的方法是采取下列态度，进行协商。

(1) 冷静地倾听对方的意见。在谈判中，听往往比讲更重要。它不仅表现了谈判者的素质和修养，也表现出对对方的尊重。多听少说可以把握材料，了解对方的动机，预测对方的行动意向。谈判的要害在于掌握对方的动机，调整自己的行为。在倾听过程中，即使对方讲出你不愿听的话，或对你方不利的话，也不要立即打断对方或者反驳。因为真正赢得优势、取得胜利的方法绝不是争论。反驳时偶尔获得优越感，却永远得不到对方的好感。所以，最好的方法是让对方陈述完毕之后，先表示同意对方的意见，承认自己在某些方面的疏忽，然后提出重新讨论对方的意见。这样，在重新讨论时，双方就会心平气和地进行。从而使谈判达成双方都比较满意的结果。比如，在谈判价格问题时，当甲方提出："你方的产品价格太高，不降价无法达成协议"。这时乙方最好的办法不是立刻讨价还价，而是先表示歉意，对对方说："我们也认为产品价格订得太高了些，我们报价时只考虑了自己的生产成本和盈利指标，忽视了你们的承受能力，这是我们的疏忽。对此，我们表示歉意。但是我们的产品成本高、质量好!"

(2) 婉转地提出不同意见。谈判中，当你不同意对方意见时切忌直接提出自己的意见。这样做会使对方在心理上产生抵触情绪，反而促使他千方百计地来维护自己的观点。如果要提不同的意见，最好的方法是先同意对方的意见，然后再作探索性的提议。

(3) 分歧产生之后谈判无法进行，应马上休会。如果在洽谈中，某个问题成了绊脚石，使谈判无法顺利进行。这时，聪明的办法是在双方对立起来之前休会。如果继续下去，双方为了捍卫自己的原则和利益，就会各持己见，使谈判陷入僵局。休会技巧为固执型谈判者提供了请示上级的机会，同时，也为自己创造了养精蓄锐的机会。

谈判实践证明，休会不仅可以避免出现僵持的局面和争论发生。而且可以使双方保持冷静，调整思路，平心静气地考虑双方的意见，达到顺利解决问题的目的。"休会"是国内外谈判人员经常采用的技巧。

2. 避实就虚

避实就虚指为达到某种目的的需要，有意识地将洽谈的议题引导到无关紧要的问题上，转移对方的注意力，以求实现自己的谈判目标。具体做法是在无关紧要的事情上纠缠不休，或在自己不成问题的问题上大做文章，以分散对方对自己真正要解决的问题上的注意力，从而在对方无警觉的情况下，顺利实现自己的谈判意图。比如，对方最关心的是价格问题，而我方最关心的是交货时间。这时，谈判的焦点不要直接放在价格和交货时间上，而是放到价格和运输方式上，在讨价还价时，可以在运输方式上作出让步，而作为双方让步的条件，要求对方在交货时间上做出重大让步，这样，对方感到了满意，自己的目的也达到了。

3. 以退为进

相关案例链接

齐鲁之战

我国春秋时期，齐国是春秋五霸之首，疆哉辽阔，国力雄厚，拥有一支近三万人的军队；而鲁国则地域狭小，兵少力弱，不是齐国的对手。公元前 684 年春，齐桓公出动大批军队进攻鲁国，当齐军进入了有利于鲁军反攻的长勺地区时，鲁国并没有马上发起反攻，而是坚守阵地。这时，齐军自恃力量强大，首先发起进攻，企图一举成功。但是，齐军连续三次进攻都未获胜，队伍疲惫不甚，锐气大减。这时鲁军见时机已到，向齐军发起总攻。一时齐军阵势大乱，纷纷溃败而逃。

商战如同兵战，“退一步，进两步”，以退为进是谈判桌上常用的一个制胜策略和技巧。

4. 兵不厌诈

谈判，特别是涉及利益的贸易洽谈，不但需要人们极大的耐心，而且还需要极大的细心，既不能操之过急，也不能粗心大意，要时刻警惕对手设下的陷阱。

谈判不可避免地要说到各种各样的数据，如价格、成本、利息或设备的各项技术指标等，这些数据对谈判的双方都有重大的意义。但是，一般来说，许多人都不善于迅速地处理数字，特别是在紧张的谈判气氛中，更容易犯愚蠢的错误，假如你的月工资是 2 000 元，你能立刻准确无误地告诉我你的周工资数额吗？在谈判过程中，当对方抛出各种数据时，你相信还是不相信？点头还是摇头？这时候，千万不可鲁莽行事。承认自己对数字处理的能力不够，并非是一件丢脸的事，要请对方一项一项地说，你一项一项地算。如果当场算不过来，拿回去仔细研究过再表态，切不可盲目相信对方所提供的任何数字，不论这些数据出自什么权威之手，要知道，有的谈判对手特别喜欢钻你不善于处理数据的空子，而在谈判中占你的便宜。

假如有人对从你说，他的那批货物只以成本价让给你，你先别太高兴，应该马上问：“成本价是如何算的？”特别是对外贸易中，由于中外会计规则差异，双方对各种数据意义的解释相差很大，所以一定要让对方解释清楚。

5. 绵里藏针

在通常的谈判场合，双方摆出的阵营中往往有首席代表与次要代表，前台代表与后台代表之分。一方首席代表在回答问题时，通常要看一看副代表的态度或某种暗示。即使他们非常想迅速把交易谈成，也总是表现出一种从容不迫的神态，努力放慢对话的节奏。在激烈的交锋中努力寻找缓冲的时间来思考，避免仓促作出不当的决定。

相关案例链接

赫鲁晓夫对艾森豪威尔的讥讽

在 1956 年的美苏两国最高销售经理人谈判中，原苏共领导人赫鲁晓夫自恃比美国总统艾森豪威尔聪明，闹出了大笑话。在谈判过程中，不论赫鲁晓夫提出什么问题，艾森豪威尔总会等到美国国务卿杜勒斯递过条子来后，才开始慢条斯理地回答问题。这让赫鲁晓夫很看不起艾森豪威尔，认为他智力低下。同时也让他很为自己作为苏联领袖知道任何问题的答案而骄傲自豪。赫鲁晓夫当场讥讽艾森豪威尔说："究竟谁是美国的最高领袖？是杜勒斯还是艾森豪威尔？"其实，真正犯了大错的是赫鲁晓夫，他不了解艾森豪威尔在谈判桌上所表现的特点，正是一种绵里藏针的隐藏力量。他这样做，至少已经充分做到了两件事情：既争取到了思考问题的时间，又获得了别人的提示启迪。

在谈判桌上，须记住不要为了赶时间而自乱阵脚，应该仔细慎重对待任何一个谈判主题和任何一位谈判对手，务必使自己的回复扎扎实实，不现纰漏。同时，也要做到不要轻易承诺，一旦承诺，无论如何一定要实现诺言。出尔反尔会有损己方的信誉和形象。

经典案例赏析

丰田汽车在美国的"登陆"谈判

日本丰田汽车公司刚刚在美国"登陆"，急需寻找一个美国代理商来为其推销产品，以弥补他们不了解美国市场的缺陷。当日本公司准备同一家美国公司谈判时，谈判代表因为堵车迟到了，美国谈判代表抓住这件事紧紧不放，想以此为手段来获取更多的优惠条件，日本代表发现无路可退，于是站起来说："我们十分抱歉耽误了您的时间，但是这绝非我们的本意，我们对美国的交通状况了解不足，导致了这个不愉快的结果，我希望我们不要再因为这个无所谓的问题耽误宝贵的时间了，如果你们因为这件事怀疑我们合作的诚意，那么我们只好结束这次谈判，我认为，我们所提出的优惠条件会在美国找到合作伙伴的。"日本代表的一席话让美国代表哑口无言，美国人也不想失去一次赚钱的机会，于是谈判继续进行。

在谈判的开局阶段就运用谈判技巧能使谈判者谋求在谈判中的有利地位，并决定整个谈判的走向和发展趋势。

美国谈判代表在谈判开局中选择了挑剔式的开局技巧。他们连续指责日本代表在谈判会议中迟到的现象就是一种情感攻击，目的是让日本代表感到内疚，处于被动地位，从而使美国代表从中获取对其自身有利的条件。而日本谈判代表在面对美国谈判代表制造的低沉的挑剔式的开局氛围中，机智地采取了进攻式的开局技巧对其进行反击，一针见血地向对方指出：我方所提出的条件已经很优惠了，若你方没有诚意，那么无需浪费彼此的时间，想与我方合作的公司有很多。他们高调地反击对方，以此打破低调的开局气氛，使双方真正进入谈判的实质性阶段。

在谈判中，"良好的开端是成功的一半"，开局阶段的氛围营造是关键。国际商务谈判中开局氛围的营造主要来自于谈判人员的情绪、态度与行为。任何谈判个体的情绪、态度和行为都能影响和改变谈判的开局气氛，换言之，谈判的哪一方控制了谈判开局的气氛，也就从某种程度上控制了另一方。

从该案例也可以看出，日方的谈判代表在要求美方代表做出让步的过程中，还成功地运用了最后通牒的谈判技巧。想要成功地运用这一谈判技巧必须具备两个方面的条件：①最后通牒必须使对方无法反击。作为一个成功的谈判者，必须有理由确信对方会按照自己预期的结果那样去做。②最后通牒必须使对方无法拒绝。在对手走投无路的前提下，想抽身但又为时已晚。案例中，日方代表最后很明确地指出，倘若你方怀疑我们的诚意，以我方的优惠条件不愁在美国找不到其他的合作代理商。

在运用最后期限和最后通牒的谈判技巧时，必须注意一些问题：①使用最后通牒必须方式委婉。基于最后通牒本身带有非常强烈的进攻性，如果谈判者在这个时候用犀利的言辞来刺激对手，对手可能由于一时冲动铤而走险，最终只能导致谈判破裂。②使用最后通牒必须给对手以一定的时间考虑。为了不让对手感到你是在强迫他接受城下之盟，而是向他提供一个解决问题的方案。③在使用最后通牒技巧时，处于主动的一方在制定了最后的期限之后，也应对原有的条件作适当的让步，使对方在接受最后期限时能够有所安慰，有利于顺利达成协议。

在该案例中，美方谈判代表以立场型的谈判方法开局。他们一开始就确定了自己的既定目标，在谈判中把注意力投入到如何维护自己的立场和否定对方的立场，顽固地坚持自己的立场，不做让步，向对方施加压力，试图让对方屈服，从而达到自己的目的。且美方在谈判商洽中不顾日方的需要，仅考虑到自己的需要。抓住日方谈判代表迟到的问题而占上风，依靠自己的有利地位，想在谈判中获取尽可能多的利益，给对方的利益空间却非常小。但结果却导致了双方的冲突。

作为日方的谈判代表，在谈判中以最低限度目标为基准，对于日方代表而言，他们已对美方做出了优惠政策，这类必须达成的目标毫无讨价还价的余地。

该案例还告诉我们：谈判者在谈判前应做好充分准备，商务谈判的地点选择也至关重要。本案例中，日方代表是在美国进行的谈判。在美方的地点进行谈判有利也有弊。对于日方代表而言，他们的有利因素主要是：谈判人员远离本土，可以全身心地投入谈判，避免主场谈判时来自工作单位和家庭事务等方面的干扰；更有利于发挥谈判人员的主观能动性，减少谈判人员的依赖性；省去了作为东道主所必须承担的招待宾客、布置场所、安排住宿等事务性的工作。对于日方的不利因素表现在：与公司本部相距遥远，信息的传递、资料的获取都比较困难，某些问题不容易磋商；对地理环境、气候、风俗、饮食表现不适应；在谈判场所的安排、日程上的安排等方面处于被动地位。因而导致了本案例中出现的日方人员因不熟悉美国的交通状况而在会议中迟到的现象，被美方代表抓住了礼仪问题的把柄，质疑日方代表的诚意，使自己限于不利的开局地位中。

所以，在谈判前一定要对以下情况做好准备：①环境调查；②信息的准备；③谈判方案的准备。包括：政治状况、宗教信仰、法律制度、商业习惯、社会习俗、基础设施、后勤供应以及天气、交通环境等。

诚然，从该案例来看，此次谈判的开局经日方谈判代表的扭转，整个谈判的开局氛围已被日方所控制，美方似乎已无回旋的余地。但是如果美方可以见机行事，依然可以将谈判的气氛转向自己。日本公司的谈判代表此时风头正劲，倘若美方与其直接正面交锋，那么胜算不大。美方应坚定自己的利益基础，避其锋芒，待日方代表从心理和生理上产生疲惫，逐渐对谈判气氛失去控制时，再提出尖锐的问题进行攻击，便可使谈判气氛转由美方来控制，在一定程度上保证美方自己的利益。

思考与练习

姓名________　班级________　学号________

1. 名词解释

投石问路

最后出价

避实就虚

2. 单项选择

(1) 投石问路的关键在于(　　)。

A. 收集信息　　B. 选择合适的“石”

C. 探察　　D. 情况掌握

(2) 谈判者一般都将(　　)作为商务谈判中最重要的条款,因为它是涉及双方利益的关键问题。

A. 交易价格　　B. 物质利益

C. 利润率　　D. 对方让步

(3) (　　)曾经说过:“谈判桌前的结果完全取决于你能在多大程度上抬高自己的要求。”

A. 基辛格　　B. 莎士比亚

C. 周恩来　　D. 毛泽东

3. 多项选择

(1) 抬高开局条件也要有一定的技巧,如(　　)。

A. 界定自己的目标范围

B. 永远不要立即答应对手的第一次报价

C. 根据对对方情况的了解程度确定开局条件

D. 对对方提出的最初报价感到惊讶

(2) 以下哪种情景适合使用不开先例技巧(　　)。

A. 谈判内容属保密性交易活动时

B. 交易商品属于垄断交易时

C. 市场有利于我方而对方急于达成交易时

D. 对方提出的交易条件难以接受时

(3) 在使用最后期限策略时,应注意以下几方面的问题(　　)。

A. 不要激怒对方　　B. 给对方一定的时间考虑

C. 对原有条件的适当让步　　D. 不给对方回旋的余地

4. 填空题

(1) 市场上商品价格下跌时,人们一般不愿购买,期盼价格进一步下降;反之,市场上商品价格上涨时,人们唯恐价格继续上涨,积极买进,这就是________________心理。

(2) 不开先例技巧的核心是运用________________来约束对方。

(3) 谈判的要害在于掌握对方的动机,调整________________。在倾听过程中,即使对方讲出你不愿听的话,或对你方不利的话,也不要________________对方。因为真正赢得优势,取得胜利的方法绝不是________________。

5. 简答题

(1) 采用投石问路策略需注意的问题是什么?

(2) 谈判中,破解价格陷阱的技巧主要有什么?

(3) 如何使用休会技巧?

6. 实训题

请分析:很多成功的企业家,在具体谈判的过程中能一直保持温和的状态,看不出任何与人争斗的感觉。我们暂时称这种为“拖延时间”。其最大的好处是能以静制动、少留破绽,同时还能使对方喜欢你。那么,具体又该如何去做呢?请分组讨论并模拟这种谈判方式。

项目九　商务谈判合同履行

本项目内容结构图

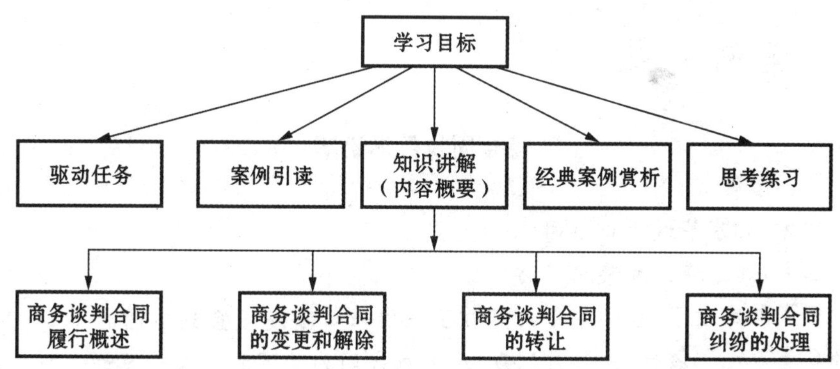

学习目标

- **知识目标**

(1) 了解商务谈判合同履行的原则。

(2) 掌握商务谈判合同履行程序与违约责任。

(3) 掌握商务谈判合同的变更、解除、转让与纠纷处理。

- **能力目标**

(1) 学会商务谈判合同的变更、解除及转让。

(2) 能够合理处理商务谈判合同纠纷。

驱动任务

任务内容：处理甲乙两公司的合同纠纷

甲公司原业务员张某在火车上遇到与甲公司有长期业务关系的乙公司经理陈某，闲聊中张某得知乙公司正准备进行技术改造，需购置一台得开精密仪表。张某表示甲公司有这方面的业务关系，可以代为采购，双方达成协议。

乙公司按规定时间向甲公司寄去预付款10万元人民币。但到合同约定的交货日期，甲公司却以张某在与乙公司签订合同时已是下岗人员，没有该公司业务代理权为由，拒绝履行合同；乙公司却认为甲公司并没有把解除张某业务代理权的情况通知自己，且张某仍有盖有甲公司合同专用章的空白合同，乙公司同意追加1%的代理费。但15日后，甲公司仍未能购到乙公司需要的仪表。乙公司催告甲公司因时间紧迫，只能再给10日的宽限期，届时如甲公司仍不能履行合同将解除合同并追究其责任。但期限过后，甲公司仍未购到乙公司急需的精密仪表。乙公司为此损失15万元人民币。于是乙公司提出解除该合同，要求甲公司退还预付款并赔偿损失。

设计任务：完成一份合同纠纷处理报告

任务要求：按照每组4人左右的规模组成处理小组，明确分工，充分讨论交流，小组提交一份处理报告。

案例引读

合同执行诉讼案

一、背景

甲方：北京某进出口公司

乙方：江苏连云港某水产公司

甲方与乙方于2007年年初签订了一份出口冷漠鲅鱼到某国的合同，合同金额200多万元。该合同12月到期，后来双方因为某国的要求而签订了新合同，但原合同没有撤销，只是将修改后的合同执行完毕了。两年多后，甲方收到法院的传票，称乙方诉甲方未履行合同造成乙方损失，需赔偿300多万元。甲方很惊讶，现在已经是2010年2月中旬了，诉讼期也过了。再看乙方证据，在复印的合同特殊条款一栏有一段补充：将合同有效期延长3个月，即至2008年3月15日。据此条款原合同仍在诉讼时效内。

二、处理过程

甲方人员检查自己的合同卷，竟找不到。记得原合同没有特殊条款，也没有延长合同有效期。那谁写的补充协议？什么时候写的呢？

甲方通过途径向主办法官表示：案卷丢失，但疑问集中在补充协议的延期问题上。复印件不足为证，应查证是两年前写的还是现在写的。若为前者，我方有责任，若为后者，则系对方诈骗。

法官表示理解，于是通知乙方送原件到法院，但是乙方没有理会，法官两次催促乙方送原件到法院，仍无回音。在法官三次催促后，乙方主动撤销诉讼，不再向甲方索赔。该案在甲方未应诉前即结案。

从案例中你得到了什么启示？

案例分析：甲方抓住合同诉讼时效问题不放十分正确，一击打中乙方的要害。甲方与法院的良好关系也非常重要，其实法院有权要求甲方先应诉，后要乙方送原件作证，此时，问题就要复杂此了。乙方心怀不轨，早撤诉不失为良策。若坚持到法律程序启动后，损失会更大。

知识讲解

一、商务谈判合同履行概述

谈判的最终目的是为了达成协议，签订合同。但是，签订了协议并不等于谈判的终结。合同的签订、履行、变更与解除都与谈判有着直接、密切的关系。谈判的准备工作如何，谈判进行得顺利与否，都会影响合同的签订和履行。反过来，合同的履行状况也反映了谈判工作情况及谈判中的问题，影响谈判的最后完成。

合同的履行指的是合同规定义务的执行。任何合同规定义务的执行，都是合同的履行行为；相应地，凡是不执行合同规定义务的行为，都是合同的不履行。因此，合同的履行，表现为当事人执行合同义务的行为。当合同义务执行完毕时，合同也就履行完毕。执行合同义务的当事人，一般情况下是合同双方当事人，但在特殊情况下也可以是当事人以外的第三人。执行合同义务的行为一般情况下都表现为当事人的积极行为，如执行合同规定的交付、完成合同规定的工作等。但在特殊情况下，消极地不作为也是合同的履行，如保密义务的执行。执行合同的义务，按合同订立的要求，须是全部合同义务都应执行，这是合同的完全履行。具体可从以下几个方面认识和理解商务谈判合同履行。

商务谈判合同履行是谈判方实施合同的行为。谈判双方或多方谈判的最终目的不是为了订立合同，而是要实施合同，购买或销售多少标的物必须在合同实施后才是有效的。

合同履行是当事人全面、适当完成合同义务的行为。只有当事人双方或多方按照合同的约定或法律的规定，全面正确地完成各自承担的义务，才能使合同债权得以实现，也才能使合同法律关系终止。

合同履行是整个实施合同过程中的行为。当事人完成合同义务的整个行为过程，不仅包括当事人的依约交付行为，而且还包括当事人为完成最终交付行为所实施的一系列准备行为。合同签订方应在合同签订后，立即做好准备履约的工作，如卖方安排生产、组织货源等，买方准备货款、联系仓库等。

（一）慎重地对待合同的签订

合同是交易双方为明确各自的权利和义务，以书面形式将其确定下来的协议，具有法律效力。就是说，合同一经双方签订，就成为约束双方的法律性文件，双方必须履行合同规定的各自应尽的义务，否则就必须承担法律责任。合同还是仲裁机关处理矛盾纠纷的依据。因此，在谈判中，必须十分重视合同的签约，不仅要严肃、认真地讨论合同的每一条款，还要慎重地对待合同签订的最后阶段。因为在合同的敲定阶段，每一个漏洞都可能影响合同的实际履行，造成无可挽回的损失。

（二）签订合同应注意的事项

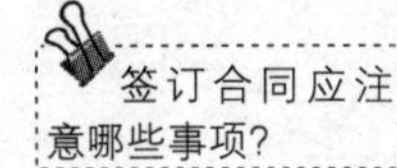

从实际情况来看，在谈判中签订合同应注意以下几个方面的问题。

1. 合同文本的起草

当谈判双方就交易的主要条款达成一致意见后，就进入合同签约阶段。这涉及合同文本由哪一方来起草。一般来讲，文本的起草很重要，它关系到哪一方掌握谈判的主动权。因为口头上商议的东西要形成文字，还有一个过程，有时，仅仅是一字之差，意思则有很大区别。起草一方的主动权在于可以根据双方协商的内容，认真考虑写入合同中的每一条款，斟酌选用对己方有利的措辞，安排条款的顺序或解释有关条款，而对方对此则毫无思想准备。有些时候，即使认真审议了合同中的各项条款，但由于文化上的差异，对词意的理解也会不同，难以发现于己不利之处。特别是在涉外谈判中，我方应重视合同文本的起草，尽量争取起草合同文本，如果做不到这一点，也要与对方共同起草合同文本。但现在我们的一些涉外谈判，往往是由外商一开始就提出一份完整的合同文本，迫使我方按照合同文本的内容讨论每项条款，这种做法会使我方在谈判中处于极为被动的地位。一方面由于思想准备不足，容易让对方塞进一些对我不利的条款或遗漏一些对方必须承担义务的条款；另一方面，按一方事先拟好的合同文本进行谈判，极大地限制了我方谈判策略和技巧的发挥，并且我方很难对合同进行比较大的修改和补充，甚至有的只是在对方的合同上签字。

另外，如果以外文文本作基础，对我方也有诸多不利，不仅要在翻译内容上反复推敲，弄清外文的基本含义，还要考虑法律上的意义、一些约定俗成的用法，包括外文的一词多义，弄不好就会造成麻烦，出现意想不到的问题。

相关案例链接

周恩来要求专家弄清 viability 一词的确切含义

20 世纪 70 年代初，美国总统国家安全事务副助理亚历山大·黑格率团来华，为尼克松总统的访问打前站时，我方发现对方的公告草稿中出现了这样的字句：美国政府关心中国人民的生存能力(viability)。周恩来立刻要求我国有关部门的专家们进行查阅，以弄清 viability 一词的确切含义。经反复研究 viability 的词意是"生存能力"，尤指"胎儿或婴儿的生存能力"。在第二天的谈判中，周恩来严肃地指出：中国是一个独立的主权国家，不需要美国政府来关心其"生存能力"。我们欢迎尼克松总统来我国访问，但不能使用这样对中国人侮辱的字眼。一番义正词严的讲话，既捍卫了祖国的尊严，又增加了对方对周恩来的敬佩之情。

起草合同的文本，需要做许多工作，这可以同谈判的准备工作结合起来。例如，在拟订谈判计划时所确定的谈判要点，实际上就是合同的主要条款。起草合同文本，不仅要提出双方协商的合同条款，以及双方应承担的责任、义务，而且我方还要对所提出的条款进行全面细致的讨论和研究，明确哪些条款不能让步，哪些条款可做适当让步，让步到什么程度。这样，当双方就合同的草稿进行实质性谈判时，我们就掌握了主动权。

2. 明确合同双方当事人的签约资格

由于合同是具有法律效力的法律文件，因此，签订合同的双方都必须具有签约资格，否则即使签订了合同，也是无效的合同。在签约时要调查对方的资信情况，应该要求当事人提供有关法律文件，证明其合法资格。一般来讲，对于重要的谈判，签约人应是董事长或总经理。有时，虽就具体业务进行谈判，出面签约的不是上述人员，但也要检查签约人的资格。如了解对方提交的法人开具的正式书面授权证明，常见的有授权书、委托书等，了解对方的合法身份和权限范围，以保证合同的合法性和有效性。在审查对方当事人的签约资格时，一定要严肃认真，切忌草率从事。此外，与外国公司打交道，子公司与母公司也要分开。如果与子公司打交道，不要只看母公司的信誉和资产情况，实际上母公司对子公司是不负连带责任的。也不要轻易相信对方的名片，名片不能代替证书。

3. 合同要明确规定双方应承担的义务、违约的责任

许多合同只规定双方交易的主要条款，却忽略了双方各自应尽的责任和义务，特别是违约应承担的责任，这样，无形中等于为双方解除了应负的责任，架空了合同或削减了合同的约束力。还有一种情况是，有些合同条款写得十分含糊笼统，即使是规定了双方各自的责任、义务，但如果合同条款不明确，也无法追究违约者的责任。例如，我国南方某一城市与港商签订了一个出售矿渣的合同，合同中只明确港商可以每天拉一车，时间为一个月。由于没有明确提货车的型号，结果对方拉货的车越来越大，我方明知吃亏，却也无可奈何。

在签约中，最容易出现的问题就是合同标的不详，质量条款笼统含糊和缺少索赔条款，给不义之徒造成可乘之机。如果整个合同文字含糊不清、模棱两可，后果更不堪设想，往往争议纠纷、扯皮不断，甚至遗患无穷。

相关案例链接

合同期限不明

某一合同中有这样一条："合同生效后不得超过45天，乙方应向甲方缴纳××万美元的履约保证金……超过两个月如未能如期缴纳，则合同自动失效。"这里的"两个月"，究竟从哪一天开始算起，是合同生效之日开始算起还是合同生效45天以后算起，写得不明确。此外，对合同中的一些关键词句，一定要谨慎推敲，不能含糊迁就，有时仅一字之差，却"失之千里"。

《履约保证书》的内容确定

福建省某企业在与外商谈判合同履行保证书时，外商要求写上"在发生受方索取损失补偿时，要先取得供方认可"。为保留或取消"认可"两字，双方展开了辩论，僵持了两天，最后我方以理服人使外商放弃了"认可"要求。如果我方同意保留"认可"这一条，则供方银行的《履约保证书》就失去了任何意义。如果供方不认可，出具《履约保证书》的银行就可以不受理受方索赔的要求，《履约保证书》只不过是一纸空文，成了骗取信任的一种形式。

4. 合同中的条款应具体详细、协调一致

合同条款太笼统也不利于合同的履行。例如,某化肥厂从新加坡引进一套化肥设备,合同中有这样一条,"某某管线采用不锈钢材料",没有具体指明管线应包括阀门、弯管、接头等。结果,在合同履行中,外方认为管线只指管子,我方则认为包括其他,但由于合同没有写明,也无从交涉,我方只能干吃哑巴亏。同时,也应注意合同中的条款不能重复,更不能前后出现矛盾。例如,我国一企业与外商签订了一份合同,在价格条款中有这样一条规定:"上述价格包括卖方装船到船舱的一切费用。"而在交货条款中却又出现了这样的规定:"买方负担装船费用的 1/2,凭卖方费用单据支付。"这种前后矛盾的现象,最容易被人钻空子。

5. 注意合同执行中的免责因素

许多就大型谈判项目所签订的合同,执行期限都比较长,在这一过程中,会发生很多意外情况,需要注意如"不可抗力"等免责条款在执行合同中的作用。

相关案例链接

"引大工程"对外招标中的免责因素

20 世纪 90 年代初,我国的"引大工程"对外招标。在这一工程中,国家投几十亿元,在几十座山中打通一条水渠,将南部的一条大河引入西北部。此工程向全世界招标,意大利一家世界著名的工程公司(简称 E 公司)中标。在施工中,E 公司向我国一公司购买了几十万吨的 12mm 线材,但他们接货后,却以我方延期交货构成违约为由,拒付几十万美元的货款。我方公司由于对交易的免责条款的法律规定不清楚,盲目与对方交涉了 3 个月未果。最后,中方公司聘请了律师与 E 公司交涉。律师了解到,我方之所以延迟一天交货,是因为发生水灾,冲毁铁路所致。证据拿到后,我方考虑各种原因,决定先与 E 公司法庭外调解。经过我方律师有力、有理、有节的一番交涉后,E 公司终于支付了全部货款。双方纠纷的根本原因就是中方不知道不可抗力在合同执行中的免责作用,既没有通知对方延迟交货的原因,也没有利用这一点去追索货款。

6. 争取在我方所在地举行合同的缔约或签字仪式

对比较重要的谈判,在双方达成协议、举行合同缔约或签字仪式时,要尽量争取在我方所在地举行。因为签约地点往往决定采取哪国法律解决合同中的纠纷问题。根据国际法的一般原则,如果合同中对出现纠纷采用哪国法律未做具体规定,一旦发生争执,法院或仲裁庭就可以根据合同缔结地国家的法律来作出判决仲裁。

(三) 合同履行的概念

合同的履行是指债务人全面地、适当地完成其合同义务,债权人的合同债权得到完全实现。如交付约定的标的物,完成约定的工作并交付工作成果,提供约定的服务等。合同的履行是债务人完成合同债务的行为,这是合同履行的起码要求。没有债务人完成债务的行为,就不会有债权人达到成立合同目的的结果。因此合同的履行应是债务人全面地、适当地完成合同债务，使债权人实现其合同债权的给付行为和给付结果的统一。因为合同关系存在的法律目的，乃是将合同债权转变成物权或与物权具有相等价值的权利，乃是债务人约定给付使债权人获得满足，获得给付结果。合同的履行不仅是合同的法律效力的主要内容，而且是整个合同法的核心。合同的成立是合同履行的前提，合同的法律效力既含有合同履行之意，又是合同履行的依据和动力所在。合同的担保是促使合同履行，保障债权实现的法律制度。合同的保全可起到间接强制债务人履行合同的作用。合同的解除是为适应变化了的主客观情况而设置的消灭合同关系的制度，虽与合同的履行对立，但在尽可能地保护当事人的合法权益这点上，两者又目标一致。违约责任既是违约补救手段，又是促使债务人履行合同的法律措施。正如有的学者所说："合同履行是其他一切合同法律制度的归宿或延伸"。

对于合同履行的概念，大陆法系和英美法系均规定为"完成合同的行为"，或"当事人实现合同内容的行为"。从合同成立的目的来看，任何当事人订立合同，都是为了能够实现合同的内容。而合同内容的实现，有赖于合同义务的执行。当合同规定的义务被执行时，就是合同当事人正在履行合同；当合同规定的全部义务都被执行完毕时，当事人订立合同的目的也就得以实现，合同也就因目的实现而消灭。因此，合同的履行是合同目的实现的根本条件，也是合同关系消灭的最正常的原因。由此可见，合同的履行是合同制度的中心内容，是合同法及其他一切制度的最终归宿或延伸。

经济协议合同的履行必须贯彻实际履行和适当履行的原则，两者缺一不可。

（四）合同履行的原则

合同履行的原则是指合同依法成立后，当事人双方在完成合同规定的义务的整个过程中所必须遵循的一般准则。一般包括实际履行原则、适当履行原则、情势变更原则、诚实信用原则等方面。

1. 实际履行原则

实际履行原则是指合同当事人必须严格按照合同规定的标的履行自己的义务，未经权利人同意，不得以其他标的代替履行或者以支付违约金和赔偿金来免除合同规定的义务。实际履行基本含义包括两个方面：一是当事人应自觉按约定的标的履行，不得任意以其他标的代替约定标的，尤其不能简单地用货币代替合同规定的实物或行为；二是当事人一方不履行或不完全履行时，首先应承担按约履行的责任，不得以偿付违约金或赔偿损失来代替合同标的履行，对方当事人有权要求其实际履行。如果允许合同债务人随意以支付违约金和赔偿损失来代替实际履行，合同的法律效力也就不存在了，商品交易的秩序也就难以维持。当然，采用实际履行原则也并非坚持一切合同都必须实际履行，双方经协商可以变更或解除合同，债权人如并不要求必须实际履行，也可以用支付违约金和赔偿损失的方法免除债务人的合同义务。在贯彻实际履行原则时，应从实际出发，根据合同的性质和债权人的实际要求确定是否必须履行。

在下列情况下，可以排除实际履行原则的适用：以特定物为标的的合同，当标的物灭失时，实际履行标的已不可能；义务人不能按期交付标的，使实际履行对权利人已不必要或还会损害权利人自己的利益；标的质量不符合合同要求，权利人放弃实际履行的请求。

在合同履行中，贯彻实际履行原则具有十分重要的意义：从根本上说，实际履行原则反映了社会化大生产的根本要求。贯彻实际履行原则，能够督促合同双方当事人积极改善经营管理，以认真、负责的态度完成合同规定的任务。使双方当事人清楚地认识到如果自己生产经营管理不善，不能履行或者不能完全履行合同时，并非只是偿付对方违约金、赔偿金就可了事，对方当事人有权要求继续履行合同。同时，也可以制止少数当事人故意违约而不履行合同的行为。如有些材料、产品紧缺，有的当事人为牟取私利，宁愿付违约金、赔偿金而不交货，从而去卖高价，因而取得的非法利益比要偿付违约金和赔偿金的总和还要多。实际履行原则也是合同本质的要求，合同具备确定性，反映双方当事人所追求的目的，将双方当事人的权利义务确实实现，则维护了市场经济平等主体之间的交易秩序，使商品流转满足当事人生产生活的实际需要，可见，实际履行原则也是我国社会主义市场经济的客观要求。

2. *适当履行原则*

适当履行原则，是合同法中所规定的合同履行应当遵守的原则之一，是指当事人按照合同规定的标的及其质量、数量，由适当的主体在适当的履行期限、履行地点以适当的方式，全面完成合同义务的履行原则。适当履行原则又称全面履行原则，在经济合同中双方当事人必须严格按照合同中约定的标的、数量、质量、价款、时间、地点、包装、运输、结算等各项条款全面正确地履行义务。全面履行原则是实际履行原则的具体化。具体来说，适当履行应当包含以下5个方面的内容：

> 适当履行应当包含哪几方面的内容？

(1) 履行的主体。一般情况下，经济合同的履行必须由合同双方当事人亲自履行；特殊情况下，依据法律规定，合同义务也可以由第三方完成，如保证合同。

(2) 履行的标的。经济合同规定的标的是什么，义务人就必须交付什么，不能用金钱代替(特殊情况除外)。

(3) 履行的数量和质量。经济合同规定的标的数量是多少，就必须履行多少；合同规定什么质量就按什么质量交付。

(4) 履行的价款或酬金。即要求经济合同当事人按照合同规定的价款或酬金支付。

(5) 履行的期限、地点、方式。必须严格按照合同规定履行，任何一方不得擅自变更，否则应视为违约，并应承担相应的法律责任。实际上，贯彻实际履行和适当履行原则，就是要求双方当事人必须严格按照协议的条款去履行。合同在履行中很容易出现纠纷，双方如果就这样的问题进行谈判就被称为索赔谈判。**索赔谈判**是在合同规定义务不能履行或不能完全履行时，合同当事双方进行的谈判。索赔谈判内容的独特性主要是指索赔条款的协商，与意向谈判、合同谈判不同，主要表现在违约的行为是什么。如产品交易的索赔，买方指责卖方产品质量不合格，双方要坐下来弄清楚产品质量是否有问题，证据是什么？是否具有可靠性，违约的责任在哪一方。确定产品质量有问题，还要明确责任在哪一方或谁负主要责任。如安装的设备发生故障，买方指责卖方产品有瑕疵，而卖方却认为是买方安装使用不当造成的，这就需要出示各种证据和原始资料，双方坐下来认真分析，确定赔偿金额。赔偿的形式和赔偿金额可参照合同规定的违约金、赔偿金，也可以根据双方合作的情况、合同执行情况协商议定。如确定赔偿金额有困难，可用第三方作仲裁。赔偿期限确定也很重要，因为很可能在赔偿过程中，情况发生重大变化，如果不确定赔偿期限，赔偿就可能无任何意义。

3. 情势变更原则

情势变更原则指合同有效成立后，因不可归责于双方当事人的原因导致作为合同基础的客观事实发生根本性变化，若继续维持合同原有效力，将有悖于诚实信用原则和公平原则时，应允许变更合同内容或者解除合同的原则。合同中往往规定因不可抗力造成合同无法履行等情形的处理办法，就是基于这一原则的考虑。谈判各方不仅要在起草和签订合同中考虑这种问题，另外在合同履行阶段也要正确处理此类问题。

在我国，学界通常认为，"情势变更须发生在合同履行完毕之前"是适用情势变更原则的条件之一。但是这种观点是值得商榷的，下面从一个案例说起。

相关案例链接

铺面永久使用权归属问题

1990 年，昆明市盘龙区商业局将其所有的昆明市盘龙百货大楼一楼两间临街商业铺面无偿提供给其下属企业盘龙区食品公司永久使用。2003 年 7 月 4 日，因企业改制，原集体所有制企业盘龙区食品公司变更为自然人出资的有限责任公司昆明乐滋滋食品有限公司。2004 年原昆明市盘龙区商业局并入昆明市盘龙区经济贸易和投资促进局。2007 年原告昆明市盘龙区经济贸易和投资促进局起诉要求被告昆明乐滋滋食品有限公司返还商业铺面。昆明市盘龙区人民法院一审认为，原告前身盘龙区商业局将诉争铺面无偿提供给被告前身盘龙区食品公司永久使用，其作出该项承诺时，被告前身盘龙区食品公司属于原告下属集体所有制企业，此后，由于企业改制，盘龙区食品公司变更为自然人出资有限责任公司，不再属于原告下属企业。由于发生该情势变更且双方均无法预计，原告承诺被告无偿使用诉争铺面的前提条件已丧失，根据公平、等价有偿和诚实信用原则，对原告要求收回诉争铺面的诉讼请求应予以支持。故该院判决被告归还原告诉争铺面。被告不服一审判决，提起上诉。昆明市中级人民法院二审认为，原盘龙区食品公司与乐滋滋公司为两个所有制性质完全不同的企业主体。在进行企业改制时，本案诉争铺面的使用权未作为资产股份投入到乐滋滋公司中，即上诉人不是该铺面的合法使用权人。而享有该铺面永久使用权的主体为盘龙区食品公司，现在该权利主体已不存在。被上诉人作为该铺面的所有权人要求上诉人返还本案诉争铺面的诉讼请求有事实和法律依据，应予支持。该院遂判决，驳回上诉，维持原判。

4. 诚实信用原则

诚实信用原则确立的是在市场经济活动中，参与交易的各方当事人所应严格遵守的一种最基本的行为准则和道德观念。它要求行为人本着真诚、真实、恪守信用的原则和精神，以善意的主观意识和行为方式正确行使自己的权利，履行自己的义务。《中华人民共和国合同法》颁布之前，我们通常所说的“重合同、守信用”就是这一原则的相关内容在合同关系中的体现。善意协作是诚实信用原则的基本内容。

民法中的最高原则和最高理念是什么原则?

诚实信用原则一直被看做民法中的最高原则和最高理念，普遍为法律界学者称为“帝王规则”。1986 年颁布的《中华人民共和国民法通则》就已将该原则确立为基本原则之一，司法实践中这一原则也被广泛地应用。1999 年颁布实施的《中华人民共和国合同法》不仅将诚实信用原则确立为本法的基本原则，同时还将这一原则确定为合同履行过程中的基本原则，由此可见，诚实信用原则在《中华人民共和国合同法》中的重要地位和作用。诚实信用原则已成为贯穿整个《中华人民共和国合同法》的基本理念。因此，在具体的合同业务操作中，正确理解和适用诚实信用原则，对于合同当事人恰当地履行自己的权利义务，保障己方的合法权益，以及律师处理相关的纠纷案件等都具有重要的实际指导意义。

在合同履行过程中，双方当事人不仅要全面地、实际地履行已经在合同中明确约定的己方义务，对于那些在合同中虽然未作约定，但是根据诚实信用原则，要求当事人应尽的协作义务，当事人也应该自觉地、善意地履行。这些协作义务包括：

(1) 通知义务。合同履行过程中，出现或发生涉及一方利益的重大事项时，另一方负有告知或通知对方的义务。这种通知义务内容是广泛的，也是不固定的，因合同类型的不同会有所不同。例如：合同关系中，一方对另一方因疏忽、专业知识或识别、鉴别能力限制等因素造成合同重大缺陷或明显违背其真实意志的情形，应负有善意地告知另一方的义务，不能利用对方的这些缺点，损害对方的利益；买卖合同中，对产品的使用方法、危险品的注意事项等，出卖人应负有把真实情况告知买受人的义务；租赁或出借合同中，对租赁物或出借物品的瑕疵、安全使用事项等，出租人或出借人应负有将真实情况告知承租人或借用人的义务；房地产预售合同中，发展商应负有对土地使用权的取得情况、地价款支付情况、预售许可情况等真实情况告知购房人的义务；合同履行过程中，当事人一方因不可抗力或意外事件导致给付不能时，应负有及时通知对方的义务等。

(2) 协助义务。合同履行过程中，当事人一方在履行合同义务时，需要对方提供适当的协助或给予一定方便条件的，对方应予配合。合同概念的本身就已经决定了合同双方互为协助义务的产生。这种协助义务同时要求合同的一方当事人不能故意履行其已知对合同对方不利的合同。例如：房地产买卖合同中，卖方要求买方提供相关资料、共同向房屋产权登记机关办理转移手续时，买方应予以协助；合同中约定的履行期间不明确的，依照法律规定，一方可以随时向对方履行，但应当给予对方一定的准备时间；合同履行过程中，由于主客观原因，造成合同不能履行或不能完全履行，致使一方遭受损失时，受损一方在有条件、有能力的情况下应当采取必要的措施控制损失，防止损失扩大等。

(3) 保密义务。合同履行过程中，当事人一方通过合同关系可能会了解或已经实际了解到对方的技术秘密、商业秘密等，在这种情况下，了解他人技术秘密、商业秘密的一方应负有为对方保密的义务。该等保密义务往往不因合同的终止、解除而终止或解除。

(五) 合同履行程序与违约责任

即使合同在谈判和审核中做到十分精心、周密，在细节问题上也规定得相当完善，但还是不可能包罗万象，在履行中还会出现一些无法预料的情况，因此，要本着互信、互让、互惠的精神，搞好合同履行的管理。

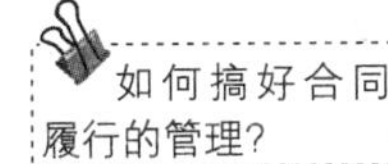

1. 合同履行的管理

(1) 建立合同履行情况的监督统计制度。对合同成立及其履行过程要有完善的统计记录，如商品贸易合同应包括合同本身主要交易条件记录，以及成交、备货、发运直至结算进程的记录，以掌握合同履行的全过程。对于重大技术引进或建设项目的合同执行过程，双方都有可能发生有意或无意的细小违约行为，项目管理机构应把每一件违约行为都记载下来，并由如对方的项目执行人签字确认，然后到一定时候从总体上予以解决。因为对于大型项目来说，如对细小的违约现象要求一笔笔及时处理，不仅事实上不可能，而且会严重影响项目的进度，使双方利益都遭受损失。当然，如在履约过程中出现影响项目质量和进度的重大问题，必须及时予以解决，不可延误时日。

(2) 建立信用证和收汇的管理制度。出口贸易的顺利履约重在及时安全收汇。建立信用证和收汇管理制度，就是要检查督促催证，复核对方来证，督促及时出运，防止信用证误期。货物出运后，要及时检查收汇情况，与银行保持密切联系，定期催索应收未收账款。

(3) 建立合同岗位责任制。为保证合同的顺利履行，要建立以合同为中心的明确责任制，防止各工作环节出现脱节和差错，如在进出口贸易合同的执行中，主要应建立起外销业务员、货源业务员、综合单证员和合同员的“四员”岗位责任制。

(4) 工程项目合同履行过程中，要加强与对方委派的工程技术专家的联系与交流。与外方签订的工程和技术合作合同，其实际履行很大程度上有赖于与对方派遣的专家和工程技术人员的合作。我们在履约过程中，要尊重对方的专家和工程技术人员，加强与他们的交流，密切相互关系，这是保证合同履行的重要条件。事实证明，一份完好的合同往往由于执行者的原因，而使纠纷不断；而一份存有不少缺陷的合同，由于执行者的互尊互让却得到圆满的履行。

2. 合同的履行程序

合同一旦订立，当事各方就必须承担各自责任义务，且不得随意变更、终止和撤销合同。如要变更、终止和撤销合同应征得对方的许可，否则应按法定程序予以解决。当事各方应按合同中规定的先后顺序履行自己的义务，如预付订金、发货等，如按规定先履行义务的一方未能履行义务，则另一方也可不再履行自己的义务。在合同执行过程中出现情况变化，知情一方应履行自己的告知义务。

3. 违约责任

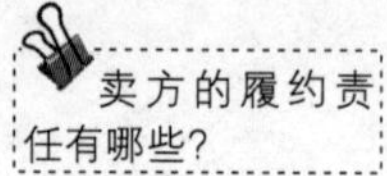
卖方的履约责任有哪些?

合同履行中买卖双方的责任内容是不同的。卖方的履约责任内容如下：

(1) 交付货物。卖方必须按照合同规定全面履行交付货物的责任。要求所交付的货物的品质、包装和数量及交付货物的方式、地点和时间必须符合合同的规定，不仅要符合合同的明文规定，还要符合合同的默示条件，即合乎适用的法律和双方在合同中采用的或公认的国际惯例及双方在实践中形成的习惯做法。

(2) 移交与货物有关的单据。向买方移交单据是卖方履约的一大责任。在交易活动中，货物单据往往是买方提取货物、办理有关检验手续、缴纳有关税费、向承运人或保险公司请求属于其责任范围内的损害赔偿所必不可少的文件。卖方移交单据的时间、地点和方式应按合同规定严格执行。

(3) 转移货物所有权。卖方出售货物、收取货款，有责任把货物的所有权通过一定的程序转移给买方。转移所有权的前提是，卖方对出售的货物本身拥有完全的所有权，并保证不侵犯他人的权利。至于货物所有权于何时转移，则取决于采用何种交货方式和贸易条件。

合同履行中买卖双方的责任内容是不同的。买方的履约责任内容如下：

(1) 支付货款。支付货款是买方的最主要的责任。买方必须按合同规定的时间、地点和合同规定方式支付货款。

(2) 受领货物。根据合同规定，当卖方交付货物时买方应及时受领货物。否则如果因买方的疏忽或公然拒不受领货物而给卖方造成的经济损失，买方必须承担赔偿责任。

合同履行的其他注意事项：履行合同条款的权力与义务时一定要注意时效性，防止和规避出现违约现象。一旦签订生效，应交给合同管理部门及具体履行部门，以便按合同条款所规定的时间和款额收款或付款。

4. 加强验收手续

无论是货物贸易、服务、咨询，还是工程竣工等，均应严格验收手续，同时以书面形式保留验收资料。

在合同履行过程中供需双方均有可能造成违约，其中供方容易出现的违约行为有：①供方不能及时或不能交货；②供方所交产品属性与合同不符，或交付不合格的产品；③提前交货或多交货；④供方擅自改变运输工具或线路等。需方可能造成的违约行为有：①未及时支付预约金，或中途退货；②未能及时验收、提货，甚至是拒收货物；③逾期支付货款；④需协同履行的合同未履行自己的协同义务等。供需双方的违约视情节不同可能承担失去订金、偿付违约金、赔偿损失等责任，供方提供不合格用品造成后果的甚至可能承担刑事责任。

(六) 商务谈判合同的担保

协议的担保是保证协议的切实履行的一种法律关系。担保是指在谈判时，一方或双方请保证人或以其他的方式来保护其切实履行协议的一种形式。担保是由国家法律规定的或由双方当事人协商确定的。

商务谈判合同的担保主要有以下几种形式。

1. 保证

保证是保证人以自己的名义担保被保证人履行合同，当被保证人不履行合同或不全履行合同时，由保证人连带承担赔偿损失的责任。保证的作用，一是监督被保证人连带承担赔偿损失的责任。被保证人不履行合同或不完全履行合同时，另一方当事人有权请求保证人连带承担赔偿损失的责任，同时，有权请求被保证人继续按约履行合同。所谓连带承担赔偿损失的责任，即保证人和被保证人都负有承担赔偿另一方当事人经济损失的义务。保证人赔偿被保证人违约造成另一方当事人的经济损失后，有权向被保证人请求偿还所赔偿的损失。

2. 订金

订金是签订经济合同的一方当事人，为证明合同的成立和保证合同的完全履行，在标的物价款或酬金的数额内，预先给付对方当事人一定数额的货币。订金的作用：一是证明合同的成立。一方当事人在签订合同时，担心对方当事人悔约，而给付订金，只要对方当事人接受订金，这就是经济合同成立的法律依据；二是一种担保形式。它是在没有第三人参加的情况，双方当事人为了保证合同的切实履行而协商约定的法律关系。因此，如果接受订金一方不履行合同时，应当双倍返还订金，如果给付订金的一方履行合同，则无权请求返还订金。所以，订金既有担保作用，又可以补偿不履行合同所造成的经济损失。订金与预付款不同。订金的主要作用：一是证明合同的成立；二是保证合同的履行。而预付款却没有这样的作用，给付预付款的一方不履行合同时，在承担由此造成的经济责任后，有权请求返还预付款或抵作赔偿金、违约金；接受预付一款的一方不履行合同时，在承担经济责任后，应如数返还预付款，但无须双倍返还。

3. 留置

留置是协议担保的 种法律手段，是指由丁双方不履行合同时，当事人一方对于对方的财产采取的一种扣留措施。这种担保形式常常用于来料加工、保管和工程项目的合同关系。如加工承揽合同中，定做方把一定的原料交给承揽方加工，如果超过领取的期限仍不领取，承揽方有权将定做物变卖，所得价款在扣除报酬、保管费用之后，用定做方的名义存入银行，承揽方的这种权利，叫做留置权。

4. 违约金

违约金也是保证协议履行的一种形式。是指一方当事人不按标的履行或者不适当地履行协议时，按法律或双方约定向对方支付的金额。这是经济合同的主要担保形式。它的作用有两个方面，一是带有惩罚性质，起经济制裁作用；二是带有补偿性质，起补偿损失的作用。这里，违约一方不履行协议时，不论是否给对方造成损失，都应付给违约金。这与赔偿金有所区别，赔偿金是指给对方造成损失后支付的补偿金。

5. 抵押

抵押也属于一种担保形式。是指协议当事人一方或第三人为履行协议向对方提供的财产保证。提供抵押的一方当事人或第三人称抵押人，接受抵押财产的当事人称抵押权人。抵押人不履行协议，接受抵押人有权依法变卖抵押物，从所得价款中优先得到清偿。

二、商务谈判合同的变更和解除

谈判双方共同协商后签订的经济协议，具有法律效力，要求双方认真履行，任何一方无权单方面变更和解除合同。但是，客观情况是不断变化的，有些时候签订协议时的客观条件发生变化，实际履行协议已经变为不可能或无意义，这就要求变更和解除协议。所以，绝对不允许谈判合同的变更与解除也是不切合实际的，所以，我们要了解一下合同的变更和解除、转让及纠纷处理，以利于谈判合同的履行。

变更是指对原协议的修改和补充，即增删其条款；**解除**是指对原协议宣布无效。合同的变更和合同的解除是两个不同的概念，应予以区分。从法理上讲，两者的区别表现在：第一，合同变更是对原合同的非实质性条款作出修改和补充，并没有根本改变合同的实质内容，更不需要消灭原合同关系；而合同解除则要消灭原合同关系，且不建立新的合同关系。第二，合同的变更主要因双方的协商一致而发生，即使因产生不可抗力需要变更合同，一般认为也要经过双方协商。如果不能达成协议，也可以要求法院予以变更。合同解除可以有多种原因，协商只是其中一种方式。即使就协议本身来讲，变更和解除合同的内容也是不同的。第三，合同的解除是一种违约后的补救方式，它是在一方违约的情况下，另一方可以享有的解除合同的权利。但合同变更并非与违约补救联系在一起，一方违约以后，非违约方也并不产生变更的权利。也正因为如此，合同法第九十七条是将违约与合同解除联系在一起，而不是与合同变更联系在一起。第四，从法律后果上讲，合同变更没有消灭原合同的关系，也就不产生溯及既往的问题；而合同的解除将使合同关系消灭，因此发生溯及既往的效力。第五，由于合同的变更不与违约联系在一起，因此一般不存在损害赔偿问题；但是在一方违约的情况下，另一方不仅有权解除合同，并且有权要求赔偿损失。

1. 合同变更的特点

(1) 合同当事人需协商一致。

(2) 改变合同的内容和标的，表现为对原合同条款的修改。

(3) 其法律后果是产生新的合同关系。

2. 合同解除的特点

(1) 合同当事人需协商一致。

(2) 合同当事人应负责恢复原状。

(3) 其法律后果是具有消灭原合同的效力。

签订协议是非常严肃认真的事情，因此，修改变更和解除协议也必须严肃认真，不能草率从事，必须有法律依据，可通过一定的程序进行，不能单方面随意变更或解除，否则视为违法行为，应负法律责任。

3. 允许变更或解除协议的5种情况

什么情况下允许变更或解除协议?

(1) 协议中的一方,由于内部原因,出现了一些必须修改合同的因素,在不影响、不损害国家利益和对方利益的前提下,经双方协商同意,并通过一定的法律程序,允许变更协议。

(2) 由于签订协议时的客观条件发生变化,如协议订立所依据的国家计划的修改或取消,相应地,所订协议也可以变更或解除。

(3) 协议一方的企业或公司,由于停产、倒闭等原因,无法继续履行协议,也允许协议变更或解除。

(4) 由于不可抗力或由于一方当事人虽无过失但无法防止的外因致使合同的履行成为不必要,受害的一方可依法律规定,变更或解除合同。

(5) 由于协议一方违约,使对方受到严重损失。

一般来讲,只要具备上述情况之一者,即可变更或解除协议。但是,应当指出,如果原来参与签订协议的承办人或法人代表发生变更时,则不能作为变更或解除协议的理由。根据有关法律,法人原有的权利和义务关系不能因人员变更而消失,应由变更后的新法人来承担。

4. 谈判合同变更或解除的程序

谈判合同变更或解除,一般要经过如下程序:

(1) 当一方需要变更或解除合同时,应该以书面形式及时向对方发出变更或解除的建议。

(2) 一方变更或解除的建议须征得另一方的同意,当对方表示同意后,有关合同的变更或解除即发生效力。

(3) 变更或解除合同的建议和答复,须在双方协议期限内或有关业务主管部门规定的期限内提出和作出。

(4) 涉及国家计划产品或项目的谈判合同的变更或解除,在签订协议之前应报呈下达该计划项目的业务主管部门批准。

(5) 因变更或解除合同发生纠纷,应依据法定的解决纠纷的方式处理。

三、商务谈判合同的转让

合同依法成立后,订立合同的一方经另一方同意,可以将合同的权利、义务部分或全部转让给第三人。这是指协议主体的转让。具体地说就是协议中一方当事人由于某种原因退出原来的经济法律关系,在征得原协议当事人同意并在不变更协议内容、条款的情况下,可将原协议规定的权利、义务转让给第三者。有些特殊协议的转让还必须经过有关部门的同意。如涉及国家指令性计划的产品转让的协议,除了要事先征得原当事人的同意外,还要取得下达该计划的业务主管部门的同意,否则转让无效。此外,协议的转让还必须符合法律要求,不得违背国家的有关法令、政策,不得侵犯国家的公共利益,在转让前,还要审查第三者的权利能力和行为能力及经营范围。

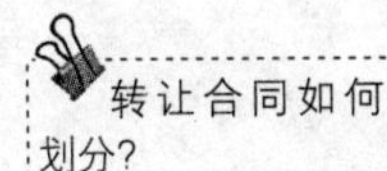

转让合同按照转让的是权利还是义务不同,可分为“债权转让、债务承担、合

同承受”3种形式,《合同法》第八十八条规定“当事人一方经另一方同意,可以将自己在合同中的权利和义务一并转让给第三人。”

1. 合同转让的法律特征

(1) 转让前的合同内容与转让后的合同内容的一致性。合同转让,只是改变履行合同权利和义务的主体,并不改变原订的合同权利和义务,转让后的权利人或义务人所享有的权利或义务仍是原合同约定的,因此,转让合同并不引起合同内容的变更,其内容应与原合同内容一致。

(2) 合同转让后形成新的合同关系人。合同转让,只是改变了原合同权利义务履行人主体,其直接结果是原合同关系的当事人之间的权利义务消失,取而代之的是转让后的新的权利义务关系人,自转让成立起,第三人代替原合同关系的一方或加入原合同成为原合同的权利义务主体;形成新的合同关系人。

(3) 合同转让改变了债权债务关系。合同转让会涉及原合同当事人之间的债权债务和转让人与受让人之间的债权债务关系,尽管合同转让是在转让人与受让人之间完成,但是合同转让必然涉及原合同当事人的利益,所以合同义务的转让应征得债权人的同意,合同权利的转让应通知原合同债务人。合同转让后,因转让合同纠纷提起的诉讼,债权人、债务人、出让人可列为第三人参与诉讼活动。

2. 合同转让的要件

必须有合法有效的合同关系存在;应当符合法律规定的程序在转让人与受让人之间达成协议;合法且不得违背社会公共利益。

合同转让要发生法律效力,必须具备以下要件:

合同转让要发生法律效力,必须具备哪些要件?

(1) 必须有合法有效的合同关系存在。合同的转让是以合同的有效存在为基本前提。在合同不存在、无效或者已经被解除等情况下所发生的转让行为是无效的。当然,对于可撤销的合同在特殊情况下也是可以转让的,例如可撤销合同在被撤销前,如果撤销权利人为让与人,即表明其已经放弃撤销权,此时合同的转让应当有效。

(2) 必须由让与人与受让人之间达成协议。合同的转让必须由让与人与受让人之间达成协议才能完成,该协议应当符合民事法律行为的有效要件。否则,该转让行为属无效或可撤销的行为。

(3) 必须符合法律规定的程序且不违背社会公共利益。由于合同转让涉及原合同当事人的利益,因而法律要求在转让合同时,应当取得原合同债权人的同意或及时通知债务人。如果不符合法律规定的这些要求,合同转让是无效的。对于法律规定应由国家批准的合同,转让合同应经原批准机关批准,否则转让行为也是无效的。另外,如果违反社会公共利益,也应当被宣布无效,有过错的当事人应当承担相应的法律责任。

3. 合同转让的类型

根据不同的标准,可以将合同的转让作出不同的划分:

(1) 合同的全部转让和部分转让。根据合同转让的范围不同,可将合同转让分为合同的全部转让与合同的部分转让。所谓合同的全部转让,是指当事人一方将其合同权利、合同义务或者合同权利义务全部转让给第三人；所谓合同部分转让，是指当事人一方将其合同权利、合同义务或者合同的权利义务部分转让给第三人。

(2) 合同权利的转让、合同义务的移转及合同权利义务的一并转让。根据合同转让的内容不同，可将合同转让分为合同权利的转让、合同义务的转让和合同权利义务的一并转让。所谓合同权利的转让，又称合同债权让与，是指当事人一方将其合同权利全部或者部分转让给第三人；所谓合同义务的转让，又称为合同债务承担，是指当事人一方将其合同义务全部或者部分转移给第三人；所谓合同权利义务的一并转让，又称合同权利义务的概括转让，是指当事人一方将其合同权利义务一并全部转让给第三人。当事人订立合同后分立的，除债权人和债务人另有约定的以外，由分立的法人或者其他组织对合同的权利和义务享有连带债权，承担连带债务。

4. 合同转让的程序

《中华人民共和国合同法》第八十条规定："债权人转让权利的，应当通知债务人。未经通知该转让对债务人不发生效力。"这一条款即是我国当前法律对债权转让制度的具体法律规定。第八十七条规定："法律、行政法规规定转让权利或者转移义务应当办理批准、登记等手续的，依照其规定。"由此可见，合同权利转让的程序如下：通知以及办理批准、登记手续。这是针对以批准、登记为生效条件的合同而言的。在转让权利时，即主体发生变更时，也必须办理相应手续转让才能生效。

合同转让后，当事人发生了变化，受让人与债务人成为当事人，而债权人退出了合同关系，成为第三人。而第三人不能干涉当事人的合同关系，所以未经受让人同意，转让通知不得撤销，债务人仍应按转让通知向受让人履行义务。所以不得撤销是为了保护受让人的利益。

四、商务谈判合同纠纷的处理

在合同履行过程中，由于一方或多方的原因，或由于不可抗力的原因，会发生条款乃至条款之间关系方面的争论，这就是谈判合同中的纠纷。发生矛盾、纠纷是不可避免的事，这不仅关系到合同当事人双方切身的经济利益，也关系到合同能否继续执行的问题。因此，一旦出现矛盾纠纷，要及时、合理地加以解决。

我国的《经济合同法》第四十八条规定："经济合同发生纠纷时，当事人应及时协商解决。协商不成时，任何一方均可向国家规定的合同管理机关申请调解或仲裁，也可以直接向人民法院起诉。"从我国经济合同纠纷处理情况来看，多数纠纷是由调解和仲裁解决的。

1. 调解

所谓**调解**，就是通过第三方的努力来帮助合同当事人各方消除纠纷。它与仲裁明显的区别是：调解不能强制执行者接受解决办法，它只能通过建议、方案或利用其威信促使执行人接受某种解决办法。要进行调解，就要有调解人。调解人既可以以一个组织身份出现，如企业主管单位或上级单位、工商行政管理部门等，也可以是一个组织中的成员，如法院的工作人员、上级主管部门的负责人、企业的经理人员等。

调解人的调解办法是通过倾听各方的意见，了解相关情况，收集有关资料，并进行客观分析，提出一个公正可行的意见，提出对双方都有利的处理办法，往往能够为纠纷的双方所接受。当然，协调人的威望也是一个重要的方面，调解人的威望越高，越能取得双方的信任，则调解的效果越好。

需要指出的是，如果调解人以组织的形式出面，则调解的形式有所不同。由合同纠纷双方提出申请，由工商行政管理出面进行调解叫做行政调解。双方一旦达成协议，当事人都应当履行。如果纠纷当事人的一方或双方向法院提出申请，要求法院依法裁决，在仲裁之前，法院进行的调解属于司法调解。如果调解有效，达成协议，就具有法律约束力，双方应坚持履行，否则，法院可强制执行。

2. 仲裁

调解失败，就可以进行仲裁或公断。这是指发生纠纷的各方，自愿将有关争议提交给仲裁部门，从而使仲裁部门作出具有一定约束力的裁决。其前提是合同中有仲裁条件或事后达成书面仲裁协议。合同写明仲裁条款或仲裁协议的作用，就在于明确规定双方发生的争议通过仲裁方法解决，不到法院起诉，仲裁机构取得争议案件的管辖权，排除了法院有关争议的管辖权。

一般国际经济交往中发生的争议都愿意通过仲裁方式去解决，它有利于保持双方的关系，避免由于进行诉讼而造成企业形象的损害，而且仲裁的手续和程序较为简便，费用和时间也比较节省。仲裁具有法律强制性。它是通过强制各方执行仲裁决定来解决合同的纠纷。

仲裁审理要求申请仲裁者要提供仲裁申请书，如谈判或合同双方当事人的名称、地址，法定代表人的姓名、职务、申请仲裁的事由和要求等。在涉外仲裁申请书中还要写明选定的仲裁员姓名或委托仲裁机构代为指定的内容。仲裁进行仲裁审理有两种方式：一种是口头审理，由仲裁机关通过双方当事人，在规定开庭的日期开庭，以口头答辩的方式，接受仲裁庭的审理。另一种是书面审理，由仲裁根据双方当事人、专家提供的书面材料，对争议的案件进行审理，不要求双方当事人出庭作口头答辩。

仲裁程序的最后阶段是裁决，它是指仲裁对争议的案件作出的决定。对于仲裁决定，涉外的是一次终局仲裁，所以仲裁机关作出的仲裁决定，立即发生法律效力，当事人应在规定期限内自动履行裁决，双方都不得向法院或其他机关提出变更的要求。否则，法院将依法强制执行。国内合同纠纷的仲裁，当事人一方不服时，可在收到仲裁决定之日起 15 日内向法院起诉，否则裁决立即生效。

在决定将争议提交仲裁时，应注意两个问题：

(1) 仲裁地点的选择。因为在哪一个国家进行仲裁，就要采用那个国家有关的规则和程序。就我国企业言，仲裁地点可以有 3 种选择：规定在中国国际贸易促进委员会对外经济贸易仲裁委员会仲裁；规定在对方所在国家进行仲裁；规定在第三国进行仲裁。在以上3种选择中，规定在我国进行仲裁当然最为有利。但是如果外方不同意，可选择公正合理且我方对其仲裁规则和程序较熟悉的第三国进行仲裁。

(2) 掌握仲裁进程，做好材料准备。仲裁机构在进行仲裁过程中先进行调查工作，然后进行审理，争议有关当事人要根据仲裁各阶段的进程，做好充分的材料准备。要收集有关争议的资料和证据，掌握争议的实质与具体情况，进行充分的分析研究，预测可能的仲裁结果；把掌握的材料和证据进行归纳整理，寻找充分的法律依据，形成"诉状"或"答辩状"，及时送交仲裁庭；当事人需在仲裁庭出庭发言时，要懂得礼仪规则，思路要明确，态度要坚定，处理要灵活；要掌握时机，观察仲裁人的态度，有利则进，不利则退，做到及时结案，既保留双方面子，又减少费用支出。

3. 诉讼处理

在商务活动中，合同双当事人在发生纠纷后，通过协商或调解都未能解决问题，其中一方向有管辖权的法院起诉，要求通过司法程序来解决双方之间的争议，即谓诉讼。诉讼必须通过严格的司法程序，需耗费较多的时间，承担相当的费用。诉讼状态下，不是通过和解解决纠纷，而是在和解过程及诉讼过程中存在谈判。这时的谈判有两种形态：一种是由非诉讼状态下进入诉讼状态的谈判，这种谈判会有一个过渡阶段或两种谈判的混合阶段；另一种是在诉讼阶段利用产生的新的谈判机会而进行的谈判，这类谈判的思考有其独特之处，组织起来也有其不同一般的谈判要求。诉讼的结果在一般情况下能强制性地解决争议，但往往导致双方关系的最终破裂，所以，企业经营者在一般情况下都不愿以诉讼方式解决双方之间的纠纷。办理合同诉讼手续时，要注意以下程序：

(1) 起诉。起诉应在合同履行地或合同签订地向管辖内法院提出，案件才能被受理。

(2) 起草诉状。诉状应写明原告、被告单位的名称、所在地、法定代理人姓名和委托代理人姓名等。在提出书面起诉状的同时，还要提供有关资料证件，包括合同的协议书、来往函电、单据及其他原始凭证。

(3) 起诉答辩。应诉一方在接到法院送达的起诉书副本后，要在规定期限内提出答辩书并提交法院。在受理诉讼过程中，法院首先本着调解原则进行司法调解。在无法进行调解的情况下，法院以事实为依据、以法律为准绳作出判决。任何一方对第一审判决不服的，可在规定期限内向上一级法院上诉。经上一级法院判决或驳回上诉的，不能再行上诉。

相关案例链接

中国企业胜诉美国政府机构第一案

2004年，中国通领科技集团生产的漏电保护断路器刚开始销往美国市场，就遭到美国同行的强烈抵制。美国百年老号500强企业莱伏顿公司先后于2004年、2005年以侵犯其558、766专利为由，分别起诉中国通领集团和美国经销商。

在起诉不久之后，对方要求和谈。在美国，美国企业莱伏顿公司要求中方每卖一个产品，给他们缴纳5～10美分的专利费，中方为减少摩擦，答应了要求后，莱伏顿公司又提出新的要求，让通领放弃已经在美国申请下来的专利权，并承认对他们造成侵权。这一要求遭到了中国通领公司的当场拒绝。莱伏顿公司技术副总裁认为，中国企业在美国打不起官司，而莱伏顿是大企业，有的是钱，一定可以用诉讼官司打垮通领。中国通领科技集团董事长陈伍胜则坚决应战，明确告诉莱伏顿方面："通领就算倾家荡产，也要坚持打官司。"

莱伏顿显然是有备而来，针对同一专利、同一诉讼请求，该公司将通领的4家经销商分别在4个不同联邦法院上诉，由此，诉讼费提高了数倍。

通领集团一开始就积极应诉，并向新墨西哥州联邦地方法院提出两项动议，要求该法院将4个案子集中在该院审理；诉讼期间不允许莱伏顿公司以任何借口再起诉通领的经销商。此举虽然遭到莱伏顿强烈反对，但该法院同意了这两项动议，通领首战告捷。

较量历时3年，2007年7月10日，新墨西哥州联邦地方法院判定通领集团等胜诉。这成为中美知识产权官司中国企业胜诉第一案。莱伏顿此时再度要求和解，提出双方以后不再互相起诉，通领答应了这一和解条件。

几十天后的8月16日，美国莱伏顿的行业同盟帕西西姆公司又以专利侵权为由，将通领集团等4家中国企业告到美国ITC。2009年3月30日，美国ITC裁定通领集团侵犯专利权，并禁止通领集团等中国制造商生产的涉案GFCI产品通过美国海关进口。

2010年8月27日，美国联邦巡回法院驳回了美国ITC"337"调查指控中国通领集团侵权的错误裁决，判定涉案的通领生产的漏电保护断路器(英文GFCI)产品不侵犯帕西西姆340专利和398专利及任何涉案专利；判令要求ITC根据本判决修改并解除对通领GFCI产品的海关有限禁止令。

2010年9月3日，莱伏顿又用558专利的"孙专利"和"曾孙专利"124号和151号专利上诉美国ITC，要求永久禁止所有侵权产品进入美国市场。

中国通领科技集团等企业立即应诉，全力以赴，积极准备资料。

2010年9月15日，在商务部公平贸易局、中国机电进出口商会等有关部门的见证下，中国通领科技集团董事长陈伍胜在北京宣布，公司依法诉讼美国联邦国际贸易委员会(ITC)取得完胜。这也创造了中国企业状告美国政府机构—ITC依法胜诉的经典案例，也是中国企业首次诉美国政府机构获得完胜。

中国机电进出口商会表示，2006～2010年美国对外发起的"337"调查，涉及中国大陆52起，通领的胜利对中国出口企业具有借鉴意义，商会也始终会与中国企业站在一起维护中国企业合法权益。通领的胜利表明我国企业知识产权意识不断增强，企业利用法律维权能力不断提高。

在案例中得到哪些启发?

大量事实说明，面对国际贸易纠纷，要积极应对，用国际贸易规则和事实维护自己的权益，不能被动认亏。

4. 索赔与理赔

买卖双方在履行合同过程中发生争议；对争议的处理往往归结为**索赔**与理赔，即交易一方认定对方违约对己方造成损害而向对方索取赔偿；被索赔的一方则对索赔的要求进行处理。在商品交易活动中，索赔和理赔涉及面广，业务技术性强需要审慎对待。

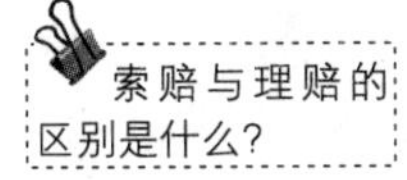

(1) 索赔与理赔的特点。双方的心情和态度：一方提出索赔要求，另一方总企图全部或部分拒绝赔偿。重点是解决分清责任和索赔与理赔的具体数量问题。方法是先搞清事实真相，再磋商具体赔偿问题。

索赔谈判的特征有以下 4 个方面：第一，以合同为唯一基础和标准。判断违约不违约、守约不守约，是以合同为唯一基础条件，合同是判定是否违约的唯一标准。第二，重视证据、违约后就要承担赔偿责任，这时就需要提供翔实的证据来使索赔成立。不同情况下需要不同的证据，如对质量问题，需要技术鉴定证书；对数量问题，要有商检的记录；有的还需要提供电传、传真、照片、录像、信件等证据。总之，"证据"是确立索赔谈判的重要法律手段。第三，重视时效。不管谈判的标的物是什么，"索赔的权力"是有期限的，过期则不负责任。如有的合同规定在"交货后几月内"、"交工后几月内"、"验收后几月内"可以索赔；有的则以地点为界，如"货物到达某地之前的问题可以索赔"等；因此在任何合同的签订时都要注意索赔期。第四，注意处理好双方关系。在索赔过程中，既要维护自己的合法权益，又要处理好双方之间的关系。对于签约人之间有着良好的往来且过去信誉一直比较好，那么对偶尔发生的索赔通过协商会容易处理。对于有些通过协商无法解决的索赔，则需要通过诉诸法院，由仲裁法庭作出法律性决定，进行"强行索赔"。

(2) 索赔与理赔的原则：实事求是原则、友好协商原则、公平合理原则、有理有节原则。

(3) 索赔与理赔的技巧：把握时机、划清责任、再行索赔、利用心理、分寸适度。

首先，把握好时机。提出索赔的一方要在规定的期限内提出索赔要求。关于索赔期限，除原合同中有特殊规定外，通常规定货物索赔期限为货物到达目的地后的 30～45 天。一超过这个期限，即使能提供充分有力的证据，对方也会拒绝受理。

划清责任在先，讨论索赔在后。在索赔谈判中，要先把合同争议搞清楚，分析原因，明确责任，在此基础上再讨论索赔问题。在处理贸易争议和索赔中，不仅要掌握对方理赔的态度和可能采取的对策，还要了解有关法律、货运、储存、检验和公证手段等情况。进出口业务的索赔还要掌握国际贸易管理方面的知识，以便掌握谈判的主动权。

要善于利用对方维护其信誉的心理。一个有声誉的企业，会希望尽快解决索赔纠纷，不愿意在这些问题上纠缠，以免事态扩大影响到企业业务的开展。索赔一方如能及时掌握这一点，就应当适时地给对方施加一些压力，如制造舆论，提出要通过仲裁和法律解决等，以求对方及早作出让步，从而获得满意的索赔结果。

分寸适度。在索赔、理赔谈判中，既要据理力争，也要表现出充分的耐心，不要急于求成，以免造成僵局。不到万不得已，不要轻易申请仲裁或诉讼，以免影响双方以后的合作。

经典案例赏析

苍山丰宝食品有限公司与日中贸易株式会社买卖合同纠纷案

中华人民共和国山东省济南市中级人民法院民事判决书(2003)济民四初字第172号

原告苍山丰宝食品有限公司，住所地山东省苍山县庄坞乡。

法定代表人简振河，该公司董事长。

委托代理人张宝峰，该公司职员。

委托代理人李宏伟，该公司法律顾问。

被告日中贸易株式会社，住所地日本国山口县下关市上新地町5丁目1番C-1105号。

法定代表人刘建军，该公司董事长。

原告苍山丰宝食品有限公司(以下简称丰宝公司)与被告日中贸易株式会社(以下简称日中贸易会社)买卖合同纠纷一案，本院于2003年9月25日受理后依法组成合议庭，于2005年4月11日公开开庭进行了审理。原告丰宝公司委托代理人张宝峰、李宏伟到庭参加诉讼。被告日中贸易会社法定代表人刘建军经本院合法传唤，无正当理由拒不到庭。本案现已审理终结。

原告丰宝公司诉称：1998年春天，我公司与日中贸易会社达成购销牛蒡、胡萝卜的协议。我公司共为日中贸易会社发送了101吨牛蒡、胡萝卜，共计货款44072.5美元。日中贸易会社共支付20000美元货款，余款24072.5美元经我公司多次催要未付。要求日中贸易会社支付货款24072.5美元及迟延履行金。

被告日中贸易会社未答辩。

经审理查明：1999年5月18日，丰宝公司向日中贸易会社发送牛蒡一批，价款为15412.5美元；1999年5月26日，丰宝公司向日中贸易会社发送牛蒡一批，价款为12900美元；1999年12月1日，丰宝公司向日中贸易会社发送牛蒡一批，价款为5450美元；2000年2月16日，丰宝公司向日中贸易会社发送牛蒡及胡萝卜一批，价款为5140美元；2000年7月11日，丰宝公司向日中贸易会社发送牛蒡一批，价款为5170美元。上述货物总价款44072.5美元。日中贸易会社共付款20000美元，尚余货款24072.5美元未付。

丰宝公司与日中贸易会社未约定付款日期。

上述事实由发货单据、发票、中国远洋货运公司出货证明、付款凭证、庭审笔录在案为证。

本院认为：日中贸易会社系境外当事人，本案存在涉外因素，属涉外案件。因原告丰宝公司系国内当事人，且在本院涉外管辖的辖区内，故本院对本案具有管辖权。本案系国际贸易纠纷，根据最密切联系的原则，应当适用中华人民共和国法律作为审理本案的准据法。

丰宝公司向日中贸易会社发出货物后，日中贸易会社收取了货物，其有义务向丰宝公司支付货款。因日中贸易会社未能按约定足额支付货款，丰宝公司有权向其主张权利。丰宝公司与日中贸易会社未约定付款日期，故日中贸易会社应自丰宝公司提起诉讼之日起支付迟延履行的违约金。丰宝公司诉讼请求符合法律规定，本院予以支持。依照《中华人民共和国民事诉讼法》第一百三十条、《中华人民共和国民法通则》第一百零六条第一款之规定，判决如下：

被告日中贸易株式会社支付原告苍山丰宝食品有限公司货款 24 072.5 美元并赔偿经济损失（自 2003 年 9 月 25 日原告提起诉讼之日至本判决生效之日按同期银行美元贷款利率计付）。

案件受理费 5 450 元，由被告日中贸易株式会社承担。因该款已由原告预交本院，故被告日中贸易株式会社在履行判决义务时一并与原告结清。

如不服本判决，原告苍山丰宝食品有限公司可在判决书送达之日起 15 日内，被告日中贸易株式会社可在判决书送达之日起 30 日内，向本院提交上诉状，并按对方当事人的人数提出副本，上诉于中华人民共和国山东省高级人民法院。

阅读并分析上述案例所获的启示?

审　判　长　刘培森
代理审判员　张　伟
代理审判员　韩　梅
书　记　员　倪　佳
二〇〇五年四月二十六日

思考与练习

姓名________ 班级________ 学号________

1. 名词解释

合同履行

索赔

诉讼

2. 单项选择

(1) 一直被看做是民法中的最高原则和最高理念的是(　　)。

A. 适当履行原则　　B. 实际履行原则

C. 情势变更原则　　D. 诚实信用原则

(2) 下列中不是合同变更特点的是(　　)。

A. 合同当事人须协商一致　　B. 其法律后果是产生新的合同关系

C. 原合同关系不变　　D. 改变合同的内容和标的,表现为对原合同条款的修改

(3) 通过第三方的努力来帮助合同当事人各方消除纠纷叫做(　　)。

A. 仲裁　　B. 调解　　C. 诉讼　　D. 协商

3. 多项选择

(1) 合同履行中买卖双方的责任内容是不同的。卖方的履约责任内容有(　　)。

A. 选择贸易条件　　B. 移交与货物有关的单据

C. 选择交付地点　　D. 转移货物所有权

E. 交付货物

(2) 合同解除的特点有(　　)。

A. 其法律后果是具有消灭原合同的效力

B. 有一定程序

C. 合同当事人需协商一致

D. 有法律依据

E. 合同当事人应负责恢复原状

(3) 索赔与理赔的技巧有(　　)。

A. 把握时机　　B. 划清责任

C. 利用心理　　D. 分寸适度

E. 再行索赔

4. 填空题

(1) 合同履行的原则一般包括是____________、____________、____________和____________等方面。

(2) 从我国经济合同纠纷处理情况来看,多数都是由____________和____________解决的。

(3) 索赔与理赔的技巧有____________、____________、____________、____________。

5. 简答题

(1) 签订合同应注意的事项有哪些?

(2) 谈判合同的变更和解除有哪些区别?

(3) 合同转让发生法律效力,必须具备的要件有哪些?

6. 实训题

合同执行问题的谈判

某美国公司向中国石家庄出口了一套电视机生产设备,经过安装后,调试的结果一直不理想,一晃时间到了圣诞节,美国专家都要回家过新年。于是生产设备均要停下来,玻璃的熔炉也要保温维护。美方人员过节是法定的,中方生产停顿是有代价的。两者无法融合。美方人员走后,中方专家自己研究技术问题,着手解决问题。经过一周的日夜奋战将问题最大的成型机调试好了,可以生产出合格玻壳了。当美方人员过完节,回到中方工厂已是三周后的事。一看工厂仓库的玻壳,十分惊讶,问"怎么回事?"当中方告诉自己已调通设备后,美方人员转而大怒,认为:"中方人员不应动设备,应该对此负责任。"并对中方对外签约的外贸公司提出严正交涉:"以后对该工厂的生产设备将不承担责任,若影响其回收货款还要索赔。"

根据以上内容分析:

(1) 如何看待美国人员的意见? 如何看中方人员自己调试设备的行为?

(2) 中方公司代表面对美方的立场会如何回答? 最终谈判结果应如何?

(3) 整个履约过程的安排是否出了问题?

项目十 商务谈判中的法律规定

本项目内容结构图

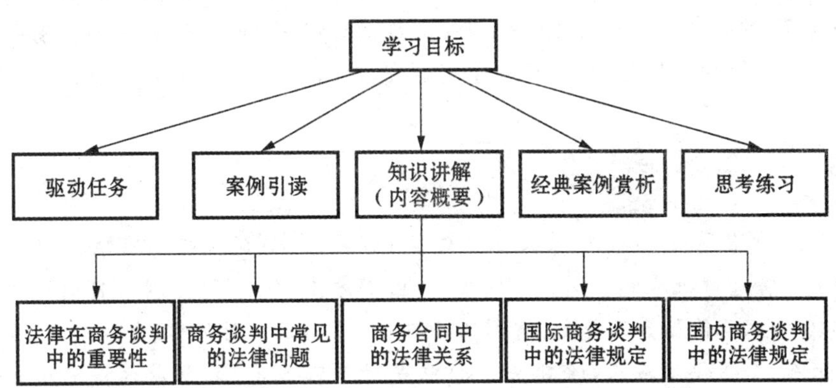

学习目标

- **知识目标**

(1) 了解法律在商务谈判中的重要性。

(2) 熟悉商务谈判中常见的法律问题。

(3) 掌握商务合同中的法律关系。

(4) 掌握国际、国内商务谈判中的法律规定。

- **能力目标**

(1) 学会识别商务谈判中出现的法律问题。

(2) 能够依法进行合同谈判和订立合同以及用法律手段解决合同纠纷。

(3) 能够灵活运用国际、国内商务谈判中的相关法律规定。

驱动任务

任务内容：根据与商务合同有关的法律规定设计解决方案

防松板与防松键之争

某年2月，某中国公司与某美国公司签订合同，向美国公司购买一台液压机。按合同规定，卖方提供的保证期是货物离港之日起18个月。但在合同保证期届满之后33个月，该液压机发生了一次大的事故，经专家分析，事故的原因是传动装置中的一块防松板因金属疲劳而断裂，使得动力不能传递而致。按美国公司随机器提供的使用手册，原设计的防松装置应是一个方块状的防松键，美国公司在制造过程中将其更换为一块较薄的防松板。事故发生后，美国公司以合同规定的保修期已过，不再负有义务为由，拒绝来自中国公司确定的事故原因索赔和修复液压机要求。中国公司只好通过自身努力将液压机修复，因此发生了数百万元人民币的费用，并且液压机的工作寿命也受到了影响。于是，中国公司委托律师事务所向美国公司提出索赔，但美国公司却以合同规定的保证期已过以及液压机质量无问题、事故是中国公司使用维护不当而致为由，拒绝谈判。

设计任务：针对上述案例资料，诊断合同中的问题所在，找出证据，提出解决方案

任务要求：按照每组4人左右的规模组成设计小组，明确分工，充分研究有关货物买卖合同有关的法律和争端解决方式，设计合理的解决方案。

案例引读

2010年3月5日，北京某工业供销公司（买方）与荷兰碧海有限公司（卖方）签订了一份进口机床的合同。合同规定：由买方在2010年12月7日前订购卖方机床100台，总价值5万美元，货到3日内全部付清。7月7日，卖方来函：因机床价格上涨，全年供不应求，除非买方同意支付6万美元，否则卖方将不交货。对此，买方表示按合同规定价格成交。买方曾经于7月7日询问另一家公司寻找替代物，但新供应商可以在12月7日前交付100台机床并要求支付价款5.6万美元。买方当即未立即补进。到12月7日，买方以当时的6.1万美元的价格向另一供应商补进100台机床。对于差价损失，买方向法院提起诉讼，要求卖方赔偿其损失。

根据案例内容为买卖双方寻找法律依据？

知识讲解

商务谈判不仅是一种经济行为，而且是一种法律行为，因而在进行商务谈判时，首先要求必须符合有关的法律规定，才能称为合法行为或有效行为，才能得到法律的承认和保护。可以说，谈判中熟练运用法律是取得成功的基本保证之一。各国法律对商务谈判的规定，有的包含在民法中，有的包含在商法中，有的还制定有专门的法规，而在实际业务中，国内商务谈判因只涉及本国的法律，情况比较简单；而国际商务谈判则会涉及两个或两个以上国家的法律，有时还会涉及某些国际公约或某些国际惯例，因而情况要复杂得多。

一、法律在商务谈判中的重要性

在今天大量的社会活动和商务活动中，要通过谈判、协商签订具有一定约束力的契约，以及各种相关文书，以确定当事人各自的权利和义务。这些文件，特别是有关承担义务和责任的关键部分，一字一句必须含义明确、概念清楚，绝不可言

语模糊、模棱两可，否则极易引起争议，后果难以预料。我国宪法规定："一切国家机关和武装力量，各政党和各社会团体、各企事业组织都必须遵守宪法和法律。一切违反宪法和法律的行为，必须予以追究。任何组织和个人都不得有超越宪法和法律的特权。"这就表明了在商务谈判中依据和运用法律的极端重要性。

为什么法律在商务谈判中十分重要?

(一) 法律能使商务谈判趋向公平与合理

法律是一个上层建筑的范畴，其与经济基础的联系最为直接，是经济基础最直接的反映。法律是由统治阶级制定的，是一定时期内以经济为基础的社会各种政治力量对比关系的产物，经济法就是社会经济关系的重要调节器，是保证社会经济秩序的安全阀。国内经济法调整和规范的是国家内部的各种经济关系和经济行为，它不仅约束国有经济与集体经济的行为，也约束私营经济的行为。一旦一方侵犯了另一方法定范围内的权利，另一方就可以依据法律规定，与对方进行交涉、谈判，以维护自身的合法权益，谈判就会在平等的条件下进行，其结果也就会公平。

国际经济法调整的是各国间经济关系以及规范国际贸易的行为，它不仅约束大国的行为，也约束小国的行为，发达国家与不发达国家、富国与穷国在法律面前都是平等的。例如，1962 年联合国大会通过了《关于自然资源永久主权的八项原则的宣言》，1974 年通过了《建立新的国际经济秩序宣言》和《各国经济权利和义务宪章》，从而把主权原则扩充到经济方面，使各国的经济主权及经济自主和独立成为新的国际经济秩序的基本原则。这就使国际法逐渐改变了过去那种强国限弱国、大国欺小国的局面，逐渐趋向平等。依据这种公认的较为公平的行为准则进行谈判，结果也会趋向平等。

(二) 法律能促使商务谈判趋向科学化

任何谈判都是在代表某一组织、集团或个人利益的谈判代表之间进行的，而各位谈判代表的个性与素质又各不相同，如"强硬型"谈判对手自信而傲慢；"不合作型"谈判对手又以自我为中心，善用谈判技巧；而"阴谋型"谈判对手有时为了满足自身的利益和欲望，常使用一些诡计来诱惑对方达成不公平的协议。在这种情况下，由于法律是把符合客观规律的、确实行之有效的制度和方法条文化并使之固定下来，规范性、强制性和稳定性是法律的基本特征之一。当谈判依据这种固定的、具有科学性的法律时，就能促使谈判摆脱那种纯粹以谈判者自身素质决定胜负，或以玩弄骗术获取成功的现象。而且，在谈判协议签订后，对不善意执行者，法律仍有控制权，凡违法的，就要受到制裁。这样，就使谈判各方必须通过法律来约束自己的言行。总之，谈判通过法律的规范和强制而摆脱了随意性，从而使其趋向科学化。

比如，在如何判定合同的有效性上，我国《民法通则》第 59 条规定，行为人对行为内容有重大误解的，一方有权请求人民法院或者仲裁机关予以变更或者撤销。其中行为人对行为的内容有重大误解，是指行为人因对行为错误认识，使行为的后果与自己的真实意思相悖，并造成较大损失。由于意思表示存在重大误解而订立的合同，有关当事人有两种选择：如果当事人请求变更，人民法院应予以变更;如果当事人请求撤销,人民法院可以酌情变更或撤销。从国际商法中可以看到,各国法律都一致认为,并不是任何意思表示的有误,都足以使当事人主张合同无效或撤销合同,因为如果这样的话,交易安全就缺乏必要的保障。但与此同时,各国法律也都承认,在某些情况下,做出允诺有误的意思表示的一方可以主张合同无效或要求撤销合同,这是为了使某些并非故意做出错误的意思表示的当事人不致承担过重的责任。

(三) 法律能促使商务谈判趋向正规化

法律作为上层建筑中最为直接反映经济基础的部分,它是人为制定的,但人并不是凭空形成法律条文的,总是在参照各种惯例和习俗的基础上形成各种法规的,其间就使有关的处理各类关系的一般通行做法从不正规变为正规。例如,贸易惯例并不是法律,并不具有法律的普遍约束力,从严格意义上讲,它还不正规。但是,当法律做出规定即"一旦当事人在合同中采用了某项惯例",它对合同双方当事人就具有了约束力时,它就变为正规条文了。谈判以该条法律为依据,这项惯例就毋庸置疑地具有了法律效力。我国《涉外经济合同法》第5条规定,对中国法律未作规定的事项,可以适用国际惯例。1980年《国际货物买卖合同公约》第9条亦规定,双方当事人应受他们业已同意的任何惯例的约束,并规定:除另有协议外,双方当事人应视为已默示同意受他们已经知道或理应知道的惯例的约束。这些条文,都使惯例转化为法规。那时,遵不遵守这些惯例,就不是当事人愿不愿意的问题,而是违不违法的问题了。

法律面前无戏言。所以,依法规范谈判,能使谈判行为乃至谈判双方之间的关系正规化。正规化之所以重要,是因为它可以减少谈判中的交易成本,节约谈判双方的时间和精力。目前,随着信息高速公路的发展,已出现了利用电子计算机及互联网进行双边贸易谈判的现象,在这种贸易双方代表并不直接见面的远距离谈判过程中,一切依法律操作就变得尤为重要。

二、商务谈判中常见的法律问题

(一) 谈判方的资格问题

所谓资格问题是指法律意义上的资格问题,即对方公司的签约能力和履约能力。法人是指拥有独立的财产、能够以自己的名义享受民事权利和承担民事义务,并且按照法定程序成立的法律实体。法人是由自然人组织起来的,它必须通过自然人才能进行活动。在当代,最常见的法人是公司,国际社会的经济活动,主要也是通过各种公司来进行的,因此,探讨谈判对手公司的签约能力是非常必要的。

根据各国公司法的规定,公司必须通过它授权的代理人才能订立合同,而且其活动范围不得超出公司章程的规定。例如,英国公司法在公司的行为能力问题上,强调公司的行为不得越权,公司的签约能力必须受公司章程的支配,不得越出公司章程规定的范围。如果公司订立的合同超出了公司章程规定的范围,即属于越权行为,这种合同在法律上是无效的。又如,在某些国家,外贸经营权是特许的，没有外贸经营权的公司就没有签订国际货物买卖合同的能力。

在考察了对方的签约能力之后，考察谈判对手的履约能力也是一项非常重要的工作。就法律意义而言，须考察对手的负债与实际资产的状况，如果资不抵债或负债率过高，就将是一个危险的信号，因为如果一个公司资不抵债，该公司就将进入破产程序。

（二）合同的效力问题

商务谈判成功的最终结果就是双方签订合同。依法订立合同是受法律保护的，无效合同与可撤销合同则会导致谈判双方的合法权益得不到法律保护，并可能导致谈判的目标功败垂成。了解合同的基本概念和各国法律是合同有效成立的要件，对于谈判人员来说非常必要。世界各国对合同的定义并不完全相同。按照《中华人民共和国民法通则》第八十五条的规定："合同是当事人之间设立、变更、终止民事关系的协议。依法成立的合同，受法律保护。"由此可见，合同具有以下 3 个特征。

合同具有哪几个特征？

(1) 合同是双方的民事法律行为，不是单方的民事法律行为。合同的签订至少要有双方当事人参加，而且双方当事人的意思表示必须一致，合同才能成立。如果双方当事人意思不一致，就不能达成协议，合同就不能成立。这是合同的基本法律特征。

(2) 订立合同的目的是为了产生某种民事法律上的效果。合同的订立包括设立、变更或者终止当事人之间的民事法律关系。例如，买卖双方通过订立买卖合同，便在双方当事人之间产生了买卖关系；如果在买卖合同订立后，双方当事人同意对原合同进行修改或通过协议终止原来的买卖合同，就变更或终止了他们之间的民事法律关系。

(3) 合同是合法行为，不是违法行为。依法订立的合同，受法律保护，而违法订立的合同在法律上是无效的。

世界各国对合同所下的定义也各有特点。在大陆法国家中，《德国民法典》运用法律行为这个抽象概念，把合同纳入法律行为的范畴，作为法律行为的一种。《德国民法典》第三百零五条规定："依法律行为设立债务关系或变更法律关系的内容者，除法律另有规定外，应依当事人之间的合同。"按照大陆法学者的解释，所谓法律行为是指当事人之间为了发生私法上的效果而进行的一种合法行为。

英美法国家对合同所下的定义与大陆法国家的定义有所不同。英美法强调合同的实质在于当事人所做的许诺，而不仅是达成协议的事实。例如，美国的《合同法重述》对合同做了如下定义："合同是一个许诺或一系列许诺，对于违反这种许诺，法律给予救济，或者法律以某种方式承认履行这种许诺可以成为合同，而且只有法律上认为有约束力的、在法律上能够强制执行的许诺，才能成为合同。"英美法认为，法律上强制执行的是当事人所做的许诺，而大陆法则认为，法律上强制执行的是当事人之间的协议或合议。

尽管各国对合同的有效成立都要求具备一定的要件，即所谓合同的有效成立要件，但各国的要求也不完全相同。综合起来看，各国对合同有效成立的要求主要有以下几项。

(1) 当事人之间必须达成协议,这种协议是通过要约与承诺达成的。

(2) 当事人必须具有订立合同的能力。

(3) 合同必须有对价或合法约因。

(4) 合同的标的和内容必须合法。

(5) 合同必须符合法律规定形式要求。

(6) 当事人的意思表示必须真实。

相关知识链接

大陆法系和英美法系

一、大陆法系

大陆法系形成于西欧,除法国和德国以外,还有许多欧洲国家,如瑞士、意大利、奥地利、比利时、卢森堡、荷兰、西班牙、葡萄牙等国也都属于大陆法体系。而随着殖民主义的扩张,各国又把自己的法律体系带到了各个殖民地,在殖民地建立了相应的法律秩序,因此,大陆法也随之向世界各地扩展。现在,除西欧外,整个拉丁美洲、非洲的大部分、中东的某些国家都属于大陆法体系。此外,日本和土耳其等国也引入了大陆法。在属于英美法体系的国家中,某些国家的个别地区,如美国的路易斯安那州和加拿大的魁北克,也属于大陆法的范围。

大陆法的一个特点是强调成文法的作用。它在结构上强调系统化、条理化、法典化和逻辑性。它所采用的方法是运用几个大的法律范畴把各种法律分门别类归纳在一起。这种结构上的特点,在法学和立法中都有所反映。

首先,大陆法各国都把全部法律分为公法和私法两大部分。这种分类法最早由罗马法学家提出。按照乌尔比安的说法:"公法是与罗马国家状况有关的法规,私法是与个人利益有关的法律。"当时,公法包括调整宗教活动和国家机关活动的法规,私法包括调整所有权、债权、家庭与继承等方面的法规。大陆法继承了罗马法的这种分类方法,并根据现代法律发展的状况,进一步把公法再细分为宪法、行政法、刑法、诉讼法和国际公法,而把私法分为民法、商法等。大陆法国家之间,尽管语言不同,但它们的法律词汇可以准确互译。只要掌握了一个大陆法国家的法律,就很容易了解其他大陆法国家的法律。

其次,大陆法各国都主张编撰法典。法国资产阶级革命胜利后,曾先后颁布了5部法典:《民法典》、《民事诉讼法典》、《商法典》、《刑法典》和《刑事诉讼法典》。其他大陆法国家也制定了类似的法典,但各国在法典编撰的体例上却不完全相同。

大陆法系和英美法系的主要区别是什么?

二、英美法系

英美法形成于英国,以后扩展到美国及其他过去曾受英国殖民统治的国家和地区,主要包括加拿大、澳大利亚、新西兰、爱尔兰、印度、巴基斯坦、马来西亚、新加坡以及中国香港地区等。南非原属大陆法体系,后被英国侵占,受英美法的影响,是大陆法与英美法的混合体。斯里兰卡也有相似情况。菲律宾原是西班牙殖民地，属大陆法系，后来随着美国势力的渗入，引进了英美普通法的因素，所以菲律宾法也是一种混合体。但是，英国的苏格兰、美国的路易斯安那州和加拿大魁北克却不是英美法体系，而属于大陆法体系。

英美法系各国不区分公法和私法两大部分，也不强调成文法的作用。英美法强调判例的作用，判例是英美法的主要渊源，成文法居于次要地位。但是，自19世纪末、20世纪初以来，英美法国家为了适应社会关系和国家活动日益复杂化的要求，国家机关立法活动大大加强，颁布了大量的法律，成文法在社会生活中的作用日渐重要。但是，成文法必须通过判例的解释才能产生效力。

（三）争端解决方式

在国际经济贸易活动中，发生争端是难免的，因此，采用何种争端解决方式就需要国际商务谈判双方事先进行仔细探讨。解决争端的方式有多种，仲裁与诉讼是当今世界各国当事人普遍选择的解决争端的基本方式。

1. 仲裁与诉讼的概念

仲裁是指发生争议的各方当事人自愿地达成协议，将他们之间发生的争议提交一定仲裁机构裁决、解决的一种办法，裁决结果对各方当事人均具有约束力。

诉讼是经济纠纷的一方当事人到法院起诉，控告另一方当事人有违约行为，要求法院给予救济或惩处另一方当事人的法律制度。法院的判决具有国家强制力。

2. 仲裁与诉讼的区别

仲裁与诉讼都是解决双方当事人经济纠纷的手段，都有着保护当事人合法权益和促进国际经济贸易发展的作用，并且，已生效的仲裁裁决和法院判决都具有法律效力，当事人必须全面履行。但仲裁与诉讼又各具特色，存在着明显的区别。

(1) 受理案件的依据不同。法院诉讼是强制管辖，而仲裁则是协议管辖。法院诉讼不需一方当事人事先得到另一方当事人的同意或双方达成诉讼协议，只要一方当事人向有管辖权的法院起诉，法院就可依法受理所争议的案件，另一方则必须应诉；仲裁机构必须依据当事人之间达成的仲裁协议和双方的申请受理案件，仲裁机构的管辖来自于双方当事人的自愿和授权。这是仲裁与诉讼的根本区别。

(2) 审理案件的组织人员不同。在法院诉讼的当事人不能选定审判员，应由法院依职权指定法官或组成合议庭审理案件；仲裁的双方当事人有权各自指定一名仲裁员，再共同指定或由仲裁委员会主席指定一名首席仲裁员组成仲裁庭审理案件。

(3) 审理案件的方式不同。法院审理案件一般是公开的；仲裁庭审理案件一般是不公开进行的，案情不公开，裁决也不公开，开庭时没有旁听，审理中仲裁庭或仲裁机构的秘书处不接受任何人采访。

(4) 处理结果不同。我国法院是两审终审制，一方当事人对法院判决不服的可以上诉；仲裁裁决是终局性的，不能上诉，也不允许再向任何机构提出变更裁决的要求，败诉方如果不自动执行裁决，胜诉方可以向法院申请强制执行。

(5) 受理案件机构的性质不同。受理诉讼案件的机构是法院，受理仲裁案件机构的一般是民间性质的社会团体。

(6) 处理结果境外执行的不同。法院受理诉讼做出的判决要到境外执行时，须根据作出判决的所在地国与申请执行的所在地国之间签订的司法协助条约或者互惠原则去处理；仲裁机构所做出仲裁裁决要到境外执行时，如果做出裁决的所在地国与申请执行的所在地国均为 1958 年联合国《承认及执行外国仲裁裁决公约》的成员国，则当事人可以向执行国主管法院提出承认及执行申请；不是该公约成员国的，则须根据司法协助条约或者互惠原则处理。

3. 仲裁协议的概念

仲裁协议是指合同当事人在合同中订立的仲裁条款，或者以其他方式达成的争议提交仲裁的书面协议。仲裁协议有 3 种类型：第一种是当事人在争议发生之前订立的，表示愿意将他们之间今后可能发生的争议提交仲裁解决的协议，它是合同的一个不可分割的部分，这种协议通常在合同中写明，称为仲裁条款；第二种是当事人在争议发生之后达成将争议提交仲裁裁决的协议，这是狭义的仲裁协议；第三种是当事人往来函电及其他有关文件中关于将争议提交仲裁的特别约定。

4. 涉外仲裁协议的内容

涉外仲裁协议一般包括以下内容：

(1) 仲裁意愿。它是当事人一致同意将争议交付仲裁的意思表示。

(2) 仲裁事项。它是指提交仲裁的争议范围，一般应写明：凡因执行本合同或与本合同有关的一切争议，均应提交某种仲裁机构解决。仲裁庭根据仲裁事项写明的争议范围有权进行审理，超出范围的无权审理。如果对超出部分进行审理，其裁决无法律效力。

(3) 仲裁地点。它是仲裁协议中的主要内容，与仲裁所适用的程序法和实体法有密切的关系，应写明在哪个国家、哪个城市进行仲裁。一般来说，当事人对自己所在国家的法律和仲裁程序比较了解，而对外国的做法缺乏了解和信任，因此，当事各方均力争在本国进行仲裁，如果争取不到在本国仲裁时，也可以选择在被告国或第三国仲裁。

(4) 仲裁机构。它是指受理案件并做出裁决的机构。国际上有常设仲裁机构和临时仲裁庭两种。如果约定在常设仲裁机构仲裁，应写明该机构的名称。常设仲裁机构除了有详细、具体的仲裁规则便于仲裁时照章行事之外，还可提供仲裁的行政管理、组织工作和各方面的服务，优于临时仲裁庭。临时仲裁庭只是在仲裁地点无常设仲裁机构或没有临时仲裁条款或所签订的是临时仲裁协议的情况下，为进行仲裁而临时组成的仲裁庭。如果约定由临时仲裁庭仲裁，则应写明组成仲裁庭的人数和如何指定仲裁员及采用的仲裁规则等。

一般来说，在仲裁中，选用常设的仲裁机构比选择临时仲裁庭更为方便。

(5) 仲裁程序规则。它是进行仲裁的准则。仲裁申请、指定仲裁员、组成仲裁庭、审理、裁决和收取仲裁费都在仲裁程序规则中做出具体的规定，供当事人和仲裁员参照执行。各国常设仲裁机构都制定了自己的仲裁程序规则，订立仲裁协议时就应写明按协议约定在哪个常设仲裁机构仲裁，应按其仲裁程序规则进行仲裁。但是，有些国家也允许双方当事人自由选用他们认为合适的仲裁规则。例如，在瑞典进行仲裁时，双方当事人可以不采用瑞典的仲裁程序规则，而选用其他国家的仲裁规则。

(6) 仲裁裁决的效力。它主要是指裁决是否具有终局性，是否对双方具有约束力。我国法律规定，经我国涉外仲裁机构做出的裁决，当事人不得向法院上诉。

相关知识链接

WTO的争端解决机制

WTO争端解决机制共有6个程序：①磋商程序。贸易争端发生后，当事成员方政府就此问题进行贸易谈判，达成一致意见。②斡旋、调解和调停程序。如果谈判没有达成共识，争端各方选择中立第三方(如世界贸易组织总干事)在世界贸易组织框架内进行斡旋、调解和调停。③专家组程序。调解无效的情况下，成立专家组提出调查处理办法。④上诉程序。WTO争端解决机制中有一个7个人组成的常设上诉小组，专家组的工作报告出来后，争端一方如有不同看法，可以上诉重新进行审议。⑤执行程序。WTO规定已通过的专家组和上诉机构报告，有法律效力，并具有报复性惩罚措施，当事方应予以执行。⑥仲裁保育。若一方仍然反对，可以提请仲裁。

三、商务合同中的法律关系

商务合同法律关系决定了合同执行的质量，内在的法律规定约束着双方的权利和义务，体现了当事人的预期利益，是合同双方利益的保障。法律关系具体从合同的对象、采购的价格等几方面做出界定，同时，具体区别了定金、保证、抵押、留置等条款要求。

(一) 商务合同中的法律关系

商务合同法律关系是由主体、内容、客体3个要素组成的。

商务合同的主体又称为合同的当事人，包括出卖人和买受人。其中，依约定应交付标的物并转移标的物所有权的一方成为出卖人；应支付价款的一方成为买受人。

关于商务合同关系的客体的内涵，在民法学界有人认为其内涵是物，有人认为其内涵是行为。采购合同中的法律关系就是指采购合同中双方当事人享有的经济权利和承担的经济义务。**经济权利**是指商务合同的双方当事人在法定范围内享有的能够根据自己的意愿为一定的购买行为和不为一定的购买行为的资格。它表现为当事人在商务合同中实现其意志或利益的可能性。具体表现为购买什么、购买多少、定什么价格、在什么时间、在什么地方购买等问题。

经济义务是指商务合同中规定的双方当事人在法定范围内，必须为一定的购买行为和不为一定的购买行为所负的责任。具体表现为当事人在商务合同中为满足经济权利体的要求而履行某种经济义务的必要性，具体表现为何时、何地、何种方式向对方付货款等问题

(二) 商务合同中法律关系的特点

1. 商务合同体现了任意性

商务合同属于商品交换的法律形式，是法律所鼓励的合法行为，只有当合法的交易行为得以充分进行时，商品经济才能得到繁荣和发展。所以合同法借助于大量的任意规范，充分尊重当事人的意志，鼓励当事人在法律规定的范围内的任意行为。只要当事人的商务合同不违反法律和政策，法律就承认其效力。

2. 商务合同体现了当事人的期待利益

合同法以损害赔偿责任达到保护受害人的目的。合同法保护的是当事人的依据商务合同所产生的权利，这是一种在特定当事人之间所发生的相对权，从经济利益上考虑，目的是在保护当事人的权利。

3. 商务合同体现了创造利润的功能

商务合同创造财富的功能主要表现在，根据合同法，保护当事人的意志，约束双方的行为，实现当事人预期利益。

(三) 合同文本谈判

合同文本谈判，是指商业交易条件形成后的法律鉴证文字谈判。合同文本既有法律的原则约束，又有谈判者的主观能动作用。其主要表现形式为合同正文和合同附件。

1. 合同正文的结构

合同正文的结构，即通常所讲的合同条文或合同条款的构成。每一笔交易都有相应的合同条款来反映，条款或多或少，绝非随意而为，而有其内在规则：该多的条款不能少，该少的条款不必多。

(1) 合同条款的分类。合同条款可以分为基本条款和补充条款。基本条款包括商品名称、品质规格、数量、价格条件、包装、交货条件和付款条件，补充条款包括保险、检验、索赔、不可抗力、仲裁条款等。

(2) 合同正文条款的组合原则。

一是量体裁衣原则。书写合同正文，犹如给人裁衣，应先量体而后裁制，否则，缝制不出合体的衣着，也写不出合适的合同正文。若将简单的交易以复杂的合同体现，犹如小孩着成人装；若将复杂的交易以简单的合同体现，又如大人着童装。二者既可笑，又不达目的。

量体裁衣原则包括两层意思：第一，结构分量。以货物交易与技术交易为例，单一的商品交易合同在结构上可能为轻型，合同条款也许 10 余条就足以说明双方的责权问题。而技术交易则可能涉及硬件软件，条款使用量必然很大，否则说不清交易各方的权利和义务。第二，用语分寸。用语分寸首先是指各条款的命名要贴切，能够准确地反映交易性质；其次是指各条款的用语量要合适，能够准确反映交易内容。总之，说明了交易内容即可，不要过于迷恋于文字游戏，否则会使主

题内容模糊不清。

二是纲举目张原则。是指合同条款组合应从纲抓起，并以此带出分条目的书写原则。合同条款的“纲”为基本条款，“目”为补充条款。这一原则反映了合同正文撰写中的次序规则和主从规则。

第一，次序规则。即在思考和撰写合同正文时，应首先将合同的基本条款提炼出来。所谓“提炼”，是指针对各种不同的交易使基础的条款具有活力和变化性。例如，合同品质条款，在商品交易中可以表述为产品规格条款，而在许可证技术交易中又可表述为许可证条款。基本条款定位后，补充条款就好办了。

第二，主从规则。即在合同正文的思考上应遵循基本条款是主导地位条款，补充条款是为其服务或随其演变的从属地位条款的原则。例如，上例中品质条款的命名发生变化后，补充条款应与之呼应。

2. 合同正文的谈判组织

在合同正文谈判的组织实施过程中，应遵循语意一致、前后呼应、公正实用、随谈随写等原则。

(1) **语意一致原则**。这是指双方使用的语言与所想表达的意愿应完全一致的原则。不同国籍不同文化背景的谈判者谈判时，这一点尤为重要。为了实现这一原则，必须遵守以下几条规则：①共识规则。是指不同文化背景的谈判者必须放弃各自的独特性而取双方能够达成共识或能准确表明双方意愿的字句。按此规则，在合同条文中不得采用诸如土语及其他不同文字之间无法绝对准确对应的描述性用词。例如，法文“Sejour”一词，在描述专家费用时就易引起误会，因为中文译为“逗留”。如规定逗留费用由中方负责，那么该包括哪些内容呢？法国人会说：“在中国期间所发生的所有费用。”这将包括吃、住、行以及相关延伸费用。显然该词不合中国的习惯，双方可按“共识规则”放弃该词，改换另一种双方认可的表达方式。②简明规则。是指合同文字造句过程中应坚持简单、达意，应避免法律式的造句，避免多定语的句型。以简单句型表达明确无误的意愿，即便是复杂内涵，也可以分解方式依层次表述。③用词一致规则。在合同正文描述中，用词较多，词义对双方来讲应该一致。当合同中多处使用同一单词时，它代表的词意应相同。词义在不同的行为上应予以区别，因为文字丰富而将同一行为以不同单词予以表述时，切记注意同义词中的相异性，慎防双方在执行合同时造成误会。例如，“验收”与“检验”，分阶段的检查称为检验，最后的检查称为验收，验收中有多个检验行为。这些词意常常引起误会，双方理解词义不同造成的纠纷时而有之。为了减少不必要的麻烦，常常需要共同设定一个条款专门对合同中的用词进行定义。

(2) **前后呼应原则**。这是指合同正文各条款之间或构成合同的各文件之间应相互呼应，浑然一体。呼应的主要是本质条件，应有一致的规定，各条文之间有互补作用，在组织谈判时协调进行。①条件一致性规则。在合同文本中各条款与各文件之间对同一事物的规定应该一致，以避免合同内容混乱，甚至失效。例如，合同正文对验收条件明确规定：“一次验收不合格，可进行第二次验收。第二次验收时，若责任在卖方，则一切费用由卖方承担。”而技术附件中不可规定：“一次验收不合格时，可进行第二次验收。第二次验收时，若责任在卖方，则买方不支付卖方技术指导费。”这样两个规定出现了“一切费用”和“技术指导费”，形成差异，造成混乱。②互补规则。即在合同条文谈判时各条文和各文件之间的内容互相补充，互相引证。例如，数字条件不能代表全部交易条件时，文字条件的规定予以补充。又如，合同的罚款计算公式，可在合同正文中描述，也可作引证“见合同附件”。应当注意的是，作为互补的引证形式出现时，必须有完备的相互引证规定。

否则，相互引证不仅不能落实，反而成了谈判中的漏洞。

(3) **公正实用原则**。这是指合同条文本质内容规定的义务，对合同项下交易来说是客观的，对交易双方来说是平等的，其履约是可行的。公正实用原则表现为合法性和均衡性。①合法性。在合同正文的谈判中，一切条文的本质精神都应符合合同项下交易的行业和国际公认的习惯或相关法律精神，以及交易各方所在国的有关法律规定。否则，在某一方看来是十分漂亮的合同，只不过是一纸空文，双方的谈判也会成为无效劳动。至于制约合同交易的习惯、法律等具体内容，因交易物、交易对象不同，难以一一罗列，谈判者应事先调查研究。但所有关于公众卫生、道德水准、国家安全、伪造、走私、逃税等条文，都会受到执法人的关注，谈判者也应引起警惕，决不可因小失大。②均衡性。是指合同条文从整体形式到实质的义务规定，对交易双方是对等的，反映的是文字对等与条件的对等，其中条件对等是关键，文字对等既反映在整体条文的结构上，也反映在各条款的写法上。

(4) **随谈随写原则**。这是指合同文本谈判中，必须坚持随着谈判议题的完成将结果写成文章，纳入条文之中的做法。该原则反映在以下两个方面：①口头协议变文字协议。谈判合同条文从表意开始，多为口头来口头往，有时双方表意上似乎达成一致，但不等于真正的协议，只有在文字上也表述出相同意思，才可称为达成协议。这一规则从以文字为准的经商习惯看，已无可争议，但做起来并不简单。首先，口头上的协议理解不走样，准确表述双方立场，力争口头上的意见成为真正协议；其次，从口头转到文字时，文字表述要准确翻译口头协议，不应因造句、选词而使口头协议的意思曲解；最后，在口头与文字转换过程中，严防反悔口头协议的内容。②文字完成及时。合同条文谈判结果变成文字时，常常遇到内容、用词、表述方式3个方面的问题。因此，要求合同条文的谈判及时完成文字工作，以减少误会。最及时的方式是“文字来文字往”的谈判方式，具体地，合同条文谈判时必须以文字草案为依据，逐条讨论，逐条修改。修改时，应以文字提出方案，讨论时以文字提案为据，结束谈判时，文稿也随之完成。各方所拥有的成稿均具有一致的文字表述。

3. 合同附件的谈判

合同附件是合同不可分割的组成部分，与合同正文具有同等的法律效力。在书写格式上，是合同正文的转文；在合同义务上，是正文描述义务的补充；在构建的复杂程度上，与合同正文成反比，合同正文越复杂，合同附件就越简单；反之，合同正文越简单，合同附件就越复杂。

(1) 合同附件的构成。合同附件不是孤立、随意的,而是依附合同正文而存在。合同附件源自正文,应正文需要而产生,这一特性决定了合同附件的种类,也决定了合同附件的构成。①技术附件。技术附件是合同附件的主体,包括技术指标(有时称产品规格、经济技术指标)、技术资料(有时称资料清单)、供货清单、技术服务(有时分为技术指导和技术培训)、交付进度(有时称工程进度)、联合设计、联合制造部分设备、选用当地原材料、验收方法等技术性的合同附件。②政策性附件。政策性附件多为政府出面带有外交色彩的文件,有时独立于合同之外,有时插入合同附件之中,不论其以何种形式存在,在合同正文中均已指定其为合同不可分割的一部分,故仍具有合同附件的效应。该类附件的名称多为"××的谅解备忘录"、"关于××的协议书",处理的都是敏感性的问题,属绝密文件。③金融性附件。金融性附件有银行出面谈判的合同项下的"信贷协议",有双方认可的"保函格式"。

合同附件的构成有哪几种?

除以上 3 类附件外,有时还有文辞方面的附件,如术语解释、缩写表等。

需要注意的是,如果合同中存在附件,那么合同正文开宗明义的第一任务就是许诺附件存在。这种许诺提出了一个谈判新目标,即建立合同附件。合同正文既已提出了目标,附件就处在合同责任的高度了,否则,谈判任务就不能算完成。

(2) 合同附件的谈判原则。①运用行业习惯。谈判者无论多么机敏,也无法改变行业中已经形成的认识与做法,即为具有该行业知识的人所承认的具有一定真理性的习惯。例如,继电器是否要做硫化试验、防盐雾试验。这不是卖方主观是否愿意的问题,而是元件行业对应用于环境苛刻的产品的普遍要求。又如产品的合格率,尽管卖方会有意保护自己,但行业标准告诉我们,若产品合格率低于某数则视为不正常。②与合同挂钩。行业习惯的原则会使不少纠纷得以解决,但仍应与合同条文结合处理。这是因为:通过商务人员、法律人员的谈判,支援技术人员的谈判;通过技术附件和合同条款的联合谈判,使双方条件得以平等和均衡。③合同价格条件挂钩。由于技术附件文字所能同意的条件均可给出一定的价值,在谈判遇到分歧时,常可在合同价格谈判中再次审议,以价格筹码来调整附件文字条件。例如,技术水平高低、设备性能优劣、供货数量、服务周到与否,均可用价值观念来平衡供求矛盾。这种与价格挂钩的谈判组织方法,对解决技术附件的谈判分歧很有效。

四、国际商务谈判中的法律规定

(一) 国际商务谈判中的法律原则

国际商务谈判中可以运用的法律原则分为两个层次:第一层是处理国际关系的一般准则,这些准则恰似一道普照的光,把国际一切交往置于它的光芒之下;第二层是处理国际商务贸易关系的一般原则,它是具体操作的原则。

1. 处理国际关系的一般准则

处理国际关系的一般准则包括《联合国宪章》原则与和平共处五项原则。《联合国宪章》是联合国文件,它确认、固定和发展公认的国际法基本原则,因而是国际法的一项重要文献。它给联合国及其会员国规定的法律义务、行动方针及必须遵循的行为准则,已经成为国际上通行的行为规范。因此,也成为谈判遵守的法律规范。它的基本原则包括:会员国主权平等原则、和平解决国际争端原则、不干涉别国内政原则、真诚地履行宪章义务原则。和平共处五项原则(互相尊重主权和领土完整、互不侵犯、互不干涉内政、平等互利、和平共处)是中国与印度、缅甸在20世纪50年代前期共同倡导的,后被世界上许多国家接受,成为处理不同社会和政治制度的国家之间相互关系的基本原则。这五项原则是当今国际法基本原则的核心,其宗旨与联合国宪章相一致,即维护国际和平与安全,促进国际合作,发展各国间的友好关系。

人们往往把上述两类原则看成是政治谈判的原则,是政治上处理国际关系与国际事务的准则。其实,政治是经济的集中表现,这些原则也是国际间商务谈判的重要准则和依据。近代商贸关系中曾出现过的为了争夺殖民地或弱小国家的地理资源与人力资源,倾销宗主国剩余商品的"强权谈判",随着这些原则的诞生而受到遏制。这些法律和法规在国际上的普遍执行,使国与国之间、民族与民族之间和平的、平等互利的商贸关系得以发展。

除上述《联合国宪章》与和平共处五项原则之外,在国际经济关系方面,由上述法律原则扩展出来的、处理国与国之间经济方面事务的原则还有国家主权和自然资源永久性原则、公平互利共谋发展原则等。

相关案例链接

韩美牛肉风波

2003年,因美国爆发疯牛病,韩国宣布禁止进口美国牛肉。2008年4月,为推动韩美签署自由贸易协定;韩美达成放宽进口美国牛肉的协议。这一协议在韩国遭到强烈抗议和抵制,6月10日,约100万韩国人在首尔街头集会,抗议政府进口美国牛肉。19日,韩国总统李明博向韩国国民道歉。韩美"牛肉风波"是传统的经济民族主义与全球自由贸易发展趋势之间的一次强烈碰撞和较量。韩国经济研究院的分析报告显示,"牛肉风波"不仅给韩美两国带来了严重的政治危机,同时带来了高达25亿美元的经济损失。

2. 涉外商务谈判的法律原则

这是把上述国际相互交往的一般法律原则在中国企业或商贸组织的涉外商务谈判中的具体化。在各种各样的涉外商务谈判中,《中华人民共和国涉外经济合同法》以及近年颁布的独资企业、三资企业在华经营的有关条例,是对涉外商务的基本法要求。

(1) 遵守国家法律,维护国家主权。这是对涉外商务谈判的基本要求。按照这一要求,所有涉外商务谈判以及通过谈判所订立的合同,必须遵守中华人民共和国法律,并不损害中华人民共和国的社会公共利益。只有在这个前提下进行谈判签订的合同,才能得到法律的保护,也才能实现中外双方当事人所预期达到的经济效果；反之则无效，还可能受到法律的制裁。

结合我国现实实际情况看，在涉外商务谈判中，不能不防止和警惕一些人为了本企业或本地区以至某些实权人物的利益，而不顾国格、人格，在谈判及合同的签订中，一味迁就外商，不仅不维护国家主权，甚至损害国家利益。因此，必须强调在涉外商务谈判中应做到三不：①不撇开法规就项目谈项目，就合同谈合同；②不超越法定权限确定合同中的义务权利，代替国家立法机关、行政机关做超越权限的承诺；③不以感激、友好、谅解等作为谈判签订合同的指导思想，甚至用其作为合同条款的内容。"三不"的基本精神，就是要遵纪守法，依法行商。政策和法规犹如一张精心编织的网，把合同的各环节恰到好处地概括起来。因此只有把我国现行法规作为涉外谈判的依据，才能有效维护国家主权。从政府颁发的法令来看，主要有5类政策性的法令规定，即国别政策、产品政策、外汇管理、税收政策与商检法令。如果不顾上述5类政策性法令去就项目谈项目，在其中任何一项上的疏忽都会损害国家的经济主权，给国家造成巨大损失。

(2) 平等互利，民主协商。涉外商务谈判，涉及中外双方当事人的权益，不论双方当事人所在国的政治经济制度与我方有何不同，经济实力有何强弱之分，双方在谈判中以及在谈判合同签订中的法律地位都是平等的，双方的权利义务也都是对等的。因此，平等互利、民主协商是我国经济合同法规定的基本内容。双方所签订的合同，履行结果也必须对双方有利，不能使得益和损失悬殊，任何采取欺诈或者胁迫手段订立的合同都将无效，情节严重者，还要受到法律的制裁。

(3) 遵守国际惯例。这一涉外商务的法律原则是在我国经济法制尚未十分完善的情况下，为适应国际上的通常做法而提出的。在国际谈判中，国际惯例也是一种依据。所谓国际惯例，是指各国重复类似的行为而使其具有法律约束力的规范，它虽然是不成文的，但它确实构成了国际间谈判磋商的依据。在现代，国际惯例大体上形成于3种情况：一是国家之间的外交关系，表现于条约、宣言、声明、各种外交文书等；二是国际机构的实践，表现于决议、判决等；三是国家内部行为，表现于国内法规、判决、行政命令等。它们构成国际惯例的证据。当然，依据国际惯例进行谈判，情况是非常复杂的，必须灵活运用。

(二) 商务契约有效成立的条件

一切商务活动都是以契约为中心进行的。商务契约也称商务合同，在我国称为经济合同，它是两个或两个以上的当事人之间，为了实现一定的经济目的，依照法律规定，通过协商所达成的明确双方权利义务的协议。合同一经依法成立，当事人就要承担履行合同所规定义务的责任，否则就构成违约行为，各国法律对此都有相应的规定。

一项经济合同的依法有效成立，应当具备以下几方面的条件：

> 一项经济合同的依法有效成立应当具备哪几方面的条件?

(1) 当事人均必须具备订立经济合同的行为能力。如为自然人，应当是成年人，而且不是被法院剥夺或限制行为能力的人。在我国，按现行规定，自然人无权订立涉外经济合同。如为法人，则应当是由法人代表或经法人代表授权的人出面订立合同。按我国现行规定，只有经过批准享有进出口经营权的法人才有权订立对外经济贸易合同。

(2) 合同的内容和目的必须合法。许多国家的法律一方面允许当事人自行商定经济合同的内容，另一方面又都做出一些限制性规定，凡是不符合法律要求的合同无效。例如，大陆法系国家的民商法中一般都规定，凡属违法、违反公共秩序和善良风俗的合同无效。英美法系国家的法律中则规定，凡属违法和违反公共政策的合同无效。我国涉外经济合同法规定，违反国家法律、政策、国家利益或者社会公共利益的合同无效。

(3) 订约的程序、形式和手续必须符合法律的规定。各国法律一般都规定，订立经济合同应当是由双方当事人在自愿基础上，经过意思表示协商一致，才能有效成立。首先强调双方都是在自愿的基础上进行协商，亦即双方的意思表示都是真实的、无瑕疵的，如果有一方采用了欺诈或胁迫手段，则所订合同无效，具体协商的过程通常分为要约和承诺两个环节。关于经济合同的形式，各国法律的要求有所不同，多数国家的法律把订立经济合同分为要式合同和非要式合同两类，但具体到哪些合同属要式的，哪些合同属非要式的，各国的规定又不一样。我国涉外经济合同法则强调，订立涉外经济合同都必须采用书面形式。

(4) 合同双方应当是等价有偿的。一般来说，经济合同是双方合同，双方当事人之间，既都享有一定的权利，也都承担着一定的义务，我国经济合同法把等价有偿原则列为订立经济合同必须贯彻的原则之一，在国外，有些国家的法律则规定经济合同的成立必须以对价或约因为要件。对价是英美法中的概念，对价又称代价或相对给付，意指双方当事人都是给付者，都承担一定的给付责任。例如，在买卖合同中，卖方要交付货物，而买方则要支付货款。约因则是某些大陆法系国家的概念，它是指合同当事人在允诺负担义务时所希望达到的目的。例如，买卖合同的约因是以商品换取价金。总之，经济合同的双方应当是等价有偿的。

(三) 合同、法律和国际贸易惯例三者之间的关系

国际商务活动既是一种经济行为，又是一种法律行为。涉外经济合同的洽商、订立和履行，都必须符合有关的法律规范，才能得到法律的承认和保护。这里所说的法律规范，既包含各有关国家的法律，也包含有关的国际条约和公约，还包含有关的国际贸易惯例。

各国法律一般不具体规定经济合同应包含哪些内容，而是按照“契约自由”的原则，由当事人自由商定，但违反法律强制性禁令或限制的合同无效。反之，只要不是违反法律的强制性禁令或限制，如果合同内容与法律的一般规定有所不同的，则以合同内容为准。如果合同中对某些重要内容没有规定的，则履行合同时应按有关的法律规定来办理。

在国际商务活动中，所涉及的至少是两个不同国家的当事人，而各国的有关法律规定往往互有差异，亦即对同一事件的规定往往各有不同，由于存在这种差异，对同一诉讼案件往往会得出不同的法律裁决，这就产生了应适用哪一个国家的法律作为解决纠纷的标准的问题，这种问题一般称为法律适用问题或法律冲突问题。目前各国对于解决国际商务活动中的法律适用问题，所采用的原则不尽相

同，主要有属人法、标的物所在地法、订约地法、履约地法和法院地法等。我国和许多国家采用由当事人在合同中自行选定适用哪一个国家法律的做法，亦即当事人意思自治的原则，这一原则已成为解决法律冲突的一项较为普遍的原则。

在国际商务活动中，还经常需要引用国际贸易惯例的规定。国际贸易惯例是在国际经济贸易业务的长期实践中，逐渐形成的一些通用的习惯做法或先例。其特点是：①它是通过长期反复的实践而形成的，开始时只流行于一定的地区或行业，后来随着国际经济贸易业务的不断发展，惯例的影响也不断扩大，有的甚至在世界范围通行。②它具有确定的内容，并被许多国家和地区认可。在国际贸易惯例中，有的是不成文的，有的则已由某些国际组织或工商团体加以成文化，制定成规则之类的文件。

在国际商务活动中，采用国际惯例主要有两方面的作用：一是把国际商务活动中的一些做法逐步加以统一起来，这就有利于方便国际商务活动的进行，减少或避免纠纷，发生了纠纷也较易于处理；二是可以补充合同和法律规定之不足，有些事项在合同和法律中均未作明确规定的，就可以引用国际惯例的规定来处理。

但应当指出，国际贸易惯例本身不是法律，也不是国际条约或公约，它不具备强制效力。一方当事人不能强制对方采用某种惯例，惯例也不能够自动适用于某一笔交易中。只有在下列两种情况下，国际贸易惯例才会产生法律约束力：一是双方当事人自愿采用某一种惯例；二是法院或仲裁庭在审理案件时认为有必要采用某一种惯例。

综上所述，关于国际商务活动中合同、法律与国际惯例三者之间的关系，可以扼要概括为以下几条：

(1) 凡在依法成立的合同中明确规定的事项，应当按照合同规定办理。

(2) 如果合同中没有明确规定的事项，应当按照有关的法律或国际条约的规定来处理。

(3) 如果合同和法律中都没有明确规定的事项，则应当按照有关的国际惯例的规定来处理。

五、国内商务谈判中的法律规定

随着我国改革开放的不断深入和社会主义市场经济的不断发展，国内商务谈判日益活跃。在这些活动中，法律是唯一的根据。改革开放以来，全国人民代表大会和国务院制定的重要经济法律、法规、条例已达数百部，现行有关的法律最基本的是《中华人民共和国经济合同法》、《中华人民共和国民法通则》和《中华人民共和国民事诉讼法》，它们已成为国内商务谈判的重要依据。

(一) 国内商务谈判中应遵循的基本原则

(1) 参与谈判的各方当事人要具有合法资格。当事人的合法资格，是指社会组织和个人，具有以自己的名义对外进行谈判、签订有效经济合同的能力。根据我国经济合同法和其他有关法律，进行商务谈判以及签订经济合同的当事人应该是法人，是法人之间为实现一定经济目的、明确相互权利义务关系而进行磋商并达成协议。所谓法人，在我国，一是指按照法定程序设立、有一定组织机构和独立的（或独立支配的）财产，并能以自己名义享有民事权利、承担民事义务的社会组织；二是指经当地工商行政管理部门批准、登记，取得营业执照的个体工商户；三是指按照所在农村集体经济组织的安排或指导，从事一定的农副业生产经营活动，并有合法的身份证明和明确的生产经营范围的农村居民。这条原则，一方面要求谈判者以此规范自身，在没有合法的法人身份之前，不得进行任何商务谈判活动；另一方面也是要求一方谈判者以此规范、制约对方，要在对方的法人资格，以及签订合同、履行合同的权利能力和行为能力得到确认后，才与对方开始谈判。应当指出的是，法人内部或下属单位，如果实行独立核算，本身也具备法人各项条件的，同样有权订立经济合同。法人在订立经济合同时，一定要由法人的法定代表人或合法代理人出面签订，否则合同无效。且法人的法定代表在签订经济合同时，必须是在本人职责范围之内活动（合法代理人则须是在法人代表的授权范围之内），才能看成是法人的行为，即使行为中有过错，也应由法人承担法律责任。

（2）谈判合同的签订必须合法。所谓合法，包括合乎宪法、法律、法令和其他规范性文件，诸如有关国家权力机关或行政机关在其职权范围内制定的，要求人们必须普遍遵守的，具有强制力作用的法律文件。签订的经济合同，不但要遵守经济合同法，还应遵守包括宪法在内的其他有关法律，以及中央和地方发布的有关规范和条例。例如，有人利用经济合同进行买卖、出租或者以其他形式转让土地的活动，这就违反了宪法与国家现行政策。虽然有可能合同当事人两厢情愿彼此交易，但这仍属违法行为，因为宪法代表了包括合同当事人在内的广大人民群众的长远利益和根本利益，而国家政策是国家在一定历史时期内为完成一定任务而制定的调整各种社会关系的行动依据。

（3）谈判合同的签订必须贯彻平等互利、协商一致、等价有偿的原则。我国经济合同法的这一规定，是国内商务谈判的基本原则之一。这里讲的平等互利，是指法律地位平等的当事人各方相互享有权利和承担义务，只有做到平等，才能实现互利。有合法资格的当事人之间进行谈判及签订合同时，不论企业的大小，是国有还是集体；也不论双方拥有财产和资金的多少；更不论彼此间在行政上或业务上是否处于隶属地位，它们的法律地位都是平等的。任何一方不得把自己的意志强加给对方，任何单位和个人不得非法干预，特别是当事人的上级领导机关、业务主管机关或其负责人，不得以上压下，强令当事人签订显失公平的不平等条约。同时，经济实力雄厚、技术设备先进或占有产品紧俏等优势条件的一方，也不能采取威胁、欺诈等非法手段迫使对方签订合同。只有在平等互利的基础上，才可能协商一致。作为商务谈判的法律原则，协商一致原则是在遵守国家法律、符合国家政策、法令要求的前提下进行充分协商。违反国家法律、政策、法令要求的谈判所订立的合同，即使“协商一致”，也得不到国家的承认和保护，甚至还要追究其法律责任。**等价有偿原则**是指参与谈判与签订合同的当事人，在物质利益关系上必须是相对应的、有代价的。当事人在签订合同时，必须把商品或非商品收费金额、收费方式，列入合同内容。取得商品或接受劳务的一方，必须按照合同规定，认真履行支付价款或酬金义务。

(4) 商务谈判全过程，必须贯彻反不正当竞争法。商品经济的发展，使商业竞争以更多的形式、更大的范围，在更广泛的时空中展开。整个谈判过程，就是一场当事人之间的激烈竞争——从经营内容、经营要素、经营手段、经营信息、经营信誉到经营素质的竞争。因此，在商务谈判中贯彻反不正当竞争法，成为商务谈判中处于核心地位的法律要求。这既是由我国市场经济发展现状所决定的，也是由市场经济的一般运行规律所决定的。竞争是商贸的本质属性，但商贸竞争在促进经济效益的同时，也不可避免地存在着负面作用，主要是由于竞争主体极易出于自身利益而背离自愿公平、等价互利、文明经商等市场规则和商业道德，采取不正当手段牟取暴利，侵犯他人合法权益，从而扰乱商贸秩序。因此，只有在对不正当竞争的限止、禁止和打击的基础上，只有要求商务谈判当事人以反不正当竞争法规范自己的行为，才能树立起一个公开、公正、有序而充分的竞争环境，以推动商务谈判的正常进行。

(二) 签订国内经济合同的程序和形式

按照我国经济合同法的规定，双方当事人在商订经济合同过程中，应当符合下列 3 点要求：

(1) 双方当事人应当在平等的地位上进行协商，任何一方不得把自己的意志强加给对方。

(2) 应当由双方达成一致意见，合同方能订立。

(3) 当事人以外的其他任何单位和个人都不得对经济合同的商订工作进行非法干预。

经济合同法规定，经济合同包含购销、建设工程承包、加工承揽、货物运输、仓储保管、财产租赁、借款、财产保险、科技协作以及其他有关经济方面的合同。这些合同各有特点，内容也会有很大的不同，各种经济合同都应具备的主要条款包括标的、质量和数量、价款或酬金、履行的期限、地点和方式以及违约责任等。

经济合同法规定，订立经济合同时，除即时清结外，都应当采用书面形式。按照我国习惯做法，凡属法人签订经济合同时，除须加盖法人公章之外，还须由法人的法定代表和合法代理人签名或盖章。在一些单行法规中还规定，某些经济合同还需要经过鉴证、公证或审批核准，以保证更好地履行。凡属法律规定必须经过主管部门审核批准后才能生效的合同，如果不履行法定的审批手续，则不具有法律约束力。

(三) 无效经济合同的确认及处理

1. 无效经济合同的确认

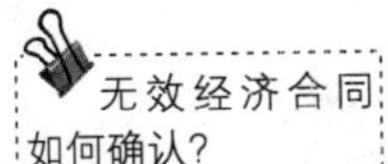

无效经济合同如何确认？

一般而言，凡缺少经济合同成立的有效条件的经济合同均属无效经济合同。按照我国经济合同法的规定，下列 4 类经济合同为无效经济合同。

(1) 违反国家法律、政策法令的经济合同。例如，超越经营范围、违反法定形式、主体不合格等，均属违法的合同；非金融单位以合同形式对外从事放贷款业务等，也属违反国家政策的合同。

(2) 采取欺诈、胁迫等手段签订的经济合同。欺诈,一般是指当事人一方故意制造假象或隐瞒真相,使对方当事人在造成错觉后签订的合同。从现象看,此种合同似乎合乎双方当事人的自由意志。从本质上讲,个别人、个别企业在签订合同过程中使用"托儿"的行为,即属欺诈行为。胁迫是指当事人一方使用暴力或威胁手段,强迫对方签订合同的一种行为。

(3) 代理人超越代理权或以被代理人的名义同自己或自己所代理的其他人签订的合同。代理关系是一种法律关系,代理人与被代理人之间相互享有权利和承担义务;代理人享有代理权,其代理权以授权范围之内的事项为限,代理人的行为有不得超越代理权的义务。基于维护被代理人的合法权益,防止代理人以代理身份为己谋私,凡以被代理人的名义同他自己签订的合同,属无效经济合同。此外,同一个代理人同时以两个被代理人的名义签订的合同,也属无效经济合同。

(4) 违反国家利益或社会公共利益的经济合同。国家利益和社会公共利益从本质上讲是一致的,但严格讲,两者又并非完全相同。国家利益具有全局性、整体性的特点,如以合同形式倒卖出口许可证,即属违反国家利益的行为。经济合同无效的确认权,属于人民法院和工商行政管理部门,其他单位无权确认经济合同无效。经济合同一旦被确认无效,经济合同所规定的权利及义务即为无效,没有履行的不得履行,正在履行的要立即终止履行。部分无效的经济合同,其无效部分终止履行。

2. 对无效经济合同的处理

经济合同一经确认无效,对无效经济合同有两方面的问题需要处理:一是对无效经济合同所引起的财产后果的处理;二是对无效经济合同中的违法行为者及其个人的处理。

(1) 对无效经济合同所引起的财产后果的处理,应区别情况,采取财产返还对方、赔偿对方损失、追缴财产收归国库所有和代理人自行负责等方法处理。①返还财产。经济合同被确认无效后,当事人依据该合同所取得的财产是不合法的,法律不承认也不保护,所以应返还给对方。如原物不存在时,则应赔偿损失。②赔偿损失。经济合同被确认无效后,要根据过错责任原则,有过错的一方应赔偿对方因此而受到的经济损失。如果双方都有过错,则各自承担相应的责任。③追缴财产收归国库所有。这是指将故意违反国家利益或社会公共利益所签订的经济合同的当事人已经取得或约定取得的财产,收归国库所有。这一处理方法只适用于违反国家利益或社会公共利益的经济合同,因其性质较严重,故处罚也较重,如果属于一方故意,故意的一方应将从对方所取得的财产返还给对方,非故意的一方已经从对方取得或约定取得的财产,则应收归国库所有。如果双方都是故意的,应追缴双方已经取得的或约定取得的财产。④代理人自行负责。代理人违反法律要求而代订的经济合同,其财产后果由代理人自己承担,被代理人不承担责任。

如何处理无效经济合同中的违法行为者及其个人?

(2) 对无效经济合同中的违法行为者及其个人的处理。首先,是对违约责任的确定。经济合同法规定,由于当事人一方的过错,造成经济合同不能履行或者不能完全履行的，由有过错的一方承担违约责任；如属双方的过错，则根据实际情况，由双方分别承担各自应负的违约责任。如果是由于上级领导机关或业务主管机关的过错，造成经济合同不能履行或者不能完全履行的，上级领导机关或业务主管机关应承担违约责任。明确违约责任是解决经济合同纠纷的基础。也就是说，在处理经济合同纠纷时，应首先确定究竟是谁有过错，是谁违约，以致造成经济合同不能履行或者不能完全履行。违约责任应当由发生过错者承担。与此同时，经济合同法又对违约责任的免除做了规定，如果当事人一方是由于发生不可抗力的原因，致使不能履行经济合同时，允许延期履行、部分履行或不履行经济合同，并可根据情况，部分或者全部免于承担违约责任。但应注意的是，发生不可抗力事故的一方应及时向对方通报不能履行或者需要延期履行或者只能部分履行合同的理由，并须取得有关主管机关的证明。其次，根据经济合同法的有关规定，对无效经济合同所涉及的违法或犯罪行为的单位和个人，应区别不同情况，采取不同的方式予以处理：①对有一般违法行为的单位和个人，给予经济上的制裁或行政上的处分。②对于订立假经济合同，或倒卖经济合同，或利用经济合同买空卖空、转仓渔利、非法转让、行贿受贿，以及其他危害国家利益和社会公共利益的违法行为以及无照经营、擅自扩大经营范围、违反国家政策和计划，错误性质严重但尚未构成犯罪的违法行为，应予以停业、罚款、吊销许可证或执照等行政处罚。③对那些严重危害国家利益和社会公共利益、已触犯刑律的，要追究刑事责任的个人，应移送公安、检察机关查处。

经典案例赏析

中国钢铁工业协会的《公约》

2009年2月20日，在中国钢铁工业协会（以下简称中钢协）2009年理事会的会议上，钢铁工业协会秘书长单尚华对2009年的铁矿石谈判下了军令状。“今年铁矿石要降价，幅度必须大，虽然不容易，但我们没有退路，必须取胜。”经历了2008年铁矿石长协矿价格的大涨和现货矿价格的大跌，2009年钢铁协会决定重新建立进口铁矿的新模式；不仅建议铁矿石长期合同由宝钢统一谈定、统一执行、统一按一定周期调整，而且要求铁矿石价格退到2007年的水平。

与此同时，旨在规范国内铁矿石进口秩序的《进口铁矿石贸易公约》（以下简称《公约》）也同时正式出炉。单尚华透露，目前新年度的铁矿石谈判还没有达成一致，主要是铁矿石出口商还在观望，认为国内钢铁行业在恢复。另外，目前矿山企业开始以长期合同吸引中小钢厂增加进口，在铁矿石市场供不应求时，中小钢厂根本无法获得长期供货合同。现在小钢厂还担心买不到矿的想法是不必要的，目前铁矿石供需市场已经发生了根本变化，从卖方市场到了买方市场，全球钢材产量下降，矿山产量要释放，钢铁企业再也不用担心买不到矿石了。单尚华称，从目前看，矿山公司还是要看重对铁矿石供应量的保证，其次才是价格，因此目前也是中国钢厂调整供需关系，建立中国进口铁矿石新模式的最好时机。

单尚华透露，目前国家已经明确提出由中钢协组织钢铁企业统一进行矿石谈判，这是以前从没有过的，因此钢厂内部一定要统一，联合起来获得统一价。

据了解，目前钢铁工业协会已经牵头成立了进口矿对策小组，由9家大钢厂参加，专门研究铁矿石的谈判策略，并向会长办公会提出策略建议。单尚华所指的进口铁矿石新模式是指，坚持传统的长协矿方式定量定价，不过合同期要与中国钢厂的财务结算时间一致，也就是从1月1日到12月31日，这一点钢厂可以与进口商商讨解决；另外，宝钢代表钢厂谈定2009年的铁矿石价格后，各钢厂、贸易商都要执行这一价格，当市场发生强烈波动时，可视具体情况，由钢铁企业谈判代表与国际主流铁矿石供应商商定按一定市场规则、一定时间周期对价格进行调整，进口量和价格同时确定。

中钢协首次明确提出2009年的长协谈判价格必须回到2007年的水平，这与日本企业此前所要求的是一致的，而欧洲钢厂要求的降幅则更多，安赛乐米塔尔更是要求铁矿石价格回到2005年的水平。

目前，谈判未结束时，中钢协也提出了铁矿石进口的过渡措施，一是钢铁企业购买现货，一船一价格；二是先预计当月的量，交一部分预付款给矿山企业，但价格不得超过2008年长协矿的六成。为了保证2009年的铁矿石长期谈判价格就是市场的唯一价格，酝酿多时的《公约》正式通过实行。《公约》要求授权一个进口铁矿石量多、对外谈判经验丰富的钢铁企业组成一个谈判组，代表中国钢铁企业对国际主流铁矿石供应商进行年度国际铁矿石价格谈判，所谈定的价格即为年度国际铁矿石公开价格。购矿企业在此价格下签订进口矿石合同，未经授权不许多头谈价格。另外，《公约》还规定各钢铁企业进口铁矿石不得超过其自用生产量。对没有进口矿资质或进口量较小的中小型钢铁企业采取委托代理方式进行铁矿石进口。代理费收取标准按国际进口铁矿石商贸规则并结合实际情况由代理方和被代理方进行商定。参考的方案为：按不高于3%～5%的FOB价（离岸价格）收取代理费。中钢协将负责《公约》的实施与监督。《公约》还规定严格禁止进口铁矿石流向国家《钢铁产业发展政策》和《钢铁产业调整和振兴规划》中明令淘汰的落后产能企业。钢协要根据各企业进口铁矿石履约情况，进行评价考核，并按一定时间周期（一年或两年）核定进口铁矿石资质，提高进口铁矿石资质准入门槛。如果违反《公约》，将视违反情况采取批评警告、行业通报、记入企业不良诚信信息库等处罚，直至取消钢协会员资格。

不过，对于这一《公约》，一位钢厂内部人士表示，是否所有钢厂和贸易商都能够严格执行，还要看以后监控和惩罚的力度，因为毕竟《公约》还属于自律性质，没有法律效力。中钢协透露，《公约》通过后，还将制定相关细则。

根据上述案例进行分析：为什么中国钢铁工业协会要推出《进口铁矿石贸易公约》？

思考与练习

姓名________ 班级________ 学号________

1. 名词解释

合同文本谈判

技术附件

商务合同

2. 单项选择

(1) 实现语意一致原则时，不必须遵守的规则是(　　)。

A. 简明规则　　B. 用词一致规则

C. 共识规则　　D. 互补规则

(2) 下列中不属于合同附件构成的是(　　)。

A. 金融性附件　　B. 法律性附件

C. 政策性附件　　D. 技术附件

(3) 处理国际关系的一般准则包括和平共处五项原则和(　　)。

A.《货物买卖合同法》　　B.《WTO 法》

C.《联合国宪章》　　D.《国际经济法》

3. 多项选择

(1) 下列中属于无效经济合同的是(　　)。

A. 违反国家法律、政策法令的经济合同

B. 以被代理人的名义同自己或同自己所代理的其他人签订的合同

C. 代理人超越代理权同自己所代理的其他人签订的合同

D. 违反国家利益或社会公共利益的经济合同

E. 采取欺诈、胁迫等手段签订的经济合同

(2) 一项经济合同的依法有效成立，应当具备的条件是(　　)。

A. 当事人均必须具备订立经济合同的行为能力

B. 合同的内容和目的必须合法

C. 合同双方应当是等价有偿的

D. 合同双方权利、义务是不对等的

E. 订约的程序、形式和手续必须符合法律的规定

(3) 合同附件的谈判原则是(　　)。

A. 运用商业习惯　　B. 与合同挂钩

C. 与技术挂钩　　D. 同服务挂钩

E. 同价格条件挂钩

4. 填空题

(1) 在合同正文谈判的组织实施过程中，应遵循____________、____________、和____________、____________等原则。

(2) 涉外商务谈判的法律原则有____________、____________和____________。

(3) 对无效经济合同作引起的财产后果处理方法有____________、____________和____________。

5. 简答题

(1) 简要回答法律在商务谈判中的重要性？

(2) 合同、法律和国际贸易惯例三者之间的关系是什么？

(3) 国内商务谈判中应遵循的基本原则有哪些？

6. 实训题

2011 年 5 月 18 日，国内买方与外国来华投资的卖方签订了一份采购纺织机械的合同，合同规定：由卖访供给买方某型号的纺织机械 50 台，每台售价 10 万元，共计 500 万元，交货日期为 2011 年 9 月底，买方应将货款于 2011 年 8 月 20 日前交给卖方在其本地的开户银行。合同订立后不久，买方从当年 8 月 4 日的一张报纸上看到一篇报道，得知卖方已濒临破产。考虑到如果再付款给供方，必然会造成重大的经济损失，8 月 6 日，买方向卖方发出拒付货款的通知，要求卖方提供担保后再履行于 11 月 20 日前付款的义务。

根据商务合同相关法律为合同双方找到法律依据。

项目十二　商务礼仪

本项目内容结构图

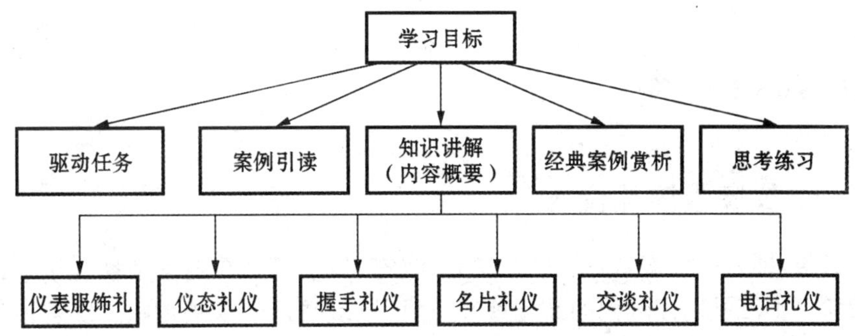

学习目标

• **知识目标**

(1) 理解学习商务礼仪的重要意义。

(2) 掌握商务谈判各环节需注意的礼仪。

• **能力目标**

(1) 树立正确的商务礼仪理念。

(2) 能在商务社交场合使用正确的礼仪规范。

驱动任务

任务内容：阅读下面资料并回答问题。

案例1　某市有一重要招商引资项目，市领导和外商进行谈判后，未果。几经打听，方知外商因中方领导穿夹克衫出席会谈，认为是对自己的不尊重，故而取消了投资。领导听后大呼冤枉，说：我精心选择了最好的一件夹克衫，还是鳄鱼牌的呢！

案例2　一位企业高级主管去参加一个商业酒会，她换上了一套准备好的西服套裙，然后携带日常上班用的绒布提包去了饭店。到了酒会上她才发现，别的女士大都拎的是羊皮手提包或缎面的小包，她的提包看上去与现场气氛不协调，令她觉得浑身都不自然。

通过以上两个小案例，你对商务礼仪有了哪些新的认识？

案例引读

一外商考察团来某企业考察投资事宜，企业领导高度重视，亲自挑选了庆典公司的几位漂亮女模特来做接待工作。并特别指示她们穿着紧身的上衣，黑色的皮裙，领导说这样才显得对外商的重视。但考察团上午见了面，还没有座谈，外商就找借口匆匆走了，工作人员被搞得一头雾水。后来通过翻译才知道，他们说通过接待人员的着装，认为这是工作以及管理制度极不严谨的企业，完全没有合作的必要。

知识讲解

一、仪表服饰礼仪

仪表，即人的外表，包括容貌、举止、姿态、风度等。在商务及社交场合，一个人的仪表不但可以体现他的文化修养，也可以反映他的审美趣味。穿着得体，不仅能赢得他人的信赖，给人留下良好的印象，而且还能够提高与人交往的能力。相反，穿着不当，举止不雅，往往会降低身份，损害形象。由此可见，仪表是一门艺术，它既要讲究协调、色彩，也要注意场合、身份，同时它又是一种文化的体现。

从宏观层面来讲，服饰是一种文化，反映一个民族的文化素养、精神面貌和物质文明发展的程度。从微观层面来讲，着装是一门艺术，正确得体的着装，能体现个人良好的精神面貌、文化修养和审美情趣。

从宏观和微观两个层面，再深入谈谈你对服饰的理解。

（一）男士着装

男士穿着西装时务必整洁、笔挺。正式商务场合应穿着统一面料、统一颜色的套装，内穿单色衬衫，打领带，穿深色皮鞋。三件套的西装，在正式场合下不能脱外套。按照商务惯例，西装内不穿毛背心和毛衣，在我国最多只加一件“V”字领毛衣，以保持西装线条美。

衬衫的领子要挺括，不可有污垢、污渍。衬衫下摆要塞进西裤，系好领口和袖扣，衬衫领口和袖口要长于西服上装领口和袖口1～2cm，以显示层次感，衬衫里面的内衣领口和袖口不能外露。

领带结要饱满，与衬衫领口要吻合。领带的长度以系好后大箭头垂到皮带扣为宜。西装系纽扣时，领带夹夹在衬衫的第三粒和第四粒纽扣之间。

穿西装一定要穿皮鞋，鞋的颜色不应浅于裤子。黑皮鞋可以配黑色、灰色、藏青色西服，深棕色鞋子配黄褐色或米色西服，鞋要上油擦亮。袜子一般应选择黑色、棕色或藏青色，与长裤颜色相配。任何时候，忌黑皮鞋配白袜子。

饰物方面，男士只能佩戴戒指、领饰，注重少而精，以显阳刚之气。

(二) 女士着装

在商务场合,女士服饰的色彩不宜过于夺目,应尽量考虑与环境色调、气氛相和谐,并与具体的职业分类相吻合。服饰应舒适方便,坦露、花哨、反光的服饰是商务场所忌用的。如果是较为正式的商务谈判场合,女性应选择正式的职业套装。

穿裙装时,袜子的颜色应与裙子的颜色相协调,袜子口避免露在裙子外面。年轻女性的短裙至膝盖上 3～6cm,中老年女性的裙子要及膝下 3cm 左右。鞋子要舒适、方便、协调而不失文雅。

佩戴饰物要考虑人、环境、心情、服饰风格等诸多因素间的关系,力求整体搭配协调。遵守以少为佳、同质同色、符合身份的原则。

(三) 如何准备谈判着装

在与客户谈判前,应如何着装才能体现合作诚意,给客户留下良好的第一印象,以便达成自己的谈判目的? 这对于参与谈判的代表来说,的确是一件不容忽视的问题。谈判桌前得体的着装,不但可以体现出谈判人员的专业感和说服力,也能从中体现出谈判人员所代表企业和品牌的实力及管理水平,更利于在谈判桌上把握主动权。

在选择套装的问题上,要把握一个原则:与其买 20 套勉强合格的西装,不如花同样的钱买一两套品质上乘的衣服。最安全的式样自然是略保守的款式。不过,对于西服来说,保守并不等于陈旧。设计师在细节上的创新,明眼人往往一下就能看出。因此,在挑选西装上,谈判人员尽可能选择一些知名品牌的正统西服。

在选择西服时,应注意以下物件绝不可以在谈判套装中出现:过于新潮的款式、过浅的颜色、花哨的纽扣、颜色怪异的缝线、前胸口袋中的方巾、防磨补丁、皮革装饰物等。以上这些都是商务场合中的大忌。朴素的深色永远是套装的最佳选择。上装和长裤并非一定是完整的一套,只要搭配得体即可。此外,西服面料平滑挺括的质地最能体现谈判者的精明干练。

> 商务谈判中,如果着装过于花哨,会给对方留下怎样的印象?

二、仪态礼仪

仪态是指人在行为中表现出来的姿势,主要包括站姿,坐姿,步态等。"站如松,坐如钟,走如风,卧如弓",是中国传统礼仪的要求,这种传统在当今社会中已被赋予了更丰富的内涵。个人仪态是其他一切礼仪的基础,是个人性格、品质、情趣、素养、精神世界和生活习惯的外在表现。具体来讲,要注意以下几点:

(1) 保持头发清洁,修饰得体,发型与本人自身条件、身份和工作性质相适宜。男士应每天修面剃须。女士化妆要简约、清丽、素雅,避免过量使用芳香型化妆品,避免当众化妆或补妆。表情自然从容,目光专注、稳重、柔和。手部保持清洁,在正式的场合忌留长指甲。

(2) 站立时要挺直、舒展,手臂自然下垂。正式场合不应将手插在裤袋里或交叉在胸前,不要有下意识的小动作。女性站立时双腿要基本并拢,脚位应与服装相适应。穿紧身短裙时,脚跟靠近,脚尖分开呈"V"状或"Y"状;穿礼服或者旗袍时,可双脚微分。

(3) 入座时动作应轻而缓,轻松自然。不可随意拖拉椅凳,从椅子的左侧入座,沉着安静地坐下。女士着裙装入座时,应将裙子后片拢一下,并膝或双腿交叉向后,保持上身端正,肩部放松,双手放在膝盖或椅子扶手上。男士可以微分双腿(一般不要超过肩宽),双手自然放在膝盖或椅子扶手上。

(4) 离座时,应请身份高者先离开。离座时动作轻,不发出声响,从座位的左侧离开,站好再走,保持体态轻盈、稳重。

(5) 行走时应抬头,身体重心稍前倾,挺胸收腹,上体正直,双肩放松,两臂自然前后摆动,脚步轻而稳,目光自然,不东张西望。

(6) 遵守行路规则,行人之间互相礼让。三人并行,老人、妇幼走在中间。男女一起行走时,男士一般应走在外侧。走路时避免吃东西或抽烟。遇到熟人应主动打招呼或问候,若需交谈,应靠路边站立,不要妨碍交通。

三、握手礼仪

握手是沟通思想、交流感情、增进友谊的一种方式。无论是在商务场合还是一般性社交场合,握手都是一个重要的礼仪。握手时应注意不用湿手或脏手,不戴手套和墨镜,不交叉握手,不摇晃或推拉,不坐着与人握手。

在比较正式的场合,谁先伸手是有标准程式的。两个人同时伸手操作上概率不高,总有一个发起者。但是如果对方因为不晓得规范的礼仪而先伸手,这时候就要配合,表示你对对方的尊重。

在一般的交往应酬之中,握手的标准伸手顺序是:

(1) 地位高的人先伸手。

(2) 男士和女士握手时,应该是女士先伸手,女士有主动选择是否有进一步交往的权利。

(3) 晚辈和长辈握手,应该是长辈先伸手。

(4) 上级和下级握手,应该是上级先伸手。

(5) 老师和学生握手,应该是老师先伸手。

在正式的商务谈判场合,上述的5个顺序都完全适用,但是也有特殊情况,例如:女士是公关经理,男士是董事长,女士职位显然比男士低,两个单位商务交往,就是董事长地位高,因此应该由董事长先伸手。但是在一般性的社交场合,无论职位高低,仍然是女士优先,因此应该由女士先伸手。除了场合因素外,握手礼仪还有特殊性,尤其表现在以下几点:

(1) 客人到达时,主人先伸手。主人先伸手表示对客人的一种欢迎。

(2) 客人告辞时,客人先伸手。

(3) 由近而远。周围有四五个人,或者在宴会厅门口排队,应该伸手和最近的人开始握手。

(4) 圆桌会议时,握手的标准做法是主人先和自己右侧的人握手,然后按顺时针方向前进。

握手礼仪中，手位也是有讲究的。一般情况下，标准化的手位应该是手掌与地面垂直，无论是掌心向下还是向上的手位都是不可取的：

（1）掌心向下给人一种傲慢的感觉，自认为是大人物，“俯视芸芸众生”。掌心向下只有交警指挥交通时才会见到。

（2）掌心向上表示谦恭。但平时最好别伸，以免变成“乞讨状”。一双手同时握住对方的手的手位在专业讲法叫“手套式握手”，又叫“外交家式握手”。除非是熟人之间表示故友重逢、认真慰问或者热情祝贺，外人不讲这种方式，尤其是对异性。一般而论，我们是用手掌握着对方的手掌。

握手时的力度和时间长短恰当与否也是握手礼仪的一部分。跟任何人握手，握得长短适中也是很重要的一点。一般和人握手最佳的做法是3～5s，不懂礼仪的男士长时间握着女士的手不放，是对对方的不尊重。

握手时最佳的做法是稍微用力，握手无力是一种缺乏热情的体现但是不能太狠。有的人为了表示自己的热情而刻意用力握手，过于刻意的用力握手是完全可以轻易被人察觉的，这样的力度不但不会为“热情”加分，反而是失礼的表现。

握手时的几个基本禁忌：

（1）心不在焉。不看着对方，甚至是与旁边的人聊天。心不在焉的握手不如不握。

（2）用左手。一般握手，尤其跟外国人握手，如新马泰一带、穆斯林地区、印度人，只用右手行使礼节；另外在英语文化中“右”是上位，是好的位置；而“左”是下位，是不好的位置。

（3）握手时戴手套。国际惯例只有女人在社交场合戴着的薄纱手套可以不摘。除此以外，一般用的御寒手套一定要摘掉。

（4）交叉握手。在国际交往中，尤其是在西方国家，握手要避免所谓双手交叉握着对方的双手，即所谓“交叉握手”。

四、名片礼仪

在社交场合，名片是自我介绍的简便方式，是一个人身份的象征，当前已成为人们社交活动的重要工具。在国际交往中，没有名片的人，将被视为没有社会地位的人。

（一）名片使用的注意事项：

名片在制作上，讲3个“不”。第一个“不”：名片不随意涂改。在国际交往中，名片就是一个人的脸面，脸面是不改的；第二个“不”：不提供私宅电话。涉外礼仪讲究保护个人隐私；第三个“不”：名片制作，不提供两个以上的头衔。一个名片上的头衔越多，越会使人产生三心二意、用心不专和蒙人之印象。所以在正式的商务场合，如果头衔比较多，就应该多带几种名片，对不同的交往对象，使用不同的名片。

名片不仅要有,而且要随身携带。名片一般放在专用名片包里,或放在西装上衣口袋里,不能乱放。一般说来,把名片放在自己容易拿出的地方,不要将它与杂物混在一起,以免要用时手忙脚乱,甚至拿不出来。若穿西装,宜将名片置于左上方口袋;若有手提包,可放于包内伸手可得的部位。不要把名片放在皮夹内、工作证内,甚至裤袋内,这是一种很不文雅的行为。另外,不要把别人的名片与自己的名片混放在一起,否则,一旦慌乱中误将他人的名片当做自己的名片送给对方会留给对方非常糟糕的印象。

(二) 出示/接受名片的礼仪

1. 出示名片的顺序

名片的递送先后虽说没有太严格的礼仪讲究,但是,也是有一定的顺序的。一般是地位低的人先向地位高的人递名片,男性先向女性递名片。

2. 出示名片的礼节

向对方递送名片时,应面带微笑,稍欠身,注视对方,将名片正对着对方,用双手的拇指和食指分别持握名片上端的两角送给对方,如果是坐着的,应当起立或欠身递送,递送时可以说一些:“我是××,这是我的名片,请笑纳。”“我的名片,请你收下。”“这是我的名片,请多关照。”之类的客气话。名片的递送应在介绍之后,在尚未弄清对方身份时不应急于递送名片,更不要把名片视同传单随意散发。与多人交换名片时,应依照职位高低或由近及远的顺序依次进行,切勿跳跃式地进行,以免使人有厚此薄彼之感。

在递名片时,切忌目光游移或漫不经心。出示名片还应把握好时机。当初次相识、自我介绍或别人为你介绍时可出示名片;当双方谈得较融洽,表示愿意建立联系时可出示名片;当双方告辞时,可顺手取出自己的名片递给对方,以示愿结识对方并希望能再次相见,这样可加深对方对你的印象。

3. 接受名片礼节

接受他人递过来的名片时,应尽快起身或欠身,面带微笑,用双手的拇指和食指接住名片的下方两角,态度也要毕恭毕敬,使对方感到你对名片很感兴趣,接到名片时要认真地看一下,可以说:“谢谢!”、“能得到您的名片,真是十分荣幸”,等等。然后郑重地放入自己的口袋、名片夹或其他稳妥的地方。切忌接过对方的名片一眼不看就随手放在一边,不要手拿名片随意玩弄,也不要随便地塞进口袋或丢在包里,应放在西服左胸的内衣袋或名片夹里,以示尊重。否则会伤害对方的自尊,影响彼此的交往。然后回敬一张本人的名片,如身上未带名片,应向对方表示歉意。在对方离去之前或话题尚未结束时,不必急于将对方的名片收藏起来。

(三) 名片交换的注意事项

(1) 与西方、中东、印度等外国人交换名片只用右手就可以了,与日本人交换要用双手。

(2) 当对方递给你名片之后,如果自己没有名片或没带名片,应当首先向对方表示歉意,再如实说明理由。如:“很抱歉,我没有名片”、“对不起,今天我带的名片用完了,过几天我会亲自寄一张给您的”。

(3) 向他人索要名片最好不要直来直去,可委婉索要。

五、交谈礼仪

一般来讲,交谈中最重要的是态度诚恳,表情自然、大方,语言和气亲切,表达得体。谈话时不可用手指指人,做手势动作幅度要小。谈话者之间应保持一定距离。在公共场合男女之间不要耳鬓厮磨,与非亲属关系的异性避免长时间攀谈、耳语。具体来讲,还应注意以下几点:

与人交谈,你还有哪些习惯需要改进?

(1) 表情认真。在倾听时,要目视对方,全神贯注,不能东张西望;心不在焉的表情会让对方感到很不舒服。交谈时双方目光接触应该占总的交谈过程的一半以上,但并不意味着你应该目不转睛地盯着对方的眼睛,这样会让对方感到不舒服。

(2) 对长辈、师长、上级说话要尊重,对下级、晚辈、学生说话则要平易。同时与几个人谈话,不要把注意力集中在一两个人身上,要照顾到在场的每一个人,注意倾听对方讲话。

(3) 不可出言不逊、强词夺理。不可谈人隐私,揭人短处。不可背后议论他人,搬弄是非。不说荒诞离奇、耸人听闻的事。谈话中意见不一致时,要保持冷静,以豁达的态度包容异己或回避话题。忌在公众场合为非原则性问题大声喧哗、争执打闹。遇有攻击、侮辱性言辞,一定要表态,但要掌握尺度。

(4) 动作配合。自己接受对方的观点时,应以微笑、点头等动作表示同意。身体后仰、抱着胳膊、翘着腿,从心理学角度看,是对对方保持警戒的状态。歪着脑袋,摇头晃脑,容易使人误以为"是不是对我的意见不满意?"另外,不停地抖腿、转动手中的笔、两手紧握弄得关节嘎嘎作响,都是应该避免的坏习惯。

(5) 语言合作。在听别人说话的过程中,不妨用"嗯"或"是"等词加以回应,表示自己在认真倾听。

(6) 用词要委婉。在交谈中,应当力求言语含蓄温和。如在谈话时要去洗手间,不便直接说"我去厕所",应说"对不起,我出去一下,很快回来",或其他比较容易让对方接受的说法。

(7) 礼让对方。在交谈中,应以对方为中心,处处礼让对方,尊重对方,不随便插话。

(8) 在交谈中,语言必须准确,否则不利于双方之间的沟通。使用语言时,要注意的问题主要有:①发音准确。在交谈中要求发音标准。读错音、念错字、口齿不清、含含糊糊都让人听起来费劲,而且有失自己的身份。②口气谦和。在交谈中,说话的口气一定要做到亲切谦和,平等待人,切忌随便教训、指责别人。③内容简明。在交谈时,应言简意赅,要点明确,不讲废话。④少用方言。在公共场合交谈时,应用标准的普通话,不能用方言、土话,这也是尊重对方的表现。⑤慎用外语。在一般交谈中,应讲中文,讲普通话。无外宾在场,最好慎用外语,否则会有卖弄之嫌。

另外,交谈中还有如下一些细节主要注意:

(1) 不要一个人长篇大论。交谈是双向沟通，要多给对方发言的机会，不要只顾一人侃侃而谈，而不给他人开口的机会。

(2) 不要冷场。不论交谈的主题与自己是否有关，自己是否有兴趣，都应热情投人，积极合作。万一交谈中出现冷场，应设法打破僵局。常用的解决方法是转移旧话题，引出新话题。

(3) 不要插嘴。他人讲话时，不要插嘴打断。即使要发表个人意见或进行补充，也要等对方把话讲完，或征得对方同意后再说。

(4) 不要抬杠。交谈中，与人争辩、固执己见、强词夺理的行为是不足取的。自以为是、无理辩三分、得理不饶人的做法，有悖交谈的主旨。

(5) 不要否定。交谈应当求大同，存小异。如果对方的谈话没有违反伦理道德、侮辱国格人格等原则问题，就没有必要当面加以否定。

(6) 把握交谈时间。一次良好的交谈应该注意见好就收，适可而止。普通场合的谈话，最好在30min以内结束，最长不能超过1h。交谈中的发言也要控制在3～5min为宜。

(7) 避免低声耳语。如果多人交谈时，你只对其中一人窃窃私语，会给其他人造成你正在评论他们的印象，这种时候低声耳语会让其他人觉得你排斥了他们。

(8) 不要用手指点别人，需要指向他人时，应该把手指全部伸开，掌心朝上，用手掌指出那个人。

(9) 不要过分谦虚。受到表扬的时候，可以把自己快乐的心情直接告诉对方，比只是谦虚效果好多了，这时候，空气中都会充满了幸福的感觉。

(10) 不要挑剔别人的毛病。大家在一起的时候，如果总是挑剔别人的毛病，被挑毛病的人就会有负面情绪，应该从积极的角度思考，正确理解对方的想法和心情。

六、电话礼仪

(一) 打电话礼仪

电话是人们最常用的通讯工具。打电话时，要考虑对方是否方便。一般应在早上八时后晚上十时前。由于话筒传声与面谈有差异，因此，将话筒贴得太近或离得太远都不是好习惯，一般地说，音量以听清对方声音为标准，语速相对平时说话慢些，必要时，可用升调向对方投去友好的“微笑”，让对方感到亲切，但不可装腔作势，拿腔拿调。拿起听筒前，首先应明确通话后该说什么，如果内容多，就先打个腹稿，尤其给陌生人或名人、要人、上司时更是这样，给对方以沉着、思路清晰的感觉。

接通电话确证自己接通的电话号准确无误时，应立即简要报明自己的身份、姓名及要通话的人名，当对方答应你“稍候”时，应握着话筒静候，假如对方告诉你，要找的人不在，切不可鲁莽地将话筒“喀啦”一下挂断，应道“谢谢”后再挂断电话。

拨通电话后，应首先向对方问好，自报家门和证实对方的身份。通话时，语言要简洁明了。事情说完，道一声"再见"，及时挂上电话。在办公室打电话，要照顾到其他电话的进出，不能长久占线。

(二) 接听电话礼仪

电话铃响后，要迅速拿起电话机问候"您好"，自报家门，然后询问对方来电事由。要认真理解对方意图，并对对方的谈话作出积极回应。当电话交谈结束时，可询问对方，说些客套话，这既是尊重对方也是提醒对方，最后可说"再见"。电话内容讲完，应等对方放下话筒之后，自己再轻轻放下，以示尊敬。若是来电要找办公室的其他人，明确所找的人后，可立即回答，如遇要找的人不在，可婉转回答对方或告诉对方过会儿再打来。应备有电话记录本，对重要的电话做好记录。对方有重要事可转告或被要求记录下来，应认真予以记录，并将重点内容复述一遍，以证实是否有误。

电话交谈除了遵循的规范礼仪，还要注意交谈中的"忌讳"，一般注意以下4点：

(1) 内容应以双方共同感兴趣、需要商量的事情为主，对别人不愿谈及的事或容易引起悲痛伤心的事，应尽量回避，如遇不得已而提及，语言应婉转含蓄。

(2) 交谈中避免提及对方的生理缺陷。

(3) 不应随便议论长者和名人，特别不应把他们的私生活当做谈资，否则给人留下浅薄无聊的印象。

(4) 交谈中，如果无意中涉及某些话题，刺伤了对方，应立即道歉，请求原谅，这是交谈中应有的风度。

(三) 使用手机礼仪

使用个性化手机铃声应注意场合，铃声要和身份相匹配，音量不能太大，内容要健康，铃声不能给公众传导错误信息。开会、上课或其他重要集会时应关机或设置静音。非经同意，不能随意动别人的手机或代别人接听手机。不要用手机偷拍。使用手机还要注意以下几点：

(1) 电话号码在今天代表着人的身份，自己的电话号码是隐私，对于他人来说也是一样的。在有人询问同事电话时，应事先征得同事的同意后，再将号码告诉询问人。

(2) 如果遇到急事借用他人手机时须注意，应当面拨打给自己要呼叫的人，接通对话一般不要超过两分钟。如遇特殊情况，非得长时间接打电话，应事先征求机主的同意和谅解。同时，在打电话时应事先向通话方声明"我是在用他人手机"，以获得对方谅解并能及时结束通话，从而避免对方按照借用手机的号码回拨。

(3) 由于手机使用得频繁，我们经常会在宴席间接到电话，在这时应该礼貌的和同桌就餐的人说一声"对不起，我出去接个电话"。而不应该在餐桌上与来电者大声地、没完没了讲电话。

相关案例链接

商务社交场合接打电话的确是很不文明的行为,你意识到这点了吗?打算如何改进?

"偷偷"打手机

在日本,手机被认为是产生"噪音"的根源之一。在公共场合保持安静是日本社会的常识和规矩。这是因为:

第一、人们认为公共场合和私人场合有所不同,应该"公私分明";第二、自己的私事不应该让没有关系的人听到;第三、大声打手机会给别人的闭目养神或看书造成干扰。所以在公共汽车或火车上,车厢里都贴有不要使用手机的警示。车内广播经常会有如下的提示:"由于可能会给使用医疗器械的乘客造成不良影响,有手机的乘客请在车上关掉手机电源,恳请合作。如果需要接打电话,请按下手机的'礼貌通话钮',在车厢之间的连接处通话。"

公共汽车上或火车上有很多上班族,他们必须靠手机随时和公司、客户联系,既不能关机,又不好开机,怎么办呢?这种情况下只能把手机设成震动式,一接到电话,这类乘客就会快步跑到车厢的连接处,以免打扰到本车厢的乘客。

不只是在乘坐火车的时候,日本的餐厅多半也禁用手机,很少在餐厅里听到手机此起彼伏的尖叫,就算要接电话,也绝对不会听到有人以高亢的声音说:"听不清楚,喂、喂,大声一点儿。"更不会有人用手机聊天,在公共场合高谈阔论,以为大家都对他的谈话内容感兴趣似的。更绝的是,有些剧场或会议室内接不到手机信号,因为专门安装了反接收器,就是为了防止有人忘了关手机。

七、接待与用餐礼仪

商务谈判,有主场谈判和客场谈判之分。主场谈判时,应该做好对谈判对手的接待工作。因为这是表达主场谈判方情谊、体现礼貌素养的重要内容。尤其是迎接,是留给谈判对方良好第一印象的最重要工作。给对方留下好的第一印象,就为下一步深入接触打下了基础。

迎接商务合作伙伴,要有周密的部署,应注意以下事项。

(1) 对前来访问、洽谈业务、参加会议的外国、外地合作伙伴,应首先了解对方到达的车次、航班,安排与客人身份、职务相当的人员前去迎接。若因某种原因,相应身份的主人不能前往,前去迎接的主人应向客人作出礼貌的解释。

(2) 主人到车站、机场去迎接客人,应提前到达,恭候客人的到来,决不能迟到让客人久等。客人看到有人来迎接,内心必定感到非常高兴,若迎接来迟,必定会给客人心里留下阴影,事后无论怎样解释,都无法消除这种失职和不守信誉的印象。

(3) 接到客人后,应首先问候"一路辛苦了"、"欢迎您来到我们这个美丽的城市"、"欢迎您来到我们公司"等等。然后向对方作自我介绍,如果有名片,可送予对方。

(4) 接待人员带领客人到达目的地,应该有正确的引导方法。具体如下:①在走廊的引导方法。接待人员在客人二三步之前,配合步调,让客人走在内侧。②在楼梯的引导方法。当引导客人上楼时,应该让客人走在前面,接待人员走在后面，若是下楼时，应该由接待人员走在前面，客人在后面，上下楼梯时，接待人员应该注意客人的安全。③在电梯的引导方法。引导客人乘坐电梯时，接待人员先进入电梯，等客人进入后关闭电梯门，到达时，接待人员按“开”的钮，让客人先走出电梯。④客厅里的引导方法。当客人走入客厅，接待人员用手指示，请客人坐下，看到客人坐下后，才能行点头礼后离开。如客人错坐下座，应请客人改坐上座（一般靠近门的一方为下座）。

八、商务用餐礼仪

一般在正式的商务会谈当中，往往中间会穿插商务用餐，那么在商务用餐的时候，我们应该注意哪些细节呢？

商务用餐首先有一个前提，是以商务活动为主。就是说在商务用餐当中，进餐只是一种形式，真正的内容，是继续谈商务话题。

商务用餐的形式分成两大类。一类是比较松散的自助餐，或者是自助餐酒会。商务餐酒会一般都有嘉宾或主办方，由他们先即席发言。在嘉宾发言的时候，应该尽量停止手中的一切活动。通常自助餐不牵扯到座次的安排，大家可以在就餐区域来回地走动。另一类是正式的宴会，就是商务宴会。

（一）座位的礼仪

一般的宴会，除自助餐、茶会及酒会外，主人必须安排客人的席次，不能随便就座，避免引起主客及其他客人的不满。尤其有外交使团的场合，大使及代表之间，前后有序，绝不相让。

（二）桌次的顺序

一般家庭的宴会，饭厅置圆桌一台，自无桌次顺序的区分，但如果宴会设在饭店或礼堂，圆桌两桌或两桌以上时，则必须定其大小。其定位的原则，以背对饭厅或礼堂为正位，以右旁为大，左旁为小，如场地排有三桌，则以中间为大，右旁次之，左旁为小。

（三）席次的安排

宾客邀妥后，必须安排客人的席次。目前我国以中餐圆桌款宴，有中式及西式两种席次的安排。两种方式不一，但基本原则相同。一般而言，必须注意下列原则：

(1) 以右为尊，前述桌席的安排，已述及尊右的原则，席次的安排亦以右为尊、左为卑。故如男女主人并座，则男左女右，以右为大。如席设两桌，男、女主人分开主持，则以右桌为大。宾客席次的安排亦然，即以男女主人右侧为大，左侧为小。

(2) 职位或地位高者为尊，高者座上席，依职位高低，即官阶高低定位，不能逾越。

(3) 职位或地位相同，则必须依官职传统习惯定位。

(4) 遵守外交惯例，依各国的惯例，当一国政府的首长，如总统或总理款宴外宾时，则外交部长的排名在其他各部部长之前。

(5) 女士以夫为贵，其排名的秩序，与其丈夫相同。即在众多宾客中，男主宾排第一位，其夫人排第二位。但如邀请对象是女宾，因她是某部长，而她的先生官位不显，譬如是某大公司的董事长，则必须排在所有部长之后，夫不见得与妻同贵。

(6) 与宴宾客有政府官员、社会团体领袖及社会贤达参加的场合，则依政府官员、社会团体领袖、社会贤达为序。

(7) 欧美人士视宴会为最佳社交场合，故席位采用分座的原则，即男女分座，排位时男女互为间隔。夫妇、父女、母子、兄妹等必须分开。如有外宾在座，则华人与外宾杂坐。

九、馈赠礼仪

(一) 馈赠礼仪

要使交往对象愉快地接受馈赠，并不是件容易的事情。因为即便是你在馈赠原则指导之下选择了礼品，如果不讲究赠礼的艺术和礼仪，也很难通过馈赠行为达到结交对方的目的，甚至会适得其反。

馈赠时应注意的礼仪有：

(1) 注意礼品的包装。精美的包装不仅使礼品的外观更具艺术性和高雅的情调，并显现出赠礼人的文化和艺术品位，既有利于交往，又能引起受礼人的兴趣和探究心理及好奇心理，从而令双方愉快。好的礼品若没有讲究包装，不仅会使礼品逊色，使其内在价值大打折扣，使人产生“人参变萝卜”的缺憾感，而且还易使受礼人轻视礼品的内在价值，而无谓地折损了由礼品所寄托的情谊。

(2) 注意赠礼的场合。赠礼场合的选择，是十分重要的。尤其那些出于酬谢、应酬或有特殊目的的馈赠，更应注意赠礼场合的选择:通常情况下，当众给一群人中的某一个人赠礼是不合适的。因为那会使受礼人有受贿和受愚弄之感，而且会使没有受礼的人产生受冷落和受轻视之感。给关系密切的人送礼也不宜在公开场合进行，既然是关系密切，送礼的场合就应避开公众而在私下进行，以免给公众留下你们关系密切完全是靠物质支撑的感觉。只有礼轻情重的特殊礼物才适宜在大庭广众面前赠送。因为这时公众已变成你们真挚友情的见证人。如一本特别的书，一份特别的纪念品等，最好当着受礼人的面赠礼。

赠礼是为了巩固和维持双方的关系，必须是有针对对象的。因此赠礼时应当着受礼人的面，以便于观察受礼人对礼品的感受，并适时解答和说明礼品的功能、特性等，还可有意识地向受礼人传递你选择礼品时独具匠心的考虑，从而激发受礼人对你一片真情的感激和喜悦之情。

(3) 注意赠礼时的态度、动作和言语表达。平和友善的态度，落落大方的动作并伴有礼节性的语言表达，是令赠受礼双方都满意的。那种做贼似的悄悄将礼品置于桌下或房中某个角落的做法，不仅达不到馈赠的目的，甚至会适得其反。

(4) 注意赠礼的具体时间。一般说来，应在相见或道别时赠礼。

（二）受礼礼仪

(1) 受礼者应在赞美和夸奖声中收下礼品，并表示感谢。一般应赞美礼品的精致、优雅或实用，夸奖赠礼者的周到和细致，并伴有感谢之辞(按中国传统习惯，是伴有谦恭态度的感谢之辞)。

(2) 双手接过礼品。视具体情况或拆看或只看外包装，还可伴有请赠礼人介绍礼品功能、特性、使用方法等的邀请，以示对礼品的喜爱。

(3) 只要不是贿赂性礼品，一般最好不要拒收，那会很驳赠礼人面子的。如果觉得对方礼物过于贵重，可以找机会回礼。

（三）国际交往中的馈赠常识

世界各国，由于文化上的差异，不同历史、民族、社会、宗教的影响，在馈赠问题上的观念、喜好和禁忌有所不同。只有把握好这些特色，在交往馈赠活动中才能达到目的。

赠送礼品应考虑具体情况和场合。一般在赴私人家宴时，应为女主人带些小礼品，如花束、水果、土特产等。有小孩的，可送玩具、糖果。应邀参加婚礼，除艺术装饰品外，还可赠送花束及实用物品，新年、圣诞节时，一般可送日历、酒、茶、糖果、烟等。

礼物一般应当面赠送。礼贺节日、赠送年礼，可派人送上门或邮寄。这时应随礼品附上送礼人的名片，也可手写贺词，装在大小相当的信封中，信封上注明受礼人的姓名，贴在礼品包装皮的上方。

送礼时要注意态度、动作和语言表达。在我国，送礼时自己总会过分谦虚地说：薄礼！薄礼！只有一点小意思或很对不起……这种做法最好避免。当然，如果在赠送时一种近乎骄傲的口吻说：这是很贵重的东西！也不合适。在对所赠送的礼品进行介绍时，应该强调的是自己对受赠一方所怀有的好感与情义，而不是强调礼物的实际价值，否则，就落入了重礼而轻义的地步，甚至会使对方有一种接受贿赂的感觉。

因人因事因地施礼，是社交礼仪的规范之一，对于礼品的选择，也应符合这一规范要求。礼品的选择，要针对不同的受礼对象区别对待。一般说来，对家贫者，以实惠为佳；对富裕者，以精巧为佳；对恋人、爱人、情人，以纪念性为佳；对朋友，以趣味性为佳；对老人，以实用为佳；对孩子，以启智新颖为佳；对外宾，以特色为佳。

在经济日益发达的今天，人与人之间的距离逐渐缩短，接触面越来越广，一些迎来送往及喜庆宴贺的活动越来越多，彼此送礼的机会也随之增加。懂得送礼技巧，不仅能达到交流的效果，还可增进彼此感情。

十、会务礼仪

要提前布置会场，对会议必需的音响、照明、空调、投影、摄像设备进行必要的检查。将需用的文具、饮料预备齐全。商务谈判中，排列正式谈判的座次，可分为两种基本情况。

(一) 双边谈判

在商务谈判中,双边谈判最为多见。双边谈判的座次排列,主要有两种形式可供选择。

1. 横桌式

是指谈判桌在谈判室内横放,客方人员面门而坐,主方人员背门而坐。双方主谈者居中就座,其他人士则依其身份的高低,各自先右后左、自高而低地分别在己方一侧就座。双方主谈者的右侧之位,在国内谈判中可坐副手,而在涉外谈判中则应由译员就座。

2. 竖桌式

竖桌式座次排列是指谈判桌在谈判室内竖放。具体排位以进门时的方向为准,右侧由客场谈判者就座,左侧则由主场谈判者就座。在其他方面,则与横桌式排座相仿。

(二) 多边谈判

多边谈判的座次排列,主要也可分为两种形式。

1. 自由式

自由式即各方人士在谈判时自由就座,无需事先安排座次。

2. 主席式

主席式是指谈判室内,面向正门设置一个主席之位,由各方代表发言时使用。其他各方人士,则一律背对正门、面对主席之位分别就座。各方代表发言后,亦应下台就座。

成功重在细节,在商务谈判中同样适用。谈判时,合适的座次安排,在彰显主场谈判方谈判礼仪的同时,更体现了主场谈判方的企业形象。因此,商务谈判中,一定不要忽视对座次安排这个小小的细节。

商务谈判场所的选择和布置要注意以下事项:

(1) 商务谈判场所应舒适简洁宽敞大气,谈判桌要宽大,座椅、沙发要舒服,环境布置要有商业气氛,没必要为了高雅而故弄玄虚,将谈判场所弄得像个艺术陈列室。

(2) 在商务谈判中,双方的主谈者应该居中坐在平等而相对的位子上,谈判桌应该是长而宽阔,明净而考究的;其他谈判人员一般分列两侧而坐。这种座位的安排通常显示出正式、礼貌、尊重、平等。

(3) 如果是多边谈判,则各方的主谈者应该围坐于圆桌相应的位子。圆桌通常较大,也可分段而置;翻译人员及其他谈判工作人员一般围绕各自的主谈者分列两侧而坐,也可坐在主谈者的身后。

(4) 无论是双边谈判还是多边谈判,桌子和椅子的大小应当与环境和谈判相适应,任何不协调与别扭的随意安排都会给谈判者心理带来压抑感或不适。

(5) 与长方形谈判桌不同,圆形谈判桌通常给人以轻松自在感。所以在一些轻松友好的会见场所,一般采用圆桌。

(6) 无论是方桌还是圆桌,都应注意座位的朝向。通常人们总是认为面对门口的座位最具影响力，西方人觉得这个座位具有权力感，中国人则习惯称此座位为“上座”；而背朝门口的座位最不具影响力，西方人一般认为这个座位具有从属感，中国人习惯称此座位为“下座”，因此，在安排座位时要充分考虑谈判双方的心理习惯，避免发生不愉快。

经典案例赏析

宴请背后的“糖衣”

有一家美国公司的总经理，为了一桩十分重要的生意，亲自飞往日本准备参加两个公司间的谈判。经过 13 个小时的飞行，总经理早已精疲力竭，对他的随行人员说：“我现在最需求的是痛痛快快地洗个澡，然后美美地睡上一觉，所以下飞机后，咱们哪儿都不去，直接到宾馆。”没想到，刚一下飞机的舷梯，日本公司的一位穿戴十分讲究的年轻人迎上前来，非常热情地说：“我们公司的总经理已经为您准备了欢迎晚宴，现已恭候多时，请您一定赏光。”一边说一边不停地鞠躬施礼，其盛情使人实在难以推却，该美国公司总经理只好无可奈何地前去“赴宴”。

宴会上，不但酒菜十分丰盛，而且东道主也表现得特别热情，不知从哪里来的那么多的负责人，一个一个轮流来劝酒，也不知从哪里找来那么对的理由，把客人捧得晕头转向。这位美国公司总经理觉得这个晚上过得很痛快，所以直到深夜才返回宾馆休息。

第二天一早，美国公司总经理还在睡梦之中，日方便来人敲门，说日方的谈判代表已经等候多时，这位总经理匆匆忙忙地洗漱，穿戴完毕，来到谈判桌前。谈判期间日方的谈判代表精神焕发，双眼有神，头脑清醒，口齿伶俐，而这位总经理和他的随行人员还酒醉未醒，满脸倦意，结果在对方一阵凌厉的攻击下败下阵来。

用良好的礼仪、酒宴招待客人，并非都有恶意。但日本商人在谈判前安排的这次盛宴中，却暗藏“杀机”，虽不能置对手于死地，却是要诱其失败。这是利用“友好和善”的礼仪手段，间接“杀人”，属于笑里藏刀的“糖衣炮弹”之计。

思考与练习

姓名________　班级________　学号________

1. 名词解释

仪表

仪态

2. 单项选择

(1) 在一般的交往应酬之中,握手的标准伸手顺序是(　　)。

A. 地位低的人先伸手

B. 男士和女士握手时,应该是女士先伸手,女士有主动选择是否有进一步交往的权利

C. 晚辈和长辈握手,应该是晚辈先伸手

D. 上级和下级握手,应该是下级先伸手

(2) 下面关于谈话礼仪的错误描述是(　　)。

A. 不可用手指指人,做手势动作幅度要小

B. 谈话者之间应保持一定距离

C. 在公共场合男女之间不要耳鬓厮磨

D. 可陪同非亲属关系的异性长时间攀谈、耳语

(3) 馈赠时应注意的礼仪有(　　)。

A. 注意礼品的包装

B. 注意赠礼的场合

C. 注意赠礼时的态度、动作和言语表达

D. 注意强调礼品的价值

3. 多项选择

(1) 关于名片制作,正确的说法是(　　)。

A. 名片不随意涂改

B. 名片上不提供私宅电话

C. 名片上提供的头衔越多越好

D. 名片应该放在钱包里

(2) 以下关于接听电话的礼仪,正确的是(　　)。

A. 电话铃响后,要迅速拿起电话机问候“您好”

B. 电话内容讲完,应等对方放下话筒之后,自己再轻轻放下

C. 应备有电话记录本,对重要的电话做好记录

D. 大声与来电者长时间聊天

(3) 正确的受礼礼仪有(　　)。

A. 受礼者应在赞美和夸奖声中收下礼品,并表示感谢

B. 双手接过礼品

C. 拒收礼品

D. 可当面打开礼品

4. 填空题

(1) 双边谈判的座次排列,主要有两种形式:________和________。

(2) 礼品的选择,要针对不同的受礼对象区别对待。一般说来,对家贫者,以________为佳;对富裕者,以________为佳;

(3) 与长方形谈判桌不同,________通常给人以轻松自在感。所以在一些轻松友好的会见场所,一般采用________。

5. 简答题

(1) 在正式的商务谈判场合,女士应如何着装?

(2) 接打手机的礼仪有哪些?

(3) 与人交谈中,为什么要避免辩论?

6. 实训题

分组扮演不同角色练习握手与名片交换礼仪。练习中各小组设置1~2名督导,对每位同学的练习进行打分,如条件许可可录像,实训后一同观赏,找出自己的不足,共同学习进步。

项目十二 国际商务谈判中的文化要素

本项目内容结构图

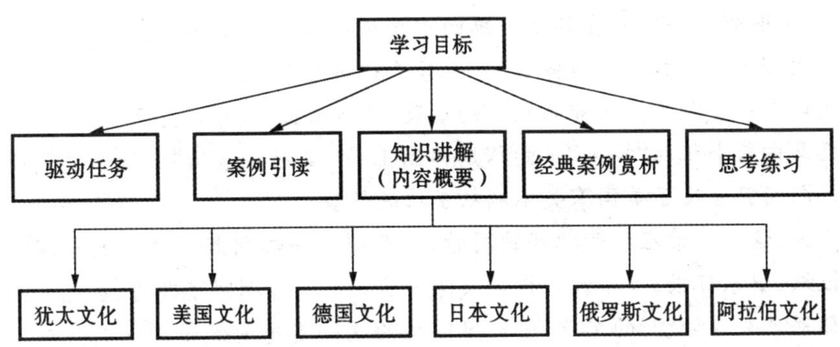

学习目标

• **知识目标**

(1) 了解世界各主要民族的文化风俗习惯。

(2) 掌握国际商务谈判中的礼仪。

• **能力目标**

(1) 了解各民族风俗习惯，树立正确的民族观念，掌握与世界各国人民打交道的礼仪。

(2) 国际商务谈判之前，能简单规划出与该国公司谈判的注意事项。

驱动任务

任务内容：阅读下面资料并回答问题。

案例1　中国某公司代表团赴某中东国家就某项目进行谈判。中方原本胜券在握，结果谈判最后以失败告终。究其原因，才知道，中方代表在谈判中频频双手交叉着说话。而在中东、近东诸国有个习惯，说话或跟对方面对面的时候，不可以双手交叉。在利比亚，你若双手交叉，会被认为在侮辱对方。其实，在任何国家，这种举止都被视为“态度傲慢”或是“不礼貌”。在中东、近东地区把这看得比较严重，认为是“侮辱”或是“挑衅”。

案例2　某公司欲与某美国公司洽谈业务，邀请该美国公司的业务主管共进晚餐。晚餐很丰富，有猪肉、狗肉、鸡脚、毛血旺等中国菜肴。后发现该美国业务主管在问了菜肴名称后竟一口未吃，只是礼节性地喝了一些酒，并找借口提前离开了。餐后中方公司才知道该美国公司业务主管是犹太裔美国人。

(1) 案例1中所呈现的情景在哪些场合是不适合的？试举例说明。

(2) 犹太商人遍布世界各地，与他们打交道需要注意什么？

案例引读

奥巴马"鞠躬"引发争议，被批有损国家尊严

2009年伦敦G20峰会的录像画面中出现了这样一个镜头：在奥巴马会见沙特阿拉伯国王阿卜杜拉的时候，只见他弯着腰同时上半身向前倾斜。这一谦恭姿态在美国国内受到右翼保守派人士的质疑。《华盛顿时报》4月7日发表社论，指责奥巴马向阿卜杜拉"鞠躬"是向穆斯林国王的"卑躬屈膝"，"贬低了美国的力量与尊严"，而且违反了美国有关不顺从王权的传统。

不过，这个情景在招致批评的同时，也获得了一些阿拉伯媒体的赞扬。阿拉伯语报纸《中东日报》专栏作家穆罕默德·迪亚卜8日撰写了题为《奥巴马向沙特国王鞠躬之背后秘密》的文章，他把奥巴马的这一姿态看做是鞠躬而且对这一举动大加称赞。全文如下：如果阿拉伯诗人穆太奈比没有写下"当我还在安然熟睡，其他人却彻夜不眠并为我的所作所为而忧心忡忡"的诗句，那么美国总统奥巴马或许会成为第一个说这话的人，因为它恰如其分地概括了他目前面临的现状。

很多美国人质疑自己的宗教归属，现在他们将这个问题对准了奥巴马总统：他是否如自己所言那样是个基督徒，或是个因政治野心被迫隐瞒自己信仰的穆斯林？民调显示，将近10%的美国人仍认为总统是个穆斯林，因为他的父亲是穆斯林，而且他也可以追根溯源到一个伊斯兰国家。尽管美国宪法没有禁止穆斯林参选总统，但涉及这个职位的时候法律也不是绝对的。奥巴马总统在伦敦G20峰会过程中向沙特国王阿卜杜拉鞠躬，再次引起人们有关其宗教信仰的猜疑。2008年总统大选共和党党内初选候选人加里·鲍尔表示，"他(指奥巴马)向穆斯林献殷勤的方式引人猜疑"，这表明奥巴马的对手在解释这个鞠躬的时候忽略了大量的事实。奥巴马童年时期是在印度尼西亚度过的。

通常情况下，鞠躬在印尼乃至整个东亚文化中是友好的表达，因此奥巴马希望借此展示他对国王人格的尊敬与欣赏。国王阿卜杜拉曾呼吁不同文化与不同宗教信仰的人们之间进行对话以减少仇恨、冲突和战争。美国右翼及其主导的媒体对此作出了过多的解读。事实上，奥巴马和夫人米歇尔以他们的魅力和智慧赢得了欧洲媒体的赞许，这是十分罕见的。这对夫妇始终都是焦点所在，他们所获得的礼遇甚至可以与当年的肯尼迪总统夫妇相提并论。但这是要付出代价的，它肯定会使那些不喜欢他们的人愈发火冒三丈，并吸引那些暗中伺机攻讦者的眼球(注：http://world.huanqiu.com/roll/2009-04/428587.html2009-04-10)。

知识讲解

一、犹太文化

犹太人被称为世界第一商人.他们如何成就了几千年不败的商业神话?解读犹太文化,或许能帮助你找出答案。

(一) 与犹太人交往的重要原则——遵守契约、信守诺言

“约”是犹太文化中一个非常关键的概念。犹太文化的核心是与上帝立约,借上帝晓谕摩西而宣布律法是凝聚犹太共同体的最基本的文化规范。

关于犹太人与上帝立约的文化故事,人们或许会有这样的疑问:为什么上帝不直接颁布、强制执行律法而要选择犹太人的领袖摩西来宣布他的旨意?这是一个十分有趣的问题:像希伯来人那样处于社会发展初期的弱小民族,何以较世界上其他民族为先,在上古就采用这种颇含近代意味的立约形式来表达律法或民族文化共同形式的呢?这里主要有 3 个原因:第一,由于犹太民族发生于作为商道和中介地带的地区,其中有不少人从事交换和经商。游牧民族本身需经常性地交换,才能取得各种日用品,因此以双边“约”的形式来处理日常事务成为一种文化心态和行为。因此有学者认为犹太民族这种立约的做法更适用于一个商业社会。第二,是由于犹太民族分散的族类来源和社会阶层来源,部落的合成又往往是在战争情况下进行的,因此,以“约”的形式汇集人群、组成更大的群体,也是经常发生的事情。在圣经中,关于立约的文字很多,在新的地方安营也要以立约为形式确定信仰关系等。也就是说,与上帝立约的故事是与现实关系和处理关系的方式同构的,因此,这些虚妄的宗教性质的文化意象不过是现实的折射而已。

犹太教认为:犹太人是上帝从万民中拣选出来的一个特殊民族,是与他订立契约的特殊选民。而契约观念正是千百年来维系着犹太民族流而不亡、散而不灭的最重要的纽带。

《创世记》第 15 章中记录了上帝与希伯来人的先祖亚伯拉罕立约的故事。总体来说,这项契约是关于上帝对希伯来人的永恒应许和恩惠;在这项契约中,上帝应许要赐给亚伯拉罕一个儿子,亚伯拉罕因此要成为多国的父;上帝还应许要祝福他的子孙后代,并要求亚伯拉罕凭着信心接受这些应许。上帝与犹太民族的特殊关系由此确立,这项契约也成为犹太民族与上帝之间其他契约的基础。

旧约《出埃及》记中叙述了摩西与上帝立约的故事。在西奈山上,摩西代表犹太民族再次明确了与上帝的特殊关系。如果说上帝与亚伯拉罕的契约是个人之间约定的话,那么上帝与摩西所立的约则代表了整个民族对上帝的集体承诺,对每个犹太人都具有约束力。上帝与摩西的约定,主要体现在被称为《托拉》的《摩西五经》即《圣经旧约》的前五卷《创世记》、《出埃及》、《利未记》、《民数记》和《申命记》当中。

《托拉》为犹太人规定了 613 条戒律条文,这些戒律都是上帝在西奈山向摩西提出的。分为训令类和禁令类两大类,其内容涉及犹太人生活的各个方面,如:神职人员的职责与特权、平民的法律地位、权利与义务、财产所有权、债务处理、婚姻

与家庭、生活习惯、起居饮食、犯罪与刑罚、审判机构与诉讼,等等。

按照希伯来《圣经》的说法,大约在公元前2000年前,犹太人的始祖亚伯拉罕就开始否认外邦神的灵性,强调一神崇拜。他通过与上帝的立约,确立了上帝与希伯来人的特殊关系,在这种关系中,上帝是最高意志的体现者,他主宰着希伯来人的命运。一方面,人应该虔诚地敬畏与服从上帝;另一方面,上帝对人也承担着不可忽略的承诺与责任,这种神人之间互为依存的关系奠定了犹太一神教的雏形。

约公元前1250年,犹太人在民族英雄摩西的带领下逃出埃及,在沙漠中颠沛流离多年,经历了千辛万苦才来到西奈山下。这时,有些人对前程失去了信心,有的开始了偶像崇拜。为了借助神的力量威慑人心,团结民众,摩西以先知的身份向希伯来人展示了上帝赐予的两块石板,上面刻着著名的《摩西十诫》。《摩西十诫》的前四条强调的是宗教信仰的唯一性,禁止以色列人对他神的崇拜;后六条属于社会伦理的范畴,目的在于协调人与人之间的社会关系。包括如何劝人行善归真,如何处理好人与上帝的关系、人与人之间的关系等,并以此为基础,制定了逾越节、五旬节和住棚节等主要宗教节日。

契约观是犹太教的基本教义之一,《圣经》中多次记载上帝与希伯来人的立约。继《圣经·创世记》第九章中上帝与挪亚的"彩虹之约"以后,上帝又与亚伯兰、摩西两度立约。上帝对99岁的亚伯兰说:"我是全能的神。你当在我面前作完全人,我就与你立约。使你的后裔极其繁多。""我与你立约:你要做多国的父。从此以后,你的名不再叫亚伯兰,要叫亚伯拉罕,因为我已立你作多国的父。我必使你的后裔极其繁多;国度从你而立,君王从你而出。我要与你并你世世代代的后裔坚立我的约,作永远的约,是要作你和你后裔的神。我要将你现在寄居的地,就是迦南全地,赐给你和你的后裔永远为业,我也必作他们的神。"这样,就以选民的方式建立了上帝与希伯来人之间的特殊关系。在这种关系中,上帝是群体意志的最高体现,它主宰着希伯来人的命运。这种神人之间交感互通、互相依存的关系是贯穿于希伯来《圣经》中的一条主线。用犹太思想家布伯的话来说,这种神圣的契约不是一种法学意义上的契约,而是一种类似结婚誓言的联系纽带,它以互相信赖为基础,将二者联系起来。犹太人的契约观在人类思想史上第一次给神人关系赋予了新的色彩,打破了长期以来把人置于绝对被动地位的历史宿命观。只是到了王国时期,国王们为了加强统治,才全面地强调了契约对人的单方面的约束作用,而逐渐忽略了上帝的职责。在契约观中,上帝与亚伯兰、摩西等人的立约,并非与个人立约,而是与整个犹太群体、犹太民族立约。因为当时那种恶劣的自然环境使个人的生存不得不依赖于群体之间的良性关系,既能发展集体利益,又能保障个人的生存,正是这种需求促成了契约观念的产生。可见,在犹太民族当时所处的环境中,只有游牧部落的集体行为才能与大自然相抗衡,而维系团体的安全需要与群体的密切契合,个人只有对群体负责尽职,自觉地接受团体的某些约束,才能使大家都得以生存,因此,就产生了约的端倪。在当时宗教观念占支配地位的社会里,这种约往往通过某种宗教仪式表现出来,使之成圣,并附上了神秘色彩，从而产生了一种非凡的威慑和约束力量，使人意识到若侵犯了这个约（或称禁忌和戒律），某人受团体保护和祝福的权利就会被剥夺；若取消了这个约，就更意味着社会和群体部落的解体。总之，要生存就要自觉接受约束。

王国分裂之后，忧国忧民的先知们在评判北朝以色列和南朝犹大的功过是非时，也始终以整个民族为立足点，以对本民族的"约"的履行状况为标准，从而体现出一种以集体利益为重的原则。

无论过去还是现在，使一个犹太人成其为犹太人的，正是这种对犹太法的宗奉。是它给了犹太人以族类的身份。这个法规定着他们行为的一切方面，给出了无穷的诠释。这种《塔木德》式的诡辩自然使拉比们同时成为争端双方的代言人：在整个犹太史的大部分时间里，拉比就是律师。自从亚伯拉罕向上帝挑战以来，犹太人就一直对专断的权威存有疑问。作为"世界上对不公正感最大的鉴赏家"，犹太人形成了这样一种观念，就是为了让公正取胜，人们必须介入裁决过程。主张一种神圣力量颁发最高命令的观念，被主张一个同其子民订有协议的上帝概念取代了。这是一个革命性的神学概念，它以后成了一条革命性的政治信条。

也许犹太法的创立和发展也起因于相类似的条件，因为这种律法不仅起着联络各部落的作用，而且在 3000 年的历史进程中，它还必须对散亡时期形形色色的社会和众多的经济体制进行抗争。而《圣经》中的戒律及其注释、法典、规定和祈祷文的汇编，构成了犹太法的核心。

律师在某种意义上，是犹太人称为家传手艺的职业。无论在资本主义还是社会主义社会中，犹太律师都业务兴隆。以色列的律师多得泛滥，世界上没有任何其他国家能比得上它：每 405 人就有一个律师。有些理论家提出，犹太人法学毕业生雨后春笋般地涌现的原因之一，是犹太人对法律的自然亲近性。它来自于犹太人对圣典和律法不懈的钻研。由宗教向世俗转变，以现世的问题来替换来世的问题，是不难办到的。另一种理论认为，犹太人在本性上就比非犹太人好争讼。

由于犹太人极为重视契约在经济交往中的重要性。犹太人也希望用契约来约束人们的经济行为。

犹太人做生意时，签订契约之前一定要对交易的每一个环节都做详细的讨论，在签约时更谨小慎微，他们会推敲合同的每一个条款，甚至对各条款中的每一个概念都详加考虑，力求字斟句酌，一旦签约，不管发生任何困难也要履行契约，绝不毁约。

另外，犹太教的契约精神使犹太人确立了交换意识。交换意识是他们成为商业民族的直接原因。犹太人将交换意识深入到宗教信仰中，就使他们的商业活动得到了信仰的支持，犹太人成了商业化民族。

契约是对交换的一种法律保证，契约之中包含着对交换的肯定。犹太人和上帝签订的契约是"假若犹太人信守上帝的约，上帝就护佑犹太人"。人和神的这种契约关系说明犹太人理解的人神关系是一种交换关系，将人神关系理解为交换关系意味着在他们的文化价值系统中交换观念具有充分的正价值，以积极的态度来理解交换导致了他们用交换的态度来处理各种社会关系。对交换作积极评价源于他们的“客民”身份和商业活动，而交换深入他们的信仰之后又促使他们更积极地从事商业活动。犹太人既善于从事经商与借贷，又安于其中的法律与道德的限制。因为经商与放贷既是经济活动，同时又是人与人之间的一种法律关系，其中渗透着一种契约精神，它不仅在当时调节着人与人之间的借贷关系，使之符合法律与伦理规定，而且在后来的市场经济中被加以运用和发挥。德国学者维尔纳·桑巴特以全新的眼光来评价犹太人对金融和商业的贡献，认为犹太教有利于资本主义发展，犹太人是“第一个把现代商业的大宗商品投入世界市场的人”。从这个意义上说，与之相关的犹太借贷伦理已经融入现代借贷必须遵守的规范中了。

最后，犹太人还有一种强烈的道德感和进行教化的激情。从《圣经》时期以来，他们一直以律法的民族著称，即以其他民族的挫折和失败来进行说教、传授学问，有时还借以抬高自己。这种对没有律法的低级品种的倨傲态度，一直给他们带来无尽的冲突和敌意。

在世人眼中，犹太人生来就是一个颐使气指、爱管闲事的民族，无时无刻不在教训这个世界什么是正当的、什么是不正当的。从摩西以来，犹太人就挥舞着道德的大棒，高喊者：汝不应逼女为娼，汝不应杀人、偷盗、作伪证。他们嘲笑鸡奸这种异教徒的嬉戏，称之为兽行。他们把以美学为名杀死丑陋儿童的希腊习俗斥之为谋杀。他们揭露献身于宗教的妓女，说它是道德的沦丧。他们拒斥君权神授和酷刑合法的观点。他们系统地建立了世界上第一个不准非法搜查的法律，而且给予被控告者以与控告者对质的权利。把摩西十诫作为一面大旗帜高举着，犹太人穿过一个又一个世纪，大步行进。

犹太人将诚信作为一个基本的道德规范，是对人们的共同要求。与人交往，自己首先要保持诚信，信守诺言。同时，“信”字还包含同心相知、彼此信任的意思。总之，犹太人不仅自己遵守契约，也要求和他们交往的人信守诺言、遵守契约，经验告诉他们：“给对方以仁慈让步，就是对自己的残忍”。

(二) 与犹太商人的交往——重视金钱，珍惜自我

若想与犹太商人打交道，首先要了解他们与众不同的特征。犹太商人不同于其他民族的最显著的特征是：他们不仅重视金钱而且还珍惜自我。

这种意识来自犹太教的教化。因为犹太教不仅仅是一种虚幻的宗教理想，而且是一种实实在在的生活方式。也就是说，犹太教赋予平平常常的世俗生活以信仰的性质和意义。在犹太教中，并没有把神圣与世俗截然分开，而是试图追求一种既合乎宗教精神，又不违背人性特点的信仰方式。在很大程度上正是这种务实的精神，给备受磨难的犹太民族注入了强大的生命活力与创造能力，使这个小小的民族在思想、哲学、科学、经济等各个领域为人类的进步与发展做出了突出的贡献。

犹太教和任何宗教一样，都是为了给人以希望与信念。但它和其他宗教不同的地方在于，信仰的终极目的——“千年王国”不是在遥远的未来，而是在现世。犹太教认为，虽然在现实生活中有不可避免的灾难与痛苦，在来世的幸福中可以得到补偿(即不否认来世)，但不要仅把希望寄托于未来，而是要关注今世的生活。

它很少有超越人世的性质和神秘主义的迹象。它不专注于来世，而是注重今生。它的目的在于社会和伦理方面——推进正义与和睦的社会，消除人与人之间的不人道行动，而不是使人在来世得到拯救。犹太人既不相信有天堂地狱，也不相信有上帝的劲敌撒旦。可见拉比犹太教的一个显著的特征是，它吸收了个人不朽的概念而没有贬低现世的价值。

在犹太教经典——《圣经》和《塔木德》中，上帝常常给虔信者以功利性的回报，或富足繁华，或多子多福，或长寿无忧。《约伯记》中上帝倍加赐予正值人约伯，就是最好的例证。在对待世俗生活的态度上，犹太教认为，既然世上万物均为上帝所造，那么，享受神所赐予的一切便是做人的义务。犹太教所赋予人们的真谛是：适度地享受生活而又不忘追求道德境界的人才是最贤明的。《塔木德》中有不少情境设问都反映了这一观点。在处理"道德"与"欲望"的矛盾时，犹太教推崇同样的原则。

拿最敏感的话题"性"来说，犹太教认为，"性"属于"恶冲动"的范畴，但彻底否认"性"的存在是不人道的。适度的和为生育而进行的性生活是必不可少的，因为"性"也是上帝所造就的人类本性之一；为了更完美地生活，不必把自己禁锢于"性"之外。犹太人认为，神职人员也是人，也不能排除正常的性需求。一个人可以在短期内不发生性关系，但终身如此未免扼杀人性。在他们看来，"凡教师不能没有妻子，凡拉比不能没有结婚"。用一位拉比的话来说，"无妻之男人无乐、无福、无善……就一个男人而言，他爱妻子胜过爱自己，尊重她胜过尊重自己，用正确的道路引导子女，到婚龄便为他们安排婚事"。但是，犹太教极力反对过度的性行为与婚外性行为，在宗教节日与女性月经期也禁止性生活。

这和中国传统文化、基督教文化以及佛教文化是非常不同的。在中国的传统文化尤其是宋明理学中，奉"天理"为至上，主张"灭人欲"、"绝恶念"；在基督教文化中，自亚当、夏娃偷吃禁果之日起，"人欲"便被钉上了原罪的十字架；佛教也把"人欲"作为万恶之源。可见，长期以来，在人们的观念中，禁欲与苦行似乎已成为宗教的基本特征。而犹太教在这个问题上，则独树一帜，将宗教与世俗生活完美地结合起来。例如，他们虔诚地信奉上帝，遵守安息日，并在安息日这一天中止一切商业活动，也不思考任何与工作有关的问题；而同时，《塔木德》作为犹太人的宗教圣典，其中又包含了很多关于钱的论述，如："身体依心而生存，心则依靠钱包而生存。""钱不是罪恶，也不是诅咒，它在祝福着人们。"可见，犹太文化是一种既注重理性思辨，又强调功利性、机巧性与实用性的文化。

其次，犹太商人还崇尚公平公正、诚实无欺的原则。

任何学者都讨论"公义"或"公正"。《旧约》记述中有一个显著的特点，即把公义视为上帝的属性。《诗篇》第 119 章第 137 节中说："上帝啊，你是公义的，你的判语也是正直的。"在《约伯记》第 8 章第 3 节和第 29 章第 14 节中分别出现这样的句子："上帝岂能偏离公平？全能者岂能偏离公义？""上帝以公义为衣服，以公平为外袍和冠冕"。

上帝作为绝对公义的化身，而为上帝传递旨意的先知因行公义而成为公义的使者。例如阿摩司就被称为“公义的先知”。公元前 8 世纪北国以色列在耶罗波安二世任国王时，表面上的繁荣中却出现了极为深刻的社会矛盾。阿摩司尖锐地抨击了种种不公义的社会弊端：“你们这使公义变为阴暗，将公义丢弃于地的……你们怨恨那在城门口责备人的、憎恶那说正直话的。你们践踏贫民、向他们勒索麦子”，“我知道你们的罪过何等多，你们的罪恶何等大，你们苦待义人，收受贿赂，在城门口屈枉穷乏人。”还预言作恶的领导人必无好下场并导致以色列的毁灭。他希望“唯愿公平如大海滚滚，使公义如江河滔滔。”这是百姓的希望和心声，又因渗透上帝的旨意而带有神学意味。阿摩司的预言包括“耶罗波安必被刀杀，以色列民定被掳去，离开本土”，后来都成为事实。他的预言突破了个人是否公义的表层而进入民族与国家的命运这一更深刻的层面，所以又寓含着对领导人是否公义与国家命运休戚相关这个问题的思考。在和犹太商人交往过程中，一定要注意以诚信取胜。

再来看看犹太商人关于借贷的训诫：借贷古已有之。《旧约·出埃及记》第 22 章第 25 节中说：“我民中有贫穷人与你同住，你若借钱给他，不可如放债的向他取利。”然而，在实际生活中不按律法规定的借贷时有发生。大卫在受到扫罗妒忌和加害时藏匿在亚杜兰洞，许多“受窘迫的、欠债的、心理苦恼的都聚集到大卫那里，约有 400 人。”

既然犹太人内部债务不准取利息，那么债权人取借债人家中之物或扣人作抵押，是否符合犹太伦理？综合《申命记》、《约伯记》和《阿摩司书》的情况来看，这既不合犹太律法也不符合犹太伦理。《旧约》的这些部分明确规定：不准取借债人家中磨石、常穿的衣服、寡妇的牛等物作抵押，更不允许沦人为奴。贷债还钱是应该的，但不能将债务人生活的最后依靠也加以剥夺。沦人为奴不符合大家同为上帝子民的平等原则。这些部分还规定，不准扣留借债人过夜；债务到第 7 年仍无力偿还，债主应豁免举债人，而且不能向他的弟兄或邻居追讨。

然而在实际生活中，收受重息的现象经常发生于犹太人之中，公元前 445 年领导民众重修耶路撒冷城墙的尼希米就斥责这种同胞中盘剥的现象。为了扭转这种风气，他以身作则不取利息，并规劝放贷者：“我劝你们将他们的田地、葡萄园、橄榄园、房屋，并向他们所取的银钱、粮食、酒和油、百分之一的利息，都归还他们。”尼希米并没有下令不准向同胞取利息，只是从道德上以身作则，并对债主加以规劝。

在犹太人内部的这些律法规定和伦理要求，不能扩大到犹太人与外族人之间的借贷关系，也就是说，外族人向犹太人借债，犹太人应该向他们收取利息，即使债期达 7 年之时，也不能享受豁免。后来因为基督教会限制教徒放债，加之犹太人的金融意识和理财能力非一般人可比，形成了一批以放债为业的犹太富人。在长达十多个世纪中，在外族人中放债的犹太富人成了一个经久不衰的话题。在一些特殊的历史时期，犹太债主成了各种反犹事件的迫害对象，还成了不少文艺作品加以抨击与挖苦的形象。

可见，犹太人虽然信奉犹太教，但是他们并没有禁欲主义的观念。和犹太商人交往，更要注意他们重视金钱、珍惜自我、崇尚公正的一面。

（三）犹太人的饮食禁忌

饮食禁忌是犹太人一个十分明显的标志。《圣经·旧约》的《利未记》和《申命记》中将食物分为洁净与不洁净两种，并规定凡是不洁净的食物一律不可接触和食用。凡是植物、禽类都可吃，兽类则只准吃偶蹄类反刍者，也就是牛、羊、鹿等；猪、兔、马、骆驼肉等都属于不洁净的食物，不可食用。因老、病和非正常死亡的牛、羊、禽类也是不洁净的，不能食用。《圣经·旧约》还规定不准吃生肉，不准同时吃牛肉、饮牛奶；不准吃带血的食物；不准吃牛、羊腹膜下的脂油；不准吃牛、羊蹄筋，这是因为《圣经·创世记》中记载了犹太先祖雅各与天使摔跤角力而伤了腿筋，为此犹太人在宰杀牛、羊时都会挑出腿筋不食。

另外，凡在水中、陆地或空中靠食腐物为生的动物，包括无鳍、无鳞、无骨、有壳类的水生动物，如鳗鱼、虾、龙虾、蛤蜊等，也都被认为是不洁净的食物，不能食用。

在洁净之物中，凡因非屠宰而死、屠宰时非一刀毙命或者屠宰时未履行宗教程序的，都不能食用。

虔诚的犹太教徒家中通常要备两套餐具，一套用来吃肉，一套用来盛奶制品。此外，还要备两个洗碗池和两套茶巾。一些特别虔诚的犹太教徒为确保所吃食物时洁净食品，只吃本派拉比检验并由本派教徒制作的罐装牛、羊肉。如果这些罐头吃完，他们就以蔬菜和水果充饥，连餐馆的餐具也不使用。另外，他们也不饮用非犹太人参与酿造的酒。

犹太教法还规定，可以食用的动物要由一名经过专门训练、考试合格并注册了的屠宰师屠宰。在犹太社会，屠宰师这个行业通常是父子相传的。屠宰时必须采用犹太教特有的屠宰方法——礼定屠宰法。根据犹太教的规定，牲畜只有用礼定屠宰法屠宰其肉方可食用，否则就被视为不洁净而不得食用。屠宰师在屠宰动物时，必须一刀致死，屠刀必须直接切断被屠宰动物的颈部，不得扎刺、戳杀，也不得自内而外地挑断其食管或气管。屠宰用刀不得有半点缺损，刀口不得伤及颈部以外的其他部位。这种屠宰方法可以使动物的血迅速地从体内排出，以使之经历最小限度的痛苦。当这个动物被完好地屠宰后，要将肉泡在冷水里，撒上盐，以清除肉中多余的血。屠宰师行礼定屠宰时，必须有合格的屠宰巡礼员在一旁检验动物，观看屠宰过程，确认是否合礼。屠宰后的肉类必须由屠宰检验员包装，方可作为洁净食品出售。

犹太人的主食是饼，有用小麦面做的，也有用大麦面做的，而后者一般为家境不好者食用。由于饼在犹太人的食物中占头等地位，被视为生命线，所以，他们吃饼时一般不用刀切，而是用手掰，唯恐用刀割断了生命线。

自以色列独立后，新的饮食传统慢慢浮现。人们开始在乡间野餐，食谱中包括烤串、Kebob（东方式的汉堡包）和肉排。在野餐的第一道菜无一例外的是tehina（芝麻酱为主的食品）和hummus（鸡豆酱为主的食品），这些菜式来自他们的阿拉伯邻居，已经融入他们的日常食谱。

丰盛的以色列早餐也是一大特色。早餐包括沙拉,不同种类的奶酪、橄榄、独具特色的以色列面包、果汁及咖啡。这种代表以色列人民热情的满桌美食有着其犹太文化渊源。据圣经中的一则故事记载,三位天使曾经到族长亚伯拉罕和他妻子萨拉居住的帐篷中拜访,他们得到了盛宴招待。

以色列用餐的次序和内容都与美国方式不同。以色列一天之中的主餐通常是午餐,这也是孩子们从学校回家的时候。也有少数家庭采取美国方式,在晚上安排主餐。以色列的晚餐通常量比较小,主要内容是奶制品、沙拉和蛋。有一些来源于圣经的饮食规定已经成为犹太人日常饮食习惯不可分割的内容。

因为犹太人在饮食方面的禁忌比较多,所以有相当一部分犹太人——尤其是正统派犹太教徒,是不愿意与外邦人(即非犹太人)一起进餐的。若想邀请犹太人朋友吃饭,一定要事先征求对方的同意,若是被拒绝,也不必有挫折感。另外还要注意的是,即使是和不再信奉犹太教的世俗犹太人进餐,也一定要尊重对方的饮食习惯,在何种餐厅进餐也最好由对方来决定。到街头小摊上用餐是绝对不允许的,犹太贤哲曾这样说过:“在街市上吃饭的人就像狗一样”。

二、美国文化

(一) 美国文化概述

美国文化是典型的个人主义文化。美国文化的主要内容是强调个人价值,追求民主自由,崇尚开拓和竞争,讲求理性和实用,其核心是个人中心主义,即个人至上、追求个人利益和个人享受,强调通过个人奋斗、个人自我设计,追求个人价值的最终实现。个人主义将每个人都视为一个独立的、至高无上的实体,他拥有一种不可让渡的生命权,这种权利来自其作为理性存在的本性。每个人本身就是目的,而不是实现他人目的的手段。任何团体——社会、国家、种族或民族,都不能选出人之生命的任何部分属于它,从而进行处置。人的个人身份、道德价值和政治权利属于作为个体的人,而不是属于作为任何集体成员的人。

这种刻意塑造自我,追求个性化的个人主义有其积极的一面,也有消极的一面。它调动了个人的积极性,使许多人的智慧和潜力得以充分发挥,然而也使得整个社会缺乏凝聚力。

个人主义与集体主义都有各自的利弊,你能举例说明吗?

美国的开国元勋在两种哲学基础上缔造了美国:首先,捍卫理性;然后是作为一种结果的个人主义的原则,承认人有追求幸福的权利,其幸福通过自身的思想和努力来达到。个人可以凭借自己的头脑,为了自己的利益自由行事。这就是美国的政治体系和资本主义的基础。

美国文化崇尚理性,认为理性是发挥人类理性的无限威力。美国建国时期的一位启蒙主义者曾经说过:所有世俗以及宗教的暴君的宏大目标……就是为了压制头脑中所有的高级活动,扼杀思维的能量,并通过这种方式使整个地球服务于他们自己的特殊利益。美国的制宪元勋们认为,人从本质上是理性的动物,无论他人还是别的什么东西都没有权利要求个人盲目服从。由于人的本质的原因,应当允许他自由行使其理性,并在理性判断的指导下行动。人的行为的动机应该是追求幸福。因为财富的创造者是人而不是自然力，因此人有权拥有私有财产。这就是美国人主张的人的不可剥夺的权利。

美国制度的基础是基于对不可转让的个人权利的承认。美国的政治哲学是建立在人对于自己的生命、自由和追求幸福的权利基础上的，或者说建立在人只为自己存在的权利上的。这是美国隐含的道德观。从建国开始，美国就经历着其政治制度和利他主义道德之间的冲突。要么是基于理性的新道德，结果是自由、公正、进步，以及人在尘世的幸福，要么是利他主义的原始道德，其结果是奴役、蛮力、恐怖，以及牺牲。

美国的核心道德观就是资本主义的道德观，这种道德观的前提是：人是自身的目的，而不是实现别人目标的手段，人必须为自己生存，既不为了别人牺牲自己，也不为了自己牺牲别人，人与人之间的关系就如同做生意一样，根据互惠互利的原则作出自愿的选择。这就是美国建国的道德前提：人对自己生命的权利、对自由的权利、追求自我幸福的权利。

根据这些原则，美国建立了代议制的政府，使人们有权选择自己的代理人，亦即在自己国家的政府中代表他自己的人。政府因此而获得被统治者授权的正当权利。任何组织的行为和言论只能代表其成员，而不能代表其他人。任何组织都不可以成为一个人的代理人，除非得到这个人自己的承认和同意。

按照美国开国元勋的看法，美国人拥有生命、自由、财产和追求幸福的权利，这些合法的权利都是行动的权利，而不是来自他人的恩惠。美国人的权利没有对他人设置任何义务，只是一种你不要干涉他人的消极义务。这种制度保证了你有机会去努力争取你想要的一切，但不会不劳而获地得到他人的施舍。这种制度允许你自由地思考、行动、生产并尝试从未尝试过的新事物，其原则产生作用的方式是鼓励劳动与成就，惩罚消极。

> 你如何理解美国人的权利观与中国人的权利观？由此你是否能总结出与美国人合作交往的原则？

美国公众注重成就，仰慕英雄，有深厚的成就崇拜和英雄崇拜的心理积淀。个人成就是所有美国人价值观中评价最高的价值之一。美国人有很强的成就（成功）意识。成功是所有美国人的追求，是他们前进的动力。他们坚信，一个人的价值就等于他在事业上的成就。一些事业有成的企业家、科学家、艺术家和各类明星，成了新时代的英雄。他们个人奋斗的过程和结果，成了社会文化价值取向的参照系、父母教育子女的活教材。

美国是流动性很大的社会。这种流动体现在两个方面：地域性流动和社会性流动。美国相对的开放自由、发达的交通和冒险好动的传统使许多美国人从乡村流到城市，又从市中心流向郊区；从北方流到南方阳光地带，从一个城市流到另一个城市。美国社会阶级不像欧洲国家那样固定，加上公共教育的普及，使向上的社会流动成为可能。许多生活在美国的人，无论是土生土长的美国人，还是漂洋过海来到美国的外国移民，都有一个梦，即通过自己的努力，改变自己的社会地位，实现自己的人生梦想，这就是人们常津津乐道的“美国梦”。

（二）美国人的商业行为特征

1. 自信心强，自我感觉良好

美国是世界上经济技术最发达的国家之一。国民经济实力也最为雄厚，不论是美国人所讲的语言，还是美国人所使用的货币，都在世界经济中占有重要的地位。英语几乎是国际谈判的通用语言，世界贸易有50%以上用美元结算。所有这些，都使美国人对自己的国家深感自豪，对自己的民族具有强烈的自尊感与荣誉感。这种心理在他们的贸易活动中充分表现出来。他们在谈判中，自信心和自尊感都比较强，加之他们所信奉的自我奋斗的信条，常使与他们打交道的外国谈判者感到美国人有自我优越感。

美国人的自信还表现在他们坚持公平合理的原则上。他们认为两方进行交易，双方都要有利可图。在这一原则下，他们会提出一个"合理"方案，并认为是十分公平合理的。他们的谈判方式是喜欢在双方接触的初始就阐明自己的立场、观点，推出自己的方案，以争取主动。在双方的洽商中充满自信，语言明确肯定，计算也科学准确。如果双方出现分歧，他们只会怀疑对方的分析、计算，而坚持自己的看法。

美国人的自信，还表现在对本国产品的品质优越、技术先进性毫不掩饰的称赞上。他们认为，如果你有十分能力，就要表现出十分来，千万不要遮掩、谦虚，否则很可能被看做是无能。如果你的产品质量过硬，性能优越，就要让购买你产品的人认识到，那种到实践中才检验的想法，美国人认为是不妥的。

美国人的谈判方式往往让人觉得美国人傲慢、自信。他们说话声音大、频率快，办事讲究效率，而且很少讲对不起。他们喜欢别人按他们的意愿行事，喜欢以自我为中心。"想让美国人显得谦卑、暴露自己的不足，承认自己的无知实在太困难了。"总之，美国人的自信让他们赢得了许多生意，但是也让东方人感到他们咄咄逼人、傲慢、自大或粗鲁。

2. 讲究实际，注重利益

美国人做交易，往往以获取经济利益作为最终目标。所以，他们有时对日本人、中国人在谈判中要考虑其他方面的因素，如由政治关系所形成的利益共同体等表示不可理解。尽管他们注重实际利益，但他们一般不漫天要价，也不喜欢别人漫天要价。他们认为，做买卖要双方都获利，不管哪一方提出的方案都要公平合理。所以，美国人对于日本人、中国人习惯的注重友情和看在老朋友的面子上，可以随意通融的做法很不适应。

美国人做生意时更多考虑的是做生意所能带来的实际利益，而不是生意人之间的私人交情。所以亚洲国家和拉美国家的人都有这种感觉：美国人谈生意就是直接谈生意，不注意在洽商中培养双方的友谊感情，而且还力图把生意和友谊清楚地分开，所以显得比较生硬。但从美国人的角度看，他们对友谊与生意的看法却与我们大相径庭。一位美国专家指出：美国人感到，在中国，像是到朋友家做客，而不像做生意。同中国人谈判，是"客人"与"主人"的谈判。中国人掌握着谈判日程和议事内容，他们有礼貌，或采取各种暗示、非直接的形式请客人先谈，让客人"亮底"，如谈判出现障碍或僵局时，东道主会十分热情地盛宴招待对方。中国人的客气和热情，常使美国的“客人”为顾全情面做出慷慨大方的决策。

美国人注重实际利益，还表现在他们一旦签订了合同，非常重视合同的法律性，合同履约率较高。在他们看来，如果签订合同不能履约，那么就要严格按照合同的违约条款支付赔偿金和违约金，没有再协商的余地。所以，他们也十分注重违约条款的洽商与执行。

3. 热情坦率，性格外向

美国人属于性格外向的民族。他们的喜怒哀乐大多通过他们的言行举止表现出来。在谈判中，他们精力充沛，感情洋溢，不论在陈述己方观点，还是表明对对方的立场态度上，都比较直接坦率。如果对方提出的建议他们不能接受，他们也是毫不隐讳的直言相告，甚至唯恐对方误会了。所以，他们对日本人和中国人的表达方式表示了明显的异议。美国人常对中国人在谈判中的迂回曲折、兜圈子感到莫名其妙。对于中国人在谈判中用微妙的暗示来提出实质性的要求，美国人感到十分不习惯。他们常常惋惜，不少美国厂商因不善于品味中国人的暗示，失去了不少极好的交易机会。

谈判中的直率也好，暗示也好，看起来是谈判风格的不同，实际上是文化差异的问题。东方人认为直接地拒绝对方、表明自己的要求，会损害对方的面子，僵化关系，像美国人那样感情爆发、直率、激烈的言辞是缺乏修养的表现。同样，东方人所推崇的谦虚、有耐性、涵养，可能会被美国人认为是虚伪、客套、耍花招。

美国人的性格通常是外向的。因此，有人将美国人的性格特点归纳为：外露、坦率、真挚、热情、自信、滔滔不绝，追求物质上的实际利益。

与美国人做生意，“是”和“否”必须保持清楚，这是一条基本的原则。当无法接受对方提出的条款时，要明白地告诉对方不能接受，而不要含糊其辞，使对方存有希望。有些人为不致失去继续洽谈的机会，便摆出有意接受的样子而含糊作答，常常会导致纠纷的产生。万一发生了纠纷，就更要注意谈判的态度，必须诚恳、认真，绝对不要笑。因为在美国人看来，出现了纠纷而争论时，双方的心情都很恶劣，笑容必定是装出来的，这就会使得对方更为生气，甚至认为你已经自认理亏了。

与美国人谈判，绝对不要指名批评某人。指责客户公司中某人的缺点，或把以前与某人有过摩擦的事作为话题，或把处于竞争关系的公司的缺点抖搂出来进行贬抑等，都是绝对不可以的。这是因为美国人谈到第三者时，都会顾及避免损伤对方的人格。这点，务必牢记于心，否则是会被对方蔑视的。

4. 重合同，法律观念强

美国是一个高度法制的国家。据有关资料披露：平均 450 名美国人就有一名律师，这与美国人解决矛盾纠纷习惯于诉诸法律有直接的关系。他们这种法律观念在商业交易中也表现得十分明显。美国人认为，交易最重要的是经济利益。为了保证自己的利益，最公正、最妥善的解决办法就是依靠法律、依靠合同，而其他的都是靠不住的。因此，他们特别看重合同。十分认真地讨论合同条款，而且特别重视合同违约的赔偿条款。一旦双方在执行合同条款中出现意外情况，就按双方事先同意的责任条款处理。因此，美国人在商业谈判中对于合同条款的讨论特别详细、具体，也关心合同适用的法律，以便在执行合同中能顺利地解决各种问题。

美国人的这种法律意识与中国人的传统观念反差较大，这也反映在中美谈判人员的洽商中。中国人重视协议的"精神"，而美国人重视协议本身的条文。

美国人重合同、重法律，还表现在他们认为商业合同就是商业合同，朋友归朋友，两者之间不能混淆起来。私交再好，甚至是父子关系，在经济利益上也是绝对分明的。因此，美国人对中国人的传统观念"既然是老朋友，就可以理所当然地要对方提供更优惠的待遇，出让更大的利益"表示难以理解。这一点也值得我们认真考虑，并在谈判中加以注意。

(五) 注重时间效率

美国是一个高度发达的国家，生活节奏比较快。这使得美国人特别重视、珍惜时间，注重活动的效率。所以在商务谈判中，美国人常抱怨其他国家的谈判对手拖延，缺乏工作效率，而这些国家的人也埋怨美国人缺少耐心。

在美国企业中，各级部门职责分明，分工具体。因此，谈判的信息收集、决策都比较快速、高效率。加之他们个性外向、坦率，所以，他们谈判的特点一般是开门见山，报价及提出的具体条件也比较客观，水分较少。他们也喜欢对方这样做，几经磋商后，两方意见很快趋于一致。但如果对方的谈判特点与他们不一致或正相反，那么他们就会感到十分不适，而且常常把他们的不满直接表示出来，就更显得他们缺乏耐心。

美国商人重视时间，还表现在做事要一切井然有序，有一定的计划性。不喜欢事先没安排妥当的不速之客来访。与美国人约会，早到或迟到都是不礼貌的。

三、德国文化

(一) 德国人的民族起源

今天的日耳曼人是欧洲的一个古老民族，早在公元前 5 世纪，他们就以部落集团的形式分布在北海和波罗的海周围的北欧地区。古罗马人称他们为日耳曼人。就其历史发展而言，它可分为南北两大支系。北支系在北欧地区发展，成为现在的瑞典人、挪威人和丹麦人的祖先。南方支系又分成东、西两支。在此后漫长的历史长河中，该支系本身及其语言都同化在地中海沿岸各民族之中。由此，我们不难看出，德意志民族的形成经历了一个漫长的发展过程。今天虽然原始形态的古老部族早已不复存在，取而代之的是与部族同名的联邦州，但由于德国历史上小邦分治的状态持续了相当长的时间，它们都以自己的方式继承了部族传统，并把这些传统、方言乃至部族的性格特征保留下来，一直延续至今。由此，在德国，人们被分为巴伐利亚人、施瓦本人、莱茵兰人、黑森人、梅克伦堡人、萨克森人、威斯特法伦人等。人们对他们的性格特征也有一些固定的看法，比如，梅克伦堡人沉默寡言、莱茵兰人豪放开朗、威斯特法伦人老成持重、施瓦本人省吃俭用、萨克森人勤劳机灵等。他们不仅在性格上有差异，就是在建筑和居住区的风格、日常习惯、服装以及食谱上也都保留了各自突出的特点。

（二）德国人的谈判风格

德国是西方经济大国，贸易额大，其谈判思维对国际商业谈判影响不小且有本民族的文化特征。不少谈判者认为，与德国谈判者谈判比较乏味，数学色彩太浓，缺乏幽默。但其文化特征既有很强的建设性因素，又有攻击性很强的一面。在国际商业活动中体现的德国文化特征，主要表现在性格上和谈判表述上。

他们谈判时，会明确表示做成交易的希望，准确安排谈判议题和日程。陈述方案清楚、果断、还价幅度不大。一般都觉得与德国人不好谈判，但执行合同态度较好。应该说这只是很普通的参考性说法，而实际情况比这要复杂得多。

来到中国市场的德国人，分初次来与多次来、有经验与无经验。初次来华的德国人在法律条文谈判上，呈现了倔犟和不妥协性，而在价格条件上则可以灵活。他们因为不知底线，非常注重保护措施。为了进入新市场，价格条件具有一定的灵活性。因此谈判的强攻点要准，不能硬碰硬。但在法律方面的谈判是以介绍情况入手，以互相制约的方式确定条件，以态度温和的方式进行针锋相对的谈判。有的谈判新手常被对方坚持的条件所左右，而失去自己的立场。原则上，作为卖方的谈判人员应多考虑买方的条件以利履约。而买方则应该坚持自己采购条件，以确保得到合理购买价格。

德国人思维的系统性、条理性强，谈判目标明确，如能明确指出他们的缺陷并加以改善，则会使谈判增加几分成功机会。不可在思考不够严谨的形势下，过分坚持自己没有条理性的表达方式。这样做，德国的谈判对手会失望。即使对手出于礼貌屈从附和，也不会得到有效的回应。但有时由于迫于要做成生意，老练的德国谈判对手也会放弃先天的习惯，改变自己适应新的环境，耐心、随和，只求签订契约。

德国人一向以严谨著称。对于德国人的具体性格特点，有人分析总结为：倔犟，缺乏灵活性，思考问题有系统性，准备周到，有时很自负。那么，在与德国人的商务谈判中，有哪些注意事项呢？

(1) 与德国人谈判，要穿着整洁，保持得体的举止。处事要克制，宁愿保持沉默，也不要主动提出无根据的看法。

(2) 要有充分准备。建议和陈述应该详尽、有逻辑性，具有适当的专业资料。应该对产品和合同细节有全面的知识。谈判建议应该具体而切实，并以一种清晰、有序和权威性的方式对其加以陈述。

(3) 德国人在做生意时极为注意秩序和计划性，对模棱两可的事情感到不愉快。谈判气氛要严肃。

(4) 不要谋求在正式礼仪之外的个人之间关系。德国人都希望保持距离，直到生意有结果为止，尽管年轻的德国人更随和些，也要避免用开玩笑的方式打破沉默。

(5) 避免表示惊奇和过分要价。不要在正式的会议上突然向你的对方提出一个令人吃惊的新建议。

(6) 德国合同常比美国合同更详细，在这一方面，德国在全世界都比较出名。

德国的合同会详尽说明在美国合同中属于无须指出的规范的贸易实务的内容。因此，与德国人谈判，要做足功课，事先拟好详尽的合同。

四、日本文化

（一）日本文化概述

菊花与军刀看起来是彼此矛盾的两个事物. 日本民族如何在民族性上天衣无缝地融合了这两者?

日本独特的地理条件和悠久的历史，孕育了别具一格的日本文化。樱花、和服、武士、清酒、神道教构成了传统日本的两个方面——菊与刀。同事，日本还有著名的“三道”，即日本民间的茶道、花道、书道。

无论日本和中国在历史上的文化交流有多么频繁，相互影响有多么深远，从古至今，日本文化的发展还是有它的许多特点，有许多既不同于中国，又不同于西方的发展规律。著名日本人研究专家、美国文化人类学家本尼迪克特在她的名著《菊与刀》一书中提出，日本人的行为模式属于“耻感文化”，而西方文化背景的人属于“罪感文化”。前者的行为要靠外部的约束力来监督，人们的行为是根据别人的态度来决定的。后者则主要依靠内省和反思，靠内心中的信仰原则来自我约束。

在日本文化形成与发展的过程中，有许多看起来是很矛盾对立的现象却和谐地结合在了一起，从而形成了自具一格的东亚文化，这种情况可以说是举世罕见的。美国哲学家穆尔认为，日本文化是“所有伟大的传统中最神秘的，最离奇的”。

这种矛盾与统一首先表现在文化的吸收性和独立性方面。

从历史上看，在1000多年的时间里，日本大量吸收了中国的大唐文化。1868年德川政权崩溃、明治维新开始后，日本进入了“文明开化”时期。在这个时期，日本按照11个世纪前全盘接受中国文化的方法引进西方的文明，并取得了巨大的效果。任何一种文化的形成与发展都要受许多因素的影响，本国的和外国的历史，以及佛教、儒教甚至基督教都曾对日本文化起过作用，日本在变化，但是却从未真正脱离其最古老的本土文化根源。

以上这种情况可以从日本社会的许多现象看出来。现在电视、空调、汽车、电脑、出国度假等已深深地渗入了日本的普通家庭，日本人的生活表面变得无可辨认了。尽管如此，在现代化的帷幕背后仍旧保留了许多属于日本本土文化的东西，从深层分析看，日本仍是一个传统的国家。

其次，这种矛盾还体现在日本旧时的官方文化和民间文化。

在日本古代，不论政府如何强调外来文化，民间文化在很大程度上还是有所保留。

在一个很长的历史时期内，人们可以在政府准许、控制的许多地区的界线内随心所欲。暴烈的娱乐和荒诞的色情在官方的严格控制下仍旧成为人们发泄情感的重要手段。不论时代如何变迁，这类文化的根本性变化很小，对这个现象的重要性是不可低估的。

总的说来，日本民族是一个文雅的民族。在日常生活中，日本人“轻柔、温顺、礼貌而且温和”，他们是以“温和的人的感情”而不是以“干巴巴的、生硬的理论思想"来表达他们自己的情感。和大多数其他民族相比，日本人更受感情的约束。例如，当两个人争论时，西方人往往生气地说："你难道不明白我说的意思吗?"而如果是日本人，他会将怒火和不悦隐藏在礼貌的面具之下，说道："你难道不明白我的感情吗?"总之，日本人比较宽容，常常用不同的方式维持着表面的和谐，冲突总是被一层温和的、礼貌的面纱所掩盖。

(二) 日本人的谈判风格

1. 谈判周期长

与日本人谈判需要花费大量的时间，通常是与西方人谈判时间的4倍。泰帝公司通讯事业部主管伯纳德总结说："日本的谈判者可能会在你已经对谈判表现出厌倦的时候才进入正题。"日本尼桑汽车厂曾经和美国田纳西州政府就一项价值6.6亿美元的轻型卡车组装厂项目进行谈判，该生产厂原本计划6个月后开始投产，不料谈判过程就花费了15个月。美方谈判者约瑟夫·戴维斯回忆说："日本人在谈判中可以就同一个问题让四五个人问十多次，大大拖延了谈判时间。"

与日本人谈判时间长的一个原因是，他们每一位低层经理都希望按照本国习惯，由公司主要股东请对方谈判者饱餐一顿。当西方经理们发现，他将要面对的是日方一个由10～15人组成的庞大谈判代表团时，常常会觉得很震惊。但这还只是开始，日方每次谈判开会都会有不同方面的专家加入，这使得谈判局面更加复杂。

日方人员在谈判桌上可能总是点头说"嗨"，但这并不表明他同意你的意见，只是表示谈判可以继续下去的一个语气词。谈判者千万不要误解日本人的这种礼貌行为。同时，日本人在思考某个问题而陷入沉默时，也常常会使对方很迷惑，以为是自己弄错了什么。美国ITT公司曾经与一家日本公司进行过谈判，在合同签字之前日方代表忽然陷入了沉默。此时，美方总裁以为是由于自己过于坚持触怒了对方，于是赶快表示还可以有些让步。当双方签订合同后，一位专家告诉美方总裁，如果当时他能再坚持几分钟，就可以把后来让步的25万美元节约下来。

2. 女性一般不参加正式谈判

与日本人的谈判还有一点值得注意，那就是女士很少参与正式谈判，因为女士很难获得平等的商业地位。在日本，妇女一般都被排除在大公司的管理层之外；更重要的原因在于，在与日本人谈判时，社交活动往往都是一些适合男性的活动。另外，日本企业也会尽量不派35岁以下的管理者参加重要谈判。试想，如果你派了一名年轻人同日方一位65岁的负责人进行谈判，本身就意味着对日本对手的不尊敬。

总之，成功的外方谈判者与日本人之间的谈判，看上去就像是两个日本人之间的谈判。外方谈判者要学会不让对方猜透他的心思，表现出非常的耐心，很注重礼貌，就像是一位日本谈判者。

（三）与日本人谈判的注意事项

在国际市场上，合作双方的谈判是一场斗智斗勇的较量，日本代表被誉为“难以对付的谈判对手”，他们在谈判桌上显示出独特的风格，一向以精明老练著称，善于运用一些令人意想不到的技巧来出奇制胜。例如：在谈判之前，他们首先要充分了解对方，做到知己知彼；在谈判过程中，他们自始至终都彬彬有礼、沉着冷静、充满自信；当遇到焦点问题时，他们又针锋相对、坚定不移、寸步不让。和日本代表“打交道”时，要想获得更多的利益，必须在谈判桌上占据主动。因此，了解日本代表的谈判风格至关重要。

1. 谈判之前，首先要充分了解对方

与日本代表“打过交道”的人都有体会，要想和他们谈生意、建立起合作关系，不是一件容易的事情，不能急于求成，需要先花费一定的时间和他们交朋友，搞好人际关系。如果急于求成，一定会适得其反，即使在短时间内达成协议，勉强建立了合作关系，也一定是以苛刻的条件作为代价，占不到什么便宜。事实上，在生意场上，日本代表即使看出与对方合作有利可图，内心十分想和对方合作，也不会在表面上流露出来，而是偏偏做出一副不急的样子，先与合作伙伴进行与生意无关的朋友式交往，向谈判对手提出一些似乎与生意无关的问题，以此来创造一个轻松、友好的合作氛围，打下良好的人际关系基础，更重要的是在与合作伙伴交往的过程中，侧面观察和私下了解对方的个性、实力、信誉、做事风格等，以求对对方有一个充分的了解。一句话，就是先不急于进入正题，确定了合作目标之后，先摸清对方的底细，做到知己知彼。日本代表显露出来的表面上的友善，对于生意伙伴具有很强的迷惑作用，是“烟幕弹”，在其后面，则是“暗藏杀机”。所以，在和日本代表谈生意时，千万不要被他们表面的态度所迷惑。

日本代表先和生意伙伴建立亲密关系的另外一个目的，是让对方相信自己是真诚地和对方合作，并且一定会承担任何责任和义务。因为，日本人从小的时候起，就接受在社会中要对他人尽义务、不给别人添麻烦的传统教育。在思想意识中，牢牢铭记着个人要对公司尽义务、公司要对社会尽义务的传统观念。谈判之前，他们要让对手相信，作为合作伙伴，他们能够尽到合作伙伴应尽的责任和义务。

因此，在与对方就正题进行谈判之前，日本代表总是会想方设法、千方百计地深入了解对方，和对方搞好人际关系。这既有利于今后的合作，又可以迷惑对方，让对方放松警惕，从而低估自己的实力，摸清对方的底线，为后面在谈判桌上出其不意地占据主动打下基础。日本人认为：在正式谈判之前，花时间培养关系，不是浪费时间，它也是谈判的一部分，可以在今后的谈判中带来意想不到的收益。

2. 在谈判过程中，始终彬彬有礼、沉着冷静、充满自信

从初次相识到谈判最终结束，日本代表始终都是彬彬有礼、笑容可掬；而在内心里，他们沉着冷静、充满自信。即使在谈判过程中出现尴尬局面或者纰漏，他们也会用一个微笑来掩饰一时的紧张和慌乱，让对手难以察觉，不给对手乘机进攻

和占据主动的机会。

当对方在表明自己的观点时，日本代表总是不断地点头称(嗯)、(是)或(嗯、是这样)，给对方造成一种错觉：仿佛同意对方所说的话，双方意见一致，很快就可以达成协议。然而，这实际上是误解了日本代表"点头称是"的意思。了解日本文化习俗的人都知道，日本代表"点头称是"只表示自己在倾听对方说话："是的，我在听你说话"，而并不表示赞同对方的观点："是的，我同意"。日本人认为：对方说话时，点头称是，是出于一种礼貌。

日本代表彬彬有礼的态度，不是对任何人都千篇一律，也要因谈判对手的身份和与自己的关系而有所不同。由于在谈判之前，他们早已摸清了对手的情况，也早已确定了谈判方案，所以，在谈判中，他们会胸有成竹、充满自信，按照事先确定的方案一步步实施下去。即使是初次见面，在交换名片之后，他们也会对名片上的信息进行研究，来估量对方的身份，分析对方的性格、经历、弱点以及对方将要采取的态度，确定对方在整个谈判中所占的分量以及在谈判中将要扮演的角色。经过一番缜密的研究和分析之后，他们再确定如何与之打交道。经过充分准备，他们当然会充满信心、沉着冷静。

五、俄罗斯文化

(一) 俄罗斯文化概述

俄罗斯独特的地理位置在某种程度上创造了俄罗斯文化的民族性，同时也在某种程度上塑造了俄罗斯精神的双重性。恰达耶夫在《俄罗斯思想文集/箴言集》中说道："有一个事实，它凌驾在我们的历史运动之上，它像一根红线贯穿着我们全部的历史……它是我们政治伟大之重要的因素和我们精神软弱之真正的原因，这一事实就是地理的事实。"

地跨欧亚大陆不仅仅是俄罗斯在地理位置上的特点，更是它在历史发展过程中的特点。俄罗斯民族的历史是一部不同于西方国家也不同于东方国家，却深深地受着东西方文化影响的历史。恰达耶夫说："我们处在世界的两大部分——东方和西方之间。""东方与西方两股历史之流在俄罗斯发生碰撞，俄罗斯处在二者的相互作用之中。俄罗斯民族不是纯粹的欧洲民族，也不是纯粹的亚洲民族。俄罗斯是世界的完整部分，它将巨大的东西方两个世界结合在一起。在俄罗斯精神中，东方与西方两种因素永远在相互角力。"在一千多年的历史长河中，俄罗斯一直徘徊于东西方文化之间。它选择着、摇摆着，在这种选择与摇摆中形成了兼容东西方文明实质的俄罗斯精神和存在于其中的两面性。

俄罗斯人的民族性格与俄罗斯的地理位置有关系吗？体现在哪里？

(二) 俄罗斯人的民族性格

俄罗斯诗人丘特切夫曾经说过："用理性不能理解俄罗斯，用一般的标准也无法衡量它"，如何在理性和一般的标准之外找到答案？恐怕只有从俄罗斯人的民族性格入手。

1. 勇敢顽强坚忍不拔

不竭的资源，让俄罗斯人无须勤劳节俭去创造财富。然而恶劣的气候又使俄罗斯人饱尝了生活的艰辛，从而磨炼了他们的意志，培养了他们吃苦耐劳的品格。

俄罗斯人小事马虎，大事不糊涂。平时大大咧咧，粗心大意，但是到了关键时刻，特别是国家存亡和发展的重要关头，都能毫不犹豫地挺身而出，表现出大无畏的精神。这个民族具有很强的凝聚力，不易被其他民族所压垮，却要压倒敌人。

历史上，俄罗斯是一个军事色彩非常强的国家，他们出过彼得大帝、苏沃洛夫、库图佐夫、朱可夫等世界著名统帅。俄罗斯崇敬英雄，年轻人的婚礼仪式之一，就是到当地一个英雄的纪念碑前献花。在圣彼得堡几乎每天都可以看到彼得大帝青铜骑士塑像前的一对对结婚青年。

俄罗斯人有很强的男子汉气概，他们从不对小孩娇生惯养，从小就培养他们的勇敢精神，常可以看到很小的孩子跟大人一起步行，而不是背着或抱着。

2. 自尊心很强

俄罗斯人是不喜欢认错的民族，到俄罗斯看一下，可以发现尽管目前俄罗斯经济不好，有的年轻人也崇洋，但总体上讲俄罗斯人不崇洋媚外，更不低三下四，甚至仍然保留有一点大国沙文主义的气质，以至于在大街上很少见到英文的路标。但他们有时也盲目骄傲，非常固执，不会轻易改变自己的看法和主张。

3. 急躁情绪

俄罗斯人总是急于解决问题。整个民族具有激进或极端的倾向，所以历史上苏联领导者总是犯有“左倾”的错误。俄罗斯人的急躁和性急与他们的单向、片面的思维方式有关。看问题比较绝对。有一时的耐心，但缺乏持久的耐心。

4. 极强的文明礼貌

俄罗斯是一个讲究绅士风度的民族，尤其是圣彼得堡人。例如：上剧院看节目，不论男女都穿得整整齐齐。与俄罗斯姑娘结婚的中国人都会在出门时被嘱咐：注意自己的绅士风度。如在 1998 年金融危机时，俄罗斯卢布每天贬值近一半，在银行门口的排队人群，仍然是安静整齐，没有任何人插队，真是令人难以置信：“当自己的血汗钱正在迅速化为废纸时”，一个民族仍能保持文明礼貌，这真是一种强大的精神力量。

5. 处理问题比较极端

到过俄罗斯的人都会知道，如果你要光顾的商店 12 点下班，那么哪怕你 12 点零一分去，也会被礼貌地拒绝。乘火车旅行，俄罗斯人会拿出自己的酒和食品与你共享，但在停车场，哪怕你存车过了一两分钟，一样要收一个小时的钱。一丝不苟，但是缺乏灵活性。

(三) 俄罗斯人的谈判风格

俄罗斯是一个重工业发达的国家，经济处于上升的阶段。中俄的边贸一直也比较活跃，进一步了解俄罗斯的礼仪文化以及谈判特点对促进中俄贸易的发展、使我方在谈判中能做到不失礼同时又能争取主动具有重要的作用。

1. 关系之于俄罗斯人

在俄罗斯，注重关系的含义可能与其他同样重视关系的国家有一些不同，其中最为主要的一点是：语言交流。与东亚和东南亚的一些国家不同，俄罗斯的谈判代表习惯于使用较为直接的语言来表达自己的意思，甚至有时候会有些生硬。这一点与许多重视关系的国家不同，其他国家的人们习惯于使用一些间接的、带有丰富内涵的语言。而俄罗斯人既重视关系，又习惯于那些直接的、意义不是非常丰富的语言，这在世界各国当中是非常少见的。同时，伏特加酒似乎更有利于建立和谐的关系。对于访问者来说，一个功能良好的肝脏就和聪明的大脑一样重要。

2. 俄罗斯人的礼节

俄罗斯人的礼节表现在人们的穿着、会见以及问候礼仪方面。俄罗斯人的礼仪礼节具体表现在如下方面：

(1) 衣着规范。穿着比较保守。

(2) 会面和问候。在会面的时候，要握手并且介绍你自己的名字。不必说类似与“你好”之类的客套话。

(3) 交换名片。要随身带着足够数量的名片，名片上说明你在组织当中的职务，以及其他头衔。

(4) 谈话主题。不要谈论战争、政治或是宗教等话题。同时，俄罗斯人对于俄罗斯丧失超级强权地位的话题十分敏感。

(5) 商务礼物。高级钢笔、书籍、音乐CD、太阳能计算器、酒、名片夹、礼品、香皂、T恤衫等都可以作为礼物。

(6) 商务招待。应邀到俄罗斯人家里做客是一件非常荣幸的事情，因此如果有人邀请你去家里做客，一定要接受邀请。但是，一般的商务招待则都是在饭店里进行的。

(7) 喝酒。俄罗斯人似乎对酒精有很强的耐受力。外国人在这一方面很难与俄罗斯人相比。为了不至于喝多，只在别人敬酒的时候喝就可以了。如果敬酒的人太多，那么每次只是稍微吸吮一点就好。做好准备，至少也要喝上一两瓶小瓶的伏特加酒。

(8) 与俄罗斯人谈判的注意事项：①销售陈述。尤其是在首次会面的时候，进行陈述介绍的时候不要以玩笑的口吻开始。要向对方表明，你对待谈判的态度是十分严肃的。在陈述的过程当中，要加上一定的事实和技术数据。②在俄罗斯人看来，进攻型一词具有一些负面的涵义。在谈判当中不能提出“妥协方案”，许多俄罗斯人认为妥协方案在道义上是有问题的。如果有问题争执不下的时候，可以建议双方再次进行协商，或是使你的提议建立在对方作出同样让步的基础上。③议价风格。谈判的过程会是比较困难的，有时候会遇到双方对峙的情况，甚至还会因为对方拍案而起、生气、过于激动、大声叫喊或是走出会议室而暂时中断。对于某些俄罗斯的谈判代表来说，他们仍然保留着原来苏联的这些谈判风格。对待这些情况的策略就是保持冷静。俄罗斯的谈判代表采取上述行为常常是为了使你变得不耐烦。在这种情况下，你就需要有足够的耐心。④解决争端。如果出现对某些条款争执不下的情况，应该求助于第三国进行仲裁，通常各个国家都选择瑞典来进行裁定。

六、阿拉伯文化

如果说在中央集权制的国家，商业活动由国家计划控制，那么，在阿拉伯国家，商业活动一般则由扩大了的家族来指挥。在这些国家中，人们十分看重对家庭和朋友所承担的义务，相互提供帮助和救济，家族关系在社会经济生活中占有重要地位。此外，阿拉伯人信奉伊斯兰教，禁忌特别多，酒是绝对不能饮的，自然，酒也不能作为礼品馈赠。阿拉伯世界凝聚力的核心是阿拉伯语和伊斯兰教。虽然对这些你不一定精通和信奉，但当你到这些国家访问洽商时，做些基本了解还是十分必要的。比如，遇到斋月，阿拉伯人在太阳落山之前，既不吃也不喝。你也要做到入乡随俗，尽量避免接触食物和茶，如果主人把这些放在待客的房间里，你也要表示理解并尊重他们的习俗。

阿拉伯人具有沙漠地区的传统。首先，他们十分好客，任何人来访，他们都会十分热情地接待。因此，谈判过程也常常被一些突然来访的客人打断，主人可能会抛下你，与新来的人谈天说地。与他们谈判，你必须适应这种习惯，学会忍耐和见机行事。这样，你就会获得阿拉伯人的信赖。这是达成交易的关键。

其次，阿拉伯人不太讲究时间观念，也经常会随意中断或拖延谈判，决策过程也较长。但这些不能归结于他们的拖拉和无效率。这种拖延也可能表明他们对你的建议有不满之处，而且尽管他们暗示了哪些地方令他们不满，你却没有捕捉到这些信号，也没有做出积极的反应。这时，他们并不当着你的面说“不”字，而是根本不做任何决定。他们希望时间能帮助他们达到目的，否则就让谈判自然告吹。

再次，阿拉伯人也不喜欢刚一见面就匆忙谈生意。他们认为，一见面就谈生意是不礼貌的事情。他们希望能花点儿时间同你谈谈社会问题和其他问题，寒暄一般要占去15min或更多的时间，有时甚至要几个小时，因此，你最好把何时开始谈生意的主动权交给阿拉伯人。

最后，与阿拉伯人做生意，寻找当地代理商也是十分必要的。专家建议，无论同私营企业谈判，还是同政府部门谈判，代理商是必不可少的。这些代理商操着纯正的阿拉伯语，有着广泛的社会关系网，熟悉民风国情，特别是同你所要洽商的企业有直接或间接的联系。这些都是你做生意所必需的。阿拉伯人做生意特别重视朋友的关系。许多外国商人都认为，初次与阿拉伯人交往，很难在一两次交谈中涉及以业务问题。只有经过长时间的交往，特别是你与他们建立了友谊，才可能进行真正的交易谈判。而有中间商从中斡旋，则可大大加快这种进程。如果是中间商替你推销商品，交易也会比较顺利。需指出的是，中东是一个敏感的政治冲突地区，在谈生意时，要尽量避免涉及政治问题，更要远离女性话题。在任何场合都要得体地表示你对当地人宗教的尊重与理解。

阿拉伯民族受欧美文化影响比较深，但仍强烈地保持了穆斯林以及沙漠人和非洲人的特性；以宗教划派，以部族为群，富有地区的人较好客，喜欢用手势和其他动作表达思想，缺乏时间观念，极好讨价还价，追求小团体或个人利益。如能以我回族或懂伊斯兰教义又会讲阿拉伯语的人和他们做生意，必然比汉族人更方便。也就是说，要取得好感和信任，必须尊重对方的教义和习俗。否则要维持谈判将很困难。

同时，对其松散的时间观念应予以理解。一方面要防止对方随意中断谈判，另一方面又要善于恢复中断的谈判和失去的谈判机会。不要太重视某个中断前几乎成功的机会。要想早成功，可以在谈判前多做准备。

阿拉伯人有个习惯就是做生意喜欢讨价还价。他们认为：没有讨价还价就不是“严肃的谈判”。无论地摊、小店、大店均可以讨价还价。标牌价仅是卖主的“报价”。更有甚者，不还价即买走东西的人，还不如讨价还价后什么也没买的人受卖主的尊重。

学会与不同文化背景与特性的外国人谈判，是谈判人员的必修课。随着全球经济化进程的加速，许多企业纷纷将眼光投向了海外，国际贸易也因此愈来愈频繁。不同国家、不同民族都有其独特的文化背景与谈判风格。通过学习各国谈判风格，可以使谈判人员避其锋芒，攻其弱点，实现利益最大化。

经典案例赏析

戴姆勒-克莱斯勒合并案

戴姆勒集团董事长于尔根·施伦普 1998 年 1 月 12 日只身来到克莱斯勒公司董事长罗伯特·伊顿的办公室，17 分钟后施伦普就离开了那里，伊顿甚至没有请施伦普喝一杯咖啡。但这次匆忙见面，只是一个漫长故事的开端。在那之后，他们敲定了一桩 360 亿美元的天价合并，也是商业史上最重要的一次跨文化合并实验。

面对伊顿，施伦普像与人谈一次 5 块钱的交易一样开门见山：“你没有多少时间，我也一样。所以让我们直奔主题。我对克莱斯勒进行了评估，也对自己的公司进行了评估。我们两家公司有很多人都在谈论 1995～1996 年全球的汽车工业。我已经得出结论，那就是如果我们两家公司合并在一起，将会是非常合适的。产品、地理条件，所有一切都很匹配。对不对？”

停顿了一下，施伦普看到伊顿并没有任何表示，他继续了下去：“当然，如果你觉得我有些操之过急就告诉我。如果你觉得这种方式并不好，我会觉得很遗憾但其实也没什么。我只是需要一个回答，你看如何？”

恐惧，以及施伦普直接的表达方式，让一向沉默的伊顿没有太多犹豫。仅用了 17 分钟，会谈就结束了。出门后，施伦普对自己的人大笑着说：“这实在是太快了，他甚至没来得及请我喝杯咖啡。这太棒了！”十天后，伊顿打电话给施伦普表示这值得双方坐下来谈谈。

试从本案中比较美国文化与德国文化的差异。

包括律师、法律顾问和银行家在内的谈判双方用八天时间，才得出一个清晰的结论：保证股东获得免税的最佳方案是组建一家新的德国公司。但“免税”不能解决另外一个问题——戴姆勒和克莱斯勒的名字谁放在新公司的名字前面呢？

美国人再次屈服了。1998 年 5 月 7 日上午 10 点，伊顿和施伦普在伦敦签署了克莱斯勒和戴姆勒-奔驰正式合并的协议。

当年 12 月，戴姆勒-克莱斯勒举办德美高层的首次大聚会，所有的人在一起吃饭、喝酒、比赛，以此增进相互了解。因为时差，伊顿早早回宾馆休息了，但施伦普带着人们狂欢。他和人们唱遍了所能想起来的流行歌曲，到了凌晨，他把自己的女秘书扛到肩膀上，另一只手抄起一瓶香槟，回到了自己的房间。就像它们的领导人一样，两家公司太不一样了——所有这些问题不仅难以形成互补，甚至是不可弥合的。

在一次公开演讲时，伊顿讲起了牺牲。他先是双眼迷离、脸涨得通红、声音哽咽，不久后就当着 300 名公司高层抽泣起来。当人们为伊顿的自我袒露而鼓掌时，施伦普问坐在身边的克莱斯勒总裁斯特坎普：“你知道他在干吗？我知道，他在说 Goodbye。”

是的，从此之后，伊顿逐渐淡出了公司决策层。

这桩曾被广泛喻为“天作之合”的联姻，并没有兑现那些纸面上显而易见的协同效应。恰恰相反，它成了一部 MBA 教材上不会出现的莎士比亚戏剧。这个故事里充满了欺骗、争夺和贪婪，也有懦弱、自私与失控，而且这出人性的悲剧直到今天都还没有谢幕。根本而言，一切商业活动都是人性驱动的。但很少有哪个商业行为像戴姆勒-克莱斯勒这桩灾难性并购一样，充分显示了人性的失败一面。

思考与练习

姓名________ 班级________ 学号________

1. 名词解释

犹太文化中的约

美国文化中的个人主义

日本文化中的菊与刀

2. 单项选择

(1)( )正是千百年来维系着犹太民族流而不亡、散而不灭的最重要的纽带。

A. 契约观念　　B. 希伯来文

C. 世界市场　　D. 跨国贸易

(2)( )在某种意义上，是犹太人称为家传手艺的职业。

A. 商人　　B. 律师

C. 哲学家　　D. 诗人

(3) 相对于美国人和德国人，阿拉伯人在谈判中表现出来的显著特点是( )。

A. 合同详尽　　B. 思维缜密

C. 相对松散的时间观念　　D. 重视合同的履行

3. 多项选择

(1) 饮食禁忌是犹太人一个十分明显的标志。下列动物中，犹太人禁止食用的有( )。

A. 牛　　B. 羊　　C. 猪　　D. 兔

(2) 按照美国开国元勋的看法，美国人拥有( )权。

A. 生命　　B. 自由　　C. 财产　　D. 追求幸福

(3) 日本谈判者的主要谈判风格是( )。

A. 文质彬彬　　B. 谈判周期长　　C. 注重关系　　D. 喜欢拖延

4. 填空题

(1) 美国文化是典型的________________。

(2) 从初次相识到谈判最终结束，________________谈判者始终都是彬彬有礼、笑容可掬；而在内心里，他们沉着冷静、充满自信。即使在谈判过程中出现尴尬局面或者纰漏，他们也会用一个微笑来掩饰一时的紧张和慌乱，让对手难以察觉，不给对手乘机进攻和占据主动的机会。

(3) ________________喜欢讨价还价。他们认为：没有讨价还价就不是“严肃的谈判”。无论地摊、小店、大店均可以讨价还价。

5. 简答题

(1) 与犹太商人谈判,需要在饮食上做哪些准备?

(2) 如何看待日本谈判者在谈判过程中的频频点头称是?

(3) 如果与俄罗斯商人陷入谈判僵局,最好的解决方案是什么?

6. 实训题

犹太人号称世界第一商人,请分组讨论犹太人成功经商的主要原因。

参考文献

[1] 方其.商务谈判——理论、技巧、案例[M].北京:中国人民大学出版社,2008.
[2] 陈丽清,何晓媛,等.商务谈判理论与实务[M].北京:电子工业出版社,2011.
[3] 庞岳红.商务谈判[M].北京:清华大学出版社,2011.
[4] 王东升.国际商务谈判与沟通[M].北京:科学出版社,2010.
[5] 李雪梅,张弼.国际商务谈判[M].北京:清华大学出版社,2011.
[6] 龚荒.商务谈判——理论、策略、实训[M].北京:清华大学出版社,2010.
[7] 姚凤云,苑成存,等.商务谈判与管理沟通[M].北京:清华大学出版社,2011.
[8] 仲鑫.国际商务谈判[M].北京:机械工业出版社,2011.
[9] 陈岩.国际商务谈判学[M].北京:中国纺织出版社,2010.
[10] 刘园.国际商务谈判[M].北京:北京大学出版社,2011.
[11] 罗杰·道森.优势谈判[M].重庆:重庆出版社,2008.